Wörterbuch Deutsch – Swahili

Karsten Legère

Wörterbuch Deutsch – Swahili

LANGENSCHEIDT · VERLAG ENZYKLOPÄDIE
Leipzig · Berlin · München · Wien · Zürich · New York

2., durchgesehene Auflage

Druck: Interdruck Leipzig GmbH
Printed in Germany
ISBN 3-324-00505-1

Vorwort

Das vorliegende Wörterbuch Deutsch–Swahili basiert auf einem vom Verlag Enzyklopädie erarbeiteten Wortgut. Es enthält über 15 000 Stichwörter aus dem Bereich des Alltagswortschatzes, aus Politik, Wirtschaft, Kultur und Sport sowie eine Fülle von Wortverbindungen und idiomatischen Redensarten. Ergänzt wurde das Wortgut durch Begriffe, die sich aus den natürlichen Umweltbedingungen der Zielsprache ergeben.

Das Wörterbuch ist die erste moderne Veröffentlichung im deutschsprachigen Raum und darüber hinaus. Vergleichbare Arbeiten sind entweder veraltet oder aufgrund ihres geringen Umfangs nur bedingt verwendbar.

Ausgehend von der großen Bedeutung des Swahili im gesamten ost- und zentralafrikanischen Raum ergibt sich ein breiter Nutzerkreis. Zu ihm gehören Deutschsprechende, die im Verbreitungsgebiet des Swahili tätig sind und diese Sprache im Interesse einer effektiven Verständigung mit der Bevölkerung anwenden. Zugleich ist das Wörterbuch als ein wichtiges Hilfsmittel für Swahili-Sprecher gedacht, die sich in deutschsprachigen Ländern aufhalten.

Die herausragende Stellung des Swahili als offizielle Sprache Tansanias und Kenias (hier neben Englisch), seine Durchsetzung als dominierendes Verständigungsmittel supraethnischen Charakters und die damit verbundene Entwicklung seiner literatursprachlichen Existenzform hat zu einer raschen Expansion der Lexik geführt. Dieser Prozeß läuft nicht frei von Widersprüchen ab. So kommt es nicht selten zur Prägung bzw. Verwendung von Synonymen. Mitunter sind diese recht kurzlebig, häufig bestehen sie jedoch nebeneinander. Es ist nicht möglich, im vorliegenden Wörterbuch diesen Synonymreichtum umfassend und adäquat zu berücksichtigen, da gerade auf diesem Gebiet bisher kaum fundierte Untersuchungsergebnisse vorliegen. Sicher werden auch künftig die Sprachträger und entsprechende Institutionen auf diesen Prozeß Einfluß nehmen, vertretbare Lösungen vorschlagen und diese verwirklichen. Eine maßgebliche Rolle spielt hierbei der Nationale Swahilirat Tansanias, dessen Wortlisten einen wesentlichen Beitrag zur Terminologiebildung und Sprachnormierung darstellen. Dieses Material ist in entsprechendem Maße in das vorliegende Wörterbuch eingearbeitet worden.

Bei einer Reihe von deutschen Stichwörtern wird von einschlägigen Lehnübersetzungen und -übertragungen ausgegangen, wie sie in swahilisprachigen Materialien verbreitet sind. Auf die Kennzeichnung bestimmter eigener Übersetzungsvarianten wird verzichtet, da diese sich nicht vom allgemein praktizierten Herangehen an die Wiedergabe von Begriffen außerafrikanischen Ursprungs unterscheidet.

Schwierigkeiten bereitete die Behandlung von Stichwörtern des Deutschen, deren Abbilder im ostafrikanischen Raum keine unmittelbare Entsprechung finden, dort unbekannt sind und für die demzufolge kein Swahiliäquivalent existiert. Das gilt z. B. für Begriffe aus der europäischen Fauna und Flora oder den Wintersport. Nach Möglichkeit wurde in diesen Fällen versucht, ein vergleichbares Abbild und dessen Bezeichnung in Swahili zu ermitteln, wobei, ausgehend von der Praxis, der Sachverhalt noch durch den entsprechenden englischen Begriff ergänzt wird.

Das Wörterbuch ist Ergebnis meiner über zwanzigjährigen Beschäftigung mit dem Swahili. Beinahe sechs Jahre konnte ich dabei die Entwicklung dieser Sprache «vor Ort» in Tansania verfolgen und umfängliches Material sammeln, mit Fachkollegen diskutieren sowie aus dem reichen Schatz der Sprache, der von hervorragenden Kennern des Swahili – insbesondere entlang der ostafrikanischen Küste – gepflegt und bewahrt wird, schöpfen. Mein Dank gilt all denen, die mich hierbei unterstützt haben, so besonders meinen ehemaligen Arbeitskollegen der Swahiliabteilung (Universität Dar Es Salaam) und dem Institut für Swahiliforschung Dar Es Salaam, dem Nationalen Swahilirat Tansanias, dem Institut für Swahili und Fremdsprachen Sansibar sowie meinen tansanischen Studenten. Außerdem möchte ich den Herren AMEIR ISSA HAJI und JAMES S. MDEE für die sachkundigen Hinweise zu grammatischen und lexikalischen Problemen des Swahili danken.

Karsten Legère

Hinweise für die Benutzung

1. Das deutsche Stichwort

1.1. Die Stichwörter sind streng alphabetisch geordnet. Bei gleichlautenden Wörtern stehen die mit kleinem Anfangsbuchstaben vor solchen mit großen. Umlaute gelten als einfache Vokale, also siehe ä unter a, ö unter o bzw. ü unter u. Sämtliche Eintragungen in der Ausgangssprache (ausgenommen grammatische und semantische Angaben) erscheinen in halbfetter Schrift.

1.2. Stichwörter des gleichen Stammes sind in Nestern zusammengefaßt, wobei das allen gemeinsame Stammelement im ersten Stichwort durch einen dünnen senkrechten Strich (|) abgetrennt und in den folgenden Ableitungen durch eine halbfette Tilde (**~**) ersetzt wird, z. B.

Land|karte ...; **~kreis** ... *lies:* **Landkarte** ...; **Landkreis** ...

Häufig steht die Tilde anstelle des ganzen ersten Stichwortes einer Gruppe.

Lack ...; **~farbe** ... *lies:* **Lack** ...; **Lackfarbe** ...

Eine Tilde mit Punkt (~̣) – verwendet bei semantischen Erläuterungen – bedeutet Wechsel von Groß- zu Kleinschreibung wie

Klammer *f Wäsche~̣* ... *lies:* ... *Wäscheklammer* ...

1.3. Zum Stichwort oder zu dessen Ableitungen gehörende Wendungen werden durch einen vorausgehenden stärkeren Strich (**|**) gekennzeichnet.

1.4. Homonyme werden als verschiedene Stichwörter behandelt und durch eine hochgestellte arabische Ziffer vor dem Stichwort unterschieden:

^{1}**Band** *m*

^{2}**Band** *n*

1.5. Genus und Numerus der Substantive werden durch *m*, *f*, *n* oder *Pl* markiert.

1.6. Bei Verben folgt die Angabe *tr* (für transitiv, d. h. mit nachfolgendem Akkusativobjekt) bzw. *intr* (für intransitiv – ohne Objekt oder mit Dativ, z. T. auch Genitivobjekt), häufig durch Rektionshinweise nach dem Swahiliäquivalent ergänzt, z. B.

vorbeifahren *intr* ... (*an jmdm.* ...)

1.7. Gleichlautende Wörter, die verschiedenen Wortarten angehören, sind durch arabische Ziffern und die Wortartangabe unterschieden, z. B.

laut 1. *Adj* ... **2.** *Präp* ...

1.8. Erläuternde Zusätze grammatischer oder semantischer Natur (z. B. Präpositionen nach Verben, Sachgebietserläuterungen), die der näheren Bestimmung von Bedeutungsvarianten dienen, sind kursiv gesetzt.

1.9. Bei deutschen Stichwörtern ist die Betonung nur dann angegeben, wenn dadurch Bedeutungen unterschieden werden, so z. B.

übersetzen *intr* ['- - - -]

übersetzen *tr* [- -'- -] (Akzentzeichen vor der betonten Silbe).

2. Zeichen

2.1. In runden Klammern ( ) stehen

- Antonyme oder austauschbare Teile in Wortverbindungen, Wendungen oder Beispielsätzen, z. B.

  verdaulich | leicht (schwer) ~ sein
  lies: leicht verdaulich sein *bzw.* schwer verdaulich sein
- Angaben zur Rektion

  teilnehmen *intr* -shiriki (*an* katika) ...
- Endungen des Femininums bzw. des Maskulinums, die zwei Stichwörter zusammenfassen, z. B.

  Lehrer(in) *m(f)* ...
  Tote(r) *f(m)* ...
- im Swahili das Klassenmerkmal im Plural bzw. in verschiedenen Fällen die entsprechende Pluralform, z. B.

  Baum *m* mti (mi-)
  Garn *n* uzi (nyuzi).

2.2. Eckige Klammern werden verwendet für

- phonetische bzw. orthographische Varianten, z. B.

  erschrecken *tr* -sh[i]tusha ...
  lies: -shtusha *od* -shitusha
  Abfahrt[s]signal ...
  lies: **Abfahrtsignal** *od* **Abfahrtssignal**.

3. Zum Swahili-Wortgut

3.1. Die Äquivalente deutscher Stichwörter im Swahili sind in der dieser Sprache üblichen Form notiert. So folgt einem Nomen des Swahili in der Regel in runden Klammern die Pluralform des Klassenmerkmals, aus dem die Klassenzugehörigkeit ersichtlich wird, z. B.

Fluß *m* mto (mi-)
lies: mto (*Plural* mito).

Adjektive mit Bantuursprung und Verben sowie weitere, vor allem pronominale Elemente sind in ihrer Stammform, die durch einen vorangestellten Bindestrich gekennzeichnet ist, aufgeführt, z. B.

weiß -eupe ...
verwirklichen *tr* -tekeleza.

3.2. Nomina, deren Pluralform durch Modifizierung des charakteristischen Klassenmerkmals gebildet wird, sowie generell bei denen der u-Klasse – mit Ausnahme der unter 3.3. erwähnten – verzeichnen ihren Plural in ( ), z. B.

Kind *n* mwana (wana)
lies: mwana (*Plural* wana)
Garn *n* uzi (nyuzi)
lies: uzi (*Plural* nyuzi).

3.3. Generell unbezeichnet bleibt die Klassenzugehörigkeit bei Abstrakta der u-Klasse ohne Pluralform und bei Konstruktionen mit dem Klassenmerkmal ku-, z. B.

Operation *f* upasuaji
Eingang *m* ... *Sendung* kufika, kuingia.

3.4. Bei den Nomina der n-Klasse weist die Kennzeichnung (–) darauf hin, daß die Singular- und Pluralform identisch sind, z. B.

Lampe *f* taa (–)
lies: taa (*Plural* taa).

3.5. Hat ein Nomen zwei Pluralformen, so erscheinen zwei Klassenmerkmale in der Klammer, z. B.

Straße *f* barabara (ma- *od* –)
lies: barabara (*Plural* mabarabara *od* barabara).

3.6. In Wortgruppen ist die Klassenzugehörigkeit des dominierenden, in der Regel vorangestellten Nomens aus dem Kontext erschließbar und wird demzufolge nicht notiert, z. B.

Eingang *m Tür* mlango wa kuingia
d. h. «mlango» ist ein Nomen der Klasse m-/mi-, da ihm das dieser Klasse entsprechende Assoziativelement «wa» (< u + a) folgt.

3.7. Im Zweifelsfall wird die Pluralform des Klassenmerkmals des dominierenden Nomens am Schluß einer Wortgruppe erwähnt, um die als Sinneinheit aufgefaßte Konstruktion nicht durch grammatische Hinweise aufzuspalten. Diese Angabe bezieht sich entsprechend der Struktur des Swahili auf das am Anfang der Wortgruppe stehende lexikalische Element, z. B.

Zahnarzt *m* daktari wa meno (ma-)
lies: daktari wa meno (*Plural* madaktari wa meno)

3.8. Da im Swahili eine Unterscheidung nach dem natürlichen Geschlecht häufig nicht vorgenommen wird, steht bei einer Reihe von Stichwörtern für die männliche wie die weibliche Form das gleiche Äquivalent, z. B.

Lehrer(in) *m*(*f*) mwalimu (walimu)
lies: **Lehrer** *m* mwalimu (*Plural* walimu)
Lehrerin *f* mwalimu (*Plural* walimu)

Falls dennoch die weibliche Form erforderlich ist, kann dies durch Zusatz von «-a kike» (weiblich) oder durch andere geeignete lexikalische Mittel erreicht werden, z. B.

Lehrerin *f* mwalimu wa kike.

3.9. Verschiedentlich wird ein deutscher Begriff im Swahili durch eine infinite Verbform wiedergegeben, der der Hinweis *tr* (= transitiv) folgt. In diesem Fall fordert das Bezugswort ein Objekt, z. B.

Heilung *f* ... kuponya *tr*
d. h. «kuponya» folgt eine nominale Ergänzung, so «kumponya mgonjwa» – die Heilung des Kranken.

3.10. Verben des Swahili, deren Anwendung sich von der in der Ausgangssprache unterscheidet, sind entsprechend gekennzeichnet, z. B. **gehorchen** *intr* -tii *tr*, d. h. «tii» verlangt ein Objekt.

Mitunter folgt bei präpositionalen Fügungen des Deutschen in der Zielsprache lediglich die Ergänzung «kitu» (Gegenstand, etwas) oder «mtu» (Mensch, jemand), d. h. im Swahili kann eine nominale Ergänzung angeschlossen werden, z. B.

glauben *tr*, *intr* -amini (*an jmdn. od etw.* mtu *od* kitu)
lies: an jmdn. glauben -amini mtu *od* an etw. glauben -amini kitu.

3.11. Taucht bei Verben die Angabe *neg* (= negiert, verneint) auf, so ist dessen verneinte Form anzuwenden, um der vom deutschen Stichwort her beabsichtigten Bedeutung zu entsprechen, z. B.

mißachten *tr ignorieren neg*-tii, *neg*-jali.

3.12. Bei verschiedenen Stichwörtern, besonders bei Verben, entspricht der deutschen Präposition «zu» im Swahili häufig das Merkmal «ku-». Das bedeutet, daß in der Zielsprache eine infinite Verbform anzuschließen ist, z. B.

überreden *tr* -shawishi (*zu* ku-).

3.13. Als Äquivalente deutscher Adjektive sind im Swahili auch Konstruktionen zu finden, die durch *rel* (= relatives Element) gekennzeichnet sind (z. B. **mager** ... -li-*rel*-konda). Dabei ist für *rel* das Relativmerkmal (ergänzt durch die übrigen grammatischen Elemente) des entsprechenden Bezugswortes zu setzen, z. B.

der magere Junge – mvulana aliyekonda.

3.14. Da der Gegenstand des Wörterbuchs die literatursprachliche Norm des Swahili ist, wie sie in Dar Es Salaam verwendet wird, bleiben dialektale Varianten weitestgehend unberücksichtigt. In einigen Fällen wurden jedoch Ausdrücke aufgenommen, die eine Spezifik der literatursprachlichen Norm von Sansibar darstellen. Sie sind durch den Zusatz *Sansibar* gekennzeichnet, z. B.

Wasserleitung *f* ... *Sansibar* mfereji (mi-).

4. Abkürzungsverzeichnis

Abk	Abkürzung	*Astron*	Astronomie
Abl	Ableitung(en)	*Bakt*	Bakteriologie
abs	absolut	*Bauw*	Bauwesen
Adj	Adjektiv	*Bergb*	Bergbau
Adv	Adverb	*bes.*	besonders
Akk	Akkusativ	*Bez*	Bezeichnung
Akt	Aktiv	*Bildh*	Bildhauerei
allg	allgemein	*Biol*	Biologie
alt	altertümlich, veraltet	*Bot*	Botanik
amtl	amtlich	*Buchw*	Buchwesen
Anat	Anatomie	*bzw.*, bzw.	beziehungsweise
Arch	Architektur	*Chem*	Chemie
Archäol	Archäologie	*Dat*	Dativ
Art	Artikel, Geschlechtswort	*Dekl*	Deklination

Dem Pron	Demonstrativpronomen
Deter Pron	Determinativpronomen
dgl.	desgleichen
d. h.	das heißt
dial	mundartlich
Dim	Diminutiv
dopp	doppelt
ehem	ehemalig, ehemals
Eig	Eigenname
Eisenb	Eisenbahn
El	Elektrotechnik
Ethnol	Ethnologie
etw.	etwas
f	feminin, weiblich
fam	familiär
Fin	Finanzwesen
Flugw	Flugwesen
Forstw	Forstwirtschaft
Foto	Fotografie
Fut	Futur
Gartenb	Gartenbau
gebr	gebräuchlich
Gen	Genitiv
Geogr	Geographie
Geol	Geologie
Geom	Geometrie
Gesch	Geschichte
Gewi	Gesellschaftswissen-schaft(en)
Ggs	Gegensatz
Gramm	Grammatik
Handw	Handwerk
Hausw	Hauswirtschaft
Hdl	Handel
Hilfsv	Hilfsverb
hist	historisch
i. e. S.	im engeren Sinn
Imp	Imperativ
Imperf	Imperfekt
Ind	Industrie
Indef Pron	Indefinitpronomen
Indik	Indikativ
Inf	Infinitiv
Interj	Interjektion
Interr Adv	Interrogativadverb
Interr Pron	Interrogativpronomen
intr	intransitiv
iron	ironisch

i.w.S.	im weiteren Sinn
Jh.	Jahrhundert
jmd.	jemand
jmdm.	jemandem
jmdn.	jemanden
jmds.	jemandes
Jur	Rechtswesen
Kart	Kartenspiel
Kartogr	Kartographie
Kfz	Kraftfahrzeugtechnik
Kochk	Kochkunst
Komp	Komparativ
Konj	Konjunktion
Kurzf	Kurzform
Kurzw	Kurzwort
Landw	Landwirtschaft
Ling	Linguistik
lit	literarisch
Lit	Literatur[wissenschaft]
m	maskulin, männlich
Mal	Malerei
Mar	Schiffahrt, Seewesen
Masch	Maschinenbau
Math	Mathematik
Med	Medizin
Met	Meteorologie
Metr	Metrik
Mil	Militärwesen
Min	Mineralogie
Modalv	Modalverb
Mus	Musik
Myth	Mythologie
n	sächlich (Neutrum)
Nahr	Ernährungswesen
Naturw	Naturwissenschaft
neg	negiert, verneint
Nom	Nominativ
Num	Numerale
od	oder
Opt	Optik
Päd	Pädagogik
Parl	Parlament
Part	Partizip
Pass	Passiv
Perf	Perfekt
pers	persönlich
Pers	Person
Pers Pron	Personalpronomen

Pharm	Pharmazie
Phil	Philosophie
Phon	Phonetik
Phys	Physik
Physiol	Physiologie
Pl	Plural
poet	poetisch, dichterisch
Pol	Politik
pop	populär
Poss Pron	Possessivpronomen
präd	prädikativ
Präf	Präfix
Präp	Präposition
Präs	Präsens
Prät	Präteritum
Pron	Pronomen
Psych	Psychologie
Raumf	Raumfahrt
räuml	räumlich
refl	reflexiv
Refl Pron	Reflexivpronomen
rel	relatives Element
Rel	Religion
Rel Pron	Relativpronomen
Sansibar	in Sansibar gebräuchlich
scherzh	scherzhaft
Sg	Singular
Subst	Substantiv
Suff	Suffix
Sup	Superlativ
Tech	Technik
Tel	Fernsprechwesen
Textil	Textilindustrie
Theat	Theater
tr	transitiv
TV	Fernsehen
Typ	Typographie
u.	und
u. a.	und andere(s)
u. ä.	und ähnliche(s)
übertr	übertragen
u. dgl.	und dergleichen
umg	umgangssprachlich
ungebr	ungebräuchlich
unpers	unpersönlich
unreg	unregelmäßig
unv	unveränderlich
usw., *usw.*	und so weiter
verächtl	verächtlich
Verk	Verkehrswesen
Verw	Verwaltung
Vet	Veterinärmedizin
vgl.	vergleiche
vulg	vulgär
Wirtsch	Wirtschaft
Wiss	Wissenschaft
z. B.	zum Beispiel
zeitl	zeitlich
Zool	Zoologie
Ztgsw	Zeitungswesen
Zus	Zusammensetzung[en]

A

Aal *m* mkunga (mi-)
Aas *n* mzoga (mi-)
ab 1. *Adv* | weit ~ mbali sana | ~ und zu mara kwa mara **2.** *Präp* a) *Ort* [ku]toka [katika *od* kwenye], -ni b) *Zeit* tangu, kuanzia
abändern *tr Gesetz* -sahihisha; *Kleidung* -panua, -punguza, -tengeneza upya
Abänderung *f Gesetz* kusahihisha *tr*; *Kleidung* kupanua *tr*, kupunguza *tr*, kutengeneza upya *tr* | in ~ des Zeitplans kwa kubadili ratiba
Abbau *m Bergb* uchimbaji; *Verringerung* upunguzaji
abbauen *tr Gerüst u. ä.* -tengua; *Bergb* -chimba *od* -chimbua
abbeißen *tr* -mega *od* -menya
abberufen *tr* -rudisha
abbestellen *tr* -futa
abbiegen *intr Fahrzeug* -kata kona; *Straße* -beta
abbilden *tr* -chapa picha ya *od* mchoro wa
Abbildung *f Buchw* picha (–), mchoro (mi-)
abblenden *tr Kfz* -washa *od* -weka dimu *od* taa ndogo; *Foto* -rekebisha mboni [ya kamera]
Abblendlicht *n* dimu (–), taa ndogo
abbrechen *tr* -kwanyua; *Gebäude* -bomoa; *Verhandlungen, Beziehungen* -vunja; *intr Zahn* -megeka
abbrennen *tr* -choma moto; *intr* -chomwa moto
abbringen *tr* | jmdn. von etw. ~ -shawishi mtu asifanye kitu
Abbruch *m Gebäude* kubomoa *tr*; *Beziehungen, Verhandlungen* kuvunja *tr*
abbürsten *tr* -piga brashi
Abc *n* abjadi (–), alfabeti (–)
abdecken *tr Deckel entfernen* -tanzua; *bedecken* -funika
abdichten *tr* -ziba
Abdruck *m Typ* chapa (–)
Abend *m* jioni (–), usiku (siku) | gegen ~ saa za jioni | am ~ jioni | guten ~! habari za jioni?, umeshindaje? | zu ~ essen -la chakula cha jioni *od* chajio; **~brot** *n*, **~essen** *n* chakula cha jioni, chajio (vyajio); **~kasse** *f* ofisi *od* kaunta ya kukata tikiti; **~kleid** *n* gauni la jioni; **~mahl** *n Rel* meza ya Bwana; **~rot** *n* macheo *Pl*
abends [kila] jioni *od* usiku
Abend|studium *n* masomo ya jioni; **~zeitung** *f* gazeti la jioni
Abenteuer *n* tukio *od* jambo la hatari
abenteuerlich -a hatari
aber lakini
Aberglaube *m* ushirikina
aberkennen *tr* -nyang'anya, -nyima
abfahren *intr* -ondoka (*nach* kwenda); *tr wegschaffen* -peleka, -safirisha
Abfahrt *f* kuondoka
Abfahrt[s]signal *n* alama ya treni *od* gari [la] moshi kuondoka
Abfahrts|tafel *f* bao lenye ratiba ya mabasi *od* magari moshi kuondoka; **~zeit** *f* [saa ya *od* za] kuondoka
Abfall *m Rückstand* takataka (ma-)
abfallen *intr* -teremka; *Laub* -pukutika
abfällig -a dharau
abfärben *intr* -vuja *od* -toka rangi
abfassen *tr* -tunga
abfertigen *tr* -peleka; *Kunden* -hudumia
Abfertigung *f* upelekaji, kupeleka *tr*
abfinden *tr* -fidia | sich mit etw. ~ -ridhika *od* -tosheka na kitu
Abfindung *f* fidia (–)
abflauen *intr Wind* -pungua
abfliegen *intr* -ondoka kwa ndege
abfließen *intr* -miminika
Abflug *m* kuondoka kwa ndege
Abfluß *m Gosse* sinki (–); **~rohr** *n* bomba la maji machafu
Abführmittel *n* dawa ya kuharisha
abfüllen *tr* -tia

Abgabe *f Steuer* kodi (–); *Zoll* ushuru; *Sport* pasi (–)
Abgang *m Schüler* kuhitimu
Abgangszeugnis *n* cheti cha kuhitimu
Abgas *n, meist Pl* moshi (mi-)
abgeben *tr* -toa, -kabidhi *dopp tr* | einen Schuß ~ -piga *od* -fyatua risasi | seine Stimme ~ -piga kura | ein Urteil ~ -kata shauri
abgehen *intr abfahren* -ondoka; *abgeschickt werden* -pelekwa; *sich lösen* -toka; *Farbe* -banduka | von der Schule ~ -hitimu | es ging gut ab iliisha *od* ilimalizika vizuri
abgemacht **1.** *Adj* -li-*rel*-kubaliwa **2.** *Adv* | ~! basi
abgemagert -li-*rel*-konda
abgeneigt | ich bin nicht ~ sina kipingamizi
Abgeordnete(r) *f*(*m*) mjumbe (wa-); *Parl* mbunge (wa-)
abgesehen | ~ von licha *od* mbali ya | ~ davon, daß … licha ya kuwa …
abgespannt | ~ sein -choka
abgetragen *Kleidung* -kuukuu
abgewöhnen *tr* | sich etw. ~ -acha kitu | jmdm. etw. ~ -fanya mtu aache kitu
abgrenzen *tr* -piga *od* -weka mpaka; *Aufgabengebiet* -fafanua
Abgrund *m* genge (ma-); *übertr* pengo (ma-)
abhalten *tr Kälte* -zuia | jmdn. von der Arbeit ~ -zuia mtu asifanye kazi | abgehalten werden -fanyika
abhanden | ~ kommen -potea
Abhandlung *f* insha (ma-), makala (–)
Abhang *m* mteremko (mi-)
abhängen *tr Wagen* -fungua; *intr* | von jmdm. *od* etw. ~ -tegemea mtu *od* kitu
abhängig -na-*rel*-tegemea (*von jmdm. od etw.* mtu *od* kitu)
Abhängigkeit *f* kutegemea *tr* | in ~ von kwa kutegemeana na *od* kutegemea
abhärten, sich -fanya mazoezi ya ukakamavu
abhäuten *tr* -chuna
abheben *tr* -inua, -nyanyua, -pandisha; *Geld* -chukua; **sich ~** -tofautiana, -hitilafiana (*von* na)
abhelfen *intr* | dem kann abgeholfen werden inawezekana kulitafutia dawa | dem ist abzuhelfen litafutiwe dawa
Abhilfe *f* dawa (–)
abholen *tr* -leta | vom Zug ~ -laki *od* -pokea kwenye stesheni ya gari la moshi
abholzen *tr* -kata[kata]
Abitur *n* mtihani wa kidato cha 6
Abiturient *m* kijana aliyeshinda *od* aliyepasi mtihani wa kidato cha 6
abkaufen *tr* -nunua (*von jmdm.* [kutoka] kwa mtu)
abkochen *tr* -chemsha
abkommen *intr* | vom Weg ~ -acha njia | vom Thema ~ -kosea katika mada
Abkommen *n Vereinbarung* mapatano *Pl*
abkühlen *tr* -poza; **sich ~** -poa
Abkühlung *f* kupoa
abkürzen *tr* -fupisha | einen Weg ~ -enda njia ya mkato
Abkürzung *f* kifupisho (vi-); *Weg* njia ya mkato
abladen *tr* -pakua
ablassen *tr Dampf, Wasser* -toa
Ablauf *m Frist, Zeit* muda *nur Sg* (mi-); *Abfluß* bomba la maji machafu
ablaufen *intr Wasser* -tiririka; *Frist* -isha, -pita; *Programm* -fanyika
ablegen *tr* -weka [chini], -tua; *Kleidung* -vua; *Prüfung* -fanya | einen Eid ~ -la kiapo
ablehnen *tr* -kataa
ableiten *tr Wasser* -tiririsha
Ableitung *f Wasser* bomba la maji machafu; *Ling* unyambulishaji
ablenken *tr* -geuza; *Person* -shawishi
Ablenkung *f Zerstreuung* burdani (–)

ablesen *tr Text* -soma | den Zähler ~ -soma mita
abliefern *tr* -toa
Ablieferung *f* utoaji, kutoa *tr*
ablösen *tr* -bandua; *Mil* -shika zamu ya
Abmachung *f* maafikiano *Pl*
abmagern *intr* -konda
abmelden *tr* -toa taarifa ya kuondoka | sich bei jmdm. ~ -pa mtu taarifa ya kuondoka
Abmeldung *f* taarifa ya kuondoka
abmessen *tr* -pima
Abmessung *f* kipimo (vi-)
abmühen, sich -jibidisha
Abnahme *f Verminderung* kupungua
abnehmen *tr absetzen* -vua; *kaufen* -nunua; *pflücken* -chuma; *Wäsche* -anua; *intr nachlassen* -pungua; *Gewicht* -konda
Abnehmer *m* mteja (wa-)
Abneigung *f* kinyongo (vi-) (*gegen* na)
abnorm -si-*rel* -a kawaida
abnutzen *od* **abnützen, sich** -lika
Abnutzung *f* uchakavu, ukuukuu
Abonnement *n Zeitung* upokeaji wa kudumu; *Theat* tikiti inayowek[e]wa *od* inayotengwa kwa maonyesho mahsusi
Abonnent *m* mpokeaji wa kudumu
abonnieren *tr Zeitung* -agiza ili kulet[e]wa kila mara
Abordnung *f* ujumbe
Abort *m* choo (vyoo), msala (mi-)
abprallen *intr* -dundika, -dutika, -rudi nyuma
abraten *intr* | er rät uns von der Reise ab anatushauri tusifanye safari
Abraum *m Bergb* takataka (– *od* ma-)
abräumen *tr* -ondoa
abrechnen *intr* (*tr*) -fanya *od* -piga mahesabu (ya); *übertr* -lipa kisasi
Abrechnung *f Fin* hesabu (–)
abreiben *tr wegreiben* -futa; *Körper* -singa
Abreise *f* kuondoka
abreisen *intr* -ondoka
abreißen *tr Haus* -bomoa; *intr Verbindung* -katika
Abreißkalender *m* kalenda ya [ukutani ya] kukata
Abruf *m* | auf ~ mpaka kuitwa
abrunden *tr Math* -karibisha [chini]
abrüsten *intr* -punguza silaha *od* zana za kivita
Abrüstung *f* kupunguza silaha *od* zana za kivita
Absage *f* [kutoa] udhuru
absagen *tr Einladung* -toa udhuru wa | ich mußte ~ ilinibidi kutoa udhuru
absägen *tr* -kata… kwa msumeno
Absatz *m Schuh* kisigino (vi-); *Hdl* mauzo *Pl*; *Treppe* kituo (vi-); *Typ* para (–), aya (–); **~markt** *m* soko (ma-)
abschaffen *tr aufheben* -ondoa, -futa
abschalten *tr El* -zima, -funga; *unterbrechen* -kata
Abscheu *m od f* | ~ empfinden vor -zi[r]a *tr*
abscheulich *häßlich* -a kuchuki[z]a; *böse* -ovu
abschicken *tr* -peleka
Abschied *m* kuagana (*von* na)
abschlagen *tr gewaltsam abtrennen* -kata; *Bitte* -kataa
Abschlagszahlung *f* nusu-mshahara (–)
abschleppen *tr Verk* -vuta
abschließen *tr zuschließen* -funga … kwa ufunguo *od* -fungia ufunguo; *beenden* -maliza; *Vertrag* -tia sahihi
Abschluß *m Ende* mwisho (mi-) | etw. zum ~ bringen -fikisha mwisho jambo; **~prüfung** *f* mtihani wa kuhitimu [shule ya msingi *od* mwaka wa masomo]; mtihani wa mwisho
abschneiden *tr* -kata | *Mil* den Rückzug ~ -zuia majeshi yasirudi; *intr* | gut (schlecht) ~ -fanya vizuri (vibaya)
Abschnitt *m Teil* sehemu (–); *Buchw* aya (–), para (–); *abtrennbarer Teil* kuponi (–); *Zeitspanne* muda; *Mil* eneo (ma-), sehemu (–)

abschrauben *tr* -fungua skurubu ya
abschreckend -a kuchuki[z]a
abschreiben *tr Abschrift anfertigen* -nakili; *Schule* -kopi; *Fin* -futa
Abschrift *f* nakala (–)
abschüssig -enye mteremko mkali
abschwächen *tr* -dhoofisha
absehbar | in ~er Zeit kwa wakati usio mbali
absehen *tr* | es auf etw. abgesehen haben -wa na hamu *od* shauku ya kitu; *intr* | man sah von einer Geldstrafe ab hawakutoza faini
abseits *Adv* upande, kando
Abseits *n Sport* kuotea, kuzidi
absenden *tr* -peleka
Absender *m* mpelekaji (wa-); *auf Briefen* anwani ya anayeandika *od* mwandishi
absetzen *tr Hut, Brille* -vua; *Last* -shusha, -teremsha; *Hdl* -uza; *Theat Stück* -acha; **sich** ~ *Flüssigkeit* -enda *od* -kaa chini
Absicht *f* kusudi (ma-), nia (–) | mit ~ [kwa] makusudi
absichtlich **1.** *Adj* -a makusudi **2.** *Adv* [kwa] makusudi
absolut halisi
Absolvent *m* mhitimu (wa-)
absolvieren *tr Schule, Studium* -soma, -somea, -hitimu katika
absondern *tr ausscheiden* -toa; **sich** ~ -jitenga (*von* na)
absperren *tr* -funga
Absperrung *f Sperrvorrichtung* kifungio (vi-); *Verk* kizuizi (vi-)
abspielen *tr Schallplatte* -piga; **sich** ~ *unpers* -fanyika
abspringen *intr herunterspringen* -ruka (*von* kutoka katika)
abspülen *tr* -osha, -safisha
abstammen *intr* -tokana (*von* na), -wa na asili (*von* ya)
Abstammung *f* asili (–); *Menschen* ukoo, nasaba (–)
Abstand *m* umbali | *übertr* von etw. ~ nehmen -acha kitu
abstatten *tr* | jmdm. einen Besuch ~ -tembelea *od* -zuru mtu | jmdm. seinen Dank ~ -shukuru mtu
Abstecher *m* | einen ~ machen -fanya matembezi
absteigen *intr* -shuka *auch Sport*, -teremka
abstellen *tr absetzen* -tua, -shusha; *unterstellen* -weka; *ausschalten* -zima, -funga; *übertr beseitigen* -ondoa
Abstell|hahn *m* kifungio (vi-); **~raum** *m* stoo (–)
abstempeln *tr* -piga mhuri
Abstieg *m Tour* kuteremka
abstimmen *intr Stimme abgeben* -piga kura | über einen Vorschlag ~ -piga kura juu ya pendekezo
Abstimmung *f Stimmabgabe* kupiga kura
Abstoß *m Fußball* kucheza *od* kupiga [tena], mpira kupigwa na golikipa
abstoßen *tr wegstoßen* -rudisha
abstrakt -a dhahania
abstreiten *tr* -kana
Absturz *m Tour, Flugw* kuanguka
abstürzen *intr Flugw, Tour* -anguka (*von* kutoka)
absurd -a upuuzi, -a kuchekesha
Abszeß *m* jipu (ma-)
abtauen *tr* | den Kühlschrank ~ -zima umeme wa friji ili barafu iyeyuke; *intr* | die Straße taut ab barafu ya barabara inayeyuka
Abteil *n Eisenb* chumba (vyumba)
Abteilung *f* idara (–); *Radio* idhaa (–)
Abteilungsleiter *m* mudir[i] (–), mkuu wa idara
abtreiben *tr* | ein Kind ~ -haribu mimba
abtreten *tr Gebiet* -achia | sich die Füße ~ -safisha viatu; *intr Rücktritt* -jiuzulu, -ng'atuka; *Theat* -toka
abtrocknen *tr* -futa maji; **sich** ~ -jikausha, -jifuta maji
abwarten *tr* -ngoja, -subiri
abwärts [kwenda] chini
Abwasch *m* kusafisha *od* kuosha vyombo

abwaschen *tr* -osha; *Geschirr* -safisha
Abwasser *n*, *oft* **Abwässer** *Pl* maji machafu
abwechseln *intr* -fuatana (*mit* na) | sich mit jmdm. ~ -pokezana na mtu
abwechselnd kwa zamu, -a kubadilishana nafasi
Abwechslung *f* burdani (–)
abwechslungsreich -a kuvutia, -a aina mbali mbali
Abwehr *f Verteidigung* ulinzi
abwehren *tr Schlag* -pangua, -bekua; *Gefahr* -zuia, -jikinga na
1**abweichen** *tr* -bandua kwa maji
2**abweichen** *intr* -acha njia (*von* ya)
Abweichung *f Phys* kuachana (*von* na), mwachano (mi-)
abweisen *tr Besucher*, *ablehnen* -kataa
abwenden *tr Blick*, *Gesicht* -geuza; *Unglück* -zuia; **sich** ~ -tazama upande, *neg*-endelea kutazama (*von jmdm. od etw.* mtu *od* kitu)
abwerben *tr* -shawishi
abwerfen *tr Flugblätter* -tupa; *Gewinn*, *Nutzen* -leta
abwerten *tr Fin* -punguza thamani ya
abwesend -si-*rel*-po *od* -mo *od* -ko; *zerstreut* -sahaulifu
Abwesenheit *f* kutokuwepo, kutohudhuria
abwiegen *tr* -pima
abwischen *tr* -pangusa
Abwurf *m Flugw*, *Sport* mtupo (mi-), kutupa *tr*
abzahlen *tr* -toa rubuni ya
abzählen *tr* -fanya hesabu ya
Abzahlung *f* rubuni, arbuni (–) | etw. auf ~ kaufen -nunua kitu na kutoa rubuni
Abzeichen *n* beji (–)
abziehen *tr Schlüssel*, *Math* -toa; *Betten* -tandua; *Fell* -ambua; *intr Rauch* -toka; *Unwetter* -ondoka *auch Mil*
Abzug *m Abmarsch* kurudi, kurudisha *tr*; *Fin* mkato (mi-), katisho (ma-); *Foto* picha (–)
abzweigen *intr sich gabeln* -achana (*von* na)
Abzweigung *f* njia panda (–)
Achse *f Math* kipengo (vi-); *Tech* ekseli (–); *Fahrrad* msumari (mi-)
Achsel *f* bega (ma-)
acht -nane | vor ~ Tagen wiki moja iliyopita | in ~ Tagen wiki ijayo
Acht *f* | sich in ~ nehmen -jitahadhari *od* -wa na hadhari, -wa macho | außer ~ lassen *neg*-jali
Achtel *n* thumni (–)
achten *tr* -heshimu, -stahi, -thamini; *intr* -wa macho (*auf* katika) | auf jmdn. ~ -tupia mtu macho
acht|er (~e, ~es) -a nane
Achter *m Sport* mtumbwi wenye wapiga kasia wanane
achtgeben *intr* -wa macho, -tunza, -angalia (*auf jmdn. od etw.* mtu *od* kitu)
Achtung *f Hochschätzung* heshima (–) (*vor* ya) | ~! hatari
achtzehn kumi na nane
achtzig themanini
Acker *m* shamba (ma-), konde (ma-)
addieren *tr* -jumlisha
Addition *f* kujumlisha *tr*
Ader *f* mshipa wa damu; *Geol* tabaka la madini *od* makaa
Adjektiv *n* kivumishi cha sifa
Adjutant *m* mfawidhi (wa-)
Adler *m* tai (–)
Admiral *m* admeri (–)
adoptieren *tr* -lea
Adresse *f* anwani (–)
adressieren *tr* -andika anwani (*an* ya)
Advent *m* Majilio *Pl*
Adverb *n* kielezi (vi-)
Affe *m* mnyama wa jamii ya kima; *Pavian* nyani (–); *Arten der Meerkatze* ngedere (–), tumbili (–); kima (–); *Colobus*~ mbega (–)
Affekt *m* hamaki (–)
Affenbrotbaum *m* mbuyu (mi-)
Afghanistan Afghanistan (–)
Afrika Afrika (–)
Afrikaner *m* Mwafrika (wa-)
afrikanisch -a Kiafrika

After *m* mkundu (mi-)
Agent *m Pol* kijibwa (vi-); *Spion* jasusi (ma-)
Aggregat *n* mtambo (mi-), mashine (–)
Aggression *f* shambulio (ma-)
aggressiv -a mashambulizi *od* kushambulia | ~er Mensch mkorofi (wa-)
Aggressor *m* mshambulizi (wa-)
Agitation *f Pol* uhamasishaji
agitieren *intr* -hamasisha *tr*
Agrarstaat *m* nchi ya kilimo
Agronom *m* Bwana shamba (ma-), afisa kilimo (ma-), mwagronomia (wa-)
Ägypten Misri (–)
Ahne *m(f)* babu wa mababu (ma-)
ähneln *intr* -fanana, -lingana, -shabihiana (*jmdm.* na mtu)
ahnen *tr* -hisi; *voraussehen* -tabiri, -ona *od* -jua tangu awali
ähnlich -na-*rel*-fanana | und ~es na vingine *od* mengine
Ähnlichkeit *f* mfanano (mi-), mshabaha (mi-), mlingano (mi-) | mit jmdm. ~ haben -lingana *od* -shabihiana *od* -fanana na mtu
Ahnung *f Vermutung* tarajio (ma-) | keine ~ haben von *neg*-wa na habari ya *od* za
ahnungslos -si-*rel* na habari
Ahorn *m* mti wa Ulaya uitwao maple
Ähre *f* s[h]uke (ma-)
AIDS *n* ukimwi
Akademie *f* Taasisi ya Taaluma; **~mitglied** *n* mjumbe wa Taasisi ya Taaluma
Akademiker *m akademisch Gebildeter* mtaalam[u] (wa-), msomi (wa-)
akademisch -a kitaalam[u], -a Chuo Kikuu
Akazie *f* msanduku (mi-); *Schirm~* myombo (mi-)
akklimatisieren, sich -zoea *tr*, -kabili hali
Akkord *m Wirtsch* kazi ya sulubu; *Mus* kodi (–)
Akkordeon *n* hamoni (–), akodeoni (–)
Akkumulation *f* limbikizo (ma-)
Akkumulator *m*, *Kurzw* **Akku** *m* betri (–), kirundikio (vi-)
Akkusativ *m* uhusika wa moja kwa moja
Akrobat *m* mwanasarakasi (wanasarakasi)
Akt *m Handlung* tendo (ma-), kitendo (vi-); *Kunst* sanamu ya *od* mchoro wa mtu uchi; *Theat* onyesho (ma-)
Akte *f Schriftstück* hati (–)
Aktentasche *f* mkoba (mi-)
Aktie *f* hisa (–)
Aktiengesellschaft *f* kampuni linalomilikiwa na wenye hisa
Aktion *f* tendo (ma-), amali (–)
Aktionär *m* mwenye hisa (wenye)
aktiv kwa vitendo; *Chem* -amilifu | ein ~es Mitglied mwanachama hai
aktivieren *tr* -fufua
Aktivität *f* shughuli (–)
Aktualität *f* umuhimu
aktuell -a kisasa, -livyo | die ~e Lage hali ilivyo
Akustik *f* akustika (–), masikizi *Pl*, elimusauti (–)
akustisch -a kiakustika *od* masikizi *od* elimusauti
akut *Med* -kali, -a hatari; *übertr* muhimu, -a maana
Akzent *m Tonfall* lafudhi (–); *Betonungszeichen* shadda (–)
akzeptieren *tr* -kubali
Alarm *m* [hali ya] tahadhari (–), kamsa (–)
alarmieren *tr* -weka katika hali ya tahadhari, -piga kamsa
Albaner *m* raia wa Albania (–)
Albanien Albania (–)
albanisch -a Kialbania
albern -a kitoto
Albino *m* zeruzeru (– *od* ma-)
Album *n* album (–), kitabu cha kutilia picha *od* stempu
Alge *f* mwani (mi-)
Algebra *f* aljebra (–)

Algerien Algeria (–)
Alibi *n* alibi (–)
Alkohol *m* kileo (vi-); *Chem* alikoholi (–)
alkoholfrei -si-*rel*-lewesha | ~es Getränk soda (–), kinywaji baridi (vi-)
alkoholhaltig -na-*rel*-lewesha, -enye *od* -a ulevi
alkoholisch -a kileo, -na-*rel*-lewesha | ~e Getränke vileo
all -te | ~es chote, lote | ~es in ~em kwa jumla | vor ~em hasa | ~e[r] drei Jahre baada ya kila miaka mitatu
Allah *Rel* Allah, Mungu (mi-)
Allee *f* barabara yenye miti
allein *nur* tu; *einsam* peke ya | er (wir) ~ yeye (sisi) peke yake (yetu); **~stehend** *Person* mjane (wa-), mseja (wa-)
allerdings *zugestehend* kwa kweli, ndi-; *einschränkend* ila, hata hivyo
allerhand chungu nzima, tele | das ist ~! imezidi, ni mno
allerlei -a aina mbali mbali
allgemein -a kawaida | im ~en kwa kawaida; **~bildend** -enye kutoa elimu ya msingi
Allgemeinbildung *f* elimu ya kawaida
allgemeingültig -a jumla
Alliierte *Pl* mataifa yaliyounganishwa, marafiki
allmählich **1.** *Adj* taratibu **2.** *Adv* hatua kwa hatua, taratibu
Allstromgerät *n* redio ya A/C D/C
Alltag *m* siku ya kawaida
alltäglich *übertr* -a kila siku, -a kawaida
allzu mno; **~oft** mara nyingi mno; **~sehr** mara nyingi sana; **~viel** -ingi mno
Almosen *n* sadaka (–)
Alpen *Pl* milima ya Alps; **~veilchen** *n* mmea wenye maua uitwao cyclamen
Alphabet *n* abjadi (–), alfabeti (–)
alphabetisch -a kufuata abjadi *od* alfabeti
alphabetisieren *tr* -fundisha ... kusoma na kuandika
Alphabetisierung *f* kisomo cha manufaa (vi-)
Alpinist *m* mpanda milima (wa-)
als **1.** *Adv* kama **2.** *Konj* -po-, -ki- | größer ~ -kubwa [zaidi] kuliko | ~ ob, ~ wenn kama kwamba
also hivyo, basi
alt *bejahrt* -zee; *nicht neu* -kuukuu; sehr ~ -kongwe; *aus früherer Zeit* -a zamani, -a kale | ~ werden -zeeka | ich bin ... Jahre ~ nina umri wa miaka ..., umri wangu ni miaka ...
Alt *m Stimmlage* alto (–); *Sängerin* mwimbaji wa alto
Altar *m* altare (–)
Altenheim *n* nyumba ya wazee
Alter *n* umri | im ~ von katika umri wa
altern *intr* -zeeka
Alternative *f* njia nyingine, shauri lingine
Alters|grenze *f* umri wa kufikia miaka ...; **~rente** *f* pensheni (–)
Altertum *n* enzi za kale
Altertümer *Pl* mambo ya kale
altertümlich -a kale
altmodisch -a mtindo wa zamani
Alt|stadt *f* mji mkongwe; **~stoffe** *Pl* vitu vikuukuu
Aluminium *n Chem* aluminiamu (–); *umg* bati (ma-)
am (= an dem) a) *Ort* -ni, kwenye | ~ Meer kando ya bahari, baharini b) *Zeit* | ~ Sonntag Jumapili | ~ 1. Mai [tarehe] Mei Mosi c) *vor Superlativ* | ~ besten -zuri *od* vizuri kuliko -ingine *od* kushinda -ingine
Amateur *m Sport* mwanamichezo asiyelipwa; *Liebhaber* mshabiki (wa-)
Amboß *m* fuawe (–)
ambulant -a kuhamahama | ~er Handel uchuuzi | ~e Behandlung matibabu ya mgonjwa *od* wagonjwa [wasiolazwa hospitalini]
Ambulanz *f*, **Ambulatorium** *n* zahanati (–), dispensari (–)

Ameise *f braune* ~ siafu (–); *rote* ~ maji moto, koyokoyo (–); *schwarze* ~ chungu (–); *kleine schwarze* ~ nyenyere (–), sisimizi (–)
Ameisenhaufen *m* kichuguu *od* kisuguu (vi-), kingulima (vi-)
Amen *n* amin[a] (–)
Amerika Amerika (–), *umg auch* Marekani (–)
Amerikaner *m* Mwamerika (wa-)
amerikanisch -a Kimerikani *od* Kimarekani
Ammoniak *m* amonia (–)
Amnestie *f* msamaha (mi-)
Amöbe *f* amiba (–)
amortisieren *tr* -futa
Ampel *f Verk* taa ya barabarani; *Hängelampe* taa inayoning'inia; *Blumen*~ chungu cha kustawisha maua kinachoning'inia, mdaha (mi-)
Ampere *n El* ampea (–)
Amphibie *f* amfibia (–)
Amphibienfahrzeug *n* gari [ya kijeshi] iendayo ardhini na kuelea majini
Ampulle *f* kichupa (vi-), ampula (–)
Amputation *f* ukataji, kukata *tr*
amputieren *tr* -kata
Amsel *f* ndege wa jamii ya mkesha aitwaye blackbird
Amt *n Behörde* idara (–); *Dienststelle* ofisi (–); *Fernsprech*~ kituo cha *od* ofisi ya simu [ya mdomo]; *Aufgabe* daraka (ma-)
amtlich rasmi
Amulett *n* hirizi (–), azima (–)
amüsant -a kufurahisha; *Person* -furahivu
amüsieren, sich -furahi | sich über etw. ~ -furahia kitu
an 1. *Adv* | ~ [und für] sich kama ilivyo, kwa kweli | von jetzt ~ toka sasa | von morgen ~ kuanzia kesho **2.** *Präp* a) *Ort* -ni, kwenye | ~ der Ecke pembeni b) *Zeit* mnamo | ~ diesem Abend jioni hii *od* hiyo | ~ einem Freitag Ijumaa c) *Zahl beinahe* kama, hivi, karibu | ~ die tausend Menschen karibu watu 1000, watu kama 1000, watu 1000 hivi
analog h- h-, -le -le | ~e Mitteilung taarifa hii hii *od* hiyo hiyo *od* ile ile | ~ zu kulingana na
Analphabetentum *n* [hali ya] kutosoma na kuandika, ujinga
Analyse *f* uchambuzi, changanuo (ma-)
analysieren *tr* -chambua
analytisch -a kiuchambuzi
Ananas *f* nanasi (ma-); *Pflanze* mnanasi (mi-)
Anarchie *f* ghasia (–)
Anarchist *m* mpinga utawala wo wote (wa-)
Anatomie *f* elimumwili (–)
Anbau *m Landw* upandaji; *Arch* upanuzi
anbauen *tr Landw* -panda; *Arch* -panua
Anbau|fläche *f Landw* eneo la kulimia; ~**möbel** *Pl* fenicha za kuongezea
anbeten *tr* -abudu
Anbetracht | in ~ ... kwa sababu ya
anbieten *tr hinreichen* -pitisha; *vorschlagen* -pendekeza; *Waren* -panga ... kwa ajili ya kuuza
anbinden *tr* -funga kamba
Anblick *m* mtazamo (mi-)
anblicken *tr* -angalia, -tazama
anbrechen *intr* | der Tag bricht an kunapambazuka
anbrennen *tr* -washa, -pasha *od* -tia moto; *intr* -waka; *Speise* -ungua
anbringen *tr* -weka
Anbruch *m* | bei ~ des Tages mapambazuko *Pl*, alfajiri (–)
andächtig kwa makini
andauern *intr* -dumu, -endelea
Andenken *n Souvenir* zawadi ndogo; *Gedenken* kumbukumbu (–) | zum ~ an kwa kukumbuka
ander|er (~e, ~es; ~e) -ingine | etwas ~es kitu kingine | einer nach dem ~en mmoja baada ya mwingine | am ~en *od* ~n Tage kesho yake

andererseits kwa upande mwingine
andermal | ein ~ mara *od* safari nyingine
ändern *tr Kleidung* -tengeneza; *Meinung* -badili; **sich** ~ -badilika
anders *neuartig* kwa njia nyingine, vingine; *abweichend* tofauti | [ganz] ~ als ... tofauti [sana] na ... | jemand ~ mtu mwingine | nirgendwo ~ hakuna pengine
anderthalb -moja na *od* u nusu
Änderung *f* badiliko (ma-); *Kleid* tengenezo (ma-), rekebisho (ma-)
Änderungsvorschlag *m* pendekezo la sahihisho
andeuten *tr* -dokeza
Andeutung *f* dokezo (ma-)
Andrang *m* msongamano (mi-)
aneignen, sich *Fähigkeiten* -jipatia; *fremdes Eigentum* -iba, -kwepua *od* -kwapua
aneinander pamoja
aneinandergeraten *intr* -kwaruzana
Anekdote *f* kisa (vi-)
Anemone *f* mmea wenye ua lifananalo na as[u]mini na kuitwa anemone
anerkennen *tr Jur, Pol* -tambua; *Leistung* -thamini; *Schuld* -kiri
Anerkennung *f Jur* kutambua *tr*; *Lob* sifa (–) | als ~ für kwa kutambua
anfahren *intr* -ondoka; *tr* -leta, -peleka; *anschreien* -fokea
Anfall *m Med* kushikwa, kupatwa
Anfang *m* mwanzo (mi-) | am ~ mwanzoni | von ~ an toka *od* tangu mwanzo | ~ Januar mwanzo wa Januari
anfangen *tr* -anza (*mit* na) | von vorn ~ -anza mwanzo kabisa | *unpers* es fängt an zu regnen mvua inaanza kunyesha
Anfänger *m* -na-*rel*-anza, mwanagenzi (wanagenzi)
anfangs kwanza, mwanzoni, awali
Anfangsbuchstabe *m* herufi ya kwanza
anfassen *tr* -gusa
anfechten *tr Einspruch erheben* -kata rufani
anfertigen *tr* -fanya, -tengeneza; *Anzug* -shona
Anfertigung *f* kufanya *tr*, kutengeneza *tr*, utengenezaji; *Kleidung* ushonaji
anfeuchten *tr* -tia maji
anfliegen *tr Flugw* -karibia ... kwa ndege
anfordern *tr* -omba *od* -taka kupata
Anforderung *f*, *meist* **~en** *Pl* matakwa *Pl* | [hohe] ~en stellen (an) -weka malengo [ya juu] (kwa)
Anfrage *f* swali (ma-) | *Parl* eine ~ an den Minister richten kumwuliza Waziri swali
anfragen *intr* -uliza (*bei* kwa)
anfreunden, sich -fanya urafiki (*mit* na)
anführen *tr führen* -ongoza; *narren* -danganya; *nennen* -taja; *zitieren* -kariri
Anführungszeichen *n/Pl* alama za kunukuu usemi
Angabe *f Mitteilung* dokezo (ma-); *Prahlerei* maringo *Pl*, majivuno *Pl*, majisifu *Pl*
angeben *tr nennen* -taja | *übertr* den Ton ~ -tawala; *intr prahlen* -jivuna, -jisifu
angeblich 1. *Adj* -na-*rel*-daiwa 2. *Adv* | er ist ~ ein Fremder ati *od* eti yeye ni mgeni, yeye anadaiwa ni mgeni
angeboren *Med* -li-*rel*-zaliwa na-*rel*; *natürlich* asilia
Angebot *n Hdl* bei (–); *Vorschlag* pendekezo (ma-) | jmdm. ein ~ unterbreiten -fanyia mtu pendekezo
angebracht | es ist ~ ... inafaa *od* inastahili | er hält es für ~ zu gehen bora *od* heri *od* afadhali aende *od* aondoke
angehen *tr betreffen* -husu | das geht dich nichts an si shauri lako, haikuhusu
angehören *intr* -wa mwanachama | er

gehört der Armee an yuko katika jeshi, yeye ni mwanajeshi | sie gehört dem Parlament an yeye ni Mbunge
Angehörige(r) *f*(*m*) jamaa (–), ndugu (–); *Mitglied* mwanachama (wanachama), mjumbe (wa-)
Angeklagte(r) *f*(*m*) mshtakiwa (wa-)
Angel *f* mwanzi wa kuvulia samaki kwa ndoana; *Tür* bawaba (–)
Angelegenheit *f* jambo (mambo)
Angelhaken *m* ndoana (–), kioo (vi-)
angeln *tr* -vua … kwa ndoana; *intr* -vua samaki kwa ndoana
Angelschnur *f* kamba ya kuvulia samaki
angemessen -na-*rel*-stahili; *passend* -na-*rel*-faa
angenehm -zuri; *Wesen* -a kuvutia; *Leben* -a raha [mustarehe], -a starehe
angenommen | ~, daß … kama, ikiwa
angesehen -na-*rel*-heshimiwa, -tukufu
angespannt -gumu
Angestellte(r) *f*(*m*) mtumishi (wa-)
angestrengt -a bidii
angewiesen | ~ sein auf -tegemea *tr*
angewöhnen *tr* | sich etw. ~ -zoea kitu
Angewohnheit *f* desturi (–) | die ~ haben zu … -wa na desturi ya
Angina *f* mafindofindo kuvimba, koto (–)
Angler *m* mvuvi anayetumia ndoana
Angola Angola (–)
angreifen *tr anfassen* -gusa; *Sport, Mil* -shambulia
Angreifer *m Mil* mshambulizi (wa-)
angrenzend -na-*rel*-pakana, -a kando
Angriff *m* shambulio (ma-) (*auf* la *od* katika) | in ~ nehmen -anza
Angst *f* hofu (–) (*vor, um* ya) | aus ~ vor *od* um kwa kuogopa *tr* | jmdm. ~ machen -tisha mtu
ängstlich -a *od* -enye hofu; *Lebewesen auch* -oga
anhalten *tr Fahrzeug* -simamisha; *intr haltmachen* -simama; *dauern* -endelea
anhaltend -na-*rel*-endelea
Anhalter *m* | per ~ kwa kupata lifti
Anhaltspunkt *m* kigezo (vi-)
Anhang *m Buchw* nyongeza (–)
anhängen *tr Kfz* -funga; *Eisenb* -unganisha
Anhänger *m Verk* trela (ma-); *Schmuck* jebu (ma-); *Gefolgsmann* mfuasi (wa-); *Sport* mshabiki (wa-)
anhäufen *tr* -rundika *od* -lundika; **sich ~** -rundikana *od* -lundikana
Anhöhe *f* kilima (vi-)
anhören *tr* -sikiliza
Ankauf *m* ununuzi
Anker *m* nanga (–) | vor ~ gehen, ~ werfen -tia *od* tosa nanga | den ~ lichten -ng'oa nanga
Anklage *f* shtaka (ma-) | ~ gegen jmdn. erheben -sh[i]taki mtu
anklagen *tr Jur* -sh[i]taki (*einer Sache od wegen etw.* kwa)
Ankläger(in) *m*(*f*) mshtaki (wa-)
ankleben *tr* -bandika … kwa gundi
ankleiden, sich -vaa
anklopfen *intr* -piga *od* -bisha hodi
anknüpfen *tr* -funga … fundo; *Gespräch* -anza; *Bekanntschaft* -juana na
ankommen *intr eintreffen* -fika, -wasili (*in* katika, -ni) | in Tanga ~ -fika Tanga | *unpers* es kommt darauf an, daß … ni muhimu kwamba …
ankündigen *tr* -tangaza
Ankündigung *f* tangazo (ma-)
Ankunft *f* kufika, kuwasili
Ankunfts|tafel *f* bao lenye ratiba ya mabasi *od* magari moshi kufika; **~zeit** *f* [saa ya *od* za] kufika
Anlage *f Aufbau, Plan* ramani (–); *Biol* uwezo; *Tech* mtambo (mi-); *Fin* uwekaji | als ~ kama nyongeza; *Gartenb oft* **~n** *Pl* bustani (–)
Anlaß *m Veranlassung* sababu (–) | aus ~ … kwa sababu ya … | (keinen) ~ haben zu (*neg*)-wa na sababu ya
anlassen *tr Motor* -piga stati, washa |

es läßt sich gut (schlecht) an imeanza vizuri (vibaya)
Anlasser *m Auto* stati (–), kiwashio (vi-)
anläßlich kwa sababu *od* ajili ya
Anlauf *m* mwanzo (mi-); *Sport* kukimbia | ~ nehmen -wa[-mo *od* -po *od* -ko] katika
anlaufen *tr* | einen Hafen ~ -soza bandari; *intr Produktion, Maschine* -anza; *Fensterscheibe* -ziba
anlegen *tr Kartei* -tengeneza; *Geld* -weka; *Verband* -bandika, -funga; *intr Schiff* -funga gati
Anlegestelle *f* diko (ma-)
anlehnen *tr Tür* -shindika, -vungaza; **sich** ~ -egemea (*an etw.* kitu)
Anleihe *f* mkopo (mi-) | *Fin* eine ~ aufnehmen -kopa (*bei* kwa)
anleiten *tr* -elekeza
Anleitung *f* mwelekezo (mi-), mwongozo (mi-)
Anliegen *n* haja (–)
anmaßen, sich -fidhulika, -thubutu
anmaßend -a kiburi, fidhuli
Anmeldeformular *n* fomu ya kujisajili *od* kujiandikisha
anmelden *tr* -andikisha (*bei* katika *od* kwa); **sich** ~ -jiandikisha (*bei* katika *od* kwa)
Anmeldung *f* ku[ji]andikisha, kuripoti
anmerken *tr notieren* -noti | man merkt ihm nichts an haonyeshi wasiwasi wo wote | sich nichts ~ lassen *neg*-onyesha wasiwasi wo wote *od* hamaki yo yote
Anmerkung *f Fußnote* tanbihi (–)
anmutig -enye madaha
annageln *tr* -pigilia msumari, -kongomea
annähen *tr* -shikamanisha, -shona
annähernd **1.** *Adj* -na-*rel*-karibia **2.** *Adv* hivi, kama, karibu | ~ 50 Personen karibu watu 50, watu kama *od* wapatao 50, watu 50 hivi
Annäherung *f* karibiano (ma-), msogeleano (mi-)
Annahme *f Entgegennahme* upokeaji; *Vermutung* makisio *Pl* | in der ~, daß ... kwa kukisia kwamba ...
annehmbar -na-*rel*-kubalika, nafuu
annehmen *tr entgegennehmen* -pokea; *vermuten* -kisi, -chukulia; *Stelle* -ajiriwa; *Gesetz* -pitisha; *Angebot, Vorschlag* -kubali, -afiki | Vernunft ~ -tumia akili
Annehmlichkeit *f* raha (–), starehe (–)
annektieren *tr* -shikilia
Annexion *f* kushikilia *tr*
Annonce *f* tangazo (ma-) | eine ~ aufgeben -peleka tangazo
annoncieren *intr* -toa tangazo
annullieren *tr* -futa, -batilisha
Anode *f El* anodi (–)
anonym -si-*rel*-tajwa [ma]jina
Anorak *m* kaputi fupi (ma-)
anordnen *tr* -panga; *anweisen* -agiza
Anordnung *f* upangaji, kupanga *tr*; *Anweisung* agizo (ma-)
anorganisch -a kiumbe kisicho hai, -si-*rel* na uhai
anormal -si-*rel* -a kawaida
anpassen *tr* -rekebisha; **sich** ~ -jirekebisha
anpflanzen *tr* -panda
Anprobe *f* kujaribu *tr*
anprobieren *tr* -jaribu
anrechnen *tr* | man rechnet ihm diese Tat hoch an wanathamini sana tendo lake
Anrecht *n* haki (–); *Theat* tikiti ya msimu
Anrede *f* kusema na, kusemesha *tr*
anreden *tr* -sema na, -semesha
anregen *tr vorschlagen* -pendekeza, -toa rai
anregend -a kusisimua
Anregung *f* dokezo *od* dokezi (ma-)
anrichten *tr Speisen* -tengeneza, -andaa; *Unheil* -sababisha
Anruf *m Tel* simu (–)
anrufen *tr Tel* -pigia simu; *intr* -piga simu
Ansage *f Radio* tangazo (ma-)

ansagen *tr Radio* -tangaza
Ansager *m Radio* mtangazaji (wa-)
ansammeln, sich -lundikana *od* -rundikana, -songamana
anschaffen *tr* -nunua | sich etw. ~ -jipatia, *durch Kauf* -jinunulia
Anschaffung *f* kujipatia *tr*; *Kauf* ununuzi
anschaulich -a kinagaubaga
Anschauung *f* mtazamo (mi-)
Anschauungsunterricht *m* kipindi kinachofundishwa kwa vielelezi
anscheinend *Adv* inavyoelekea
Anschlag *m Plakat* tangazo (ma-); *Attentat* jaribio la kuua (*auf jmdn.* mtu)
anschlagen *tr Brett, Leiste* -pigilia msumari; *Plakat* -bandika; *intr Kur, Arznei* -saidia
Anschlag|säule *f* nguzo ya matangazo; **~tafel** *f* bao la matangazo
anschließen *tr*, *El* -funga; **sich ~** -jiunga (*an* na)
anschließend -a baadaye, -na-*rel*-fuata
Anschluß *m Verk* ndege *od* treni nyingine *od* basi lingine; *Tel* simu (–); *El* kuunganish[w]a | ~ finden an -fahamiana na | im ~ an baada ya
anschnallen *tr* -funga mkanda
anschneiden *tr Brot* -kata; *Thema* -gusia
anschrauben *tr* -funga *od* -kaza skurubu ya
Anschrift *f* anwani (–)
anschwellen *intr Med* -vimba; *Fluß* -jaa
ansehen *tr anblicken* -tazama; *betrachten* -angalia
Ansehen *n Achtung* hadhi (–) | vom ~ kennen -fahamu kwa sura
Ansicht *f Abbildung* picha (–); *Meinung* mtazamo (mi-), maoni *Pl* (*über* wa *od* ya *od* juu ya)
Ansichtskarte *f* kadi ya picha
ansiedeln *tr* -kalisha; **sich ~** -ka[li]a
anspannen *tr Zugtier* -funga [nira ya]; *Kräfte* -jitahidi, -fanya juu chini
anspielen *intr* -gusia (*auf etw.* kitu)
anspornen *tr* -himiza
Ansprache *f* hotuba (–)
ansprechen *tr* -sema na
anspringen *intr Motor* -waka
Anspruch *m* dai (ma-) | in ~ nehmen *Person* -sumbua; *Hilfe* -omba | ~ erheben auf -dai
anspruchslos -a ukinaifu | ~er Mensch mkinaifu (wa-)
anspruchsvoll *Ziel* -a juu; *Person* -li-*rel* na mahitaji mengi
Anstalt *f Institution* taasisi (–) | (keine) ~en machen (*neg*)-jiandaa
Anstand *m Verhalten* adabu (–)
anständig -enye adabu
anstatt | [daß] … badala ya | ~ zu … badala ya ku- …
anstecken *tr* -visha; *Med* | jmdn. ~ mit … -ambukiza mtu …; **sich ~** *Med* -ambukizwa, -pata (*mit* kitu, *bei* kwa)
ansteckend -a kuambukiza
anstehen *intr sich anstellen* -simama *od* -jipanga foleni (*nach* kujipatia *od* kununua)
ansteigen *intr Straße* -panda; *Wasser* -jaa; *Preis* -ongezeka
anstelle mahali (*von* pa); *bei Personen* badala (*von* ya) | ~ von ihr badala yake
anstellen *tr Bewerber* -ajiri; *Maschine* -tia moto, -stati; *Radio* -fungua | er hat etwas [Dummes] angestellt amefanya ubaya; **sich ~** *Reihe bilden* -simama katika foleni
Anstellung *f* kazi (–), kuajiriwa
Anstieg *m* kupanda
Anstoß *m Ärgernis* ugomvi; *Sport* kuanza mchezo
anstoßen *tr* -gonga; *intr* | auf jmds. Wohl ~ -gonganisha g[i]lasi kumtakia heri mtu
anstößig -chafu
anstreichen *tr anmalen* -paka rangi; *anmerken* -tia *od* -weka alama, -pigia mstari
anstrengen *tr* | diese Arbeit strengt

mich an kazi hii inanisumbua *od* inanichosha; **sich** ~ *sich bemühen* -jitahidi, -fanya bidii

anstrengend -a kuchosha

Anstrengung *f* jitihada (–), juhudi (–)

Antarktis *f* Antaktiki (–)

Anteil *m Teil* sehemu (–) | ~ nehmen an -onyesha masikitiko kwa; **~nahme** *f* masikitiko *Pl*

Antenne *f* erieli (–), erio (–)

Antifaschist *m* mpinga ufashisti (wa-)

antifaschistisch -a kupinga *od* -na-*-rel*-pinga ufashisti

Antike *f Zeitraum* enzi za Wayunani na Warumi

Antilope *f Säbel*~ pala hala (–); *Elen*~ pofu (–); *weitere Arten* kulungu (–), korongo (–)

Antipathie *f* kinyongo (vi-) (*gegen* na *od* kwa)

Antiquariat *n* duka la vitabu vya zamani

antiquarisch -a vitabu vya zamani

Antiquitäten *Pl* vitu vya kale

Antrag *m Ersuchen* ombi (ma-); *Vorschlag* pendekezo (ma-); *Parl* hoja (–) | einen ~ stellen -toa pendekezo *od* hoja

antreffen *tr* -kuta

antreiben *tr anspornen* -himiza; *Maschine* -endesha

antreten *tr Motor* -piga stati *od* -stati; *Reise* -ondoka; *Erbschaft* -pokea

Antrieb *m Tech* nguvu ya msukumo; mtamboendeshi (mi-) | aus eigenem ~ kwa kujitolea, bila kuambiwa

Antwort *f* jibu (ma-)

antworten *intr* -jibu (*jmdm. auf eine Frage* mtu swali)

anvertrauen *tr* -kabidhi (*jmdm.* mtu); **sich** ~ -fahamisha siri *od* shida (*jmdm.* mtu)

anwachsen *intr Wurzeln fassen* -ota; *zunehmen* -zidi, -ongezeka

Anwalt *m Jur* mwanasheria (wanasheria); *Fürsprecher* mtetezi (wa-)

anwärmen *tr* -pasha moto

anweisen *tr zuweisen* -patia *dopp tr*; *Fin* -peleka *od* -leta

Anweisung *f Anleitung* mwongozo (mi-); *Anordnung* agizo (ma-)

anwenden *tr* -tumia

Anwendung *f* matumizi *Pl*

anwerben *tr* -ajiri

anwesend -na-*rel*-hudhuria, -li-*rel*-mo *od* -po *od* -ko

Anwesenheit *f* mahudhurio *Pl*, kuwepo

Anwesenheitsliste *f* orodha ya mahudhurio

Anzahl *f* idadi (–)

anzahlen *tr* -lipa *od* -toa rubuni ya

Anzahlung *f* rubuni (–)

Anzeichen *n Med* dalili (–)

Anzeige *f Inserat* tangazo (ma-); *Polizei* ripoti (–) | ~ erstatten (gegen) -toa ripoti (juu ya)

anzeigen *tr bekanntmachen* -arifu; *annoncieren* -tangaza; *angeben* -onyesha; -ashiria; *Jur* -peleka ripoti

anziehen *tr Kleidung* -vaa; *Schraube* -kaza; **sich** ~ *ankleiden* -vaa

Anziehungskraft *f* uvutio; *Reiz* haiba (–); *Phys* nguvu ya uvutano

Anzug *m Kleidung* suti (–)

anzünden *tr* -washa, -tia *od* -pasha moto

Apartheid *f* ubaguzi wa rangi

apathisch -tepetevu

Apfel *m* tofa[h]a (ma-); **~baum** *m* mtofa[h]a (mi-); **~mus** *n* matofa[h]a ya kuponda; **~saft** *m* maji ya matofa[h]a

Apfelsine *f* chungwa (ma-); *Baum* mchungwa (mi-)

Apotheke *f* duka la dawa

Apotheker *m* mfamasia (wa-), mchanganya dawa (wa-)

Apparat *m* chombo (vyombo), kifaa (vi-); *Telefon* simu (–)

Appartement *n* fleti (–)

Appell *m* kuita majina, baraza (–); *Aufforderung* mwito (mi-) (*an* kwa)

appellieren *intr* -toa mwito (*an* kwa)

Appetit *m* hamu ya kula | guten ~! karibu[ni] [chakula]
appetitlich -tamu, -enye ladha nzuri
applaudieren *intr* -piga makofi
Applaus *m* makofi *Pl*
Aprikose *f* aprikoti (–)
April *m* Aprili (–), mwezi wa nne
Aquarell *n* picha ya rangi za maji
Aquarium *n* sanduku la vioo
Äquator *m* ikweta (–), istiwai (–)
Äquatorialguinea Guinea ya Ikweta
Äquivalent *n* kisawe (vi-)
Araber *m* Mwarabu (wa-)
Arabien Uarabuni
arabisch -a Kiarabu
Arbeit *f* kazi (–); *Gelegenheits~* kibarua (vi-) | wir sind auf ~ tupo kazini
arbeiten *tr* -fanya kazi; *intr* -enda
Arbeiter *m* mfanyakazi (wa-), mtendakazi (wa-)
Arbeiter- *in Zus* -a wafanyakazi
Arbeit|geber *m* mwajiri (wa-); **~nehmer** *m* mwajiriwa (wa-)
arbeitsam -enye bidii
Arbeits|amt *n* Idara ya Ushauri wa Ajira; **~einkommen** *n* mapato yatokanayo na kazi, mshahara (mi-)
arbeitsfähig -enye uwezo wa kufanya kazi
arbeitsfrei si-*rel* na kazi | ~er Tag siku ya kupumzika
Arbeits|gemeinschaft *f* kikundi [cha washabiki wa]; **~kleidung** *f* nguo ya kazi; **~kollege** *m* mfanyakazi *od* mwalimu mwenzi (wa-); **~kraft** *f* mtendakazi (wa-), mfanyakazi (wa-); **~kräftemangel** *m* uhaba *od* ukosefu wa wafanyakazi
arbeitslos -si-*rel* na kazi
Arbeitslose(r) *f*(*m*) mtu asiye na kazi
Arbeitslosigkeit *f* [hali ya] kutokuwa na kazi
Arbeitsmoral *f* ari ya kufanya kazi | gute ~ ari kubwa ya kufanya kazi | eine schlechte ~ haben *neg*-wa na ari ya kufanya kazi
Arbeits|plan *m* mpango wa *od* ratiba ya kufanya kazi; **~platz** *m* mahali pa kufanya kazi; **~produktivität** *f* tija (–); **~schutz** *m* [ta]hadhari ya kazi; **~stelle** *f* mahali pa kufanya kazi
arbeitsunfähig -si-*rel*-weza kufanya kazi
Arbeits|zeit *f* saa za kufanya kazi; **~zimmer** *n* chumba cha kusoma
Archäologie *f* elimuubukuzi
Architekt *m* mchora ramani (wa-), msanifu ujenzi (wa-)
architektonisch -a kiujenzi
Archiv *n* nyaraka *Pl*
Argentinien Argentina (–)
Ärger *m* hamaki (–), hasira (–) | ~ empfinden über *od* wegen -patwa *od* -ingiwa *od* -shikwa na hasira kwa
ärgerlich -enye hasira *od* hamaki; *unangenehm* -a kusikitisha | ~ sein (*auf od über*) ↑ **sich ärgern**
ärgern *tr* -hamakisha, -kasirisha; **sich ~** -hamaki, -kasirika | sich über jmdn. ~ -hamakia *od* kasirikia mtu | sich über etw. ~ -hamakishwa *od* -kasirishwa na kitu
Argument *n* hoja (–)
argumentieren *intr* -toa hoja
Argwohn *m* tuhuma (–) (*gegen* juu ya)
argwöhnisch -enye tuhuma (*gegen* juu ya)
Arithmetik *f* hesabu (–)
Arktis *f* Aktiki (–)
arm maskini *od* duni (*an* katika)
Arm *m Verzweigung* mkono (mi-)
Armband *n* bangili (–); **~uhr** *f* saa ya mkono
Armbinde *f* kitambaa cha mkononi
Armee *f* jeshi (ma-)
Ärmel *m* mkono (mi-)
ärmlich maskini
Armut *f* umaskini
Aroma *n* harufu nzuri
aromatisch -a kunukia
arrangieren *tr* -andaa, -panga
arrogant -enye majivuno

Art *f Sorte*, *Biol* aina (–), namna (–); *Benehmen* tabia (–) | die ~ und Weise, wie ... jinsi -vyo- ...
Arterie *f* a[r]teri (–)
artig *folgsam* -enye adabu *od* nidhamu, -tii[fu]
Artikel *m Zeitung* makala (–); *Paragraph* ibara (–); *Hdl* bidhaa (–); *Gramm* kidhihirishi (vi-)
Artillerie *f* kikosi cha mizinga
Artist *m* mwanasarakasi (wanasarakasi)
Arznei *f* dawa (–)
Arzt *m* daktari (ma-), mganga (wa-)
ärztlich -a daktari, -a tiba | ~e Hilfe in Anspruch nehmen -enda kumwona daktari *od* mganga
As *n Kart* ree (–), dume (ma-)
Asche *f* jivu (ma-)
Aschen|bahn *f* barabara ya kukimbilia; **~becher** *m* kisahani cha majivu
Asiat *m* Mwasia (wa-)
asiatisch -a Kiasia
Asien Asia (–)
asozial -a ufarakani | ~er Mensch mfarakani (wa-)
Aspekt *m* kipenge[l]e (vi-)
Asphalt *m* lami (–)
asphaltieren *tr* -tia *od* -weka lami
Aspirant *m* mzamili (wa-)
Assistent(in) *m(f)* mkufunzi (wa-)
Assistenzarzt *m* daktari msaidizi (ma-)
assistieren *intr* -saidia *tr*
Ast *m* tawi (ma-), tamviri (–)
Aster *f* mmea ufananao na pareto na kuitwa aster
Ästhetik *f* umbuji
ästhetisch *schön* -a kupendeza; *schöngeistig* -a umbuji
Asthma *n* pumu (–)
asthmatisch -a pumu
Astronaut *m* mwanaanga (wanaanga)
Astronomie *f* unajimu
astronomisch -a kinajimu
Asyl *n* hifadhi (–)
Atelier *n* studio (–)
Atem *m* pumzi (–) | außer ~ sein -hema | ihm ging der ~ aus pumzi zilimpaa; **~pause** *f* muda mfupi
Atheist *m* mtu asiyeamini Mungu
atheistisch -si-*rel*-amini Mungu
Äther *m* etha (–)
Äthiopien Uhabeshi (–)
Athlet *m* mwanamichezo (wanamichezo)
Atlantik *m od* **Atlantischer Ozean** *m* Bahari ya Atlantiki
Atlas *m* atlasi (–)
atmen *intr* -pumua
Atmosphäre *f* angahewa (–); *übertr* hali ya hewa; *Tech* kanieneo (–)
Atmung *f* kupumua
Atom *n* atomi (–)
atomar -a atomiki *od* [ki]atomi
Atom|bombe *f* bomu la atomiki; **~eisbrecher** *m* meli ya kuvunja barafu iendayo kwa nishati ya atomi; **~energie** *f* nishati ya atomi; **~kern** *m* kiini cha atomi; **~kraftwerk** *n* mtambo wa nishati ya kiatomi wa kutoa umeme; **~physik** *f* fizikia ya atomi; **~reaktor** *m* mtambo wa atomki; **~waffe** *f* silaha ya atomi
Attentat *n* jaribio la kuua *tr*
Attentäter *m* mtu aliye na dhamira ya kuua *tr*
Attest *n* cheti (vyeti)
attraktiv -a kuvutia
Attrappe *f* kitu cha bandia
auch pia, vile vile | ~ wenn hata kama | ich ~ nicht wala mimi | was ~ [immer] lo lote, cho chote
auf 1. *Adv* | ~ und ab huku na huko **2.** *Präp* a) *Ort* juu ya, kwenye *od* penye, -ni b) *Zeit* | ~ einen Monat mpaka *od* hadi mwezi ujao c) *Art und Weise* | ~ diese Weise kwa namna hii | ~ deutsch kwa Kijerumani
Aufbau *m* ujenzi, ujengaji; *Gliederung* upangaji, utaratibu
aufbauen *tr* -jenga; *gliedern* -wa na utaratibu, -panga
aufbereiten *tr Erze* -chambua; *Texte, Belege* -hariri

aufbewahren *tr* -hifadhi
aufblühen *intr* -chanua; *übertr* -s[i]tawi
aufbrechen *tr gewaltsam öffnen* -vunja; *intr sich aufmachen* -ondoka
Aufbruch *m Weggehen* kuondoka
aufbrühen *tr* -mimina *od* -tia maji moto kwenye chombo chenye ...; *Tee* -pika
aufdringlich -a usumbufu | ~er Mensch msumbufu (wa-)
aufeinander -moja juu ya -ingine; *nacheinander* -moja baada ya -ingine
Aufenthalt *m* kuwepo, ziara (–) | ~ haben -simama
Aufenthalts|genehmigung *f* kibali cha kukaa nchini; **~raum** *m* chumba cha kupumzika
aufessen *tr* -pua
Auffahrunfall *m* ajali ya kugong[w]a nyuma
auffallen *intr* -bainika, -dhihirika | *unpers* es fiel mir auf, daß ... nilitambua kwamba...
auffällig -a kushangaza, -a ajabu
auffassen *tr auslegen* -fafanua, -fasiri
Auffassung *f Ansicht* mtazamo (mi-), maoni *Pl* | nach meiner ~ kwa maoni yangu
auffordern *tr* -taka
Aufforderung *f* agizo (ma-)
aufführen *tr Theat, Mus* -onyesha, -cheza; *nennen* -orodhesha, -taja
Aufführung *f Theat, Mus* maonyesho *Pl*
Aufgabe *f Schul~* kazi (–); *Auftrag* wajibu; *Verzicht* kujiuzulu
Aufgang *m* ngazi [za kupandia juu]; *Astron* mapambazuko *Pl*, macheo *Pl*
aufgeben *tr Brief, Gepäck, Anzeige* -peleka; *Schulaufgabe* -pa *dopp tr*; *verzichten* -acha | die Hoffnung ~ -kata tamaa
aufgehen *intr Tür* -funguka; *Saat* -ota, -chipuka; *Astron* -chomoza, -toka; *Math* -wa sawa; *Med* -pasuka
aufgeregt -enye wasiwasi | ~ sein -tukuta
aufgeschlossen -li-*rel* wazi
aufgeweckt -changamfu
aufhalten *tr zurückhalten* -zuia; [*von der Arbeit*] *abhalten* -zuia [-sifanye kazi]; **sich** ~ *sich befinden* -wa[-mo *od* -po *od* -ko], -kaa
aufhängen *tr* -an[g]ika, -ning'iniza, -tundika
aufheben *tr hochheben* -nyanua, -inua, -pandisha; *aufbewahren* -hifadhi, -tunza; *abschaffen* -futa, -batili
aufheitern *tr* -changamkia; **sich** ~ *Wetter* -pata mkesha
aufhören *intr* -isha | *unpers* es hat aufgehört zu ... imekwisha ku- ... | es hat aufgehört zu regnen imekesa
aufklären *tr* -eleza, -arifu (*über* juu ya); *klären* -tanzua, -fumbua; **sich** ~ -tanzuka; *Wetter* -pata mkesha
Aufklärung *f Unterrichtung* maelezo *Pl*, habari kamili (–); *Klärung* ubainifu, ufumbuzi
aufkleben *tr* -bandika ... kwa gundi
aufknöpfen *tr* -fungua kifungo cha *od* vifungo vya
aufkommen *intr Sturm* -anza kuvuma; *Gerücht* -zuka | für einen Schaden ~ -lipa hasara
aufladen *tr* -pakia; *Batterie* -chaji
Auflage *f* chapa (–)
Auflauf *m Ansammlung* mkusanyiko (mi-); *Kochk* kitumbua (vi-)
auflegen *tr Tischtuch* -tanda; *Schallplatte* -weka; *Buchw* -piga chapa
auflehnen, sich *übertr* -pinga *tr*
auflösen *tr in einer Flüssigkeit* -mumunya, -yeyusha; *Geschäft, Haushalt* -vunja; **sich** ~ -mumunyuka, -yeyuka
Auflösung *f Geschäft, Haushalt* uvunjaji; *Rätsel* kufumbua
aufmachen *tr öffnen* -fungua; *Augen, Mund auch* -fumbua
Aufmarsch *m* maandamano *Pl*
aufmarschieren *intr* -andamana
aufmerksam -angalifu, -enye makini | ~ sein -wa macho
Aufmerksamkeit *f Höflichkeit* u-

angalifu, makini (–); *kleines Geschenk* zawadi ndogo

aufmuntern *tr* -pa … moyo

Aufnahme *f Gast*, *in einer Partei* kukaribisha *tr*; *Film*, *Foto* picha (–) | eine ~ machen (von) -piga picha (ya); *Protokoll* kuchukua *tr*; *Radio*, *Tonträger* kunasa *tr*, rikodi (–); **~gerät** *n* chombo cha kurikodia; **~prüfung** *f* mtihani wa kuingia Chuo *od* shule

aufnehmen *tr* -pokea, -karibisha; *Arbeit* -anza; *Protokoll* -chukua; *auf Tonträger* -rikodi, -nasa sauti ya *od* za; *Film*, *Foto* -piga | etw. wohlwollend (schlecht) ~ -pokea kitu kwa mikono miwili (vibaya)

aufpassen *intr* -wa macho *od* -angalifu (*auf* katika); *auf Kinder* -chunga *tr*

aufpumpen *tr* -jaza … upepo [kwa pampu]

aufräumen *tr* -panga

aufrecht *gerade* -a wima; *aufrichtig* -a kweli

aufrechterhalten *tr* -linda, -dumisha

aufregen *tr* -tia … wasiwasi; **sich ~** -wa na wasiwasi (*über* na)

Aufregung *f Verwirrung* wasiwasi (–); *Erregung* moto (mi-)

aufreißen *tr durch Reißen öffnen* -chana

aufrichten *tr* -simamisha; **sich ~** -simama, -inuka

aufrichtig -a kweli, halisi

Aufrichtigkeit *f* uaminifu

aufrollen *tr* -kunja

Aufruf *m* mwito (mi-); *namentlich* kuita majina

aufrufen *tr* -ita; *appellieren* -toa mwito

Aufruhr *m* ghasia (–), fujo (ma-)

aufrunden *tr Summe* -karibisha juu

aufrüsten *tr* -limbikiza zana *od* silaha za kivita

Aufrüstung *f* kulimbikiza zana *od* silaha za kivita

Aufsatz *m Schule* insha (ma-); *Abhandlung* makala (–); *Aufbau* ziada (–)

aufsaugen *tr* -fyonza

aufschieben *tr* -ahirisha

Aufschlag *m Kleidung* mkunjo (mi-); *Preis* ongezeko (ma-)

aufschlagen *tr Ei* -vunja; *Zelt* -piga; *Buch* -fungua; *Preis* -pandisha, -ongeza

aufschließen *tr Tür* -fungua … kwa ufunguo

Aufschluß *m* | ~ geben über -toa ufafanuzi wa

aufschlußreich bayana, dhahiri

aufschneiden *tr* -kata; *intr übertr* -jigamba

Aufschnitt *m* vipande vya nyama mbali mbali

aufschreiben *tr* -andika

Aufschrift *f* anwani (–), elezo (ma-)

Aufschub *m* | die Angelegenheit duldet keinen ~ jambo *od* suala hili lisiahirishwe

Aufschwung *m Sport* kujipandisha; *übertr* maendeleo *Pl*, us[i]tawi

Aufsehen *n* kituko (vi-), kioja (vi-) | ~ erregen -shangaza *tr*

aufsetzen *tr Kopfbedeckung*, *Brille* -vaa; *Schriftstück* -tunga

Aufsicht *f* usimamizi; *Lehrer* mwalimu wa zamu | die ~ haben *od* führen über -simamia

Aufstand *m* uasi

aufstehen *intr sich erheben* -inuka, -simama

aufsteigen *intr besteigen* -panda; *Rauch*, *Nebel*, *Flugw* -paa, -elekea juu

aufstellen *tr hinstellen* -simamisha, -weka; *Rekord* -weka; *Liste* -tengeneza | als Kandidaten ~ -teua mgombeaji; **sich ~** -simama, -jipanga

Aufstellung *f Sport* majina [ya wanamichezo]; *Liste* orodha (–)

Aufstieg *m Tour* kupanda *tr*; *übertr* ustawi, maendeleo

aufstützen, sich -egemea

aufsuchen *tr besuchen* -tembelea
auftauchen *intr* -zuka; *plötzlich da sein* -tukia
auftauen *intr schmelzen* -yeyuka; *tr* -yeyusha
Auftrag *m Aufgabe* wajibu, kazi (–); *Hdl* oda (–) | im ~ von kwa niaba ya | jmdm. einen ~ erteilen -agiza mtu
auftragen *tr Speisen* -peleka; *Farbe* -paka; *Grüße* -omba, *Med* -tia
Auftraggeber *m* mwenye oda (wenye)
auftreten *intr vorkommen* -tokea, -zuka; *Theat* -cheza; *sich benehmen* -wa na adabu
Auftritt *m Theat* onyesho (ma-)
aufwachen *intr* -amka
aufwachsen *intr* -kua
Aufwand *m von Mitteln* gharama (–); *Ausgaben* matumizi *Pl* | großen ~ treiben -badhiri
aufwärts [kwenda] juu
aufwecken *tr* -amsha
aufweichen *tr* -[b]ambisha, -loweka
aufwenden *tr Geld* -tumia; *Energie, Mühe* -fanya
aufzählen *tr* -taja
Aufzählung *f* kutaja [-moja baada ya -ingine]
Aufzeichnung *f* kumbukumbu (–)
aufziehen *tr Vorhang* -fungua; *Uhr* -tia ufunguo; *Kind* -lea; *intr Gewitter* -karibia
Aufzug *m Fahrstuhl* lifti (–), kambarau (–); *Theat* onyesho (ma-)
Auge *n* jicho (ma-) | *übertr* ein ~ zudrücken *neg*-jali | kein ~ zutun *neg*-pata usingizi hata kidogo *od* chembe | jmdm. die ~n öffnen -fichulia *od* -eleza mtu siri ya *od* habari za | sich etw. vor ~n halten -kumbuka kitu
Augenarzt *m* daktari (ma-) *od* mganga [bingwa] wa macho
Augenblick *m* kitambo (vi-), muda mfupi | einen ~ bitte! tafadhali, subiri kidogo
augenblicklich -a *od* kwa mara moja
Augen|braue *f* unyusi (nyusi); **~brauenstift** *m* kijiti cha *od* kalamu ya kupakia rangi nyusi; **~zeuge** *m* shahidi (ma-)
August *m* Agosti (–), mwezi wa nane
Auktion *f* mnada (mi-)
aus **1.** *Adv* | ~ sein *zu Ende* -isha, -malizika **2.** *Präp* a) *Ort* | ~ Berlin kutoka Berlin | ~ dem Norden kutoka kaskazini b) *Zeit* | ~ dem 20. Jahrhundert katika karne ya ishirini c) *Grund, Stoff* kwa | ~ Gold kwa dhahabu
ausarbeiten *tr verfassen* -tunga | sich (körperlich) ~ -fanya kazi ya sulubu
ausatmen *intr* -shusha pumzi; *tr* -toa
Ausbau *m Arch* kumalizia *tr*
ausbauen *tr Arch* -malizia; *übertr* -panua, -imarisha
ausbessern *tr Kleid* -shona [upya]; *Bauw* -tengeneza
Ausbeute *f Bergb* mapato *Pl* (*an* ya)
ausbeuten *tr Bodenschätze* -chimb[u]a; *Arbeiter* -nyonya
Ausbeuter *m* mnyonyaji (wa-)
Ausbeutung *f Bodenschätze* uchimbaji; *Arbeiter* unyonyaji
ausbilden *tr* -elimisha, -fundisha (*als od zu* kuwa)
Ausbildung *f* mafunzo *Pl* (*als* ya)
Ausblick *m* kutazama [huku na huko]; *übertr* mtazamo (mi-)
ausbrechen *tr herausbrechen* -ng'oa; *intr Gefangener, Tier* -toroka (*aus* katika); *Krieg, Brand, Seuche* -zuka | in Tränen ~ -angua machozi
ausbreiten *tr entfalten* -kunjua, -tandaza *od* -tandika; **sich ~** -tanda, -enea, -zagaa
Ausbruch *m Krankheit* uzukaji; *Vulkan* mlipuko (mi-), mbubujiko (mi-)
Ausdauer *f* uvumilivu
ausdehnen *tr weiten, Wirkungsweise* -panua (*auf* katika); **sich ~** -panuka
Ausdehnung *f Umfang* ukubwa, urefu; *Erweiterung* upanuaji
Ausdruck *m Wort* neno (ma-); *Fachwort* istilahi (–); *Miene* sura (–) | guter ~ umbuji | idiomatischer ~

msemo (mi-) | zum ~ bringen -tamka, -onyesha wazi
ausdrücken *tr Schwamm* -kamua, -minya; *Gedanken* -eleza | sich deutlich ~ -jieleza kwa ukamilifu
ausdrücklich -a *od* kwa dhati
auseinander *getrennt* mbali
auseinandergehen *intr sich trennen* -achana, -tengana; *entzwei gehen* -vunjika, -haribika
auseinandernehmen *tr* -changanua
auseinandersetzen *tr erklären* -eleza (*jmdm.* mtu); **sich ~** -jadiliana, -bishana (*mit* na)
Auseinandersetzung *f* majadiliano *Pl*; *Streitgespräch* mabishano *Pl*
ausfahren *intr Zug* -ondoka; *Bergb* -panda toka ardhini na kwenda juu
Ausfahrt *f* matembezi *Pl*; *Verk* kuondoka
Ausfall *m Wegfall* kutofanyika
ausfallen *intr Haar*, *Zahn* -toka; *Unterricht*, *Veranstaltung neg*-fanyika
Ausfallstraße *f* barabara ya kutokea mjini
ausfegen *tr* -fagia
Ausfertigung *f eines Schriftstückes* uandikaji; *ausgefertigtes Exemplar* nakala (–)
Ausflug *m* matembezi *Pl*
Ausflügler *m* mtembeaji (wa-), mtalii (wa-)
ausfragen *tr* -dadisi
Ausfuhr *f* kusafirisha *od* kupeleka *tr* [katika nchi za nje]
ausführen *tr Person* -tembeza; *Hdl* -peleka, -safirisha (*nach* katika); *Vorhaben* -tekeleza
ausführlich **1.** *Adj* -refu, -a wazi wazi, -a kinaganaga **2.** *Adv* kwa urefu, wazi wazi, kwa kinaganaga
Ausführung *f Erledigung* utekelezaji; *Darlegung* maelezo *Pl*
ausfüllen *tr Lücke* -ziba; *Formular* -jaza
Ausgabe *f Verteilung* ugawaji; *Buchw* chapa (–); **~n** *Pl Kosten* matumizi *Pl*, gharama (–)
Ausgang *m Tür* mlango wa kutokea; *Ergebnis* matokeo *Pl*
Ausgangspunkt *m* chanzo (vyanzo)
ausgeben *tr Geld* -tumia; *Karten* -gawa; **sich ~** -jifanya, -jidai (*als* kuwa *od* kama)
ausgehen *intr fortgehen* -toka; *Geld*, *Vorrat* -isha; *Feuer*, *Licht* -zimika; *zum Ausgangspunkt nehmen* -anza (*von* na); *enden* -[kw]isha, -uzwa | straflos ~ *neg*-hukumiwa
ausgelassen -changamfu
ausgenommen *außer* isipokuwa, ila
ausgerechnet *gerade* | *umg* ~ er yeye ndiye
ausgesprochen **1.** *Adj* -kubwa **2.** *Adv* sana, mno
ausgezeichnet bora
ausgiebig -ingi, tele
ausgießen *tr* -mwaga, -mimina
Ausgleich *m* usawazisho
ausgleichen *tr Unterschiede* -sawazisha
Ausgrabung *f* ubukuzi
Ausguß *m* sinki (–)
aushalten *tr ertragen* -vumilia, -stahimili; *intr ausharren* -kaa
Aushang *m* tangazo (ma-)
aushängen *tr Bekanntmachung* -weka, -bandika; *Fenster*, *Türen* -toa
aushelfen *intr* -saidia *tr* (*mit* kwa)
Aushilfe *f Aushilfskraft* kibarua (vi-)
auskennen, sich -wa bingwa *od* fundi (*in* wa)
auskommen *intr haushalten* -jikimu (*mit* katika); *sich vertragen* -patana
Auskunft *f* maelezo *Pl* | jmdm. ~ geben *od* erteilen -pa mtu maelezo *od* -arifu mtu
Auskunftsbüro *n* idara ya maelezo
auskuppeln *intr* (*tr*) -tengua gia (ya)
auslachen *tr* -cheka
ausladen *tr* -pakua
Auslage *f ausgelegte Ware* bidhaa iliyoonyeshwa; **~n** *Pl Kosten* gharama
Ausland *n* nchi ya *od* za nje *od* ng'ambo | ins ~ reisen -enda

ng'ambo *od* nchi ya nje | im ~ leben -ishi ng'ambo *od* katika nchi ya nje
Ausländer *m* mgeni (wa-)
ausländisch -a kigeni
Auslands|korrespondent *m* mwandishi wa habari aliyeko katika nchi ya nje; **~reise** *f* safari ya kutembelea nchi ya nje
auslassen *tr weglassen* -ruka
auslaufen *intr Schiff* -ng'oa nanga; *Flüssigkeit* -vuja (*aus* katika); *enden* -[kw]isha
Ausläufer *m Gebirge* kando kando ya milima, ubavuni mwa milima (mbavuni mwa ...)
auslegen *tr Geld* -fadhili; *Fläche* -tandika; *Text* -tanzua
Ausleger *m Mar* mrengu (mi-); **~boot** *n Mar* ngalawa (–)
Ausleihe *f Bibliothek* mahali pa kuazim[i]a vitabu
ausleihen *tr* -azima (*jmdm.* mtu) | sich etw. ~ -azima kitu
Auslese *f* wasomi *Pl* | eine ~ treffen -chuja
auslesen *tr aussondern* -chekecha
ausliefern *tr Hdl* -gawa, -gawanya; *Jur* -rudisha
Auslieferung *f Jur* kurudisha *tr*
auslöschen *tr Feuer* -zima
Auslöser *m Foto* kifyatulio (vi-), chombo cha kufyatulia
Ausmaß *n* ukubwa, kiwango (vi-)
Ausnahme *f* jambo mahsusi (mambo) | mit ~ von isipokuwa, ila, pasipo | er ist eine große ~ yeye ni mtu wa peke yake; **~zustand** *m Pol* hali ya tahadhari
ausnahmsweise *Adv* kinyume cha *od* isivyo kawaida
ausnehmen *tr ausschließen* -tenga, -bagua; *Geflügel* -tumbua
ausnutzen, ausnützen *tr mit Vorteil* -nufaika na; *gebrauchen* -tumia; *mißbrauchen* -nyonya
auspacken *tr* -toa
auspressen *tr* -kamua
ausprobieren *tr* -jaribu
Auspuff *m* bomba la moshi la gari, bomba la kuchemulia
ausquartieren *tr* -hamisha
ausräumen *tr* -toa
ausrechnen *tr* -fanya *od* -piga hesabu ya
Ausrede *f* kisingizio (vi-)
ausreden *tr abraten* -shawishi | sie redeten ihm seine Meinung aus walimshawishi asiendelee kushikilia maoni yake | jmdn. ~ lassen -pa mtu fursa ya kuendelea kusema | jmdn. nicht ~ lassen -katiza mtu
ausreichen *intr* -tosha
ausreichend -a kutosha
Ausreise *f* kuhama, kuondoka (*nach* kwenda) | ~ nach Moçambique kuhama Msumbiji; **~erlaubnis** *f* kibali cha kuhama *od* kuondoka nchini
ausreisen *intr* -hama, ondoka (*nach* kwenda) | nach Moçambique ~ -hama Msumbiji
Ausreisevisum *n* viza ya kuhama nchi nyingine
ausreißen *intr* -toroka (*vor jmdm.* mtu); *tr herausreißen* -ng'oa
ausrichten *tr bestellen* -pasha habari, -arifu; *erreichen* -fanikiwa; *gerade machen* -nyosha
ausrotten *tr* -ng'oa, -ua
Ausruf *m* kuita *od* kusema kwa sauti; *vor Schmerz* kilio (vi-)
ausrufen *tr* -ita *od* -sema kwa sauti ya juu
Ausrufezeichen *n* alama ya mshangao
ausruhen, sich -pumzika (*von* baada ya)
ausrüsten *tr* -patia ... vifaa
Ausrüstung *f* vifaa *Pl*
ausrutschen *intr* -teleza
Aussaat *f* mpando (mi-), kupanda *tr*
Aussage *f Jur* ushahidi
Aussatz *m* barasi (–), mbalanga (–)
ausschalten *tr El* -zima, -funga; *nicht teilnehmen lassen* -toa
ausscheiden *tr Med* -toa, -choza; *intr* -jitoa (*aus* katika); *Sport* -tolewa

Ausscheidung *f*, *meist* **~en** *Pl* michozo *Pl*, najisi (–); *Sport* michuano *Pl*

Ausscheidungs[wett]kampf *m* mchuano (mi-)

ausschenken *tr* -mimina

ausschlafen (sich) *intr* (*refl*) -lala usingizi wa raha

Ausschlag *m Med* uwati (mbati), upele, ukurutu; *Meßapparat* mbembeo (mi-)

ausschlagen *intr Baum* -chipua, -mea; *Pendel* -bembea; *ablehnen* -kataa; *schmücken* -pamba

ausschlaggebend -zito, -a maana

ausschließen *tr nicht berücksichtigen* -tenga (*aus* katika); **sich** ~ -jitenga

ausschließlich **1.** *Adj* -a pekee **2.** *Adv* tu

Ausschluß *m* kutenga *tr*, kutoa *tr*

ausschneiden *tr* -kata (*aus* katika)

Ausschnitt *m Kleid* shingo (ma-), uwazi; *Teil* sehemu (–) | der ~ stammt aus der Zeitung makala hii imekatwa kwenye gazeti

ausschreiben *tr* -andika, -jaza | Wahlen (ein Projekt) ~ -tangaza uchaguzi (zabuni)

Ausschuß *m minderwertige Ware* bidhaa kuukuu (–); *Kommission* kamati (–)

ausschütten *tr* -mimina; *wegschütten* -mwaga

aussehen *intr* -onekana | ~ wie -fanana na | ~ als ob -elekea kama kwamba | gut ~ -wa maridadi, *Frau* -wa mrembo | schlecht ~ -wa dhaifu *od* duni

Aussehen *n* sura (–) | dem ~ nach kwa sura

außen nje | nach ~ [hin] [kwenda] nje | von ~ [her] toka nje

Außen|bordmotor *m* mota [ya kuwekea mashua ndogo]; **~handel** *m* biashara ya nje; **~minister** *m* Waziri wa Mambo ya Nchi za Nje (ma-); **~politik** *f* siasa ya [nchi za] nje

außenpolitisch -a siasa ya nje

Außen|seite *f* upande wa nje; **~stürmer** ~ *m Sport* mshambuliaji wa upande wa nje *od* wingi

außer **1.** *Präp außerhalb* nje ya | ~ Haus sein -toka | alle ~ ihm wote isipokuwa yeye | ~ sich sein vor -jaa … moyoni | ~ Atem sein -ishiwa pumzi **2.** *Konj* | ~ daß … isipokuwa, ila | ~ wenn … isipokuwa kama; **~dem** zaidi *od* juu ya hilo *od* hiyo, isitoshe

außerehelich haramu

äußer|er (~es, ~es) -a nje

Äußeres *n* sura (–), umbo (ma-) | Minister (Ministerium) des Äußeren Waziri wa (Wizara ya) Mambo ya Nchi za Nje

außer|gewöhnlich [-a] ajabu; **~halb** nje

äußerlich *Med* -a nje

äußern *tr* -eleza, -tamka | Zweifel ~ -wa na shaka; **sich** ~ -toa hoja *od* maoni (*über od zu* ya *od* juu ya); *sich zeigen* -jitokeza, -bainika

außer|ordentlich maalum; **~planmäßig** -a dharura

äußerst **1.** *Adj* -a mwisho, -a juu **2.** *Adv* kabisa, mno

außerstande | ~ sein *neg*-weza, *neg*-wa na uwezo, -shindwa

Äußerung *f* tamko (ma-)

aussetzen *tr Pflanzen* -panda | an jmdm. etw. auszusetzen haben -kosoa mtu kwa jambo | sich einer Gefahr ~ -jihatarisha; *intr unterbrechen* -kata

Aussicht *f Rundblick* kutazama toka juu; *meist* **~en** *Pl Perspektive* matazamio *Pl*

aussichtslos -a kukata tamaa, -a kuvunjika moyo

Aussichts|punkt *m* mahali pa kutazama huku na huko; **~turm** *m* mnara wa kutazama huku na huko

aussondern *tr* -chekecha, -chuja

ausspannen *tr Zugtier* -vua *od* -ondoa nira; *intr ausruhen* -jipumzisha

Ausspannung *f Erholung* mapumziko *Pl*

Aussprache *f* *Phon* matamshi *Pl*; *Meinungsaustausch* majadiliano *Pl* (*über* juu ya)
aussprechen *tr* *Phon* -tamka | sich für einen Antrag ~ -unga mkono hoja | sich gegen etw. ~ -pinga kitu | sich über etw. ~ -jadili kitu
Ausspruch *m* maneno yaliyoteuliwa
ausspülen *tr* -su[u]za; *Mund* -sukutua
Ausstand *m* *Wirtsch* mgomo (mi-)
ausstatten *tr* -patia (*mit etw.* kitu)
Ausstattung *f* vifaa *Pl*
aussteigen *intr* -shuka, -teremka
ausstellen *tr* -onyesha; *ausfertigen* -jaza
Aussteller *m* mwonyeshaji (wa-)
Ausstellung *f* maonyesho *Pl*
Ausstellungs|gelände *n* uwanja wa maonyesho; **~halle** *f* banda la *od* ukumbi wa maonyesho
aussterben *intr* -toweka
ausstrecken *tr* *Hand* -nyosha; **sich ~** -jinyosha
aussuchen *tr* -chagua
Austausch *m* *Waren* mabadilishano *Pl*; *Meinungen* majadiliano *Pl*
austauschen *tr* -badilishana (*gegen* na)
austeilen *tr* -gawa, -gawanya
Auster *f* chaza (–)
austragen *tr* *Post* -gawa, -gawanya; *Sport* -fanya
Australien Australia (–)
Australier *m* raia wa Australia (–)
australisch -a Australia
austreten *intr* *Zugehörigkeit aufgeben* -jitoa (*aus* katika); *Bedürfnis verrichten* -enda haja *od* msala *od* choo
austrinken *tr* -pua
Austritt *m* *Kündigung* kujiuzulu (*aus* katika)
austrocknen *tr* -kausha; *intr* -kauka
ausüben *tr* *Beruf* -fanya kazi ya; *Einfluß* -athiri
Ausverkauf *m* seli (–)
ausverkauft | ~ sein -kwisha
Auswahl *f* uchaguzi, uteuzi; *Sport* timu ya kombaini | eine ~ treffen -fanya uchaguzi *od* uteuzi
auswählen *tr* -chagua, -teua
Auswanderer *m* mhamaji (wa-)
auswandern *intr* -hama | nach Tansania ~ -hamia Tanzania
Auswanderung *f* uhamaji
auswärtig -a nje
auswärts nje
auswechseln *tr* -badilishana (*gegen* na)
Ausweg *m* njia nyingine (*aus* ya *od* za kutoka)
ausweichen *intr* *Verk*, *übertr* -[kw]epa *od* -hepa
Ausweis *m* kitambulisho (vi-), cheti (vyeti)
ausweisen *tr* *vertreiben* -fukuza (*aus* katika); **sich ~** -jitambulisha
Ausweisung *f* kufukuza *tr*
auswendig | ein Gedicht ~ lernen -jifunza shairi kwa moyo
auswerten *tr* -tathmini
Auswertung *f* utathmini
auswirken, sich -athiri (*auf etw.* kitu)
Auswirkung *f* athari *Pl*
auswringen *tr* -guguta
auszahlen *tr* -lipa
auszählen *tr* -hesabu
Auszahlung *f* malipo *Pl*
auszeichnen *tr* *prämiieren* -pa zawadi ya (za); *Waren* -bandika bei; **sich ~** -jionyesha (*durch* kwa)
Auszeichnung *f* *Prämie* bonasi (–); *Preisangabe bei Ware* bei (–)
ausziehen *tr* u. *refl* -vua; *intr* *Wohnung wechseln* -hama
Auszug *m* *Extrakt* maji ya mmea uliosindikwa; *Fin* taarifa (–); *Lit* dondoo (ma-)
authentisch halisi, hasa
Auto *n* gari (ma-), motokaa (–) | ein ~ fahren *od* steuern -endesha gari *od* motokaa; **~atlas** *m* atlasi [kwa matumizi ya madereva]; **~bahn** *f* barabara kuu (– *od* ma-); **~bus** *m* basi (ma-); **~fahrer** *m* dereva wa gari *od* motokaa (ma-)

Autogramm *n* saini (–), sahihi (–)
Autokarte *f* ramani [kwa matumizi ya madereva] (–)
Automat *m* mashine ya kujiendeshea mwenyewe, otomati (–)
Automatenrestaurant *n* hoteli ya *od* mgahawa wa kujihudumia mwenyewe
automatisch -a kujiendesha, otomati
automatisieren *tr* -weka mashine za kujiendeshea wenyewe, -weka otomati
Automatisierung *f* kuweka mashine za kujiendeshea wenyewe, uotomati
autonom -enye daraka la ndani
Autonomie *f* madaraka ya ndani
Autor *m* mtunzi (wa-)
Auto|rennen *n* mashindano *od* resi ya magari; **~reparaturwerkstatt** *f* gereji (–)
autorisieren *tr* -idhinisha
Autorität *f Ansehen* hadhi (–); *Persönlichkeit* bingwa (ma-), stadi (ma-)
Autostraße *f* barabara (– *od* ma-)
Avocato *f* parachichi (ma-)
Axt *f* shoka (ma-)
Azalee *f* mmea wenye maua yafananayo na haibiskasi na kuitwa azalea

B

Bach *m* kijito (vi-); **~stelze** *f* kitwitwi (vi-)
Backe *f* shavu (ma-)
backen *tr* -oka
Backenzahn ↑ **Backzahn**
Bäcker *m* mwoka mkate (wa-)
Bäckerei *f Laden* duka la mikate; *Backstube* mahali pa kuokea mikate
Back|obst *n* matunda yaliyokaushwa *Pl*; **~pulver** *n* hamira unga (–); **~waren** *f/Pl* vyakula vya aina ya mkate, biskuti na keki; **~zahn** *od* **Backenzahn** *m* jino la nyuma
Bad *n Badezimmer* bafu (–), chumba cha kuogea; *Badeanstalt* bwawa la kuogelea; *Badeort Meer* mahali pa kupumzikia ufukoni; *Kurort* kituo cha afya | ein ~ nehmen -oga
Bade|anzug *m* vazi la kuogelea; **~gast** *m* mwogeleaji (wa-); **~hose** *f* chupi la kuogelea; **~kabine** *f* kijumba cha kubadilisha nguo; **~kappe** *f* kofia ya kuogelea; **~mantel** *m* koti la kukaushia; **~meister** *m* mwangalizi wa bwawa la kuogelea; **~mütze** *f* kofia ya kuogelea
baden *intr* -oga | ~ gehen -enda kuoga; *tr* -osha, -ogesha; **sich** ~ -oga
Bade|ofen *m* tanuri la bafuni; **~strand** *m* ufuko, ufukwe; **~tuch** *n* taulo [kubwa] (–); **~wanne** *f* bafu (ma-); **~zimmer** *n* bafu (ma-), chumba cha kuogea
Bagatelle *f* jambo *od* tendo lisilo na maana
Bagger *m* ekskaveta (ma-), mashine ya uchimbuaji *od* kuchimbua na kutwalia udongo
baggern *tr*, *intr* -chimbua
Bahn *f Straße* barabara (–) *auch Sport*; *Eisenbahn* gari [la] moshi, reli (–); *Astron* njia (–); *Umlauf~* mzunguko (mi-) | mit der ~ fahren -enda kwa gari [la] moshi *od* reli; **~damm** *m* tuta la gari [la] moshi *od* reli
bahnen *tr* -fyeka, -tengeneza | sich einen Weg ~ -fyeka njia
Bahnhof *m* stesheni ya gari [la] moshi
Bahnhofshalle *f* ukumbi wa stesheni
Bahnsteig *m* jukwaa (ma-); **~karte** *f* tikiti ya kusindikizia
Bahnübergang *m* reli *od* gari [la] moshi kuvuka barabara | (un)beschrankter ~ reli *od* gari [la] moshi kuvuka barabara panapo (pasipo) na lango *od* kizuizi
Bahre *f* machela (–)
Bake *f Mar* ashirio (ma-)
Bakterie *f*, *meist* **~n** *Pl* bakteria (–), kijimea (vi-)

Balance *f* usawa | die ~ halten -jisawazisha, -sawazika

balancieren *intr* -sawazika, -jisawazisha (*auf* juu ya)

bald muda si mrefu | er kommt ~ karibu afike

baldig na mapema | auf ~es Wiedersehen kwa heri ya kuonana hivi karibuni

Baldrian *m* aina ya miti-shamba iitwayo valerian

Balkan *m* Balkan (–); **~länder** *Pl* nchi za Balkan

Balken *m* nguzo (–); *Quer~*, *Stütz~* mhimili (mi-), mwimo (mi-); *Dekken~* boriti (ma-)

Balkon *m Arch* roshani (–)

[1]**Ball** *m* mpira (mi-)

[2]**Ball** *m Tanzfest* dansi (–)

Ballast *m* mzigo (mi-), faruma (–)

Ballen *m Hdl* robota (ma-); *Textil* mtumba (mi-)

Ballett *n* ballett (–)

ballistisch -a mruko

Ballon *m Flugw* puto (ma-)

Ballspiel *n* mchezo wa mpira

Bambus *m* mwanzi (mi-); **~ratte** *f* ndezi (–)

Banane *f Pflanze* mgomba (mi-); *Staude* mkungu (mi-); *Frucht* ndizi (–); *zum Verzehr als Frucht* kisukari (vi-), mshale (mi-); *zum Kochen od Rösten* mkono wa tembo, mzuzu (mi-), bokoboko (ma- *od* –), kinguruwe (vi-)

[1]**Band** *m Buch* juzuu (–), toleo (ma-)

[2]**Band** *n Textil* utepe (–); *Tech* ukanda (–), riboni (–) | am laufenden ~ kwa mfululizo

Bandage *f* bendeji (–)

Bandaufnahme *f Radio* kurekodi *tr*, rekodi (–)

bändigen *tr zähmen* -fuga; *übertr zügeln* -tuliza

Bandit *m* gaidi (ma-)

Bandmaß *n* futi ya kamba *od* chuma

Bandwurm *m* tegu (ma-)

bange -a hofu | mir ist [angst und] ~ nimetishwa [sana]

Bangladesch Bangladesh[i] (–)

[1]**Bank** *f* benchi (ma-); *Schul~* dawati (ma-)

[2]**Bank** *f Fin* benki (ma-); **~konto** *n* akaunti [ya benki]; **~note** *f* noti (–)

Bankrott *m* hali ya kufilisika, ufilisi | ~ machen -filisika

bannen *tr* | eine Gefahr ~ -ondolea mbali hatari

Bantamgewicht *n* uzito wa bantam

Baobab *m* mbuyu (mi-)

bar *Fin* taslimu | in ~ kwa fedha taslimu | ~ zahlen lipa [kwa] fedha taslimu

Bar *f Nachtlokal* baa (ma-); *Schanktisch* kaunta (–)

Bär *m* dubu (ma-)

Baracke *f* banda (ma-)

barfuß kwa miguu mitupu

Bargeld *n* fedha taslimu (–)

bargeldlos | ~er Zahlungsverkehr malipo kwa hundi

Bariton *m Stimmlage* baritone (–); *Sänger* mwimbaji wa baritone

Barmherzigkeit *f* huruma (–)

Barock *m* baroki (–)

Barometer *n* pima msukumo wa hewa (–), barometa (–)

Barren *m Sport* miti ya *od* chuma cha kuambaa

Barrikade *f* kizuizi (vi-)

barsch -a *od* kwa ujeuri *od* ufidhuli

Barsch *m* samaki wa maji baridi aitwaye perch

Bart *m* ndevu *Pl*; *Schlüssel* meno *Pl*

Barzahlung *f* malipo kwa fedha taslimu

Basar *m* soko (ma-)

basieren *intr* -tokana (*auf* na)

Basis *f* msingi (mi-); *Math auch* shina (ma-); *Phil* | ~ und Überbau msingi na kikorombwezo

Baskenmütze *f* kofia bapa (–)

Basketball *m* mpira wa kikapu

Baß *m Stimmlage* bass (–); *Sänger*

mwimbaji wa bass; *Instrument* contrabass, aina ya fidla kubwa
Bassin *n* bwawa (ma-)
Bassist *m* mpiga bass (wa-)
Bast *m* ufumwele (fumwele); *Palmen*~ utembo *od* utembwe (tembwe)
basteln *tr* -unda, -tengeneza; *intr* -fanya kazi ya mikononi
Bataillon *n* batalioni (–)
Batate *f* kiazi (vi-)
Batik *f* batiki (–)
Batist *m* kambriki (–)
Batterie *f El* betri (–)
Bau *m Aufbau* ujenzi; *Gebäude* jengo (ma-); *Schiff*~ uunzi; *Tierwohnung* shimo (ma-); **~arbeiten** *Pl* kazi za ujenzi; **~arbeiter** *m* mjenga nyumba (wa-), mjenzi (wa-)
Bauch *m* tumbo (ma-)
Baude *f* banda (ma-)
bauen *tr* -jenga; *Schiff* -unda
[1]**Bauer** *m Landw* mkulima (wa-); *Schach* kitunda (vi-)
[2]**Bauer** *n*, *auch m Käfig* tundu (ma-), keji (–)
bäuerlich -a wakulima; *ländlich* -a kijijini, -a mashambani
Bauern|haus *n* nyumba ya mkulima *od* kijijini; **~hof** *m* kaya (–), kiambo (vi-)
baufällig -bovu
Baukasten *m* boksi ya vifaa vya mtoto vya kujengea
Baum *m* mti (mi-)
Baumaterial *n* vifaa vya ujenzi
Baumblüte *f* kuchanua kwa m[i]ti
Baumeister *m* mjenzi (wa-)
Baum|natter *f* sukutu (–), nyokamiti (–); **~schliefer** *m* perere (–); **~schule** *f* bustani ya *od* shamba la miche; **~stamm** *m* shina (ma-); **~viper** *f* kipiri-miti (vi-); **~wolle** *f* pamba (–)
baumwollen -a pamba | ~er Stoff marekani (–)
Bau|platz *m* kiwanja cha *od* uwanja wa kujenga *od* ujenzi; **~stelle** *f* mahali pa ujenzi *od* kujenga; **~stil** *m* mjengo (mi-); **~stoffe** *m/Pl* vifaa vya ujenzi; **~weise** *f* mjengo (mi-); **~werk** *n* jengo (ma-)
Bauxit *m Min* boksa[i]ti (–)
Bazillenträger *m* mtu *od* mdudu anayeeneza ugonjwa bila yeye mwenyewe kuambukizwa
Bazillus *m* bakteria (–)
beabsichtigen *tr* -taka, -kusudia, -dhamiria
beachten *tr* -zingatia, -tilia maana
beachtlich muhimu, -a maana, -kubwa
Beachtung *f* | einer Sache (keine) ~ schenken (*neg*)-zingatia *od* (*neg*)-tilia maanani kitu
Beamter *m* afisa (ma-), mtumishi (wa-)
beängstigend -a kutia hofu, -a kutisha
beanspruchen *tr* -dai; *Tech* -fanya … kuchakaa
Beanspruchung *f Einbeziehung* kushirikisha *tr*
beanstanden *tr* -lalamikia; *kritisieren* -kosoa
Beanstandung *f* lalamiko (ma-)
beantragen *tr* -omba, -taka
beantworten *tr* -jibu
Beantwortung *f* jibu (ma-)
bearbeiten *tr Landw* -lima; *Tech* -chonga, -tengeneza; *Buch*, *Text* -hariri; *Verw* -shughulikia
Bearbeitung *f Buchw* uhariri; *Landw* kulima *tr*; *Tech* uchongaji; *Verw* kushughulikia *tr*
beaufsichtigen *tr* -simamia
beauftragen *tr* -agiza | jmdn. mit etw. ~ -agiza mtu *Inf*
bebauen *tr Feld* -panda; *Gelände* -jenga katika … *od* … -ni
beben *intr* -tetemeka, -tikisika
Beben *n* tetemeko (ma-)
Becher *m* kikombe (vi-)
Becken *n Gefäß* bakuli (ma-), beseni (ma-); *Anat* nyonga (–); *Musikinstrument* toazi (ma-); *Bassin* bwawa (ma-)

bedächtig *vorsichtig* taratibu; *langsam* -a pole pole
bedanken, sich -shukuru (*bei jmdm. für* mtu kwa)
Bedarf *m* mahitaji *Pl* | bei ~ ikihitajika
bedauerlich -a kusikitisha
bedauern *tr* -hurumia, -sikitisha
Bedauern *n* masikitiko *Pl* | zu unserem ~ tunasikitika
bedauernswert maskini, -a kusikitisha
bedecken *tr* -funika, -tandisha; *intr* | der Himmel ist bedeckt mawingu yametanda
bedeckt *Himmel* -li-*rel*-funikwa na mawingu
bedenken *tr erwägen* -zingatia
Bedenken *n*, *meist Pl Zweifel* shaka (ma-) | (keine) ~ haben wegen (*neg*)-wa na shaka kwa sababu ya
bedenklich -a shaka *od* hatari
Bedenkzeit *f* muda wa kutafakari
bedeuten *tr anweisen* -agiza; *wichtig sein* -wa na maana | das bedeutet maana yake ni | das hat nichts zu ~ si kitu
bedeutend *wichtig* muhimu, -a maana; *berühmt* mashuhuri, maarufu; *umfangreich* -kubwa, -ingi
Bedeutung *f Wichtigkeit* umuhimu, maana (–) | nichts von ~ si jambo la maana
bedeutungslos si-*rel* muhimu
bedienen *tr Kunden, Gast* -hudumia; *Telefon* -jibu; *Maschine* -endesha; *refl* | bitte ~ Sie sich *langen Sie zu* -jihudumie(-ni)
Bedienung *f eines Kunden, eines Gastes* kuhudumia *tr*; *Kellner* mwandikiaji (wa-)
Bedienungsanweisung *f* matumizi *Pl*
bedingt *teilweise* -a kiasi; *verursacht* -li-*rel*-sababishwa (*durch* na); *unter bestimmten Bedingungen* kwa masharti
Bedingung *f* sharti (ma-) | unter der ~, daß … kwa masharti kwamba …; ~**en** *Pl Verhältnisse* hali (–)
bedingungslos bila masharti
bedrängen *tr* -sumbua
bedrohen *tr* -tisha (*mit od durch* kwa)
bedrucken *tr* -piga chapa
bedrücken *tr unpers* -kera, -sumbua
bedürfen *intr* -hitajika | es bedarf aller Anstrengungen bidii nyingi zifanywe
Bedürfnis *n Wunsch* ombi (ma-), hamu (–) (*nach* la *od* ya)
Beefsteak *n* kababu *od* kebabu (–)
beeilen, sich -fanya haraka | beeile dich! fanya haraka
beeindrucken *tr* -athiri
beeinflussen *tr* -athiri, -shawishi
beeinträchtigen *tr* -athiri
beenden *tr* -maliza, -komesha
Beendigung *f* mwisho (mi-)
beerdigen *tr* -zika
Beerdigung *f* mazishi *Pl*
Beere *f* tunda dogo aina ya for[o]sadi
Beet *n* shamba dogo [la mboga *od* maua]
befähigen *tr* -wezesha
befähigt -enye kipaji (*für od zu* cha ku-)
Befähigung *f* kipaji (vi-), uwezo (*zu, für* cha *od* wa)
befangen *gehemmt* -enye aibu; *voreingenommen, Jur* -na-*rel*-pendelea
befassen, sich -jishughulisha (*mit* na)
Befehl *m* amri (–) | einen ~ geben -toa amri
befehlen *tr* -amuru, -amrisha
befestigen *tr* -funga, -bana, -komea (*an* kwenye); *Mil* -imarisha
Befestigung *f* kukaza *tr*, kuimarisha *tr*, ukomeaji; *Mil* ngome (–)
befinden, sich *sich aufhalten* -wa[-mo *od* -po *od* -ko]
Befinden *n* hali (–) | wie ist Ihr ~? u hali gani?
beflaggen *tr* -pandisha bendera kwenye
befolgen *tr* -fuata; *Befehl* -tii

befördern *tr transportieren* -peleka, -somba (*mit od durch* kwa, *von* kutoka [katika *od* -ni], *nach* kwenda *od* mpaka); *im Rang erhöhen* -pandisha cheo (*zu* kuwa)
Beförderung *f Transport* uchukuzi, usombaji; *Rangerhöhung* kupandishwa cheo
befragen *tr* -uliza, -saili, -hoji
befreien *tr* -komboa *od* -gomboa (*von od aus* katika)
Befreiung *f Errettung* ukombozi *od* ugombozi (*von od aus* katika)
Befreiungsbewegung *f* mwenendo wa ukombozi *od* kupigania uhuru
befreundet -li-*rel* rafiki (*mit* wa)
befriedigen *tr* -tosheleza, -kidhi
befriedigend -a kuridhisha
Befriedigung *f Zufriedenheit* raha [mustarehe] (–); *Genugtuung* ridhaa (–), kuridhika
befristen *tr* -weka tarehe ya
befruchten *tr Bot* -chavusha; *Zool* -tungisha; *übertr* -hamasisha
Befruchtung *f Bot* uchavushaji; *Zool* utungishaji
Befugnis *f* idhini (–), ruhusa (–)
befugt -enye idhini (*zu* ya) | ~ sein -idhinishwa
befühlen *tr* -tomasa
Befund *m Med* sababu *od* dalili ya ugonjwa
befürchten *tr* -hofia
befürworten *tr* -unga mkono
Befürwortung *f* kuunga mkono *tr*
begabt -elekevu, -enye kipaji
Begabung *f* uelekevu, kipaji (vi-)
begegnen *intr treffen* -kuta *tr* | einer Gefahr ~ -kabili hatari
Begegnung *f* mkutano (mi-); *Wettkampf* mchezo (mi-), shindano (ma-)
begehen *tr Fehler* -fanya; *Verbrechen* -tenda; *Ereignis* -adhimisha
begehren *tr* -taka, -ashiki
begeistern *tr* | jmdn. für etw. ~ -fanya mtu kupenda *od* apende kitu | das Spiel begeistert ihn mchezo unamvutia *od* unampendeza; **sich** ~ -vutiwa *od* -pendezwa (*für, an* na)
begeistert na-*rel*-vutiwa *od* -pendezwa (*von* na)
Begeisterung *f* ari (–), shauku (–)
Begierde *f* hamu (–), shauku (–)
Beginn *m* mwanzo (mi-), awali (–) | zu ~ mwanzoni, awali
beginnen *intr, tr* -anza
beglaubigen *tr* -idhinisha
Beglaubigungsschreiben *n* hati *od* barua ya kitambulisho
begleichen *tr Rechnung* -lipa
begleiten *tr* -sindikiza; *Mus* -pigia *od* -chezea … muziki
Begleiter *m* anayesindikiza *tr*, anayefuata *tr*; *Mus* anayempigia *od* anayemchezea mwimbaji muziki
Begleitung *f Geleit* kusindikiza *tr*; *Gefolge* msafara (mi-); *Mus* kumpigia *od* kumchezea mwimbaji muziki | in ~ von *od mit Gen* -kifuatana *od* -kiambatana na
beglückwünschen *tr* -pongeza (*zu* kwa)
begnadigen *tr* -samehe
begnügen, sich -kinai, -tosheka, -ridhika (*mit* na)
begraben *tr* -zika
Begräbnis *n* mazishi *Pl*
begradigen *tr* -sawazisha
begreifen *tr verstehen* -fahamu, -elewa
begreiflich -na-*rel*-eleweka
Begriff *m* wazo (ma-), fik[i]ra (–); *Fachwort* istilahi (–) | im ~ sein zu … -wapo katika …
begründen *tr* -toa sababu (*mit* kwa)
Begründung *f* sababu (–) (*für* ya *od* za) | mit der ~, daß … kwa kutoa sababu ya kwamba …
begrüßen *tr* -amkia, -salimu, -karibisha; *gutheißen* -pokea [kwa mikono miwili]
Begrüßung *f* maamkio, maamkizi *Pl*
Begrüßungsansprache *f* hotuba ya kukaribisha tr
begünstigen *tr* -pendelea

begutachten *tr* -tathmini
behaglich *gemütlich* -a raha
behalten *tr nicht hergeben* -shikilia; *sich merken* -kumbuka, -hifadhi | für sich ~ *nicht weitersagen neg*-fichua, -kaa kimya | recht ~ -toa hoja isiyotanguliwa | Gültigkeit ~ -endelea kutumika
Behälter *m* chombo (vyombo), kiwekeo (vi-)
behandeln *tr* -tendea; *abhandeln* -fafanua; *Med* -tibu
Behandlung *f Med* matibabu *Pl*, tiba (–)
Behandlungsraum *m* chumba cha daktari
beharren *intr* -shikilia (*auf etw.* kitu)
beharrlich bila kuchoka
behaupten *tr nachdrücklich versichern* -dai, -thibitisha; **sich** ~ -jihami, jitetea (*gegen* kupinga)
Behauptung *f* dai (ma-)
behelfen, sich -jishikiza (*mit* na)
beherrschen *tr* -tawala; *vollständig können* -weza, -mudu [sana]; **sich** ~ -jikaza
Beherrschung *f* utawala, kutawala *tr*, kujikaza, *Kontrolle* udhibiti
behilflich | jmdm. ~ sein bei -saidia mtu katika
behindern *tr* -zuia, -kwamisha
behindert | ~ sein -lemaa
Behörde *f* taasisi (–), ofisi (–)
bei *Präp* a) *Ort* katika, kwenye, -ni | ~ dem (= beim) Arzt kwa daktari | [nahe] ~ Berlin karibu na Berlin | ~ sich haben -ja *od* -wa na b) *Zeit* wakati wa *od* -ki- *od* -po- | ~ Sonnenaufgang kukikucha | ~ Tage [saa za] mchana | ~ dieser Gelegenheit wakati huu, vile vile c) *Art und Weise* kwa | ~ Strafe verboten marufuku kwa amri | ~ weitem kwa mbali d) *Einräumung* pamoja na | ~ allem Verständnis pamoja na kufahamu sana
beibehalten *tr* -endelea na
beibringen *tr Kenntnisse* -fundisha; *begreiflich machen* -fahamisha, -eleweshа
Beichte *f Rel* ungamo (ma-) | jmdm. die ~ abnehmen -ungamisha mtu
beichten *tr u. intr* -ungama
beide -wili | einer von ~n -mojawapo kati ya -wili | alle ~ -te -wili
beieinander pamoja
Beifall *m* makofi *Pl* | jmdm. ~ klatschen -pigia mtu makofi
beifügen *tr* -ambatisha
beige -a hudhurungi
Beigeschmack *m* ladha ya baadaye
Beil *n* shoka (ma-)
Beilage *f Ztgsw* kijalizo (vi-); *Kochk* mboga (–), kitoweo (vi-)
beiläufig bila kudhamiria
Beileid *n* rambirambi (–) | jmdm. sein ~ aussprechen -pelekea mtu rambirambi zake, -pa mtu pole, -hani mtu
Bein *n* mguu (mi-)
beinahe karibu | er wäre ~ aufgestanden karibu amesimama
Beirat *m* kamati (–), halmashauri (–)
beirren *tr* | sich nicht ~ lassen *neg*-legalega
beisammen pamoja
Beisammensein *n* tafrija (–)
beiseite kando, pembeni | ~ legen -weka kando
beisetzen *tr* -zika
Beisetzung *f* mazishi *Pl*
Beispiel *n* mfano (mi-) | zum ~ kwa mfano, mathalan, kama vile | sich ein ~ nehmen an -iga mfano wa
beispiellos -si-*rel* na mfano
beißen *tr* -uma, -ng'ata, -tia … meno; *intr* | auf einen Nagel ~ -tafuna msumari | in etw. ~ -uma kitu; *Rauch* -umiza
Beistand *m* msaada (mi-) | jmdm. ~ leisten -saidia mtu
beistehen *intr* -saidia *tr*, -unga mkono *tr*, -ja-[a]lia *tr*
Beitrag *m Anteil* mchango (mi-); *Zahlung* ada (–); *Aufsatz* makala (–)

| einen ~ leisten zu -changia *od* -toa mchango katika
beitragen *tr* -changia *od* -toa mchango (*zu* katika)
Beitragsmarke *f* stempu ya ada
beitreten *intr* -jiunga
Beitritt *m* kujiunga (*zu* na)
Beiwagen *m* toto la pikipiki
beizeiten mapema
beizen *tr Holz* -paka ... steni *od* modanti
bejahen *tr* -kiri
bekämpfen *tr* -piga vita, -pambana na
bekannt -na-*rel*-julikana; *berühmt* mashuhuri, maarufu | jmdn. (sich) ~ machen mit (-ji)-tambulisha *od* (-ji)-fahamisha mtu kwa
Bekannte(r) *f*(*m*) jamaa (–)
bekanntgeben *tr* -arifu, -tangaza
bekanntlich inavyojulikana
bekanntmachen *tr* -tangaza
Bekanntmachung *f* tangazo (ma-)
Bekanntschaft *f* kujuana na | wir machten seine ~ tulijuana na yeye *od* naye
bekehren *tr Rel* | jmdn. zum Islam ~ -silimisha mtu | jmdn. zum Christentum ~ -fanya mtu kufuata dini ya Kikristo
bekennen *tr gestehen* -kiri | sich schuldig ~ -kiri kosa
Bekenntnis *n* kukiri *tr*; *Rel* madhehebu *Pl*, ungamo (ma-)
beklagen, sich -lalamika | sich über etw. ~ (bei) -lalamikia kitu (kwa)
Bekleidung *f* nguo (–), mavazi *Pl*
bekommen *tr erhalten* -pata | wieviel ~ Sie [von mir]? una[ni]dai kiasi gani?; *intr* | das bekommt mir nicht hii hainifai
bekömmlich -na-*rel*-faa
bekräftigen *tr* -sisitiza
beladen *tr* -pakia; *Schiff auch* -sheheni
Belag *m Fußboden* kapeti (–); *textiler* ~ zulia (ma-); *Med* utando
belanglos -si-*rel* na maana
belasten *tr* -pakia m[i]zigo; *Jur* -tia hatiani; **sich** ~ -jisumbua (*mit* kwa)
belästigen *tr* -sumbua, -udhi, -kera
Belästigung *f* usumbufu, udhia
Belastung *f* usumbufu; *Tech* kuwa na *od* kuweka m[i]zigo
belaufen, sich | die Kosten belaufen sich auf ... gharama zinafikia ...
belebt *verkehrsreich* -enye magari mengi
Beleg *m Beweisstück* hati (–); *Quittung* risiti (–), stakabadhi (–)
belegen *tr Platz* -weka kitu kwenye; *Vorlesung* -chukua | Brot mit Käse ~ -paka chizi kwenye mkate; *beweisen* -toa ushahidi wa
Belegschaft *f* waajiriwa *Pl*
belegt | ~es Brot *od* Brötchen sangweji (–)
belehren *tr* -funza, -fundisha
beleidigen *tr* -tukana, -chamba
Beleidigung *f* tusi (ma-), tukano (ma-)
beleuchten *tr* -angaza, -washa taa ya *od* za
Beleuchtung *f* taa (–)
Belgien Ubelgiji
Belgier *m* Mbelgiji (wa-)
belgisch -a Kibelgiji
belichten *tr* -fidua, -fungua shata *od* -acha tundu la lenzi wazi na kuruhusu mwanga upenye hadi kwenye
Belichtung *f* mfiduo (mi-), mwanga kupenya hadi penye filamu, filamu kupata mwanga
Belichtungs|messer *m* kipima mwanga (vi-); **~zeit** *f* kasi ya shata kufungua na kufunga
beliebig 1. *Adj rel rel*-te | jeder ~e [mtu] ye yote **2.** *Adv* kadiri unavyopenda | ~ lange muda kadiri unavyopenda | ~ oft mara nyingi kadiri unavyopenda
beliebt -na-*rel*-pendwa (*bei* na)
beliefern *tr* -patia *dopp tr*
bellen *intr* -bweka
Belletristik *f* riwaya *Pl*
belohnen *tr* -pa ... zawadi (*für* kwa)

Belohnung *f* zawadi (–); *Finderlohn* kiokosi (vi-)
belügen *tr* -ongopea, -ambia … uwongo
bemächtigen, sich -nyang'anya, -pokonya (*mit Gen* mtu *od* kitu)
bemängeln *tr* -laumu, -laani
bemannt -enye mtu *od* watu
bemerkbar | sich ~ machen -piga kelele
bemerken *tr wahrnehmen* -hisi, -tambua; *äußern* -sema, -nena
bemerkenswert -na-*rel*-faa kukumbukwa
Bemerkung *f* dokezo (ma-), elezo (ma-) | eine ~ machen über -dokezea, -taja
bemühen *tr um Hilfe bitten* -omba msaada wa; **sich** ~ -jitahidi (*um* ku-)
Bemühung *f*, *meist* **~en** *Pl* juhudi (–), jitihada (–)
benachbart [-a] jirani
benachrichtigen *tr* -arifu (*von etw.* kitu)
Benachrichtigung *f* taarifa (–), ujumbe
benachteiligen *tr* -bagua
benehmen, sich -wa na tabia
Benehmen *n* mwenendo (mi-), adabu (–)
beneiden *tr* -onea … kijicho *od* choyo *od* wivu, -husudu (*um* kwa)
beneidenswert nafuu, bora
Benin Benin (–)
benommen -na-*rel*-lewa (*von* kwa)
benötigen *tr* -taka, -hitaji
benutzen, benützen *tr gebrauchen* -tumia
Benutzer *m* mtumiaji (wa-)
Benutzung *f* kutumia *tr*, matumizi *Pl*
Benzin *n* petroli (–)
beobachten *tr* -angalia, -tazama
Beobachter *m* mtazamaji (wa-)
Beobachtung *f* kufuatilia *tr*, kuangalia *tr*
bepflanzen *tr* -panda
bequem *träge* -legevu, -zembe; *behaglich* -a raha; *gut passend* -na-*rel*-kaa [vizuri] | machen Sie sich's ~! jisikie nyumbani
beraten *tr* -shauri | sich ~ lassen -katisha shauri; **sich** ~ -shauriana (*über* kuhusu)
Berater *m* mshauri (wa-)
Beratung *f Besprechung* kikao (vi-); *Erteilung von Ratschlägen* kutoa mashauri
berechnen *tr errechnen* -piga *od* -fanya hesabu ya; *anrechnen* -toza
berechnend | ~er Mensch mchoyo (wa-)
Berechnung *f Ausrechnen* [kupiga *od* kufanya] hesabu (–); *eigennützige Absicht* uchoyo
berechtigen *tr* -idhinisha (*zu* ku-)
Berechtigung *f Recht* idhini (–), haki (–)
Bereich *m Reichweite* medani (–), uwanja (nyanja); *Aufgabengebiet* sekta (–); *Abteilung* idara (–)
bereichern, sich -tajirika, -jitajirisha (*an* kwa)
Bereifung *f* mipira *Pl*
bereinigen *tr* -patanisha, -tanzua, -tatua
bereisen *tr* -zuru, -tembelea
bereit tayari, radhi | ~ sein -wa[ko] tayari *od* radhi, -kaa tayari | sich ~ erklären -sema *od* -eleza kuwa tayari *od* radhi
bereiten *tr verursachen* -fanya | Freude ~ -furahisha
bereits | wir haben ~ geschrieben tume[kw]ishaandika [tayari]
Bereitschaft *f* moyo *Sg*, utayari (*zu* wa)
bereitstellen *tr* -tenga
bereitwillig -karimu, -a moyo mkunjufu
bereuen *tr* -juta, -tubu
Berg *m* mlima (mi-)
berg|ab kuteremka [mlimani]; **~an** kupanda [mlima]
Bergarbeiter *m* mchimba m[i]godi (wa-)

bergauf = **bergan**
Bergbau *m* uchimbaji [wa makaa *od* madini]
bergen *tr* -okoa
bergig -enye milima
Berg|mann *m* mchimba m[i]godi (wa-); **~steiger** *m* mpanda m[i]lima (wa-); **~werk** *n* mgodi (mi-)
Bericht *m* ripoti (–) | ~ erstatten über -ripoti juu ya
berichten *tr* -eleza, -arifu; *intr* -ripoti (*über* juu ya)
Bericht|erstatter *m* mwandishi (wa-); **~erstattung** *f* kuripoti
berichtigen *tr* -sahihisha
Berichtigung *f* masahihisho *Pl*
berieseln *tr* -rashia
Bernstein *m* kaharabu (–)
bersten *intr* -pasuka
berüchtigt -enye sifa mbaya
berücksichtigen *tr* -zingatia
Berücksichtigung *f* kutilia maanani *tr*, kuzingatia *tr* | unter ~ der Tatsache kwa kuzingatia ukweli
Beruf *m* kazi (–) | einen ~ ergreifen -jifunza kazi
berufen **1.** *Adj* -na-*rel*-jua | ~ sein -idhinishwa **2.** *tr* *ernennen* -teua; **sich ~** -rejea (*auf* kwenye)
beruflich -a kikazi
Berufs|ausbildung *f* mafunzo ya kazi; **~kleidung** *f* yunifomu (–), ovaroli (–), bwelasuti (–), msurupwenye (mi-); **~schule** *f* shule ya ufundi; **~tätige(r)** *f*(*m*) mtenda *od* mfanyakazi (wa-)
Berufung *f* *Ernennung* kuteu[liw]a, uteuzi | *Jur* ~ einlegen -kata rufani *od* rufaa
beruhen *intr* -tokana (*auf* na)
beruhigen *tr* -tuliza, -poza; **sich ~** -tulia, -poa
beruhigt -a raha, -li-*rel*-tulia
Beruhigung *f* utulivu | es ist ihm eine ~ inamtuliza roho
berühmt mashuhuri, maarufu
berühren *tr* *anfassen* -gusa, -tomasa; *erwähnen* -gusia, -taja | das berührt mich unangenehm imeniathiri [vibaya]; **sich ~** -gusana
Berührung *f* mguso (mi-)
Besatzung *f* *Mar* mabaharia *Pl*; *Flugw* rubani na watumishi wa ndege
beschädigen *tr* -hasirisha
Beschädigung *f* *Vorgang* kuhasirisha *tr*; *Beschädigtsein* hitilafu (–), kasoro (–)
beschaffen *tr* -patia *dopp tr*
beschäftigen *tr* *anstellen* -ajiri; **sich ~** -jishughulisha (*mit* na)
beschäftigt -li-*rel*-ajiriwa | voll ~ sein -wa na kazi nyingi
Beschäftigung *f* kazi (–), shughuli (–)
Bescheid *m* *Auskunft* maelezo *Pl*; *Antwort* jibu (ma-) | jmdm. ~ geben -arifu mtu | ~ wissen -jua, -elewa
bescheiden *einfach* sahili; *Einkommen* -dogo, -chache | ~er Mensch mkinaifu (wa-)
Bescheidenheit *f* ukinaifu, unyenyekevu
bescheinigen *tr* -andika cheti cha
Bescheinigung *f* cheti (vyeti)
beschenken *tr* -pa … zawadi, -toa zawadi kwa, -zawadisha
beschimpfen *tr* -tukana, -chamba, -fidhulisha
beschlagen *Fensterscheibe* -li-*rel*-funikwa, -li-*rel*-zibwa; *gebildet* -enye maarifa *od* ujuzi
beschlagnahmen *tr* -nyima
beschleunigen *tr* -harakisha; *Phys auch* -chapuza
beschließen *tr* *entscheiden* -amua; *Parl* -pitisha; *intr* *Entschluß fassen* -kata shauri
Beschluß *m* *Entscheidung* uamuzi | einen ~ fassen über -pitisha uamuzi wa *od* kuhusu, -kata shauri la
beschlußfähig -a idadi iliyotimia
beschmieren *tr* -chafua, -paka matope
beschmutzen *tr* -chafua; **sich ~** -chafuka

beschränken, sich -jibana (*auf* katika)
Beschränkung *f* kikwazo (vi-)
beschreiben *tr darlegen* -fafanua | das läßt sich nicht ~ imezidi, ni mno
Beschreibung *f* ufafanuzi
beschriften *tr* -andika
beschuldigen *tr* -shuku, -tuhumu
Beschuldigung *f* tuhuma (–)
beschützen *tr* -linda, -hami, -tetea
Beschützer *m* mtetezi (wa-)
Beschwerde *f Klage* lalamiko (ma-), nung'uniko (ma-); *Mühe, Gebrechen* madhara *Pl*
beschweren *tr belasten* -visha m[i]zigo; **sich** ~ -lalamika (*über* kuhusu)
beschwerlich -a shida *od* taabu
beschwichtigen *tr* -tuliza
beseitigen *tr* -ondoa
Besen *m* ufagio (fagio)
besetzen *tr Kleid* -pamba, -remba (*mit* kwa); *Stelle* -ajiri; *Theat Rolle* -teua ... kucheza; *Mil* -teka, -kalia ... kwa mabavu
besetzt -li-*rel* na mtu; *Mil* -li-*rel*-kaliwa na nchi nyingine *od* jeshi; *Fernsprecher* -na-*rel*-tumika
Besetzung *f Theat* waigizaji *Pl*
besichtigen *tr* -tazama, -angalia; *besuchen* -tembelea; *Mil* -kagua
Besichtigung *f* kutembelea *tr*, matembezi *Pl*
besiedeln *tr* -kalia
besiegen *tr* -shinda
besinnen, sich -kumbuka
Besinnung *f* fahamu (–) | zur ~ kommen -pata fahamu | bei ~ sein -wa na fahamu | die ~ verlieren -zimia, -zirai, -potea fahamu
besinnungslos -li-*rel*-zimia *od* -zirai
Besitz *m* mali (–), miliki (–) | in ~ nehmen, ~ ergreifen von -chukua, -miliki
besitzen *tr* -wa na, -miliki, -pata
Besitzer *m* mwenye (wenye)
besohlen *tr* -weka *od* -tengeneza soli ya *od* za
besonder|er (~e, ~es) maalum, mahsusi
besonders hasa
besonnen *überlegt* -pole, taratibu
besorgen *tr einkaufen* -nunua; *beschaffen* -leta, -patia *dopp tr*
besorgt -enye wasiwasi
Besorgung *f* manunuzi *Pl* | ~en machen -enda kununua vitu
besprechen *tr beraten* -jadili; *rezensieren* -hakiki; *Tonband* -rekodi
Besprechung *f Beratung* kikao (vi-); *Rezension* uhakiki, pitio (ma-)
besser 1. *Adj* bora, -zuri zaidi | es ist ~, wenn ... ni afadhali *od* heri *od* bora kama ... **2.** *Adv* bora, vizuri zaidi | ihm geht es ~ amepata nafuu *od* ahueni
bessern *tr* -imarisha, -fanya ... kuwa -zuri *od* bora; **sich** ~ -wa -zuri *od* bora
Besserung *f Genesung* ahueni (–), [kupata] nafuu (–); *Verbesserung* kuwa -zuri *od* bora
Bestand *m Vorhandenes* mali (–) | von ~ sein *od* ~ haben -dumu
beständig -a kudumu
Bestandsaufnahme *f Hdl, Verw* kuhesabu mali
Bestandteil *m* kiambato (vi-)
bestärken *tr* -unga mkono
bestätigen *tr* -thibitisha; **sich** ~ -thibiti
Bestätigung *f Bekräftigung* uthibitisho; *Bescheinigung* cheti (vyeti)
bestatten *tr* -zika
bestechen *tr* -honga, toa rushwa kwa
Bestechung *f* kutoa hongo (–), rushwa (–), mrungura (mi-), chichiri (–); *umg* chai (–)
Besteck *n* vyombo vya kulia, vilia *Pl*
bestehen *tr Prüfung* -pasi, -shinda; *intr existieren* -wepo; *zusammengesetzt sein* -tengenezwa kwa; *beharren* -shikilia (*auf etw.* kitu)
besteigen *tr* -panda
bestellen *tr Acker* -panda; *Bestellung aufgeben* -agiza, -peleka oda ya;

Grüße -toa, -pa *dopp tr*; *Treffpunkt angeben* -taka … kuja *od* kufika

Bestellung *f* oda (–); *Landw* kulima *tr*

best|er (~e, ~es) bora | der erste ~e ye yote, wo wote, yo yote | zum ~en geben -simulia

besteuern *tr* -toza kodi

Bestie *f* mnyama ambaye ukali wake umekithiri

bestimmen *tr festsetzen* -teua; *definieren* -fafanua; *anordnen* -agiza

bestimmt 1. *Adj feststehend* fulani; *Gramm* -kamilifu **2.** *Adv entschieden* bila kulegalega; thabiti; *sicher* [kwa] hakika *od* kweli

Bestimmung *f Anordnung* agizo (ma-); *Festsetzung* sharti (ma-)

bestrafen *tr* -adhibu

bestrahlen *tr Med* -piga *dopp tr*

Bestrahlung *f Med* kupiga *dopp tr*

bestrebt | ~ sein, etw. zu tun -wa na ari *od* hamu *od* shauku ya kufanya tendo

bestreiten *tr Jur Aussage* -kan[ush]a, -ukiri; *Kosten* -gharamia

bestürzt -li-*rel*-sh[i]tuka, -enye wasiwasi

Besuch *m* ziara (–); *Veranstaltung* mahudhurio *Pl*; *Besucher* mgeni (wa-) | ~ haben -tembelewa na wageni | einen ~ abstatten -tembelea *tr*, -fanya ziara | ~ bekommen -pokea *od* -pata mgeni *od* wageni

besuchen *tr* -tembelea, -zuru | die Schule ~ -enda shuleni

Besucher *m* mgeni (wa-); *Zuschauer* mtazamaji (wa-)

Besuchszeit *f* saa za kuona *tr*

betäuben *tr* -tia ganzi; *Med auch* -piga … sindano ya ganzi

Betäubung *f* ganzi (ma-)

Bete *f* | rote ~ bitiruti (–)

beteiligen *tr* -shirikisha; **sich ~** -shiriki (*an* katika)

Beteiligung *f* kushiriki (*an* katika) | aus Mangel an ~ kwa kukosa wanaoshiriki

Betel *m* tambuu (–); **~nuß** *f* popoo (–); **~nußpalme** *f* mpopoo (mi-)

beten *intr Rel* -s[w]ali, -omba dua

Beton *m* zege (ma-)

betonen *tr Phon* -tamka kwa nguvu; *hervorheben* -sisitiza, -tia mkazo

betonieren *tr* -weka *od* -piga zege

Betonung *f Phon* shada (–); *Nachdruck* mkazo (mi-), msisitizo (mi-)

betrachten *tr ansehen* -tazama, -angalia; *halten für* -tazamia, -chukulia

beträchtlich -kubwa kiasi

Betrachtung *f Anschauen* mtazamo (mi-), kutazama *tr; Überlegung* fik[i]ra (–), mawazo *Pl*

Betrag *m* kiasi (vi-)

betragen *intr* -wa, -fikia

Betragen *n Disziplin* nidhamu (–); *Verhalten* mwenendo (mi-), adabu (–)

betrauen *tr* -agiza (*mit etw.* kufanya kitu)

betrauern *tr* -omboleza

betreffen *tr unpers* -husu

betreten *tr* -ingia

Betreten *n* | ~ verboten! marafuku kuingia!

betreuen *tr* -tunza; *Kranke auch* -hudumia

Betreuer *m Studenten* mshauri (wa-)

Betreuung *f* utunzaji; *Kranke* huduma (–)

Betrieb *m lebhaftes Treiben* pilikapilika (–); *Arbeitsstätte* kiwanda (vi-) | in ~ sein -fanya kazi, enda | außer ~ sein *neg*-fanya kazi

Betriebs|anleitung *f* [kiongozi cha] matumizi; **~rat** *m* kamati ya wawakilishi wa wafanyakazi *od* waajiriwa; **~unfall** *m* ajali kazini (–)

betrinken, sich -lewa; *umg* -piga maji

Betrug *m* udanganyifu, uayari

betrügen *tr* -danganya, -laghai; *übervorteilen* -punja

Betrüger *m* mdanganyifu (wa-), laghai (ma-)

betrunken -li-*rel*-lewa

Bett *n* kitanda (vi-); **~couch** *f* kochi la kulalia
betteln *intr* -ombaomba
bettlägerig -na-*rel*-lala kitandani
Bettlaken *n* shiti (ma-), shuka (–).
Bettler *m* mwombaji (wa-) | zum ~ werden -fukarika
Bett|ruhe *f* kulazwa *od* kulala kitandani; **~wäsche** *f* vitambaa vya kitandani
beugen *tr* -inamisha; **sich** ~ -inama, -jiinamisha
Beule *f* sehemu iliyobonyea; *Med* kinundu (vi-), dutu (ma-), kipele (vi-), chunusi (–)
beunruhigen *tr* -hangaisha, -tia wasiwasi; **sich** ~ -hangaika, -wa na wasiwasi
beurlauben *tr* -pa ... livu
beurteilen *tr bewerten* -tathmini; *Wert* -kadiria
Beurteilung *f* utathmini; *Person* sifa (–)
Beute *f* mawindo *Pl*
Beutel *m* mfuko (mi-)
Bevölkerung *f* wananchi *Pl*, wakazi *Pl*
bevollmächtigen *tr* -idhinisha
Bevollmächtigte(r) *f*(*m*) afisa mwidhinishwaji (ma-)
bevor | ~ die Gäste ankommen kabla ya wageni ku[to]fika
bevormunden *tr* -shawishi
bevorstehen *intr* -sogea, -karibia, -wa karibu
bevorstehend -a karibu
bevorzugen *tr* -pendelea
bewachen *tr* -linda, -chunga
bewaffnet -enye silaha
Bewaffnung *f* silaha (–), zana za kivita
bewahren *tr behüten* -kinga (*vor* na); *auf~* -hifadhi | Stillschweigen ~ -kaa kimya
bewähren, sich -fanya kazi nzuri (*als* kama)
bewährt *Person* hodari, -enye uzoefu mwingi; *Grundsatz* imara
Bewährung *f* [kuwepo kwenye *od* kufanyiwa] jaribio (ma-); *Jur* dhamana (–) | auf ~ kwa dhamana
bewältigen *tr* -weza, -mudu
bewandert -enye maarifa (*in* ya), stadi, hodari
bewässern *tr* -mwagilia maji
Bewässerung *f* umwagiliaji
Bewässerungsgraben *m* mfereji wa kumwagilia maji
bewegen *tr* -endesha, -sogeza mbele, -zungusha; *veranlassen* -fanya | er bewegte uns zu kommen alitufanya tuje; *ergreifen* -shtua; **sich** ~ enda, -tembea; *Rad* -zunguka
beweglich -na-*rel*-tembea; *umlaufend* -na-*rel*-zunguka
bewegt *unruhig* -si-*rel* na utulivu *od* raha | ~e See bahari iliyochafuka; *ergriffen* -li-*rel*-sh[i]tushwa (*von*, *durch* na *od* kwa)
Bewegung *f Ortsveränderung* mwendo (mi-), msogeo (mi-); *Rührung* majonzi *Pl* | sich in ~ setzen -ondoka | ~ der Nichtpaktgebundenen nchi zisizofungamana na upande wo wote
Beweis *m* ushahidi
beweisen *tr* -shuhudia, -onyesha
bewerben, sich -omba (*um etw.* kitu; *bei* kwa; *als* kama *od* kuwa); *kandidieren* -gombea *tr*
Bewerbung *f* ombi (ma-), kuomba *tr*; *Bewerbungsschreiben* barua ya kuomba kazi
bewerten *tr* -tathmini; *Zensuren geben* -toa alama ya *od* za
bewilligen *tr* -idhinisha
Bewilligung *f* idhini (–)
bewirken *tr* -fanya
bewirten *tr* -kirimu
bewohnen *tr* -kalia, -ishi katika *od* -ni
Bewohner *m* mkazi (wa-)
bewölken, sich | es hat sich bewölkt mawingu yametanda
bewölkt -enye mawingu
Bewölkung *f* mawingu *Pl*
bewundern *tr* -wa mshabiki wa

Bewunderung *f* ushabiki (*für* wa)
bewußt *bekannt* -le -le, h- h-, -na-*rel*-husika; *absichtlich* [-a] makusudi | sich einer Sache ~ sein -tambua *od* -elewa kitu
bewußtlos -li-*rel*-zirai *od* -zimia
Bewußtlosigkeit *f* kuzirai, kuzimia
Bewußtsein *n* urazini; *Med* fahamu (–) | es kam mir zum ~ nilitambua
bezahlen *tr* -lipa | das macht sich bezahlt! itafaidi, itafaidika
Bezahlung *f* malipo *Pl*, ulipaji
bezeichnen *tr* *kennzeichnen* tia … alama; *nennen* -ita (*als* kuwa)
bezeichnend -bainifu, hasa
Bezeichnung *f* *Kennzeichnung* alama (–); *Benennung* jina (ma-)
bezeugen *tr* -toa ushahidi wa, -shuhudia
beziehen *tr* *bedecken* -tandika, -tandaza (*mit* kwa); *Wohnung* -hamia; *erhalten* -pata (*von* kutoka katika *od* kwa); **sich** ~ -rejea (*auf* kwenye)
Beziehung *f* uhusiano; *zwischen ethnischen Gruppen* utani | gute ~en haben zu -wa na uhusiano mzuri na, -fahamiana sana na | in jeder ~ kwa kila njia
Bezirk *m* mkoa (mi-)
Bezug *m* *Überzug* tandiko (ma-) | ~ nehmen auf -rejea [kwenye]; **Bezüge** *Pl Fin* mshahara (mi-)
bezweifeln *tr* -tilia shaka, -wa na shaka na
bezwingen *tr* -shinda
Biathlon *n* mchezo wa baridi wa kwenda mbio kwa mabao ya kutelezea kwenye theluji na kulenga shabaha kwa bunduki
Bibel *f* Biblia (–)
Biber *m* mnyama wa majini afananaye na ndezi na kuitwa beaver
Bibliographie *f* marejeo *Pl*
Bibliothek *f* maktaba (–)
Bibliothekar *m* mkutubi (wa-)
biegen *tr* -pinda, -kunja | um die Ecke ~ -kata kona; **sich** ~ -nesa, -nepa
Biegung *f* kona (–)
Biene *f* nyuki (–)
Bienen|honig *m* asali (–); **~stock** *m* mzinga wa nyuki
Bier *n* bia (–), pombe (–); *einheimische Sorten* mbege (–), kangara (–), boza *od* buzaa (–); **~flasche** *f* chupa ya bia *od* pombe; **~glas** *n* gilasi ya bia *od* pombe
bieten *tr* *darbieten* -onyesha; *anbieten* -toa | das lasse ich mir nicht ~ imenizidi, ni mno kwangu; *refl* | es bietet sich eine Gelegenheit iko *od* ipo nafasi
Bilanz *f* *Ergebnis* matokeo *Pl*; *Wirtsch* urari
Bild *n* *Abbildung* picha (–) | im ~e sein -arifiwa | sich ein ~ machen von -angalia mwenyewe *tr*; **~band** *m* kitabu cha picha
bilden *tr* *gründen* -anzisha, -asisi; *Bildung vermitteln* -funza, -fundisha, -elimisha; **sich** ~ *entstehen* -zuka; *sich Bildung aneignen* -jielimisha (*durch* kwa)
Bilder|buch *n* kitabu cha picha; **~rahmen** *m* fremu (–)
Bildhauer *m* mchonga sanamu (wa-)
bildlich -a sitiari
Bild|reporter *m* mpiga picha (wa-); **~röhre** *f*, **~schirm** *m* skrini (–), kiwambo (vi-)
Bildung *f* elimu (–); *Formierung* kuunda *tr*
Billard *n* mchezo wa billiards
billig rahisi, nafuu; *wertlos* hafifu | ~ werden -pungua *od* -shuka bei
billigen *tr* -afiki, -kubali
Binde *f* *Med* bendeji (–); *Augen~* kizuizui (vi-); *Arm~* kitambaa [cha kuwekea mkononi]
binden *tr* *befestigen* -funga (*an* kwenye); *herumschlingen* -jitanda (*um* -ni, penye); *Blumen* -panga; *Buchw* -jalidi | *übertr* gebunden sein an -fungamana na; **sich** ~ jiunga (*an* na)
Binder *m* *Krawatte* tai (–)

Bindestrich *m* kistari kifupi *od* ungio
Bindfaden *m* ugwe (nyugwe), kamba (–)
Bindung *f Verpflichtung* uhusiano; *Skisport* aina ya gango la kushikizia ski viatuni
binnen kwa muda wa | ~ kurzem muda si mrefu
Binnen|handel *m* biashara ya ndani; **~schiffahrt** *f* usafirishaji kwa meli katika maziwa na mito
Biochemie *f* biokemia (–)
Biographie *f* wasifu
Biologe *m* mb[a]iolojia (wa-)
Biologie *f* b[a]iolojia (–)
biologisch -a kib[a]iolojia
Birnbaum *m* mpea (mi-)
Birne *f* pea (ma-)
bis 1. *Präp* a) *Ort*, *Zeit* mpaka, hadi | ~ zum Haus mpaka nyumba[ni] | ~ auf weiteres hadi *od* mpaka baadaye b) *Zahl* kufikia | ein Betrag von 900 ~ 1000 M kiasi kati ya M 900 na 1000 c) *Grad* kwa | ~ ins kleinste kwa undani d) *Ausnahme* isipokuwa, ila | (alle) ~ auf einen (-te) isipokuwa *od* ila -moja, -kabakia -moja **2.** *Konj* mpaka *od* hadi ...-po-...; **~her** hadi hapo, mpaka sasa
Bischof *m* askofu (ma-)
Biskuit *m od n* biskuti (–)
Biß *m* kuumwa; *Schlangen*≈ kuumwa na nyoka
bißchen | ein ~ kidogo
Bissen *m* mmego (mi-)
bissig *Hund* -kali
Bistum *n* dayosisi (–)
bitte *Adv* tafadhali | ~ sehr! karibu(-ni), *nach danke auch* ahsante(-ni) | wie ~? bee? naam?
Bitte *f* ombi (ma-) | eine ~ an jmdn. richten -pelekea mtu ombi
bitten *tr* -omba (*um etw.* kitu) *intr*
bitter 1. *Adj* -chungu, -kali; *übertr* -na-*rel*-sikitisha **2.** *Adv* | ~ kalt baridi mno *od* ajabu
Blähung *f*, *meist* **~en** *Pl* riahi (–)
Blamage *f* aibu (–)
blamieren *tr* -aibisha, -tia aibu, -fedhesha; **sich** ~ -jitia aibu (*vor* mbele ya)
blank *glänzend* -na-*rel*-ng'aa; *sauber* safi; *unbedeckt* -tupu
Blase *f Anat* kibofu (vi-); *Med* lengelenge (ma-)
blasen *tr* -puliza, -vuvia *od* -vivia; *intr Wind* -vuma
Blas|instrument *n* ala ya kupuliza; **~musik** *f* muziki unaopigwa kwa ala zu kupuliza; **~orchester** *n* beni ya polisi, wanamuziki wanaotumia ala za kupuliza
blaß -li-*rel*-zingia | ~ werden -zingia
Blatt *n Bot* jani (ma-); *Papier* ukurasa (kurasa); **~pflanze** *f* mmea wenye majani
blau -a buluu *od* samawati | eine Fahrt ins ≈e matembezi bila ya lengo maalum
Blaubeere *f* bluuberi (–)
bläulich -a buluu buluu
Blech *n Eisen*≈ bamba la chuma; *Aluminium*≈ bati (ma-) *auch Eisen*
Blei *n Chem* risasi (–), plumbumu (–)
bleiben *intr verweilen* -kaa, -kawia; *sich nicht verändern* -baki | es bleibt dabei basi, kama ilivyoafikiwa *od* ilivyokubaliwa
bleibenlassen *tr* -acha
bleich -li-*rel*-zingia
Bleistift *m* kalamu [ya risasi], penseli (–); **~spitzer** *m* kichongeo (vi-)
Blende *f Foto* fokasi (–); *Kleidung* kibandiko (vi-)
blenden *tr Licht* -tia ... kiwi cha macho; *intr* -wa na kiwi cha macho
blendend bora, -a hali ya juu
Blick *m Augenausdruck* macho *Pl* | mit strengem ~ kwa macho makali | jmdm. einen ~ zuwerfen -tupia mtu macho; *Ausblick* kuona mbali, kutazama *tr*
blicken *intr* | auf jmdn. ~ -tupia mtu macho | nach jmdm. ~ -fuata mtu kwa macho

Blickpunkt *m* mtazamo (mi-)
blind -a upofu; *glanzlos* -si-*rel*-ng'aa | ~er Alarm kuzusha taarifa *od* habari ya uwongo
Blinddarm *m* kidoletumbo (vi-); **~entzündung** *f* kuwashwa kwa kidoletumbo
Blinde(r) *f(m)* kipofu (vi-)
Blind|gänger *m* bomu lisilolipuka; **~schleiche** *f* ndumakuwili (–)
blinken *intr* -waka na kuzimika
Blinker *m* *Kfz* taa ya indiketa *od* pembeni
blinzeln *intr* -finya macho
Blitz *m* umeme; **~ableiter** *m* ncha na waya inayochukua chaji hasi au chanya mpaka ardhini, kipitishio radi (vi-)
blitzen *intr* -mweka, -meremeta, memeteka | *unpers* es blitzt panamweka
Blitzlicht *n* fleshi (–), kimweko (vi-)
blitzschnell -a *od* kwa haraka *od* upesi, chapuchapu
Block *m* *Notiz~* karatasi za kuandikia zilizofungwa kwenye jalada; *Häuser~* mfululizo wa nyumba
Blockade *f* kuzingira *tr*
Blockflöte *f* nzumari (–)
blockieren *tr* *Strecke* -funga
blöd[e] -a kichaa
Blödsinn *m* upuuzi
blödsinnig -a upuuzi
blond -eupe, -a dhahabu
blondieren *tr* -tia dawa ... ili -pate kuwa na rangi ya dhahabu
bloß **1.** *Adj* *nackt* -tupu, uchi **2.** *Adv* *nur* tu
blühen *intr* -papatua, -chanua; *übertr* -s[i]tawi
Blume *f* ua (ma-)
Blumen|bank *f* stuli ya kuwekea ma jagi ya maua; **~geschäft** *n* duka la maua; **~kasten** *m* sanduku la kuwekea *od* kupandia maua; **~kohl** *m* kauliflaua (–); **~strauß** *m* shada la maua; **~topf** *m* chungu cha kustawisha maua
Bluse *f* blauzi (–)
Blut *n* damu (–); **~druck** *m* kanieneo ya damu
Blüte *f* ua (ma-); *übertr* us[i]tawi
bluten *intr* -toka damu
Blut|erguß *m* mvujo wa damu ndani ya mwili; **~gruppe** *f* aina ya damu
blutig -a damu; *übertr* -kali, -a kikatili
Blut|probe *f* kupima *od* upimaji wa damu; **~spender** *m* mtoa damu (wa-)
blutstillend -a kuzuia *od* -na-*rel*-zuia damu isitoke
Blutübertragung *f* kuingiza damu
Blutung *f* damu kutoka
Blut|vergiftung *f* damu kuwa na sumu ya viini vya ugonjwa; **~verlust** *m* kupote[z]a damu [nyingi]; **~wurst** *f* soseji ya mchanganyiko wa nyama na damu
Bö *f* dhoruba (–)
Bob *m* kigari cha kutelezea kwenye barafu *od* theluji; **~bahn** *f* barabara *od* njia ya barafu yenye kingo mbili ya kutelezea vigari; **~rennen** *n* mbio za vigari vya kutelezea kwenye barafu
Bock *m* dume (ma-); *Sport* kifaa cha mchezo aina ya sanduku
Boden *m* *Erdoberfläche* ardhi (–); *Erdreich* udongo; *Dach~* sehemu kati ya dari na paa; *Fuß~* sakafu (–); *Grundfläche eines Behälters* msingi (mi-) | am ~ liegen -lala chini; **~schätze** *Pl* madini *Pl*; **~turnen** *n* jimnastiki (–)
Bogen *m* *Sport*, *Streichinstrument* upinde (pinde); *Bauw* tao (ma-); *Papier* ukurasa (kurasa); **~lampe** *f* taa iliyokunjika; **~schießen** *n* kulenga shabaha kwa upinde
Bohne *f* harag[w]e (ma-); *Pflanze* mharag[w]e (mi-) | grüne ~n maharag[w]e na maganda yake yaliyokatwa na kupikwa | weiße ~n maharag[w]e meupe yaliyopikwa
Bohnenkaffee *m* kahawa (–)
Bohner|bürste *f* brashi ya kung'ari-

shia sakafu; **~maschine** *f* mashine ya kung'arishia sakafu, king'arisha sakafu (vi-)
bohnern *tr* -tia polishi, -ng'arisha
Bohnerwachs *n* polishi (–)
bohren *tr* -toboa *od* -dopoa, -pekecha, -kekeeza; *ausbohren* -chimbua; *intr* | nach Erdöl ~ -tafuta petroli kwa kuchimba visima
Bohrer *m Werkzeug Holz~* kekee (–); *Eisen~* pekecho (ma-)
Bohrturm *m* mnara [wa kuchimbulia petroli]
Bolivien Bolivia (–)
bombardieren *tr Mil* -tupia mabomu
Bombe *f* bomu (ma-)
Bon *m* kuponi (–)
Bonbon *n* peremende (–); *umg* pipi (–)
Boot *n* boti (–), mashua (–); *Einbaum* mtumbwi (mi-); *Ausleger~* ngalawa (–)
Bord *m* | an ~ *Mar* kwenye chombo; *Flugw* kwenye *od* katika ndege; **~kante** *f* ukingo wa njia ya watembeao kwa miguu; **~karte** *f* kadi ya *od* cheti cha kupandia ndege
borgen *tr* -azima; *Geld* -kopa (*von jmdm.* kutoka kwa mtu); *Geld leihen* -kopesha (*jmdm.* mtu)
Börse *f Wirtsch* soko la hisa na fedha
bösartig *Med* -baya, [-a] hatari
Böschung *f* mteremko (mi-)
böse *schlecht* -baya, -ovu; *ärgerlich* -li-*rel*-kasirika | ~ auf -li-*rel*-kasirikia *tr*
boshaft -jeuri, -a kijeuri
Bosheit *f* ujeuri, uovu, ubaya
böswillig -enye *od* -a kashifa
Botanik *f* elimu-mimea (–)
botanisch -a mimea
Bote *m* tarishi (ma-), masinja (–)
Botschaft *f Nachricht* ujumbe | eine ~ an den Präsidenten risala kwa Rais (–); *Pol* ofisi ya balozi, ubalozi
Botschafter *m* balozi (ma-)
Botswana Botswana (–)
Bottich *m* pipa (ma-), tangi (ma-)
Bourgeoisie *f* bwanyenye (– *od* ma-)
Bowdenzug *m* waya (nyaya)
Bowle *f Getränk* kinywaji baridi [chenye ulevi] kilichochanganywa na vipande vya matunda; *Gefäß* chungu (vyungu)
boxen *intr* -piga ngumi *od* konde *od* sumbwi *od* ndondi
Boxer *m Sport* bondia (ma-), mwanasumbwi (wanasumbwi)
Boxkampf *m* pambano la ndondi
Boykott *m* msuso (mi-)
boykottieren *tr* -susa, -susia
Branche *f* sekta (–), tawi (ma-)
Brand *m* moto (mi-); **~binde** *f* bendeji ya kufungia sehemu ya kuungua; **~schutz** *m* hadhari *od* kinga ya moto; **~stifter** *m* mchoma moto ovyo (wa-); **~stiftung** *f* kuchoma moto ovyo
Brandung *f* mawimbi *Pl*
Brandwunde *f* jeraha la moto
Branntwein *m* brendi (–)
Brasilien Brazil[i] (–)
braten *tr* -kaanga; *intr* -kaangwa, -kaangika
Braten *m* nyama ya kukaanga
Brat|hering *m* heringi iliyokaangwa na kuhifadhiwa kwenye siki; **~kartoffeln** *f/Pl* viazi vya kukaanga; **~pfanne** *f* kikaango (vi-), tawa (–)
Bratsche *f* fidla kubwa kiasi iitwayo viola
Brauch *m* desturi (–)
brauchbar -na-*rel*-faa
brauchen *tr nötig haben* -taka, -hitaji
brauen *tr* -tengeneza, -pika
Brauerei *f* kiwanda cha bia
braun -a kahawia, -a hudhurungi
bräunen *intr braun werden* -geuka kuwa -a rangi ya kahawia
Braunkohle *f* makaa machanga
bräunlich -a kahawia kahawia
brausen *intr rauschen* -vuma
Braut *f* bibi harusi (ma-)
Bräutigam *m* bwana harusi (ma-)
Brautpaar *n* bwana na bibi harusi (ma-)
brav *artig* -enye adabu

brechen *tr Med* -vunjika; *Rekord* -vunja; *Widerstand* -fyeka; *intr in Stücke gehen* -pasuka, -vunjika; *sich übergeben* -tapika; **sich ~** *Brandung* -gonga *tr*; *Phys* -pinda

Brechstange *f* mtaimbo (mi-)

Brei *m* ugali

breit -pana; *übertr* -a kirefu *od* kinagaubaga

Breite *f* upana; *Geogr* latitudo (–)

Breitengrad *m* latitudo (–)

Breitwand *f* kiwambo kipana

[1]**Bremse** *f Tech* breki (–)

[2]**Bremse** *f Zool* mbung'o (–), ndorobo (–)

bremsen *tr* -piga breki ya; *intr* -punguza mwendo

brennen *intr in Brand sein* -waka; *Sonne* -choma; *Wunde* -washa; *begierig sein* -wa na hamu (*vor* ya)

Brennessel *f* mmea ufananao na kiwavi na kuitwa nettle

Brenn|holz *n* kuni *Pl*; **~punkt** *m Opt* fokasi (–); *übertr* kitovu (vi-); **~stoff** *m* fueli (–)

Brett *n Holz* ubao (mbao), bao (ma-); *Spiel~* bao (ma-); **~er** *Pl Skisport* ski (–), mabao ya kutelezea kwenye theluji; **~spiel** *n* mchezo wa bao

Brezel *f* biskuti ya pretzel

Brief *m* barua (–); *Verw* waraka (nyaraka); **~bogen** *m* karatasi ya kuandikia barua; **~karte** *f* kadi (–); **~kasten** *m* sanduku la barua; **~marke** *f* stempu (–); **~öffner** *m* kifungua barua (vi-); **~papier** *n* karatasi za kuandikia barua; **~partner** *m* rafiki wa kalamu; **~tasche** *f* pochi (ma-); **~telegramm** *n* simu ya upepo [ya kawaida]; **~träger** *m* tarishi (–), masinja (–); **~umschlag** *m* bahasha (–)

Briefwechsel *m* kuandikiana barua | mit jmdm. in ~ treten -anza kuandikiana barua na mtu

Brigade *f* kikundi (vi-), kikosi (vi-)

Brikett *n* mchi wa makaa yaliyosindikwa

Brillant *m* kito kilichochongwa, almasi iliyochongwa

Brille *f* miwani *Pl* | eine ~ tragen -wa na miwani | er setzte seine ~ auf amevaa miwani yake

Brillenglas *n* kioo cha miwani

bringen *tr herbeibringen* -leta; *hinbringen* -peleka | jmdm. etw. ~ -letea *od* -pelekea mtu kitu; *begleiten* -sindikiza | es zu etwas ~ -fanikiwa | ein Kind zur Welt ~ -jifungua mtoto

Brise *f* hewa nzuri, upepo mzuri *od* mwanana

Brite *m* Mwingereza (wa-)

britisch -a Kiingereza

Brocken *m* donge (ma-)

Brombeere *f* tunda lifananalo na forsadi na kuitwa blackberry

Bronchitis *f* mchochoto wa mirija ya hewa mapafuni, mkamba (mi-)

Bronze *f* bronzi (–); **~medaille** *f* medali *od* nishani ya shaba

Brosche *f* bizimu (–), bruchi (–), bronki (–)

broschiert *Buchw* -enye jalada laini

Broschüre *f* kitabu chenye jalada laini

Brot *n* mkate (mi-); *rundes Weizen~* [mkate wa] mofa; *Kasten~* [mkate wa] bof[u]la; *rundes, mit Eiern und Gewürzen bereitet* mkate wa kumimina

Brötchen *n* mkate mdogo, kibakora (vi-)

Brotfrucht *f* shelisheli (ma-); **~baum** *m* mshelisheli (mi-)

Bruch *m ~fläche* mvunjo (mi-); *Knochen~* mvunjiko wa mfupa; *Leisten~* busha (ma-), pumbu (ma-); *Math* sehemu (–); **~rechnung** *f* [hesabu ya] sehemu; **~stück** *n* kigereng'enza (vi-); **~teil** *n* sehemu ndogo; **~zahl** *f* sehemu (–)

Brücke *f Bauw* daraja (ma-), kantara (–); *Zahnersatz* meno [ya] bandia; *Teppich* kizulia (vi-); *Sport* kujinyanyua kikaa

Bruder *m* ndugu (–); *älterer* ~ kaka (–); *Rel* bruda (ma-), bradha (ma-)
brüderlich -a kindugu
Brüderschaft *f* | ~ trinken -fanya urafiki kwa kugonganisha g[i]lasi
Brühe *f Fleisch*~ supu (–)
brühen *tr* -babua
brüllen *intr Tier* -nguruma, -lia; *schreien* -piga kelele
brummen *intr* -vuma
brünett -eusi kiasi
Brunnen *m* kisima (vi-); *Heilquelle* chemchemi ya maji yenye madawa | ~ trinken -nywa maji yenye madawa
Brust *f* kifua (vi-), kidari (vi-); *weibliche* ~ titi (ma-), tombo (ma-), ziwa (ma-); *bei jungen Mädchen* dodo (ma-); **~schwimmen** *n* kuogelea kwa kifua
Brüstung *f* vizuio *Pl*
Brut *f Geflügel* makinda *Pl*; *Fische* samaki wadogo
brutal -a kishenzi, -katili
brüten *intr Geflügel* -tamia
brutto ghafi
Bube *m Kart* g[h]ulamu (–), mzungu wa tatu
Buch *n* kitabu (vi-), buku (ma-); **~binder** *m* mtia *od* mfunga jalada (wa-); **~druck** *m* letterpress (–); **~drucker** *m* mpiga chapa (wa-), mchapaji (wa-)
Buche *f* mti wa Ulaya uitwao beech
buchen *tr Fin* -ingiza kwenye kitabu cha *od* vitabu vya benki; *Mar*, *Flugw* | einen Platz ~ -fanya booking, -jiandikisha kutengewa kiti
Bücherei *f* maktaba (–)
Bücher|regal *n* rafu ya vitabu; **~schrank** *m* kabati ya vitabu
Buch|fink *m* ndege wa aina ya biliwili *od* mtolondo; **~führung** *f* uhasibu; **~halter** *m* mhasibu (wa-); **~haltung** *f* ofisi ya wahasibu; **~handel** *m* mauzo ya vitabu; **~handlung** *f* duka la vitabu
Buchse *f* kiungio (vi-), bushi (–)
Büchse *f Gefäß* mkebe (mi-); *Konserven*~ kopo (ma-); *Gewehr* bunduki (–)
Büchsen|fleisch *n* nyama ya kopo; **~milch** *f* maziwa ya kopo; **~öffner** *m* kifungua kopo (vi-)
Buchstabe *m* herufi (–) | kleiner (großer) ~ herufi ndogo (kubwa)
buchstabieren *tr* -tamka herufi ya *od* za
Bucht *f* hori (–), mlango mdogo wa bahari, ghuba (–)
bücken, sich -inama, -nema
Bückling *m Fisch* dagaa iliyokaushwa kwa moshi
Buddhismus *m* dini ya Kibudha
Buddhist *m* mtu anayeabudu Budha
Bude *f Baracke* kibanda (vi-); *Stand* genge (ma-)
Budget *n* makadirio ya fedha, bajeti (–)
Büfett *n Möbelstück* kabati fupi *od* ndogo; *Schanktisch* kaunta (–)
Büffel *m* nyati (–), mbogo (–)
Bug *m Mar* omo (ma-); *Flugw* ncha *od* sehemu ya mbele [ya ndege]
Bügel *m Kleider*~ kitundikio (vi-), henga (–); **~brett** *n* bao la kupigia pasi; **~eisen** *n* pasi (–); **~falte** *f* mkunjo (mi-)
bügeln *tr* -piga pasi
Buhne *f Küstendamm* vizuizi vya maji ya baharini
Bühne *f* jukwaa (ma-)
Bühnenbild *n* mandhari (–)
Bulgare *m* Mbulgaria (wa-)
Bulgarien Bulgaria (–)
bulgarisch -a Kibulgaria
bummeln *intr umherschlendern* -tembea, -zunguka, -tanga; *trödeln* -zembea; *nichts tun neg*-fanya *od* -tega kazi
Bund *m Bündnis* umoja; *Organisation* jumuiya (–); *Kleidung* upapi (papi)
Bundesrepublik *f* Jamhuri ya Shirikisho | ~ Deutschland Jamhuri ya Shirikisho la Ujerumani
Bündnis *n* umoja
Bungalow *m* kibanda (vi-)

bunt *farbig* -a rangi [mbalimbali]
Bunt|specht *m* ndege wa jamii ya king'oto *od* kigogota; **~stift** *m* kalamu ya rangi
Bürde *f* mzigo (mi-)
Burg *f* ngome (–)
Bürge *m* mdhamini (wa-)
bürgen *intr* -dhamini (*für jmdn.* mtu) | für die Qualität ~ -thibitisha ubora | diese Marke bürgt für Qualität chapa hii inajulikana *od* inatambulikana kwa ubora wake
Bürger *m* mwananchi (wananchi), raia (–)
bürgerlich -a kiraia; *Pol* -a kibwanyenye
Bürger|meister *m* meya (–); **~steig** *m* njia ya watembeao kwa miguu
Büro *n* ofisi (–); **~klammer** *f* kibanio (vi-)
Bürokrat *m* mtawala msonge (wa-)
Bürokratie *f* urasimu; *umg* utawala msonge, umangi meza
bürokratisch -a kirasimu
Büromöbel *Pl* fenicha za ofisini
Bürste *f* brashi (–)
bürsten *tr* -piga brashi
Burundi Burundi (–)
Bus *m* basi (ma-); *Pendel~* daladala (–) (in Tansania) *od* matatu *Pl* (in Kenia) | mit dem ~ fahren -enda kwa basi
Busch *m* kichaka (vi-), mti mfupi; *Landschaft* nyika (–), pori (ma-); **~bock** *m* pongo (–), mbawala (–), kulungu (–)
Busen *m Anat* maziwa *Pl*, matiti *Pl*, matombo *Pl*
Bussard *m* shakivale (–), hajivale (–)
büßen *tr* -fidia; *intr* -toa *od* -lipa fidia (*für* ya)
Büstenhalter *m* sidiria (–)
Butter *f* siagi (–)
Butterbrot *n* sangweji (–); **~papier** *n* karatasi ya kufungia [vipande vya *od* slaizi za] mkate
Butter|dose *f* bakuli la kuwekea siagi; **~milch** *f* mtindi (mi-)

C

Café *n* mgahawa (mi-)
campen *intr* -piga hema na kuishi humo
Camping *n* kupiga [ma]hema na kuishi humo; **~anhänger** *m* trela ya gari; **~beutel** *m* begi ya kubeb[w]a mgongoni; **~platz** *m* uwanja wa kupiga mahema
Cello *n* fidla kubwa iitwayo cello
Celsius *n* Selisiusi (–)
Cembalo *n* kinanda kipigwacho kama kinubi na kuitwa harpsichord
Cent *m* senti (–)
Chamäleon *n* kinyonga (vi-)
Champagner *m* chempeni (–)
Champignon *m* uyoga (viyoga)
Chance *f* bahati (–) | eine ~ haben -wa na *od* -pata nafasi *od* wasaa
Chanson *n* wimbo (nyimbo)
Chaos *n* fujo (–), ghasia (–)
chaotisch -a fujo *od* ghasia
Charakter *m* tabia (–), mwenendo (mi-)
Charakteristik *f* sifa (–), maelezo *Pl*
charakteristisch mah[u]susi, -a kutambulika
charakterlich -a tabia
charmant -enye haiba
Charme *m* haiba (–)
chartern *tr* -kodi
Chaussee *f* barabara (–)
Chauvinismus *m* uchokozi wa uhasama dhidi ya mataifa mengine
Chef *m* mkuu (wa-); *umg* bosi (ma-)
Chef- *in Zus* -kuu
Chemie *f* kemia (–)
Chemikalien *Pl* kemikali (–), madawa
Chemiker *m* mkemia (wa-)
chemisch -a kikemia, -a madawa | ~e Reinigung kufua kwa kemikali
Chile Chile (–)
Chilipfeffer *m* pilipili hoho (–)
China China (–), Uchina
Chinese *m* Mchina (wa-)

chinesisch -a Kichina
Chinin *n* kwinini (–)
Chirurg *m* daktari (ma-) *od* mganga bingwa wa upasuaji
Chirurgie *f* upasuaji
chirurgisch -a upasuaji *od* kupasulia
Chlor *m* kloraidi (–)
Cholera *f* kipindupindu (vi-)
Chor *m* kwaya (–) | im ~ kwa pamoja
Christ *m* Mkristo (wa-)
Christentum *n* Ukristo
christlich -a kikristo
Christus Kristo | vor (nach) ~ kabla (baada) ya kuzaliwa kwa Kristo
Chrom *n* kromiamu (–)
Chronik *f* tarihi (–)
chronisch *Med* -a kudumu, -si-*rel*-tibika
chronologisch -a muhula
Chrysantheme *f* kipangusi (vi-)
Clique *f* genge (ma-)
Clown *m* mchekeshaji (wa-)
Cocktail *m* karamu [ya vinywaji]
Computer *m* kompyuta (–)
Copyright *n* haki ya kunakili
Couch *f* kochi (ma-); **~tisch** *m* meza ndogo
Cousin(e) *m(f)* binamu (–)
Creme *f* *Süßspeise* switi (–); *Salbe* krimu (–)
Curry *m od n* binzari (–)

D

da 1. *Adv* a) *Ort hier* humu, hapa, huku; *dort* hapo, pale, kule, huko | ~ ist (sind) yuko (wako), uko (iko) | alle sind ~ wote wamefika b) *Zeit in diesem Augenblick* [wakati] ambapo, mara, wakati huu *od* huo | von ~ ab tangu hapo **2.** *Konj weil* kwa kuwa *od* vile *od* sababu
dabei | nahe ~ karibu nayo | ~ sein etw. zu tun -wapo katika kufanya jambo | er war ~ alishiriki | er ging und sang ~ alikwenda [huku] akiimba | es bleibt ~ itafanyika kama ilivyokubaliwa
dabeibleiben *intr* -shikilia
dabeisein *intr* -hudhuria, -wa[-po *od* -mo *od* -ko]
dableiben *intr* -baki
Dach *n* paa (–); **~decker** *m* mwezekaji (wa-); **~fenster** *n* [ki]dirisha (vi- *od* ma-) kwenye paa; **~garten** *m* dari (ma-); **~pappe** *f* karatasi za lami; **~rinne** *f* paipu ya maji ya mvua
Dachs *m* *Honig~* nyegere (–)
Dachziegel *m* kigae (vi-)
Dackel *m* mbwa aitwaye dachshund
dadurch 1. *Adv* humu, hapa, huku, humo, hapo, huko, mle, pale, kule **2.** *Konj* | ~, daß … kwa sababu *od* kuwa *od* vile
dafür *an Stelle* mahali pa, badala ya | ~ sein -unga mkono *tr*, -afiki *tr* | nichts ~ können *neg*-wa na hatia
dagegen 1. *Adv* kwa kulinganisha *tr* … na | ~ sein -pinga, -kataa | nichts ~ haben *neg*-wa na kipingamizi **2.** *Konj aber* lakini
daher *aus diesem Grunde* kwa hiyo *od* sababu hii
dahin *dorthin* humo, hapo, huko, hapa, huku, mle, pale, kule | *örtl* u. *zeitl* bis ~ mpaka pale *od* kule *od* hapo
dahinter nyuma yake | es steckt etwas ~ sababu yake hasa ni
Dahlie *f* mmea wenye maua ufananao na kipangusi na kuitwa dahlia
damals wakati ule
Damast *m* damaski (–)
Dame *f* bibi (ma-); *Kart auch* mzungu wa pili; *Schach* malkia (–); *Brettspiel* dama (–), drafti (–); *Spielstein* kinki (–) | meine ~n und Herren! mabibi na mabwana
Damen- *in Zus* -a kike
Damenkonfektion *f* nguo za akina mama
Damespiel *n* dama (–), drafti (–)
damit 1. *Adv mit einem Gegenstand*

nacho, kwacho *usw.* | ~ rechnen, daß … -hesabia kwamba **2.** *Konj* ili, kusudi

Damm *m Deich* bwawa (ma-), lambo (ma-)

dämmern *intr* | *unpers* es dämmert *am Morgen* panapambazuka, kunakucha, *am Abend* kunakuchwa

Dämmerung *f Morgen*≈ [ma]pambazuko, macheo *Pl*; *Abend*≈ machweo *Pl*; magharibi (–)

dämmrig -enye giza

Dampf *m* mvuke (mi-); **~bad** *n* kupumua mvuke

dampfen *intr* -toa moshi *od* mvuke

dämpfen *tr im Dampf gar machen* -pika … kwa mvuke; *Schall* -punguza; *übertr* -poza, -tuliza

Dampfer *m* meli (–)

Dampf|heizung *f* kipashio moto kitumiacho mvuke; **~lokomotive** *f* kichwa cha gari la moshi kiendeshwacho kwa mvuke; **~turbine** *f* jenereta ya mvuke

danach *hinterher* baadaye, hatimaye; *dementsprechend* kulingana *od* kufuatana na hilo *od* hayo *usw.*

Däne *m* Mdanishi (wa-)

daneben kando yake; *außerdem* zaidi *od* juu ya hili *od* hilo *od* hii

Dänemark Denmark (–)

dänisch -a Kidanishi

dank *Präp* kutokana *od* kufuatana na

Dank *m* shuk[u]rani (–) | vielen ~! a[h]sante sana

dankbar -enye shuk[u]rani (*für* kwa)

Dankbarkeit *f* shuk[u]rani (–)

danken *intr* shukuru *intr od tr* (*für* kwa) | danke [sehr]! a[h]sante [sana]; *ablehnend* -kataa

dann *daraufhin* halafu, kisha | er kam und sagte ~ alifika akasema | ~ und wann pengine

daran huku, huko, hapa, hapo | *Wand* er lehnte sich ~ aliuegemea | *Ereignis* er erinnert sich ~ analikumbuka

darauf a) *Ort* juu yake b) *Zeit* baadaye, kisha, halafu | er kam und sagte ~ alikuja [na] akasema | im Jahr ~ mwaka uliofuata *od* unaofuata | kurz ~ punde si punde, muda si muda

daraufhin = **dann**

daraus kutoka humu *od* humo *od* mle | ich mache mir nichts ~ siipendi | mach dir nichts ~! usijali

Darbietung *f Theat* onyesho (ma-)

darin humu, humo, mle

darlegen *tr* -fafanua, -eleza

Darlegung *f*, *meist* **~en** *Pl* maelezo *Pl*

Darlehen *n* mkopo (mi-)

Darm *m Anat* utumbo

darstellen *tr bildlich wiedergeben* -chora; *schildern* -fafanua, -simulia, -eleza; *Theat* -igiza

Darsteller *m Theat* mwigizaji (wa-)

Darstellung *f Bild* mchoro (mi-); *Schilderung* ufafanuzi, maelezo *Pl*; *Theat* uigizaji

darüber *Ort* juu yake; *übertr* | *Geschenk* sie freute sich ~ aliifurahia | ~ hinaus juu *od* zaidi ya hii *od* hiyo, isitoshe

darum *deswegen* kwa hiyo *od* hivyo *od* sababu hii

darunter, *umg* **drunter** *unterhalb* chini yake; *dazwischen* miongoni mwao; -kiwa -moja wao | *umg* es geht drunter und drüber kuna vurugu *od* vurumai

das 1. *Art n* | ~ Kind mtoto [huyu *od* huyo *od* yule] | ~ Buch kitabu [hiki *od* hicho *od* kile] **2.** *Dem Pron n* h-[-*rel*], -le | ~ heißt ndiyo kusema, maana yake ni, yaani **3.** *Rel Pron n* amba-*rel*, -*rel*- *od* -*rel*

dasein *intr* -wa[-mo *od* -po *od* -ko] | ist sie da? je, yuko?

dasjenige -le

daß kwamba, kuwa | so ~ ya kuwa, kiasi kwamba

dasselbe h-[-*rel*] h-[-*rel*], -le -le

Daten *Pl* data (–)

Datenverarbeitung *f* kuchambua takwimu *od* data | elektronische ~

kuchambua takwimu *od* data kwa kutumia kompyuta
datieren *tr* -andika tarehe ya
Dativ *m* uhusika usioungwa moja kwa moja
Dattel *f* tende (ma-); **~palme** *f* mtende (mi-)
Datum *n* tarehe (–)
Dauer *f Zeitspanne* muda | auf die ~ kwa muda mrefu | (nicht) von ~ sein (*neg*-)-dumu
dauerhaft *ständig* -a kudumu; *fest* imara
Dauer|karte *f* tikiti itumikayo kwa muda wa wiki moja *od* mwezi mmoja; **~lauf** *m* mbio ndefu *Pl*
dauern *intr* -dumu | wie lange dauert es? inachukua muda gani?
dauernd **1.** *Adj* -a kudumu, -a mara kwa mara **2.** *Adv* mara kwa mara, mara nyingi
Dauerwelle *f* mtindo wa kusuka nywele uitwao permanent wave
Daumen *m* kidole gumba (vi-) | *übertr* jmdm. den ~ halten -takia mtu heri
Daunendecke *f* shuka ya kujifunika iliyojaa nyoya
davon *Ort* | sie war auf und ~ ametoweka | nicht weit ~ si mbali yake; *übertr* | *Ereignis* wir wußten ~ tuliisikia | das kommt ~ sababu yake ndiyo hii
davonkommen *intr entkommen* -kimbilia; *am Leben bleiben* -pona | mit heiler Haut ~ -ponea chupuchupu
davonlaufen *intr* -kimbia, -toroka
davor *Ort* mbele yake; *übertr* | *Reise* er hat Angst ~ anaiogopa | *Arbeit* er drückt sich ~ anaitega
dazu *hinzu* kwa kuongeza, zaidi *od* juu ya hili *od* hilo, isitoshe | was sagst du ~? unasemaje?
dazugehören *intr* -husiana na
dazuhalten, sich *sich beeilen* -fanya haraka, -enda mbio
dazukommen *intr hinzukommen* -fika | ich komme nicht dazu nimeshindwa kufanya kazi *od* shughuli hii
dazwischen kati kati yake; *darunter* miongoni mwao; **~kommen** *intr* -ingilia [kati]
Debatte *f* majadiliano *Pl*
debattieren *intr* -jadiliana (*über* juu ya)
Deck *n Mar* s[i]taha (–), deki (–)
Deckbett *n* shuka ya kujifunika
Decke *f wollene* ~ blanketi (ma-); *Tisch~* kitambaa cha mezani; *Arch* dari (ma-)
Deckel *m Topf* kifuniko (vi-), mfuniko (mi-); *aus Ton* kiana (vi-), mkungu (mi-)
decken *tr Tisch* -andaa, -andika; *Dach* -ezeka; *Bedarf* -tosheleza, -kidhi; *intr Farbe* -funika
Deckenleuchte *f* taa inayoning'inia
Deckung *f Sport* walinzi *Pl*, kufuata *tr*; *Fin* -wa na fedha *od* akiba ya kutosha
defekt -bovu
Defekt *m* dosari (–), hitilafu (–), kasoro (–)
Defensive *f* [hali ya] kujihami
definieren *tr* -toa ufafanuzi wa *od* fununu la
Definition *f* ufafanuzi
definitiv -a dhati
Defizit *n* hasara (–)
Degen *m* kitara (vi-)
degradieren *tr* -shusha … cheo
dehnbar -a kunyumbuka
dehnen *tr* -tanua; **sich** ~ -tanuka
Deich *m* matuta yanayozuia maji yasifurike
Deichsel *f* bimu (–)
dein (~e, ~; ~e) -ko
deinerseits kwa upande wako
deinetwegen kwa sababu *od* ajili yako
dekadent -ovu, -bovu, -potofu
dekatieren *tr* -tumia pasi ya mvuke kwa
Deklaration *f* azimio (ma-)
Deklination *f Gramm* mwendesho (mi-)

deklinieren *tr Gramm* -endesha
Dekolleté *n* shingo (ma-)
Dekorateur *m* mpambi (wa-), mpambaji (wa-)
Dekoration *f* mapambo *Pl*
dekorativ -a kupamba *od* kuvutia
dekorieren *tr* -pamba
Delegation *f* ujumbe
delegieren *tr* -peleka
Delegierte(r) *f*(*m*) mjumbe (wa-)
Delikatesse *f Leckerbissen* kitoweo (vi-)
Delikt *n* kosa (ma-)
Delphin *m* panji (–)
Demagoge *m* mpotoshaji (wa-)
Dementi *n* kanusho (ma-)
dementieren *tr* -kanusha
dem|entsprechend kufuatana *od* kulingana na hili *od* hilo *od* hii *od* hiyo; **~gegenüber** *andererseits* kwa upande mwingine; **~nach** = **dementsprechend**; **~nächst** muda si muda *od* mrefu
Demokrat *m* mdemokrasi (wa-)
Demokratie *f* demokrasi (–)
demokratisch -a kidemokrasi
demokratisieren *tr* -rejesha *od* -rudisha ... demokrasi
Demonstrant *m* mwandamanaji (wa-)
Demonstration *f Kundgebung* maandamano *Pl*
demonstrieren *intr Pol* -andamana
Demütigung *f* kushusha *tr* hadhi
denken *intr* -fikiri, -waza, dhani; *nach~* -tafakari | an jmdn. *od* etw. ~ -fikiria *od* -kumbuka mtu *od* kitu; *refl* | das läßt sich ~ inaeleweka, inafahamika
Denkmal *n* kumbukumbu (–)
Denkmalschutz *m* hifadhi [ya taifa] | unter ~ stehen -hifadhiwa kwa sheria
Denkschrift *f* kumbukumbu *Pl*
denkwürdig -a kukumbuka
denn 1. *Adv* | wer ist es ~? nani hasa? | es sei ~, daß ... ila *od* isipokuwa kwamba ... **2.** *Konj* kwani | mehr ~ je zaidi kuliko awali *od* ilivyokuwa
dennoch hata hivyo
denunzieren *tr* -kashifu
deponieren *tr* -weka
Depot *n Verk* karakana (–)
Depression *f* kuvunja moyo, kukata tamaa
deprimiert -li-*rel*-kata tamaa, -li-*rel*-vunja moyo
Deputierte(r) *f*(*m*) mjumbe (wa-); *Parlamentarier* Mbunge (wa-)
der 1. *Art m* | ~ Mann mtu [huyu *od* huyo *od* yule] | ~ Tisch meza [hii *od* hiyo *od* ile] **2.** *Dem Pron* h-[-*rel*], -le **3.** *Rel Pron m* amba-*rel*, -*rel*- *od* -*rel*
der|art mno, sana; **~artig** -a aina hii *od* hiyo
derb *Schlag* -kali; *Spaß* -baya
dergleichen -a namna *od* aina hii hii *od* hiyo hiyo *od* ile ile | und ~ na mengine *od* vingine
derjenige -le
dermaßen kwa kiwango ambacho, kiasi kwamba
derselbe h-[-*rel*] h-[-*rel*], -le -le
derzeitig *jetzig* -a [ki]sasa, -a wakati huu; *damalig* -a wakati huo
desertieren *intr* -toroka
desgleichen pia, vile vile
deshalb kwa hiyo *od* sababu hii
Desinfektion *f* uavi[ji]dudu
Desinfektionsmittel *n* kiuavi[ji]dudu (vi-)
desinfizieren *tr* -ua vi[ji]dudu katika *od* -ni
Dessertwein *m* mvinyo mtamu
destillieren *tr* -evusha
destruktiv -a kubomoa
deswegen kwa hiyo *od* sababu hii
Detail *n* kitu mahsusi (vi-); *Pl Einzelheiten* maelezo kamili | im ~ kwa kinagaubaga *od* undani
detailliert -a kinagaubaga
Detonation *f* mlipuko (mi-)
deuten *intr* -elekeza *tr* (*auf* kwa); *tr interpretieren* -fasiri
deutlich *hörbar* -a kusikika; *verständlich* wazi, bayana, dhahiri | ~ sein *od* werden -dhihirika, -bainika | ~ spre-

chen -sema kiada, -pambanua maneno

deutsch -a Kijerumani

Deutsche(r) *f*(*m*) Mjerumani (wa-)

Deutschland Ujerumani

deutschsprachig -na-*rel*-zungumza [lugha ya] Kijerumani

Devise *f Leitspruch* wazo kuu (ma-), dhamira kuu (–)

Devisen *Pl Fin* fedha ya *od* za kigeni; **~bestimmungen** *f*/*Pl* masharti ya matumizi ya fedha za kigeni

Dezember *m* Desemba (–), mwezi wa kumi na mbili

dezent -a *od* kwa adabu, -stahifu

dezentralisieren *tr* -kabidhi mikoa *od* ofisi nyingine madaraka ya

Dezernat *n* idara (–), ofisi (–)

Dezernent *m* afisa (ma-)

Dezimal|bruch *m* sehemu ya kumi, asili kumi; **~rechnung** *f* hesabu ya desimali; **~system** *n* mfumo wa desimali

Dezimeter *n* desimeta *od* desimita (–)

Dia *n*, *Kurzw für* **Diapositiv** slaidi (–); **~betrachter** *m* projekta [ya kuonyeshea slaidi]

Diabetes *m* kisukari (vi-)

Diabetiker *m* mgonjwa wa kisukari

Diagnose *f Med* utambulizi, mdodoso (mi-) | eine ~ stellen -tambua dalili za ugonjwa

diagonal -a ulalo

Diagonale *f* ulalo (ndalo)

Diakon *m* shemasi (ma-)

Dialekt *m* lahaja (–)

Dialektik *f Phil* upembuzi

dialektisch -a kipembuzi

Dialog *m* mazungumzo [baina ya watu wawili]

Diamant *m* almasi (–)

Diapositiv *n* = **Dia**

diät *Med* | ~ leben -la *od* -tumia chakula laini

Diät *f Med* chakula laini (vyakula)

dicht 1. *Adj undurchlässig* -si-*rel*-vuja; *enggefügt* -nene | ~er Nebel ukungu mzito **2.** *Adv* | ~ bei karibu sana na | ~ beieinander, ~ bei ~ -jaa sisisi

dichtbevölkert -enye watu wengi

Dichte *f* msongamano (mi-), uzito

dichten *tr* -ziba; *Mar auch* -tia kal[a]fati; *intr* -tunga [ma]shairi

Dichter *m* mshairi (wa-)

dichtgedrängt -na-*rel*-songamana *od* -banana

[1]**Dichtung** *f Lit Dichtkunst* ushairi; *Gedicht* utenzi

[2]**Dichtung** *f Tech* gasketi (–)

dick *stark*, *beleibt* -nene; *umfangreich* -kubwa; *geschwollen* -li-*rel*-vimba; *~flüssig* -zito | ~ sein *od* werden -nenepa | einen ~en Schädel haben -wa na kichwa kigumu

Dickhäuter *m* pakidema (–), mnyama mwenye ngozi nene sana kama tembo

Dickicht *n* pori (ma-), msitu (mi-), chaka (ma-)

die 1. *Art f* | ~ Frau mwanamke [huyu *od* huyo *od* yule] | ~ Tür mlango [huu *od* huo *od* ule] *Pl* | ~ Frauen wanawake [hawa *od* hao *od* wale] | ~ Türen milango [hii *od* hiyo *od* ile] **2.** *Dem Pron f od Pl* h-[-*rel*], -le **3.** *Rel Pron f*, *Pl* amba-*rel*, -*rel*- *od* -*rel*

Dieb *m* mwizi (wezi); **~stahl** *m* wizi

diejenige, ~n *Pl* -le

Diele *f Vorraum* ukumbi (kumbi), sebule (–); **~n** *Pl Fußboden* sakafu ya mabao

dienen *intr* -tumikia *tr*, -hudumia *tr*; *gebraucht werden* -tumika (*als* kama)

dienlich | einer Sache ~ sein -faa *od* -saidia katika suala

Dienst *m* huduma (–); *Hilfe* msaada (mi-) | jmdm. einen guten ~ erweisen -saidia sana mtu | ~ am Kunden huduma bora kwa mteja | ~ haben *Arzt* -wa zamu

Dienstag *m* Jumanne (–)

dienstags [kila] Jumanne

dienstbereit -li-*rel* tayari kufanya kazi

Dienstgrad *m* cheo (vyeo)

diensthabend -a zamu | ~er Arzt daktari wa zamu
Dienst|leistung *f* huduma (–); **~leistungsbetrieb** *m* karakana (–), gereji (–), mahali pa kutolea huduma
dienstlich -a kikazi
Dienst|reise *f* safari ya kikazi; **~stelle** *f* idara (–), ofisi (–)
dieselbe h-[-*rel*] h-[-*rel*], -le -le
Diesel|lokomotive *f* injini ya dizeli [ya gari la moshi]; **~motor** *m* injini *od* mota ya dizeli; **~öl** *n* dizeli (–)
dies|er (~e, ~es; ~e) h-[-*rel*]
diesig -enye ukungu *od* vundevunde
dies|jährig -a mwaka huu; **~mal** mara *od* safari hii; **~seits** ng'ambo hii
Differentialrechnung *f* hesabu tenguo (–)
Differenz *f* *Math* tofauti (–); *meist* **~en** *Pl* *Meinungsverschiedenheit* mfarakano (mi-)
differenzieren *tr* -tofautisha, -pambanua
differieren *intr* -farakana (*von* na)
Dik-Dik *n* digidigi (–)
Diktaphon *n* chombo cha kunasa sauti, tepu (–), kinasasauti (vi-)
Diktat *n* *Niederschrift* imla (–)
Diktator *m* dikteta (ma-)
Diktatur *f* udikteta, utawala wa mabavu
diktieren *tr* -somea ... imla
Diktiergerät *n* = **Diktaphon**
Dilettant *m* fundi magungu (ma-), mtu ambaye si fundi
dilettantisch -si-*rel* stadi *od* bingwa
Dimension *f* *Math* mpanuko (mi-)
Ding *n* *Gegenstand* kitu (vi-); *etwas Unbekanntes* dude (ma-) | vor allen ~en hasa, zaidi ya yote
Diphtherie *f* difteria (–), ugonjwa wa uvimbeuchungu wa koo unaoambukiza
Diphthong *m* sauti unganifu *Pl*
Diplom *n* shahada (–); *für Kurzlehrgang* diploma (–); **~arbeit** *f* tasnifu ya shahada ya pili
Diplomat *m* afisa wa kibalozi *od* ubalozi (ma-)
Diplomatie *f* diplomasia (–)
diplomatisch -a kidiplomasia; *übertr* -a busara | ~e Beziehungen uhusiano wa kibalozi
Dipol *m* nchapacha *Pl*
direkt -a moja kwa moja
Direktive *f* agizo (ma-)
Direktor *m* mkurugenzi (wa-)
Direktübertragung *f* tangazo la moja kwa moja
Dirigent *m* kiongozi wa okestra; *Militärorchester* dramumeja (ma-)
dirigieren *tr* *Mus* -ongoza
Disharmonie *f* *Mus* kutokuwa na mwafaka; *übertr* kutopatana
Diskrepanz *f* mfarakano (mi-), hitilafu (–)
diskret *Mensch* -pole, -nyamavu; *Sache* -a kuficha; *Hinweis* -a fumbo
Diskretion *f* *Rücksicht* huruma (–), uangalifu; *Verschwiegenheit* unyamavu
diskriminieren *tr* -bagua
Diskus *m* sahani (–)
Diskussion *f* majadiliano *Pl*, mazungumzo *Pl* | zur ~ stellen -jadiliwe
Diskussionsbeitrag *m* hoja (–) | in seinem ~ akishiriki katika mjadala
Diskuswerfen *n* kutupa sahani
diskutieren *intr* -jadiliana (*über* kuhusu); *tr* -jadili
Dispatcher *m* mratibu (wa-)
Disposition *f* mpangilio (mi-), utaratibu, muhtasari (mi-)
disqualifizieren *tr* *Sport* -toa
Dissertation *f* tasnifu (–)
Dissonanz *f* tofauti (–), hitilafu (–)
Distanz *f* umbali
distanzieren, sich -jitenga (*von* na)
Distel *f* mmea wa aina ya mbaruti mfupi uitwao thistle
Distrikt *m* wilaya (–)
Disziplin *f* *Ordnung* nidhamu (–); *Wissensgebiet* somo (ma-), fani (–)
diszipliniert -a nidhamu ya hali ya juu

Diversion *f* hujuma (–)
Dividende *f* faida (–)
dividieren *tr Math* -gawa (*durch* kwa)
Division *f Math* kugawa *tr*, ugawanyaji; *Mil* divisheni (–)
Djibuti Jibuti (–)
doch 1. *Adv* | *verstärkend* hört ~ zu! na sikilizeni | *nach Negation* Geht nicht! – ~! msiende – tutakwenda tu **2.** *Konj aber* ila, isipokuwa, lakini
Docht *m* utambi (tambi)
Dock *n Mar* flotile (–), gudi (ma-)
Dogge *f* mbwa aitwaye mastiff
Dogma *n* kanuni isiyogeuzika
dogmatisch -a kikasuku, kama kasuku
Doktor *m akademischer Grad* daktari (ma-); *umg Arzt auch* mganga (wa-)
Dokument *n* hati (–)
Dokumentarfilm *m* senema *od* filam ya matukio
Dokumentation *f* vielelezo *Pl*, hati *Pl*
dokumentieren *tr* -dhihirisha, -bainisha
Dolch *m* jisu (ma-); *Krumm~* jambia (–)
Dollar *m* dola (–)
dolmetschen *intr* -fasiri, -tafsiri | Deutsch und Swahili ~ -fasiri Kijerumani kwa Kiswahili
Dolmetscher(in) *m(f)* mkalimani (wa-)
Dom *m* hekalu (ma-)
domestizieren *tr* -fuga
Dominikanische Republik *f* Jamhuri ya Dominika
Domino *n* domino (–)
Dompteur *m* mwanasarakasi afundishaye wanyama (wanasarakasi)
Donner *m* mngurumo wa radi
donnern *intr unpers* | es donnerte kulipiga ngurumo
Donnerstag *m* Alhamisi (–)
donnerstags [kila] Alhamisi
Doppel *n Kopie* nakala ya pili; *Tennis* [timu ya] wachezaji wawili wa tenisi; **~bettcouch** *f* kochi la kulala watu wawili; **~decker** *m* ndege yenye mabawa mawili
doppeldeutig -a utata
Doppel|fenster *n* dirisha lenye vioo viwili; **~punkt** *m* nukta mbili
Doppelstock|bett *n* kitanda cha madeka; **~omnibus** *m* basi la ghorofa; **~zug** *m* gari moshi lenye mabehewa ya ghorofa
doppelt mardufu
Doppel|tür *f* milango miwili; **~zentner** *m* kilo mia moja; **~zimmer** *n* chumba cha watu wawili
doppelzüngig -a *od* kwa undumakuwili
Dorf *n* kijiji (vi-)
Dorn *m Bot* mwiba (miba); *Tech* pancha isiyo na ncha kali
Dorsch *m* chewa (–)
dort, ~hin humo, mle, hapo, pale, huko, kule, huku
Dose *f* kopo (ma-)
Dosenöffner *m* kifungua kopo (vi-)
Dosis *f* dozi (–), kipimo (vi-), kima (vi-)
Dotter *m* kiiniyai (vi-)
Dozent *m* Profesa Mshiriki (ma-); *Lehrbeauftragter* mwalimu (walimu)
Dragée *n* kidonge (vi-), tembe (–)
Draht *m* waya (nyaya)
drahtlos -a upepo
Drahtseil *n* waya (nyaya); **~bahn** *f* kigari kinachoning'inia katika waya na kuvutwa, gari la kuvutwa kwa waya
Drama *n* drama (–)
Dramatiker *m* mtungaji wa igizo la drama
dramatisch -a hatari
Dramaturg *m* msanii wa maigizo
Drang *m* hamu (–) (*nach* ya)
drängeln *intr* -sukumana
drängen *tr* -taka, -himiza | *unpers* es drängt mich sina budi; *intr Zeit* -isha; **sich** ~ -songamana, -banana (*zu* ku-)
drangsalieren *tr* -tesa
drastisch -kali, -kubwa

Draufgänger *m* kijogoo (vi-)
draußen nje
drechseln *tr* -kereza, -chonga
Drechsler *m* mchongaji (wa-), mkerezaji (wa-)
Dreck *m* uchafu, takataka (ma-); *Kot* kinyesi (vi-)
dreckig -chafu | etw. ~ machen -chafua kitu | ~ sein -chafuka
Drehbank *f* kerezo (–)
drehbar -na-*rel*-zunguka, amba-*rel* huzunguka
Dreh|buch *n* maelezo *Pl*, maagizo *Pl*; **~bühne** *f* jukwaa la kuzunguka
drehen *tr kreisen lassen* -zungusha, -viringisha; *drehend formen* -kereza, -chonga; *Film* -piga; **sich ~** -zunguka
Dreher *m* mkerezaji (wa-), mchongaji (wa-)
Dreh|kran *m* mashine ya kuzunguka ya kunyanyulia mizigo; **~sessel** *m* kochi la kuzunguka; **~stuhl** *m* kiti cha kuzunguka; **~tür** *f* mlango wa kuzungusha
Drehung *f* mzunguko (mi-)
drei -tatu
dreidimensional -a mipanuko mitatu
Dreieck *n* pembetatu (–)
dreieckig -a pembetatu
Drei|rad *n* kigari cha magurudumu matatu; **~sprung** *m* kupiga hatua tatu na kuruka mbali
dreißig thelathini
dreist -korofi, -kaidi
dreiteilig -a sehemu tatu, -a vipande vitatu
dreizehn kumi na tatu
dreschen *tr Landw* -pura, -puta, -kafua
Dreschmaschine *f* mashine ya kuputia nafaka, mashine ya upuraji
dressieren *tr* -fuga
Dressur *f* ufugaji [wa wanyama katika sarakasi]
drillen *tr Landw* -panda mbegu za
Drillinge *Pl* watoto watatu [waliozaliwa kutokana na mimba moja]
Drillmaschine *f* planta (–), maliplanta (–)
dringen *intr* -sisitiza, -taka (*auf* ku-); *eindringen* -penya (*in* katika *od* -ni); *herausdringen* -toka [kwa nguvu]; *Wasser* -foka (*aus* katika *od* -ni); *durchdringen* -pita (*durch* kwenye *od* katika *od* -ni); *übertr* | es dringt in die Öffentlichkeit inajulikana hadharani
dringend -a dharura, -a haraka, -a upesi
Dringlichkeit *f* dharura (–), umuhimu wa haraka
Drittel *n* theluthi (–)
drittens tatu
dritt|er (~e, ~es) -a tatu
Drogerie *f* duka la dawa ya aina ya miti-shamba
Drogist *m* muuza dawa ya aina ya miti-shamba
drohen *intr* -tishia (*mit* ku-) | jmdm. ~ -tisha mtu; *unpers drohend bevorstehen* -wapo hatari [ya]
dröhnen *intr* -piga kelele, -nguruma; *Trommel* -vuma
Drohung *f* tishio (ma-) (*gegen* dhidi ya)
Dromedar *n* aina ya ngamia
Drops *m*, *meist Pl* pipi (–)
Drossel *f* mkesha (mi-), chiru (–)
drosseln *tr Tech*, *Wirtsch* -bana, -punguza
drüben ng'ambo (–)
Druck *m Last* uzito; *Zwang* mabavu *Pl*; *Typ* upigaji chapa; *Tech* msukumo (mi-), kani (–) | jmdn. unter ~ setzen -bana *od* -lazimisha *od* -shurutisha mtu
drucken *tr Typ* -piga chapa
drücken *tr* -kamua, -bana, finya (*aus* katika); *umarmen* -kumbatia | jmdm. die Hand ~ shikana mkono na mtu | einen Knopf ~ -minya kibonye; *intr* -gandamiza *tr*, -bonyeza *tr*; *Schuhe* -bana; **sich ~** -[kw]epa (*von od um etw.* kitu) | sich vor der Arbeit ~ -tega kazi

drückend *Hitze* -kali
Drucker *m* mpiga chapa (wa-), mchapaji (wa-)
Druckerei *f* kiwanda cha uchapaji *od* upigaji chapa
Druck|fehler *m* kosa la chapa; **~knopf** *m* kifungo cha kubana *od* mbano; **~sache** *f* vitabu na magazeti, machapisho; **~schrift** *f* herufi kubwa *od* za chapa; *Publikation* chapisho (ma-); **~stift** *m* kalamu ya kubonyeza
drunter *umg* ↑ **darunter**
Drüse *f Anat* tezi (–)
Dschungel *m* msitu (mi-)
du *unverbunden* wewe; *vor Verbform* u-
Dübel *m* kijiti (vi-), doweli (–)
dübeln *intr* -weka doweli
Duett *n* wanamuziki *od* waimbaji wawili
Duft *m* mnukio (mi-), harufu nzuri
duften *intr gut riechen* -nukia | es duftet nach Rosen waridi zinanukia
Dugong *m Zool* nguva (–)
dulden *tr erlauben* -ruhusu; *ertragen* -vumilia
dumm *Person* -jinga, -pumbavu; *Sache* -a kijinga, -a upumbavu | sich ~ anstellen -jifanya kutojua kitu
Dummheit *f* upumbavu, ujinga
dumpf *gedämpft* -a chini; *modrig* -a kunuka, -baya
Düne *f* tuta la mchanga
Düngemittel *n* mbolea (–)
düngen *tr* -tia … mbolea
Dünger *m* = **Düngemittel**
Düngung *f* kutumia *od* kutia … mbolea
dunkel -a giza, -eusi; *übertr* haramu | es wird ~ kumekuchwa
dunkel- *in Zus* -eusi
Dünkel *m* kiburi (vi-)
Dunkelheit *f* weusi, giza (ma-)
Dunkelkammer *f* chumba cha kusafishia
dünn *gering an Umfang* -embamba, -dogo, -finyu; *mager* -li-*rel*-konda; *~flüssig* laini
Dunst *m Nebel* ukungu
dünsten *tr* -pika … kwa mvuke
dunstig -a ukungu
Duo *n* wanamuziki wawili
Duplikat *n* nakala [ya pili]
durch 1. *Adv* | ~ und ~ *völlig* kabisa **2.** *Präp* a) *Ort* kupita, -ni, katika | ~ die Stadt gehen -tembea mjini | ~ das Fenster sehen -ona *od* -tazama kupitia kwenye kioo cha dirisha b) *Mittel*, *Ursache* kwa [sababu ya] | ~ Zufall kwa bahati c) *Math* | acht ~ zwei nane gawa kwa mbili
durcharbeiten *tr* -soma … kwa undani
durchaus *völlig* kabisa | sie hat ~ recht amesema ukweli mtupu | ~ nicht hata kidogo
durchblättern *tr* -pitia kurasa za
Durchblick *m* kuangalia *tr* [kupitia]
durchblicken *intr* -angalia *tr* | etw. ~ lassen -dokezea kitu
durchbohren *tr* -toboa; *Ohr*, *Lippe* -toga, -dunga
durchbrechen *tr* ['- - -] -vunja; [-'- -] *Mil* -vunja ngome ya; *intr* ['- - -] -vunjika, -bomoka
durchbrennen *intr Kohle* -waka; *El Sicherung* -ungua
durchbrochen -enye uwazi
Durchbruch *m* sehemu iliyobomolewa, ufa (nyufa) (*durch* kwenye); *Mil* kuvunja ngome (*durch* ya) | *übertr* zum ~ verhelfen -fanikisha
durchdenken *tr* -tafakari
durchdrehen *tr Fleisch* -saga
durchdringen *intr* ['- - -] -pita, -toka, -penyana
durcheinander *in Unordnung* ovyo-[ovyo], holela | ~ sein *verwirrt* -changanyikiwa
Durcheinander *n* fujo (ma-), ghasia (–)
durcheinanderbringen *tr* -fadhaisha, -hangaisha, -kanganya; *Haare* -timua
durcheinanderreden *intr* -semezana
durchfahren *intr* ['- - -] -pitia *tr* [kwa

gari *od* basi *od* reli]; *nicht halten neg*-simama

Durchfahrt *f* kupita (*durch* -ni) | ~ verboten! marufuku kupita

Durchfall *m Med* kuhar[ish]a, tumbo kuendesha

durchfallen *intr Mißerfolg haben* -shindwa, -feli, -anguka

durchfragen, sich -ulizauliza

durchfroren -li-*rel*-ganda kwa baridi

durchführbar -a kufanyika, -a kutekelezeka

durchführen *tr* -tekeleza

Durchführung *f* utekelezaji

Durchführungsbestimmungen *f/Pl* masharti *od* maagizo ya utekelezaji

Durchgang *m* njia (–); *Gasse* kichochoro (vi-) (*durch* kupita); *Belegung* kikundi (vi-) | ~ verboten! marufuku kupita

Durchgangsverkehr *m Transit* usafiri wa kupitia *tr*; *Straße* magari yasipitishwe ila kwa shughuli maalum

durchgehen *intr* -pita; *Antrag* -pitishwa | etw. ~ lassen *neg*-jali *od* -fumba macho kuhusu kitu; *tr durchsehen* -pitia

durchgehend *Zug* -si-*rel*-simama; *Arbeitszeit* mfululizo

durchgreifen *intr einschreiten* -chukua hatua

durchkommen *intr* -pita *tr* (*durch* -ni *od* katika)

durchkreuzen *tr Plan* -hujumu

durchkriechen *intr* -pita … kwa kutambaa

durchlassen *tr passieren lassen* -pitisha

durchlässig -a vinyweleo

durchlaufen *intr* ['- - -] -pita (*durch* kwenye, katika); *tr* [-'- -] *Entwicklung* -pita katika; *intr* ['- - -] *Schuhsohlen* -saga | die Schuhsohlen sind durchgelaufen soli za viatu zimelika

Durchlauferhitzer *m* boila (–)

durchlesen *tr* -pitia [kwa kusoma]

durchleuchten *tr Med* -piga … eksrai

Durchleuchtung *f Med* kupiga eksrai

durchlüften *tr* -fungua dirisha la … *od* mlango wa … ili hewa safi iingie

durchmachen *tr Krankheit* -umwa na

Durchmesser *m* kipenyo (vi-)

durchnäßt -li-*rel*-loa *od* -roa *od* -tota

durchqueren *tr* -pita; *Fluß* -vuka

Durchreise *f* kupitia *tr* | auf der ~ -wa njiani *od* safarini kwenda

durchreisen *intr* ['- - -] -pita (*durch* -ni *od* katika); *tr* [-'- -] -pitia

Durchreisevisum *n* viza ya kupita

durchreißen *tr* -chana; *intr* -chanika, -katika

Durchsage *f* tangazo (ma-)

durchsägen *tr* -kata … kwa msumeno

durchschauen *tr* [-'- -] *übertr* -tambua

durchscheinen *intr* -penya nuru

Durchschlag *m Kopie* nakala (–); *Sieb* chujio (ma-)

durchschlagen *tr in zwei Teile* -pasua; **sich** ~ -stahimili *tr*

Durchschlagpapier *n* karatasi (–)

durchschneiden *tr* ['- - -] -kata

Durchschnitt *m* wastani | im ~ kwa wastani | über (unter) dem ~ zaidi (chini) ya wastani

durchschnittlich -a wastani

Durchschrift *f* nakala (–)

durchschwimmen *tr* [-'- -] -ogelea kuvuka

durchsehen *tr* -pitia, -talii

durchsetzen *tr* ['- - -] -tekeleza; **sich** ~ -mudu, -fanikiwa

Durchsicht *f Ausblick* mtazamo (mi-); *Prüfung* ukaguzi; *Kfz* kuhudumia *tr*, kucheki *tr*

durchsichtig -enye kupenya nuru

durchsickern *intr* -penya

durchsprechen *tr* -jadili

durchstreichen *tr* -futa

durchstreifen *tr* -zunguka

durchsuchen *tr* -sachi, -pekua

Durchsuchung *f* upekuzi

durchtrieben -janja

durchwandern *tr* [-'- -] -pita … kwa kutembea kwa miguu

durchzählen *tr* -hesabu

durchziehen *tr* ['- - -] -pitisha, -tunga (*durch* kwenye); [-'- -] *zu Fuß* -tembelea; *Verkehrswege* -pitia, -fika *intr*; *intr* ['- - -] -pita (*durch* kwenye)
Durchzug *m Luft* upepo
dürfen *Modalv* -weza, -ruhusiwa | darf ich bitten? tafadhali
dürftig duni, hafifu
dürr -kavu; *welk* -li-*rel*-nyauka; *mager* -li-*rel*-konda, -embamba
Dürre *f* ukame, ukavu
Durst *m* kiu (vi-) | ~ haben (auf) -wa na *od* -ona kiu (cha)
durstig -enye kiu
Dusche *f* bomba la mvua
Duschecke *f* mahali pa bomba la mvua
duschen *intr*, **sich** ~ -oga [kwa maji ya bomba la mvua]
Duschraum *m* chumba cha bomba la mvua, bafu (ma-)
Düse *f Tech* nozeli (–)
Düsenflugzeug *n* [ndege] jeti (–)
düster *dunkel* -a *od* -enye giza; *übertr* -a kutisha
Dutzend *n* dazeni (–)
duzen *tr* -zungumza na ... kirafiki [kwa kutumia nafsi ya pili]; **sich** ~ -zunguma kirafiki
Dynamik *f* nguvu (–), dainamikia (–)
dynamisch *Person* -a machachari | ~e Entwicklung maendeleo ya nguvu *od* ya harakati
Dynamit *n* baruti (–)
Dynamo *m* dainamo (–)
D-Zug *m* treni ya haraka [inayosimama mara chache tu]

E

Ebbe *f* maji mafupi *od* madogo *od* kupwa | die ~ beginnt maji yanakupwa
eben 1. *Adj* sawasawa, -a bapa **2.** *Adv soeben* sasa hivi | ~ deswegen kwa sababu hii [hii]
Ebene *f* tambarare (–); *Geom* ubapa | schiefe ~ mtelemko | auf hoher ~ kwa ngazi ya juu
ebenfalls pia, vile vile
Ebenholz *n* mpingo (mi-)
ebenso kwa namna *od* jinsi ile ile (*wie* kama); **~viel** kiasi kile kile (*wie* kama); **~wenig** kiasi kidogo (*wie* kama)
Eber *m* nguruwe dume (–)
Eberesche *f* mti wa Ulaya uitwao rowan tree
ebnen *tr* -sawazisha; *Straße* -chonga; *übertr* | den Weg ~ -saidia *tr*
Echo *n* mwangwi (mi-); *übertr* mwitikio (mi-)
echt halisi; *natürlich* asilia; *wirklich* -a kweli
Eckball *m* kona (–)
Ecke *f* pembe (–), kona (–) *auch Sport* | an der ~ der Straße [kwenye] kona ya barabara *od* mtaa
eckig -enye pembe
edel -tukufu
Edel|holz *n*, *meist* **~hölzer** *Pl* mti wa thamani; **~metall** *n* madini ya thamani; **~stein** *m* kito (vi-); **~weiß** *n* mmea uitwao edelweiss
Efeu *m* mmea ufananao na mkunguzi na kuitwa ivy
Effekt *m* athari *Pl*, tokeo (ma-)
effektiv -a *od* kwa ufanisi, -fanisi
egal *umg* | das ist mir ~ kwangu ni sawa, ni mamoja kwangu
Egge *f* haro (–)
eggen *tr*, *intr* -piga haro
Egoismus *m* ubinafsi, tamaa (–)
Egoist *m* mwenye tamaa (wenye)
egoistisch -enye tamaa
ehe kabla | ~ sie kommt kabla hajaja
Ehe *f* ndoa (–) | die ~ schließen -funga ndoa; **~beratung** *f* ofisi ya ushauri wa ndoa
Ehebruch *m* ugoni | ~ begehen -shika ugoni

Ehefrau *f* mke (wa-)
ehelich -a mume na mke | ~e Kinder watoto halali
ehemalig -a zamani
Ehe|mann *m* mume (wa-); **~paar** *n* mume na mke
eher *zeitiger* mapema [zaidi] | sie gehen ~ arbeiten als ... wanapendelea kwenda kazini kuliko ... | je ~, desto besser mapema yawezekanavyo
Ehe|scheidung *f* talaka (–); **~schließung** *f* kufunga ndoa
Ehre *f* heshima (–); *guter Ruf* sifa (–), hadhi (–)
ehren *tr* -heshimu, -stahi | *Brief* sehr geehrter Herr X! Bwana X [mheshimiwa], Mzee
ehrenamtlich -a kujitolea, -a hiari
Ehren|bürger *m* raia wa heshima (–); **~doktor** *m* daktari wa heshima (ma-); **~gast** *m* mgeni wa heshima; **~mal** *n* kumbukumbu (–)
ehrenvoll -a heshima
Ehrenwort *n* ahadi (–) | auf ~! ahadi ni deni
Ehrfurcht *f* unyenyekevu (*vor* wa)
ehrfurchtsvoll -a *od* kwa unyenyekevu
Ehrgeiz *m* tamaa (–)
ehrgeizig -enye tamaa
ehrlich -aminifu, -a kuaminika
Ehrlichkeit *f* uaminifu
Ehrung *f* kuheshimu *tr*, kutoa heshima
ehrwürdig -zee, -tukufu
Ei *n* yai (ma-) | weich[gekocht]es (hart[gekocht]es) ~ yai laini (gumu)
Eiche *f* mti wa Ulaya uitwao oak
Eichel *f* tunda la oak liitwalo acorn
Eichhörnchen *n* kindi (–); *andere Arten* kichakuro (vi-), kirukanjia (vi-)
Eid *m* kiapo (vi-) | einen ~ leisten *od* ablegen -la kiapo
Eidechse *f* mjusi (mi-); *Fahrzeug* gari dogo la aina ya pikapu
Eier|becher *m* kikombe cha kuwekea yai; **~frucht** *f* biringani (ma-); *Pflanze* mbiringani (mi-)
Eifer *m* *Streben* juhudi (–), moyo (mi-), bidii (–); *Gemütserregung* mhangaiko (mi-); **~sucht** *f* wivu
eifersüchtig -na-*rel*-ona wivu *od* kijicho | ~ sein auf -onea ... wivu *od* kijicho
eifrig -enye bidii
Eigelb *n* kiini cha yai
eigen *persönlich* -a binafsi; -enyewe; *~tümlich* -a pekee
Eigenart *f* tabia (–)
eigenartig -geni, -a ajabu
eigenhändig -a *od* kwa mkono wake mwenyewe
Eigenheim *n* nyumba anayekaa mwenyewe
eigenmächtig bila idhini *od* kuidhinishwa
Eigenname *m* jina [la ukoo *od* nchi *usw.*]
eigennützig -a kufaidi mwenyewe
Eigenschaft *f* sifa (–)
eigensinnig -a ukaidi | ~er Mensch mkaidi (wa-)
eigentlich 1. *Adj* has[w]a **2.** *Adv* kwa kweli
Eigentum *n* mali (–)
Eigentümer *m* mwenyewe (wenyewe)
eigentümlich *sonderbar* -geni
eigenwillig *Person* -kaidi, -gumu; *Art* -a namna yake, -geni
eignen, sich -faa (*zu*, *für* kwa)
Eignung *f* uwezo, manufaa *Pl*
Eilbrief *m* barua ya haraka
Eile *f* haraka (–) | in aller ~ [kwa] haraka sana
eilen *intr* -fanya haraka (*zu* kufika)
Eilgut *n* mzigo wa haraka
eilig *hastig* -a haraka; *dringlich* -a dharura | es ~ haben -wa na haraka
Eil|sendung *f* = **Eilbrief; ~zug** *m* gari [la] moshi lisilosimama *od* treni isiyosimama kwenye kila kituo
Eimer *m* ndoo (–)
[1]**ein** *Adv* | ~ und aus kufika na kuondoka | ~! *Bez an Schaltervorrichtungen usw.* kuingia
[2]**ein (~e, ~) 1.** *Indef Art* | ~ Tisch

meza | ~e Schule shule **2.** *Num* -moja | ~ Uhr saa saba | ~ für allemal na singependa kurudia | ~ und derselbe h-[-*rel*] h-[-*rel*], -le -le | in ~em fort mfululizo | ~er von ihnen -moja kati ya h-

Einakter *m* igizo lenye onyesho moja

einander | sie helfen (lieben) ~ wanasaidiana (wanapendana)

einarbeiten *tr* -fanya mtu apate uzoefu wa kufanya kazi ya *od* za ...; **sich** ~ -zoea kufanya kazi ya *od* za

einäschern *tr Tote* -choma

Einäscherung *f* kuchoma *tr*

einatmen *tr* -vuta, -ingiza | tief ~ -vuta pumzi ndefu

Einbahnstraße *f* njia moja tu

Einband *m Buch* jalada (ma-)

einbändig -a juzuu moja

einbauen *tr* -ingiza

Einbauküche *f* fenicha ya jikoni iliyojengewa ukutani

Einbaum *m* mtumbwi (mi-)

einberufen *tr Parl* -itisha; *Mil* -itwa jeshini

Einbettzimmer *n* chumba cha mtu mmoja

einbeziehen *tr* -shirikisha

einbiegen *intr* -kata kona (*in* ya)

einbilden, sich | sich etw. ~ *fälschlich meinen* -dhani, -wa na wazo lisilo kweli | sich etw. ~ auf -jivunia | was bildest du dir ein? unajidhania wewe ni nani?

Einbildung *f Vorstellung* wazo (ma-), ndoto (–); *Dünkel* kiburi (vi-), majivuno *Pl*

Einblick *m* ufahamivu

einbrechen *intr Dieb* -vunja *tr* na kuiba *tr* | wir sind auf dem Eis eingebrochen barafu imetuvunjikia

Einbrecher *m* mwizi mvunja nyumba (wezi)

einbringen *tr Nutzen bringen* -leta; *Ernte* -vuna; *Gesetz* -wasilisha

Einbruch *m Jur* kuvunja *tr* | bei ~ der Nacht kunakuchwa, wakati wa jua kuchwa

einbürgern, sich *üblich werden* -wa na desturi

einbüßen *tr* -poteza

eincremen, sich -jipakia mafuta *od* krimu

eindämmen *tr* -bana, -punguza

eindeutig wazi, dhahiri, -si-*rel* tata

eindringen *intr Wasser* -foka, -penya (*in* katika); *Feind* -vamia *tr*

eindringlich -a *od* kwa msisitizo *od* kusisitiza

Eindringling *m* mvamizi (wa-)

Eindruck *m* maoni *Pl* | ~ machen auf -athiri *tr* | ich habe den ~, daß er kommt ninavyoona mimi atakuja

eindrucksvoll -a kuathirika

einebnen *tr* -sawazisha, -nyosha

ein|er (~e, ~[e]s) *Indef Pron* | *Person* ~er kam mmoja alikuja | *Gefäß* ~es ist zerbrochen kimoja kimevunjika | ~e der vielen Antworten moja kati ya majibu mengi | *Person* der ~e ..., der andere ... mmoja *od* huyu ..., mwingine *od* yule ...

Einer *m Sport* mtumbwi wenye mpiga kasia mmoja

einerlei *gleichgültig* sawa

einerseits kwa upande mmoja | ~ ... andererseits kwa upande moja ... kwa upande mwingine

einfach 1. *Adj einmal* -moja; *mühelos* bila [ya] shida *od* taabu, rahisi; *unkompliziert* sahili; *schlicht* rahisi | ~er Mensch mnyonge (wa-) **2.** *Adv geradezu* kinagaubaga, bila [ya] kuficha

einfahren *intr Zug* -ingia (*in* katika); *Bergb* -shuka; *tr Ernte* -somba, -safirisha; *Kfz* -endesha ... taratibu

Einfahrt *f Eisenb* kufika; *Einfahrtsweg* kuingia

Einfall *m Gedanke* wazo (ma-)

einfallen *intr einstürzen* -anguka; *unpers sich erinnern* -kumbuka | es fiel mir ein nilikumbuka | was fällt dir ein? wewe ni nani?

Einfamilienhaus *n* nyumba inayokaliwa na familia moja

einfarbig -a rangi moja [tu]

einfassen *tr Edelsteine* -weka, -tia; *Saum* -pinda
einfetten *tr* -pak[i]a mafuta
einfinden, sich -fika (*bei* kwa)
Einfluß *m übertr* athari *Pl* (*auf* katika)
einflußreich -a cheo cha juu
einfrieren *intr* -ganda [kwa baridi]
einfügen *tr* -tia, -weka, -ingiza; **sich** ~ -jipanga; *Gegenstand* -kaa
Einfühlungsvermögen *n* huruma (–)
Einfuhr *f* uagizaji, kuagiza *tr*, uingizaji, kuingiza *tr*
einführen *tr* -ingiza; *Hdl* -nunua, -ingiza (*aus* kutoka katika)
Einführung *f* utangulizi (*in* wa)
Eingabe *f Gesuch* ombi (ma-) | eine ~ machen -peleka ombi
Eingang *m Tür* mlango wa kuingia; *Sendung* kufika, kuingia
eingebildet -enye kiburi (*auf* cha)
eingehen *tr Verpflichtung* -toa; *intr eintreffen* -ingia, -fika; *kleiner werden* -ruka; *Bot* -fa; *übertr* -kubali, -afiki *tr*
eingehend -refu
eingeschrieben *Post* [-a] rejesta
Eingeweide *n*, *meist Pl* utumbo
eingewöhnen, sich -zoea
eingießen *tr* -mimina
eingleisig -a reli moja
eingliedern *tr* -chukua, -shirikisha
Eingliederung *f* kushirikisha *tr*
eingreifen *intr* -ingilia kati
Eingriff *m Med* mpasuo (mi-)
Einhalt *m* | ~ gebieten -zuia, -kinga
einhalten *tr erfüllen* -timiza
einheften *tr* -faili
einheimisch -a kienyeji
Einheit *f* umoja; *Phys* kizio (vi-); *Mil* kikosi (vi-)
einheitlich -li-*rel* sawa, -si-*rel* na hitilafu
einholen *tr erreichen* -fikia; *Segel* -shusha; *Auskünfte* -tafuta
einig -li-*rel*-unganishwa | sich ~ sein -afikiana, -patana (*über* kuhusu)
einige baadhi ya, kadha wa kadha, kadhaa
einigen, sich -patana, -afikiana (*über* ku-)
einigermaßen hivi hivi, kiasi
Einigkeit *f* umoja
Einigung *f* kupatana, kuafikiana (*über* ku-)
Einkauf *m* ununuzi, kununue *tr*
einkaufen *tr* -nunua | ~ gehen -enda kununua
einkehren *intr* -ingia (*bei* katika, -ni, kwa)
einkellern *tr* -weka … ghalani
einkerkern *tr* -funga … jela *od* gereza
Einklang *m* uelewano | in ~ bringen mit -patanisha na
einkleben *tr* bandika … kwa gundi
einkleiden *tr* -valisha
einklemmen *tr* -bana
einkochen *tr* -hifadhi … [kwa kutia kwenye kopo na kuchemsha]
Einkommen *n od* **Einkünfte** *Pl* mshahara (mi-), mapato *Pl*
einladen *tr* -alika (*zu* kwenye)
Einladung *f* mwaliko (mi-)
Einlage *f Schuh* soli hususa ya ndani; *Fin* akiba (–)
einlagern *tr* -weka … ghalani
Einlaß *m* | ~ 18 Uhr kuingia *od* kufunguliwa saa 12 za jioni
einlassen *tr Wasser* -tia; **sich** ~ -jihusisha (*auf* kwa, *mit* na)
einlaufen *intr Verk ankommen* -fika, -ingia (*in* -ni); *enger werden* -ruka; **sich** ~ *Maschine* -zoea
einleben, sich -zoea maisha
einlegen *tr Früchte* -hifadhi; *Tech* -weka, -tia, -ingiza | *Jur* Berufung ~ -kata rufaa | ein [gutes] Wort ~ für -semea (vizuri)
Einlegesohle *f* soli ya ndani
einleiten *tr* -chukua, -anza na
Einleitung *f Buchw* utangulizi, dibaji (–)
einleuchten *intr unpers* | es leuchtet

mir (nicht) ein nimeona (sikuona), nimetambua (sikutambua)
einleuchtend thabiti
einliefern *tr Kranke* -peleka *od* -laza … hospitalini
Einlieferung *f* kupeleka *od* kulaza *tr* (*in* katika, -ni)
einlösen *tr Fin* -peleka; *Versprechen* -timiza
einmal *ein einziges Mal* mara moja; *irgendwann* wakati wo wote | besuchen Sie uns ~! na tutembelee | es war ~ ein Mann alikuwepo mtu | auf ~ *plötzlich* ghaf[u]la, bila ya kutarajia | noch ~ tena | nicht ~ hata | ~ ums andere mara kwa mara
Einmaleins *n* tebo (–)
einmalig -a pekee, bora
einmarschieren *intr* -ingia [kwa jeshi] (*in* katika, -ni)
einmischen, sich -ingilia [kati] (*in* katika)
Einmischung *f* kuingilia [kati]
einmütig -a *od* kwa kauli *od* sauti moja
Einnahme *f Fin* mapato *Pl*; *Mil* kuteka *tr*
einnehmen *tr Fin* -pokea; *Mahlzeit* -la; *Med* -nywa, -la, -meza; *Mil* -teka | Platz ~ -kaa, -kalia kiti
Einöde *f* kihame (vi-)
einordnen *tr* -panga; *Briefe* -faili (*in* katika); **sich** ~ -jipanga (*in* katika)
einpacken *tr* -funga (*in* katika)
einpflanzen *tr* -panda
einplanen *tr* -panga
einprägen *tr* | sich etw. ~ -tilia maanani kitu
einquartieren *tr* -laza
einrahmen *tr* tia … kwenye fremu
einräumen *tr Möbel* -peleka; *Recht* -pa *dopp tr*
Einraumwohnung *f* fleti ya chumba kimoja
einreden *tr* -shawishi; *intr* -semasema (*auf* na)
einreiben *tr* -paka, -pua
einreichen *tr Gesuch* -peleka, -leta
einreihen, sich jipanga, -simama (*in* katika)
einreihig -a mstari mmoja
Einreise *f* kuhamia *tr*, uhamiaji; **~erlaubnis** *f* kibali cha kuhamia nchi, viza (–)
einreisen *intr* -hamia *tr*
einreißen *tr zerstören* -bomoa; *intr* -bomoka
einrichten *tr ausstatten* -patia *dopp tr*; *Tech* -rekebisha; **sich** ~ -jipatia *tr*; *sich vorbereiten* -jizatiti, -jiandaa (*auf* ku-)
Einrichtung *f Wohnung* fenicha (–), samani (–); *Einrichten* kupanga *tr*; *Institution* taasisi (–)
eins moja
einsam pweke
Einsamkeit *f* upweke
einsammeln *tr* -kusanya
Einsatz *m Kleid* paneli (–), kiraka (vi-); *Mus* mwanzo (mi-), kuanza; *Verwendung* matumizi *Pl* | unter ~ aller Kräfte kwa kikomo cha nguvu
einsatzbereit tayari
einschalten *tr El*, *Tech*, -washa, -fungua, -stati; **sich** ~ ingilia [kati] (*in* katika)
einschärfen *tr dringend ermahnen* -rudi, -onya
einschätzen *tr* -tathmini, -pima
einschenken *tr* -mimina
einschlafen *intr* -pata usingizi
einschlagen *tr Nagel* -pigilia; *einhüllen* -zungusha *dopp tr*; *zertrümmern* -vunja; *Richtung* -elekea; *intr Blitz*, *Geschoß* -piga
einschlägig hususa, -na-*rel*-husika
einschließen *tr* -fungia (*in* ndani ya, katika, -ni); *Mil* -zingira, -zunguka; *einbeziehen* -shirikisha; **sich** ~ -jifungia (*in* ndani ya, katika, -ni)
einschließlich pamoja na
einschneidend *übertr* -kali
Einschnitt *m* ufa (nyufa)
einschränken *tr* -bana, -punguza; **sich** ~ -jifungia mkanda, -bana matumizi (*mit* ya)

Einschränkung *f* kikwazo (vi-), kupunguza *tr*
einschrauben *tr* -tia parafujo *od* skrubu
Einschreiben *n* rejesta (–) | per ~ schicken -peleka rejesta
einschreiben *tr* -andikisha, -sajili | ~ lassen *Post* -andikisha rejesta
Einschreib[e]sendung *f* rejesta (–)
einschreiten *intr* -ingilia [kati] (*gegen* kupinga)
einschüchtern *tr* -tisha, -tia hofu
einsehen *tr* -pitia, -tazama; *übertr* -tambua, -ona
einsenden *tr* -peleka, -leta
Einsendung *f* barua (–), kupeleka *tr*
einsetzen *tr* -tia, -weka, -ingiza (*in* katika, -ni); *übertr* -teua (*als* kuwa); **sich** ~ -tetea *tr*
Einsicht *f Verständnis* ufahamivu
einsichtig -a ufahamivu | ~er Mensch mfahamivu (wa-)
einspannen *tr Zugtier* -valisha … nira; *Werkstück* -funga
einsparen *tr* -okoa
Einsparung *f* kuokoa *tr*, akiba (–)
einsperren *tr* -funga … gerezani, -weka *od* -tia … ndani
einsprachig -a lugha moja
einspringen *intr* -chukua nafasi, -ja badala (*für* ya)
Einspruch *m* rufani (–), rufaa (–) | ~ erheben gegen -kata rufaa kupinga
einst *früher* zamani
einstecken *tr* -tia; *einwerfen* -tumbukiza; *dulden* -vumilia
einsteigen *intr* -panda | in den Bus ~ -panda basi
einstellen *tr Anstellung geben* -ajiri; *unterstellen* -weka … katika; *Tech* -rekebisha, -tega; *Radio* -fungua | einen Sender ~ tafuta stesheni *od* idhaa; *Foto* -fokasi; *ruhen lassen* -simamisha, -komesha; **sich** ~ -jielekeza (*auf* kwenye)
Einstellung *f Personal* kuajiri *tr*; *Tech* kurekebisha *tr*; *Beendigung* kukomesha *tr*; *Haltung* msimamo (*zu* kuhusu)
einstimmig -a *od* kwa kauli moja
einstöckig -a ghorofa [moja]
einstudieren *tr* -jifunza
einstufen *tr* -panga
Einsturz *m* kuanguka
einstürzen *intr* -anguka
einstweilen kwa wakati huu
eintägig -a siku moja
eintauchen *tr* -chovya, -tia, -zamisha
eintauschen *tr* -badilisha (*gegen* kwa)
einteilen *tr* -panga
Einteilung *f* uainishaji, mwainisho (mi-)
eintönig -na-*rel*-chosha
einträchtig -a kupatana, -a raha mustarehe
eintragen *tr* -andikisha, -sajili; **sich** ~ -jiandikisha, -jisajili (*in* katika)
einträglich -a *od* -na-*rel*-leta faida
Eintragung *f* usajili, uandikish[w]aji
eintreffen *intr* -wasili, -fika (*in* -ni)
eintreten *intr* -ingia (*in* katika) | in eine Partei ~ -wa mwanachama; *sich einsetzen* -tetea *tr*
Eintritt *m* kuingia | ~ in eine Partei kuwa mwanachama, kukata kadi ya uanachama | ~ verboten! marufuku kuingia | bei ~ der Dunkelheit kukikuchwa
Eintritts|karte *f* tikiti ya kuingilia; **~preis** *m* kiingilio (vi-)
eintrüben, sich -tanda mawingu
einüben *tr* -fanya mazoezi ya
Einvernehmen *n* uelewano | im ~ mit kwa kuelewana na
Einverständnis *n Zustimmung* ruhusa (–)
Einwand *m* kipingamizi (vi-) (*gegen* cha kuzuia)
einwandern *intr* -hamia *tr*
Einwanderung *f* uhamiaji
einwandfrei bora, bila hitilafu *od* dosari
einweichen *tr* -loweka
einweihen *tr Denkmal* -zindua; *übertr* -fichulia (*in etw.* kitu)

Einweihung *f* uzinduzi
einweisen *tr Hinweise geben* -elekeza; *unterbringen* -patia ... malazi
Einweisung *f in ein Amt* kutoa maelekezo *od* maelezo; *in ein Heim* kupeleka *tr*; *in ein Krankenhaus* kulaza *tr*
einwenden *tr* -wa na kipingamizi (*gegen* kuhusu)
einwerfen *tr Brief*, *Münze* -tumbukiza; *Fenster* -vunja; *Sport* -tupa
einwickeln *tr* -funga ... [karatasi]
einwilligen *intr* -afiki (*in etw.* kitu)
Einwilligung *f* mwafaka (mi-) (*zu* ku-)
einwirken *intr* -athiri *tr*
Einwohner *m* mkazi (wa-), mwananchi (wananchi)
Einwurf *m Sport* mtupo (mi-)
einzahlen *tr* -lipa, -weka
Einzahlung *f* uwekaji, kuweka *tr*
einzäunen *tr* -zungushia ... waya *od* mabao
Einzel *n Tennis* mchezo wa mwanamichezo mmoja mmoja; **~handel** *m* biashara ya rejareja
Einzelheit *f*, *meist* **~en** *Pl* maelezo ya undani | auf ~en eingehen -eleza kwa undani *od* kinagaubaga
einzeln -moja -moja, -moja baada ya -ingine | jeder ~e kila mmoja, ye yote | im ~en sagte er hayo ndiyo maneno yake | bis ins ~e kwa undani, kinagaubaga | ins ~e gehen -eleza kwa undani
Einzelzimmer *n* chumba cha mtu mmoja
einziehen *tr* -nyima; *Steuern* -toza; *Mil* -itwa jeshini; *intr* in eine Wohnung ~ -hamia *tr*
einzig 1. *Adj nur einmal vorhanden* -a pekee **2.** *Adv* | ~ und allein peke yake; **~artig** -a pekee
Einzug *m* kuhamia *tr*
Eis *n* barafu (–); *Speise~* aiskrimu (–); **~bahn** *f* barabara ya barafu; **~bär** *m* dubu mweupe (ma-); **~becher** *m* aiskrimu (–); **~berg** *m* pande la barafu ieleayo baharini; **~brecher** *m* meli ya kuvunja barafu; **~café** *n* duka la aiskrimu
Eisen *n* chuma (vyuma) | *übertr* ein heißes ~ suala nyeti; **~bahn** *f* gari [la] moshi, reli (–); **~bahner** *m* mfanyakazi wa shirika la reli; **~bahnlinie** *f* njia ya reli; **~erz** *n* madini ya chuma; **~gießerei** *f* kiwanda cha kutengeneza chuma cha kasubu *od* chuma udongo; **~hüttenwerk** *n* kiwanda cha chuma
eisern -a chuma; *übertr streng*, *fest* -kali, thabiti
eisfrei pasipo na barafu
Eisgang *m* vipande vya barafu kuchukuliwa na maji
eisgekühlt baridi, -a barafu
Eishockey *n* hoki inayochezwa kwenye barafu
eisig -a baridi sana
Eiskaffee *m* kahawa ya aiskrimu
Eiskunst|lauf *m* mchezo wa miondoko juu ya barafu; **~läufer(in)** *m*(*f*) mwanamichezo anayeteleza juu ya barafu
Eis|schnellauf *m* mbio za kuteleza kwenye barafu kwa vitelezeo; **~schnelläufer(in)** *m*(*f*) mpiga mbio za kuteleza kwenye barafu kwa vitelezeo; **~scholle** *f* kipande cha barafu; **~schrank** *m* friza (–); **~segeln** *n* kuteleza barafuni kwa dau yenye vitelezeo; **~tanz** *m* dansi ya kuteleza barafuni; **~würfel** *m* kipande cha *od* dadu ya barafu; **~zapfen** *m* matone ya maji yaliyoganda
eitel -enye kiburi *od* majivuno
Eitelkeit *f* kiburi (vi-)
Eiter *m* usaha
eitern *intr* -tunga usaha
eitrig -enye *od* -a usaha
Eiweiß *n* uteyai; *Chem* protini (–)
Ekel *m* karaha (–) (*vor* na)
ekelhaft -bovu, -baya, -ovu
ekeln *tr unpers* | es ekelt ihn vor dem Geruch anaona kinyaa na harufu; **sich ~** | er ekelt sich vor dem Essen

chakula kimemkirihisha *od* kimemtia kinyaa
Ekuador Ekwado (–)
Elan *m* bidii (–), moyo (mi-)
elastisch -a kunyumbuka *od* unyubufu
Elastizität *f* mnyumbuko (mi-), unyumbufu
Elch *m* mnyama wa nchi za kaskazini aitwaye elk
Elefant *m* tembo (–), ndovu (–)
elegant *Mensch* nadhifu | ~e Kleidung nguo inayovutia *od* inayopendeza
Eleganz *f* unadhifu
elektrifizieren *tr* -sambaza umeme
Elektrifizierung *f* kusambaza umeme, utiajiumeme
Elektriker *m* fundi umeme (ma-)
elektrisch -a umeme
Elektrizität *f* [nguvu za] umeme
Elektrizitätswerk *n* kituo cha utoaji nguvu umeme
Elektrode *f* elektrodi (–)
Elektrokarren *m* pikapu liendeshwalo kwa mota ya umeme
Elektro-Lokomotive *f* injini ya umeme ya gari la moshi
Elektron *n* elektroni (–)
Elektronik *f* elektroniki (–)
elektronisch 1. *Adj* -a kielektroniki **2.** *Adv* | ~ gesteuert kuendeshwa kwa kompyuta
Elektrotechnik *f* ufundi umeme
elektrotechnisch -a ufundi umeme
Element *n Chem* elementi (–); *El* betri (–)
elementar -a kimsingi
Elemente *Pl Anfangsgründe* misingi *Pl*
elend *kränklich* dhaifu, -a unyonge; *unglücklich* maskini, duni; *verwerflich* -a kulaani, -baya
Elend *n Armut* hali duni, umas[i]kini, udhaifu; *Leid* uchungu, balaa (–)
elf kumi na moja
Elfenbein *n* pembe [ya tembo *od* ndovu]
Elfenbeinküste *f* Ivory Coast (–)
Elfmeter *m* penalti (–) | einen ~ schießen -piga penalti
Ell[en]bogen *m* kiko (vi-)
Ellipse *f Math* duaradufu (ma-)
elliptisch *Math* -a duaradufu
eloxiert -li-*rel*-pakwa tabaka nyembamba ya madini
Elster *f* kunguru (–)
Eltern *Pl* wazazi *Pl*; **~beirat** *m* kamati ya wazazi
Email *n od* **Emaille** *f* enameli (–)
Emanzipation *f* usawa
Emblem *n* nembo (–)
Emigrant *m* mkimbizi (wa-), mhamaji (wa-)
Emigration *f* ukimbizi
emigrieren *intr* -hama (*nach* kwenda)
Empfang *m Brief*, *Ware*, *Radio* kupokea, mapokezi *Pl* | in ~ nehmen -pokea
empfangen *tr* -pokea
Empfänger *m* mpokeaji (wa-); *Radio* redio (–)
Empfangsbescheinigung *f* risiti (–), thibitisho (ma-)
empfehlen *tr* -shauri; *refl* | es empfiehlt sich (nicht) inafaa (haifai)
empfehlenswert -na-*rel*-faa
Empfehlung *f Gruß* salamu (*an* kwa) | auf ~ kwa pendekezo *od* kupendekezwa
empfinden *tr* -hisi, -ona, -sikia
empfindlich -li-*rel*-dhurika [upesi] (*gegen* na); *spürbar* -kali
Empfindung *f* hisi[a] (–)
empören *tr* | es empört mich nimekasirika *od* nimehamaki kwa sababu ... | empört sein über -kasirika *od* -hamaki kwa sababu ya
empört -li-*rel*-hamaki *od* -kasirika
Empörung *f Entrüstung* hamaki (–), hasira (–) (*über* kwa sababu ya)
Ende *n* mwisho (mi-), kikomo (vi-); *Buch* tamati (–) | ~ September mwisho wa Septemba | zu ~ sein *od* gehen -isha, -malizika
enden *intr* -isha, -malizika, -koma |

der Weg endet hier njia inaishia hapa
endgültig -a mwisho *od* ukamilifu
End‖[halte]stelle *f* kituo cha mwisho; **~kampf** *m* fainali (–)
endlich mwishoni
endlos -si-*rel*-isha
End|runde *f*, **~spiel** *n Sport* fainali (–); **~spurt** *m Sport* kukaza mbio; **~station** *f* kituo cha mwisho; **~stelle** *f* = **Endhaltestelle** *f*
Endung *f beim Substantiv* kiambishi tamati (vi-); *beim Verb* mnyambuliko (mi-)
Energie *f Tatkraft* moyo (mi-), ari (–); *Phys*, *El* nishati (–)
energisch *Person* -a *od* -enye bidii [nyingi] | ~e Schritte hatua thabiti *od* imara
eng *schmal* -embamba, -finyu; *fest anliegend* -na-*rel*-bana | im ~eren Sinne maana [ya]ke hasa ni | in die ~ere Wahl kommen -fikiriwa hasa
Engagement *n* ari (–), moyo (mi-); *Theater* kuajiri *tr*, kuajiriwa
engagieren *tr* -ajiri
Enge *f* wembamba, ufinyu | in die ~ treiben -bana
Engel *m* malaika (–)
England Uingereza
Engländer *m* Mwingereza (wa-)
englisch -a Kiingereza
Engpaß *m übertr* shida (–), tatizo (ma-)
Enkel(in) *m*(*f*) mjukuu (wa-)
enorm -kubwa, -ingi
Ensemble *n* kundi (ma-)
entbehren *tr* -kosa
entbehrlich -si-*rel*-hitajika
entbinden *tr* -vulia (*von etw.* kitu); *intr Med* -jifungua
Entbindung *f Med* kujifungua
entdecken *tr* -vumbua, -gundua
Entdecker *m* mvumbuzi (wa-), mgunduzi (wa-)
Entdeckung *f* uvumbuzi, ugunduzi
Ente *f* bata (–)
enteignen *tr Jur* -nyima, -nyang'anya, -chukua
Enteignung *f Jur* kuchukua *tr*, kuchukuliwa
enterben *tr* -nyima … urithi
entfallen *intr wegfallen* -futwa, -ondolewa | auf uns ~ zehn Karten wametutengea *od* tumetengewa tikiti kumi; *unpers* | es ist mir ~ nimesahau
entfalten *tr* -kunjua; *übertr* -onyesha | Aktivitäten ~ -fanya bidii; **sich** ~ -s[i]tawi, -panuka
entfernen *tr* -ondo[sh]a; **sich** ~ -ondok[e]a (*von* -ni)
entfernt mbali (*von* na) | ich bin weit davon ~, das zu tun niko mbali ya kulifanya
Entfernung *f* umbali
entführen *tr* -torosha
entgegen *Präp* kinyume cha
entgegengehen *intr* -karibia *tr*, -sogea *tr*
entgegengesetzt *gegensätzlich* -li-*rel* tofauti [kabisa]; *Richtung* -a pili
entgegenkommen *intr* -karibia *tr*, -sogea *tr*; *übertr* -saidia *tr*
Entgegenkommen *n* ukarimu, hisani (–)
entgegenkommend -karimu, -enye hisani
entgegennehmen *tr* -pokea
entgegensehen *intr übertr* -tegemea *tr*
entgegentreten *intr* -kabili *tr*
entgegnen *tr* -jibu
Entgegnung *f* jibu (ma-)
entgehen *intr* -epukana na, -epuka *tr* | sich etw. (nicht) ~ lassen (*neg*)-kosa kitu
entgleisen *intr* -acha njia
enthalten *tr* -wa na; **sich** ~ *vermeiden* -kwepa *tr*, -epukana (*mit Gen* na) | sich der Stimme ~ *neg*-piga kura ya ndiyo au siyo
enthaltsam -enye kukinai | ~er Mensch mkinaifu (wa-)
enthüllen *tr* -fichua, -fumbua, -funua

entkernen *tr* -toa kiini cha; *Nüsse auch* -bangua
entkleiden *tr* -vulisha … nguo; **sich ~** -vua nguo
entkommen *intr* -toroka
entkräften *tr schwächen* -dhoofisha, -chosha; *widerlegen* -futa
entkräftet dhaifu, -li-*rel*-ishiwa na nguvu
entladen *tr Wagen* -pakua; **sich ~** -fa, -chajuka
Entladung *f* upakuaji; *El* kufa, kuchajuka, kuchajua *tr*
entlang *Präp* | die Straße ~ *od* ~ der Straße kando kando ya barabara
entlarven *tr* -fichua
entlassen *tr* -achisha, -pa … notisi
Entlassung *f* [kupewa *od* kumpa mtu] notisi (–), kuachisha *tr*
entlasten *tr* -punguza
entledigen, sich -jivua
entleeren *tr* -toa; *ausgießen* -mwaga
entlegen mbali (*von* na)
entleihen *tr* -azima
entlohnen *tr* -lipa … mshahara
Entlohnung *f* mshahara (mi-)
Entlüftung *f* mfumo wa kubadilisha hewa
entmachten *tr* -vua … [ma]daraka
entmilitarisiert -si-*rel* na majeshi
entmutigen *tr* -katisha tamaa, -vunja moyo | sich nicht ~ lassen *neg*-kata tamaa
entmutigt -li-*rel*-kata tamaa, -li-*rel*-vunjika moyo
entnehmen *tr übertr ersehen* -ona, -jifunza
entreißen *tr* -pora, -bokora, -bwakua
entrinnen *intr* -epuka | einer Gefahr ~ -epukana na hatari
entrosten *tr* -ondoa *od* -paruza kutu ya
entrüsten, sich -hamanika, -kasirika, -jikasirisha | sich ~ über -hamanikia *tr*
entrüstet -li-*rel*-hamaki *od* -kasirika
Entrüstung *f* hamaki (–), hasira (–)
entsaften *tr* -toa maji ya
entsagen *intr* -acha *tr*
entschädigen *tr* -fidia (*für* kwa)
Entschädigung *f* fidia (–) (*für* kwa)
entschärfen *tr* -tegua
entscheiden *tr* -amua; *intr* -kata shauri (*über* la, kuhusu); **sich ~** -jiamulia (*für* kwa)
entscheidend -a *od* -enye kuleta uamuzi, muhimu
Entscheidung *f* uamuzi, shauri (ma-)
entschieden 1. *Adj* thabiti, -a kweli **2.** *Adv* kwa kweli
entschließen, sich -kata shauri (*zu* la)
Entschließung *f* agizo (ma-), azimio (ma-)
entschlossen jasiri, hodari; *Maßnahme* thabiti
Entschlossenheit *f* utayari, ujasiri
Entschluß *m* uamuzi, azimio (ma-) | einen ~ fassen -kata shauri
entschuldigen *tr Person* -omba … *od* -wia … radhi | sie ~ seinen Fehler wanamsamehe kosa [lake]; **sich ~** -omba radhi *od* msamaha (*für*, *bei* kwa)
Entschuldigung *f* radhi (–), samahani (–), udhuru
Entsetzen *n* hofu (–), tishio (ma-) (*vor* ya *od* la)
entsetzlich -a kikatili, -a kishenzi
entsetzt -li-rel-sh[i]tushwa *od* -sh[i]tuka | ~ sein über -sh[i]tushwa na, -sh[i]tuka kwa
entsinnen, sich -kumbuka
entspannen *tr* -legeza; **sich ~** -poa, -pumzika
Entspannung *f* mapumziko *Pl*, burdani (–); *Pol* mvutano kupungua
entsprechen *intr übereinstimmen* -lingana
entsprechend 1. *Adj* husika, -na-*rel*-husika **2.** *Präp* kufuatana na, kwa mujibu wa
entstehen *intr* -tokea, -anz[i]a, -zuka
Entstehung *f* mwanzo (mi-), asili (–), chimbuko (ma-)

entstellen *tr* -umbua, -rembua; *übertr* -potosha
entstören *tr* -zuia mwingiliano wa mawimbi ya
enttäuschen *tr* -katisha tamaa, -vunja moyo | enttäuscht sein über (von) -kata tamaa kwa, -vunja moyo kwa
enttäuscht -a kukata tamaa *od* kuvunja moyo
Enttäuschung *f* huzuni (–), masikitiko *Pl*
entwaffnen *tr* -nyima ... silaha; *übertr* -futa
entwässern *tr* -ondoa maji ya, -tiririsha
Entwässerung *f* kuondoa maji, mtiririsho (mi-)
entweder | ~ ... oder ... au *od* ama ...
entweichen *intr Phys* -toka
entwenden *tr* -iba
entwerfen *tr* -andika *od* -tunga muswada wa; -sawidi; *Plan* -chora, -sanifu
entwerten *tr herabwürdigen* -dhalilisha
entwickeln *tr entfalten* -endeleza, -kuza, -s[i]tawisha; *darlegen* -fafanua; *Foto* -safisha, -developu, -fichua; **sich** ~ *sich entfalten* -kua, -s[i]tawi; *entstehen* | aus dem Wasser entwickelte sich Dampf maji yaligeuka kuwa mvuke
Entwicklung *f* maendeleo *Pl*; *Darlegung* ufafanuzi; *Foto* mfichuo (mi-)
Entwurf *m* muswada (mi-), sawidi sanifu (–)
entziehen *tr* -nyima; **sich** ~ -jiondoa, -jiuzulu
entziffern *tr* -fasiri, -fichua
entzückend -a kuvutia, -tamu
entzünden *tr* -washa; *übertr* -hamasisha, -tia moyo; **sich** ~ *Med* -chubuka na kuvimba
Entzündung *f* uvimbeuchungu
entzwei | ~ sein -haribika, -pasuka, -vunjika
entzweien, sich -farakana, -hitilafiana
entzweigehen *intr* -pasuka, -vunjika
Enzian *m* mmea wa milimani Ulaya uitwao gentian
Enzyklopädie *f* kamusi ya fani *od* masomo anuai
Epidemie *f* kipuku (vi-)
Episode *f* tukio (ma-)
Epoche *f* kipindi (vi-), enzi *Pl*
er *für Menschen und Tiere unverbunden* yeye; *vor Verbform* a-, yu- | *Baum* ~ fiel um ulianguka
erarbeiten *tr* -jipatia [kwa kazi]; *ausarbeiten* -tunga
erbärmlich *jämmerlich* -a kusikitika, -baya, duni
erbauen *tr* -jenga
Erbauer *m* mjenzi (wa-)
Erbe *m* mrithi (wa-); *n* ↑ **Erbschaft**
erben *tr* -rithi (*von* kutoka kwa)
erbeuten *tr* -kamata
Erbitterung *f* hasira (–), uchungu, ghadhabu (–)
erblich -a kurithi
erblicken *tr* -ona
erblinden *intr* -pofuka
erbrechen *tr* -tapika
Erbschaft *f od* **Erbe** *n* urithi
Erbse *f* njegere (–)
Erd|beben *n* tetemeko la ardhi, zilizila (–); **~beere** *f* tunda liitwalo strawberry; **~boden** *m* ardhi (–)
Erde *f Planet* dunia (–); *Erdboden*, *Erdreich* ardhi (–), udongo
Erd|ferkel *n* muhanga (mi-); **~gas** *n* gesi [ya asili]; **~geschoß** *n* ghorofa ya chini; **~kunde** *f* jiografia (–); **~nuß** *f* njugunyasa (–), karanga (–)
Erdöl *n* petroli (–), mafuta *Pl*; **~förderung** *f* utoaji wa petroli *od* mafuta; **~leitung** *f* bomba la petroli *od* mafuta
erdrücken *tr* -kaba ... roho
Erd|satellit *m* setilaiti [izungukayo dunia]; **~teil** *m* bara (ma-), kontinenti (ma-)
erdulden *tr* -vumilia

ereifern, sich -foka, -hamaki
ereignen, sich -tokea, -tukia
Ereignis *n* tukio (ma-)
ereignisreich -a matukio mengi
erfahren 1. *Adj* -enye maarifa (*in* ya), -li-*rel* bingwa *od* fundi (*in* wa) **2.** *tr hören* -sikia; *erleben* -shuhudia, -ona … -enyewe
Erfahrung *f* uzoefu; *Wissen* maarifa (–), ujuzi; *Berufs~* ustadi, ufundi | aus ~ kutokana na uzoefu *od* maarifa
Erfahrungsaustausch *m* mabadilishano ya maarifa *od* ujuzi
erfahrungsgemäß kwa kawaida
erfassen *tr übertr* -kumba
erfinden *tr* -buni, -vumbua
Erfinder *m* mgunduzi (wa-), mvumbuzi (wa-)
Erfindung *f Tat* ugunduzi, uvumbuzi; *Gegenstand* kitu kilichogunduliwa
Erfolg *m* mafanikio *Pl* | ~ haben -fanikiwa (*bei* kwa, katika, *mit* kwa) | zum ~ verhelfen -fanikisha
erfolg|los -si-*rel*-fanikiwa, bila mafanikio; **~reich** -a kufanikiwa
erforderlich -na-*rel*-hitajika
erfordern *tr* -hitaji
erforschen *tr* -chunguza, -tafiti
Erforschung *f* uchunguzi, utafiti
erfreuen *tr* -burudisha, -furahisha (*mit od durch* kwa); **sich ~** -furahi[ki]a (*an etw.* kitu)
erfreulich -a kufurahisha
erfrieren *intr* -fa *od* -fariki kwa baridi | sie erfror sich die Hände mikono yake ilikufa ganzi kwa baridi
erfrischen *tr* -burudisha; **sich ~** -jiburudisha (*durch*, *mit* kwa)
erfrischend baridi, -a kuburudisha
Erfrischung *f Getränk* kiburudisho (vi-), kinywaji baridi (vi-); *kleine Speise* kitafunio (vi-)
Erfrischungsraum *m* kantini (–)
erfüllen *tr Wunsch*, *Bitte* -timiza; *Plan*, *Aufgabe* -tekeleza; **sich ~** -timizwa, -tekelezwa
Erfüllung *f* utekelezaji, kutekeleza *tr*, kutimiza *tr* | in ~ gehen -wa [u]kweli, -tekelezwa, -timizwa
ergänzen *tr* -kamilisha | sich [gegenseitig] ~ -kamilishana
Ergänzung *f* nyongeza (–)
ergeben *tr zeigen*, *erweisen* -onyesha; **sich ~** *die Folge sein* -jitokeza, -tokana (*aus* na); *Mil* -jisalimisha, -salimu amri
ergebnislos -si-*rel* na *od* bila ya matokeo
ergehen *intr* | wie ist es Ihnen ergangen? ilikuwaje? | es sich wohl ~ lassen -starehe
ergiebig *ertragreich* -enye *od* -a manufaa, -enye mavuno mazuri
ergreifen *tr fassen* -kamata; *übertr bewegen* -huzunisha, -tia … moyo
ergreifend -a kutia moyo
ergriffen -li-*rel*-tiwa moyo (*von* kwa)
ergründen *tr* -gundua, -tafiti
erhalten *tr bekommen* -pata; *bewahren* -hifadhi, -tunza | den Frieden ~ -linda amani
erhältlich -na-*rel*-patikana
erheben *tr hochheben* -inua, -pandisha, -nyanyua; *übertr Steuern* -toza | Einspruch ~ -kata rufaa | das Glas ~ auf -inua gilasi na kutakia; **sich ~** -simama, -inuka (*von* -ni); *Sturm* -zuka
erheblich -kubwa kiasi
Erhebung *f Hügel* kilima (vi-)
erheitern *tr* -furahisha, -changamsha
Erheiterung *f* furaha (–), uchangamfu
erhitzen *tr* -kanza, -pasha moto
erhöhen *tr* -ongeza, -pandisha; **sich ~** -ongezeka, -panda (*auf* kufikia)
erholen, sich -pumzika
erholsam -a kustarehe, -a kupumzika vizuri
Erholung *f* mapumziko *Pl*
erholungsbedürftig -na-*rel*-stahili kupewa livu *od* kupelekwa likizoni
Erholungsheim *n* jumba la kujipumzisha

erinnern *tr* -kumbusha (*an jmdn. od etw.* mtu *od* kitu); **sich ~** -kumbuka (*an jmdn. od etw.* mtu *od* kitu)
Erinnerung *f Erinnerungsvermögen* kumbusho (ma-); *Andenken* kumbukumbu (–) | zur ~ an kwa kumbukumbu ya *od* kukumbuka
erkälten, sich -patwa na baridi *od* mafua
Erkältung *f* mafua *Pl*
erkennen *tr* -tambua, -fahamu (*an* kwa); *wahrnehmen, einsehen* -ona | sich zu ~ geben -jivumbua
erkenntlich | sich (*jmdm.*) ~ zeigen -lipa (mtu) wema
Erkenntnis *f* maarifa *Pl*, ujuzi
Erker *m* roshani (–)
erklären *tr erläutern* -fafanua; -eleza; *zum Ausdruck bringen* -tamka; *bezeichnen* -fafanua (*für* kuwa); **sich ~** -dhihirika, -bainika (*aus* katika) | sich einverstanden ~ -kubali, -afiki
erklärlich -na-*rel*-eleweka
Erklärung *f Erläuterung* elezo (ma-); *Verlautbarung* taarifa (–) | eine ~ abgeben -toa maelezo *od* taarifa
erkranken *intr* -ugua | an Cholera ~ -ugua kipindupindu
Erkrankung *f* ugonjwa, maradhi *Pl*
erkunden *tr* -vumbua, -chunguza
erkundigen, sich -tafuta habari (*nach* za)
Erkundigung *f*, *meist* **~en** *Pl* upelelezi | ~en einholen -tafuta habari, -peleleza
erlangen *tr* -pata, -jipatia
erlassen *tr verfügen* -amuru; *befreien* -samehe (*jmdm. etw.* mtu jambo)
erlauben *tr* -ruhusu
Erlaubnis *f* ruhusa (–) | um [die] ~ bitten -omba ruhusa
erläutern *tr* -eleza
Erläuterung *f* maelezo *Pl*
Erle *f* mti wa Ulaya uitwao alder
erleben *tr* -shuhudia, -pata kuona ... -enyewe
Erlebnis *n* tukio (ma-)
erledigen *tr* -fanya
erleichtern *tr* -sahilisha, -rahisisha
Erleichterung *f* wepesi, nafuu (–)
erlernen *tr* -jifunza
erleuchtet -li-*rel*-angazwa | festlich ~ -li-*rel*-angazwa kwa unadhifu
Erlös *m* pato (ma-)
erlöschen *intr Feuer, Lampe* -zimika; *übertr aufhören* -isha, -fa
ermahnen *tr* -onya, -rudi
Ermahnung *f* onyo (ma-), mawaidha *Pl*
ermäßigen *tr* -punguza
Ermäßigung *f* kipunguzo (vi-)
ermessen *tr* -fahamu, -elewa
ermitteln *tr Jur* -pekua, -sachi
Ermittlung *f* upekuzi | *Jur* ~en anstellen (über) -fanya upekuzi (kuhusu)
ermöglichen *tr* -wezesha
ermorden *tr* -ua
ermüden *tr* -chosha; *intr* -choka
ermüdend -a kuchosha
ermuntern *tr anregen* -hamasisha, -pa ... changamoto; *ermutigen* -tia moyo (*zu* ku-)
ermutigen *tr* -tia moyo
ernähren *tr für den Unterhalt sorgen* -lisha; **sich ~** -la
ernennen *tr* -teua (*zu* kuwa)
Ernennung *f* uteuzi
erneuern *tr* -fufua; *überholen* -tengeneza
erneut 1. *Adj* -a mara nyingine, -pya **2.** *Adv* upya
ernst -zito; *gefährlich* -a hatari; *würdevoll* -a heshima | etw. ~ nehmen -heshimu *tr*
Ernst *m* uzito; *Gefahr* hatari (–)
Ernstfall *m* hali ya hatari | im ~ hali ya hatari ikitokea
ernsthaft -zito, muhimu, -ingi
Ernte *f Getreide* mavuno *Pl*; *Kaffee* uchumaji
ernten *tr Getreide* -vuna; *Kaffee usw.* -chuma
erobern *tr* -teka
Eroberung *f* kuteka *tr*, utekaji
eröffnen *tr beginnen* -fungua

Eröffnung *f Beginn* ufunguzi
erörtern *tr* -jadili
Erörterung *f* mjadala (mi-), majadiliano *Pl*
erotisch -a kuhamanisha
erpressen *tr Jur* -toza ... hongo
Erpressung *f Jur* kutoz[w]a hongo
erproben *tr* -jaribu
erraten *tr* -fumbua, -pata
errechnen *tr* -hesabu, -kokotoa
erregbar *reizbar* -a kukasirika, -a kuhamaki
erregen *tr aufregen* -tia wasiwasi; *hervorrufen* -zusha
Erreger *m Med* kiini cha, *meist* viini vya maradhi
Erregung *f* fazaiko (ma-)
erreichbar -a kufikiwa | (nicht) ~ sein (*neg*)-patikana
erreichen *tr erlangen* -pata; *Verk Anschluß* -wahi
errichten *tr erbauen* -jenga; *übertr auch* -anzisha
erringen *tr* -pigania
erröten *intr* -geuka kuwa -ekundu
Errungenschaft *f*, *meist* **~en** *Pl* matokeo *Pl*, matunda *Pl*
Ersatz *m* badala (–) (*für* ya); *Entschädigung* fidia (–) | ~ leisten für -toa fidia kwa; **~spiel** *n* mchezo uchezwao badala ya ule uliopangwa awali; **~spieler** *m* mchezaji wa akiba; **~teil** *n* kipuri (vi-), spea (–)
erscheinen *intr sich zeigen* -jitokeza, -zuka | es erscheint glaubhaft inaelekea kuwa kweli
Erscheinung *f Gestalt* umbile (ma-); *Sinnestäuschung* ndoto (–) | in ~ treten jitokeza
erschießen *tr* -piga risasi
erschließen *tr zugänglich machen* -fungua
erschöpfend **1.** *Adj* -a ndani, kamili **2.** *Adv* kwa undani
erschöpft -li-*rel*-choka
Erschöpfung *f* uchovu
erschrecken *tr* -sh[i]tusha, -tia ... hofu, -ogofya; *intr* -sh[i]tuka, -tiwa hofu, -ogopa (*über*, *vor* kwa [sababu ya])
erschüttern *tr* -tetemesha; *übertr* -sh[i]tusha, -huzunisha
erschütternd -a kuhuzunisha
Erschütterung *f* tikisiko (ma-), tetemeko (ma-)
erschweren *tr* -fanya ... kuwa -gumu
ersetzen *tr auswechseln* -badilisha; *Ersatz leisten* -fidia
ersparen *tr* -weka akiba ya, -okoa; *verschonen* -samehe
Ersparnis *f*, *meist* **~se** *Pl* akiba [ya fedha]
erst *zuerst* kwanza; *nicht eher* tu
erstarren *intr* -ganda | zu Stein ~ -geuka jiwe
erstatten *tr zurückgeben*, -rudisha, -rejesha; *ersetzen* -fidia
Erstaufführung *f* maonyesho ya kwanza
Erstaunen *n* mshangao (mi-), mzumbao (mi-)
erstaunlich -a ajabu *od* kushangaza
erstaunt -enye *od* -a mshangao | ~ sein über -shangaa, -staajabu *tr*
ersteigen *tr Tour* -panda
erstens kwanza
erst|er (~e, ~es) -a kwanza
ersticken *intr* -pwaliwa (*an*, *durch* na)
erst|klassig -a hali ya juu; **~malig** -a *od* kwa mara ya kwanza
erstrebenswert -na-*rel*-tamanika
erstrecken, sich -enea, -zagaa
ertappen *tr* -kamata | auf frischer Tat ~ -kamata hapo hapo
erteilen *tr Erlaubnis* -toa, -pa *dopp tr* | Unterricht ~ in -fundisha *tr*
Ertrag *m Landw* mavuno *Pl*, mapato *Pl*
ertragen *tr* -vumilia, -stahamili
erträglich -a kuvumilika
ertragreich *gewinnbringend* -a faida; *Landw* -enye rutuba
ertrinken *intr* -fa [kwa] maji
erwachen *intr* -amka (*aus* -ni); *übertr auch* -zinduka
erwachsen *Adj* -zima

Erwachsene(r) *f(m)* [mtu] mzima (wa-)
erwägen *tr überlegen* -fikiria, -dhani
Erwägung *f*, *meist* **~en** *Pl* wazo (ma-), fik[i]ra (–)
erwähnen *tr* -taja
erwähnenswert -na-*rel*-faa *od* -stahili kutajwa
erwärmen *tr* -pasha moto; **sich ~** -pata moto
Erwärmung *f* kupasha moto *tr*
erwarten *tr* -ngoj[e]a, -subiri | von jmdm. etw. ~ -tazamia mtu kutoa kitu
Erwartung *f* matarajio *Pl*, matazamio *Pl*
erwartungsvoll -li-*rel*-jaa matumaini
erweisen *tr bezeigen* -toa, -pa *dopp tr*; **sich ~** *sich zeigen* -onekana (*als* kuwa)
erweitern *tr* -panua; *Math* -zidisha; **sich ~** -panuka
Erweiterung *f Arch* upanuzi
Erwerb *m Kauf* ununuzi, manunuzi *Pl*
erwerben *tr* -jipatia; *erlernen* -jifunza | sich Verdienste ~ um -jipatia sifa kwa ajili ya
Erwerbslose(r) *f(m)* [mtu] asiye na kazi
erwidern *tr antworten* -jibu; *Gruß* -itikia
erwischen *tr* -kamata
erwünscht -li-*rel*-takika
Erz *n* madini (–), mtapo (mi-)
erzählen *tr* -simulia, -hadithia
Erzählung *f Lit* hadithi (–), ngano (–)
erzeugen *tr* -zalisha; *hervorbringen* -zusha
Erzeuger *m Produzent* mzalishaji (wa-)
Erzeugnis *n* bidhaa (–); *Landw* zao (ma-)
Erzeugung *f Hervorbringung* uzushi; *Herstellung* uzalishaji mali
erziehen *tr* -lea
Erzieher *m* mlezi (wa-)
erzieherisch -a [ki]elimu | ~e Schritte hatua za nidhamu
Erziehung *f* malezi *Pl*; *Bildung* elimu (–)
Erziehungsberechtigter *m* mlezi (wa-)
erzielen *tr* -pata | ein Tor ~ -funga *od* -tia goli
erzwingen *tr* -lazimisha, -lazimu, -shurutisha | man erzwang seine Versetzung walimlazimisha kukubali *od* akubali uhamisho
es *für Menschen und Tiere unverbunden* yeye; *vor Verbform* a-, yu- | *Buch* ~ gefällt uns kinatupendeza | ~ ist spät wakati umepita | ~ ist schön, daß ... ni vizuri kwamba ... | bist du ~? je, ni wewe? | ~ sei denn, daß ... mradi tu kwamba ...
Esche *f* mti wa Ulaya uitwao ash tree
Esel *m* punda (–), kihongwe (vi-)
Eskimo *m* mtu wa jamii ya Eskimo
Espe *f* mti wa Ulaya uitwao asp
eßbar -na-*rel*-liwa, -a kula
Esse *f* bomba la [kutolea] moshi, dohani (–)
essen *tr*, *intr* -la
Essen *n Speise* mlo (mi-), chakula (vyakula); *Festmahl* karamu (–)
Essig *m* siki (–)
Etage *f* ghorofa (–)
Etappe *f* awamu (–), mkupuo (mi-); *Sport* resi (–)
Etat *m* bajeti (–), makadirio ya matumizi ya Serikali
Ethik *f* elimuadili (–), maadili *Pl*
ethisch -a kiadili
Etikett *n Zettel zum Aufkleben* kitambulishi (vi-), lebo (–)
Etui *n* mkoba (mi-)
etwa *ungefähr* | es kostet ~ 100 Schilinge bei yake ni Shilingi 100/= hivi; *vielleicht* pengine, huenda, labda
etwas **1.** *Pron einiges* jambo, kitu **2.** *Adv wenig* kidogo | das ist ~ anderes hili *od* hilo ni jambo lingine
eu|er (~re, ~er; ~re) -inu

Eule *f* bundi (–), babewatoto (–)
eurerseits kwa upande wenu
euretwegen kwa sababu *od* ajili yenu
Europa Ulaya
Europäer *m* Mzungu (wa-)
europäisch -a Kizungu, -a Ulaya
Europa|meister *m* bingwa wa Ulaya; **~meisterschaft** *f* [mashindano ya kuwania] ubingwa wa Ulaya
Euter *n* kiwele (vi-)
evakuieren *tr* -hamisha
Evakuierung *f* uhamishaji
evangelisch -a Kiinjili
eventuell 1. *Adj* -na-*rel*-wezekana **2.** *Adv* huenda, pengine
ewig -a milele, daima
exakt kamili, halisi, yakini
Examen *n* mtihani (mi-)
Exekutiv|komitee *n* kamati ya utendaji; **~sekretär** *m* katibu mtendaji (ma-)
Exempel *n* mfano (mi-)
Exemplar *n* nakala (–)
exerzieren *intr* -fanya mazoezi ya kijeshi
Exil *n* | im ~ leben -ishi ugenini *od* maisha ya ukimbizi
Existenz *f Dasein* uhai
existieren *intr* -wemo, -wepo, -weko *od* -wamo, -wapo, -wako
Exkursion *f* safari (–), matembezi *Pl*
exmatrikulieren *tr* -tunikia … shahada *od* cheti *od* diploma
Expansion *f Phys* mtanuko (mi-); *Pol* upanuzi
Expedition *f Versandabteilung* idara ya kupelekea bidhaa; *Forschungsreise* msafara wa uvumbuzi
Experiment *n* jaribio (ma-)
experimentieren *intr* -fanya majaribio (*mit* na)
Experte *m* bingwa (ma-), fundi (ma-)
explodieren *intr* -lipuka
Explosion *f* mlipuko (mi-)
explosiv -na-*rel*-lipuka
Exponat *n* bidhaa inayoonyeshwa kwenye maonyesho
exponiert muhimu, -a maana
Export *m* kuuza *tr* nje, mauzo ya nje
exportieren *tr* -peleka *od* -safirisha *od* -uza … nje
Expreß|gut *n* mizigo ipelekwayo haraka; **~zug** *m* treni isiyosimama njiani
extra *darüber hinaus* zaidi; *besonders* hasa, mno | ich bin ~ zeitig gekommen nimefika mapema makusudi
Extrakt *m* maji ya mmea uliosindikwa
extravagant -a ubadhirifu *od* makuu *od* anasa
extrem -kali
Extrem *n*, *meist* **~e** *Pl* ukali
exzentrisch *übertr* -geni, -a ajabu

F

Fabel *f* hurafa (–)
fabelhaft *umg* safi
Fabrik *f* kiwanda (vi-)
Fabrikation *f* utengenezaji
Fach *n Unterrichts~* somo (ma-); *Arbeitsgebiet* medani (–), fani (–); *Schub~* mtoto wa meza; *Schrank~* kijumba (vi-)
Facharbeiter *m* fundi (ma-); **~brief** *m* shahada ya kazi
Fach|arbeiterin *f* fundi [wa kike]; **~arzt** *m* daktari bingwa (ma-); **~ausbildung** *f* mafunzo ya kazi; **~ausdruck** *m* istilahi (–); **~buch** *n* kitabu cha somo *od* medani mah[u]susi
Fächer *m* kipepeo (vi-); **~palme** *f* mlala (mi-), muwaa (mi-)
Fach|gebiet *n* fani (–), medani (–), somo (ma-); **~kenntnisse** *f/Pl* maarifa ya somo *od* kazi fulani
fachlich -a kikazi
Fach|literatur *f* vitabu vinavyohusika na somo *od* mada mahsusi; **~mann** *m* fundi (ma-), bingwa (ma-)

fachmännisch hodari, -a ki[u]fundi
Fach|richtung *f* somo (ma-); **~schule** *f* chuo (vyuo)
fachsimpeln *intr* -kongamana
Fach|werk *n* miti *od* nguzo na boriti za nyumba; **~wörterbuch** *n* kamusi ya istilahi; **~zeitschrift** *f* jarida la somo mahsusi
Fackel *f* mwenge (mi-); **~lauf** *m* mbio za mwenge
fad *Speise* chapwa
Faden *m* uzi (nyuzi) | *übertr* der rote ~ wazo kuu (ma-), dhamira kuu (–) | *übertr* den ~ verlieren -kwama
Fagott *n* basuni (–)
fähig *begabt* -enye kipaji; *geeignet* -na-*rel*-faa; *tüchtig* hodari | ~ sein (zu) -wa na uwezo (wa ku-), -weza (ku-)
Fähigkeit *f*, *meist* **~en** *Pl* uwezo
Fähnchen *n* kibendera (vi-)
fahnden *intr* -tafuta (*nach jmdm.* mtu)
Fahndung *f* kutafuta *tr*
Fahne *f* bendera (–)
Fahnenmast *m* mti wa bendera
Fahr|bahn *f* barabara (–); **~dienstleiter** *m* steshenimasta (–), afisa wa zamu wa kituo cha reli
Fähre *f* kivuko (vi-), kivusho (vi-), pantoni (–)
fahren *tr* -endesha; *intr* -enda | mit dem Zug ~ -enda kwa gari [la] moshi *od* treni | mit dem Rad ~ -panda bais[i]keli
Fahrer *m* dereva (ma-), mwendeshaji (wa-)
Fahrerflucht *f* | ~ begehen dereva kutoroka
Fahrerlaubnis *f* leseni [ya kuendesha motokaa *od* gari]
Fahrgast *m* abiria (ma-); **~schiff** *n* meli ya abiria
Fahr|geld *n* nauli (–); **~gestell** *n* chesisi (–); **~karte** *f* tikiti (–); **~kartenschalter** *m* kaunta ya kuuzia tikiti
fahrlässig -a uzembe *od* ulegevu
Fahrlässigkeit *f* uzembe, ulegevu
Fahr|lehrer *m* mwalimu wa kufunza udereva; **~plan** *m* ratiba (–)
fahrplanmäßig -a kufuat[i]a ratiba
Fahrpreis *m* nauli (–); **~ermäßigung** *f* nauli iliyopunguzwa
Fahrrad *n* bais[i]keli (–) | ~ fahren -panda bais[i]keli
Fahrschein *m* tikiti (–) | einen ~ kaufen -kata tikiti
Fährschiff *n* kivuko (vi-), kivusho (vi-), meli ya kuvushia maabiria
Fahrschule *f* mafunzo ya udereva
Fahrstuhl *m* lifti (–); **~führer** *m* mwendesha lifti (wa-)
Fahrt *f* *Reise* safari (–) | eine ~ von zwei Stunden mwendo wa masaa mawili | gute ~! safari njema | in voller ~ kwa spidi kubwa
Fährte *f* nyayo *Pl*
Fahrwerk *n* magurudumu [ya ndege *od* gari *od* lori]
Fahrzeit *f* muda | die ~ beträgt drei Stunden safari inachukua [muda wa] masaa matatu
Fahrzeug *n* chombo cha usafiri, gari (ma-)
Faktor *m* *übertr* hali (–), sababu (–)
Fakultät *f* kitivo (vi-)
fakultativ -a hiari
Falke *m* kozi (–)
Fall *m* mwanguko (mi-), kudondoka *intr*; *Umstand* tukio (ma-); *Jur* kesi (–); *Gramm* uhusika | auf jeden ~ kwa vyo vyote | auf keinen ~ hata kidogo
Falle *f* mtego (mi-) | eine ~ stellen -tega mtego; *Grube* rima (ma-)
fallen *intr* -anguka; *herunter~* -dondoka, -poromoka; *Blatt* -pukutika; *Preis* -pungua, -shuka; *Regen* -nyesha; *Schuß* -fyatuliwa, -pigwa; *Soldat* -uawa *od* -fariki *od* -fa vitani | in eine Grube ~ -tumbukia shimoni | ~ lassen -angusha, -dondosha | in Ohnmacht ~ -zirai, -potewa na fahamu | jmdm. ins Wort ~ -kataza kauli | *unpers* es fällt ihm leicht (schwer) yeye ni rahisi (mzito)

fällen *tr Baum* -kata; *Urteil* -toa | eine Entscheidung ~ -kata shauri
Fallobst *n* matunda yaliyopukutika
falls kama, -ki- | ~ notwendig ikihitajika, panapohitajika
Fallschirm *m* mwavuli (mi-)
falsch 1. *Adj unrichtig* -a u[w]ongo; *unecht* -a bandia; *hinterlistig* -danganyifu, -a hila **2.** *Adv* | jmdn. ~ verstehen -elewa mtu vibaya
fälschen *tr* -laghai; *Unterschrift* -bini
Falschheit *f* udanganyifu, uwongo; *Heuchelei* unafiki
Falschmeldung *f* habari ya uwongo *od* isiyo kweli
Fälschung *f Fälschen* udanganyifu; *Gefälschtes* kitu cha bandia
Faltboot *n* boti ya kukunja
Falte *f Stoff* mkunjo (mi-), rinda (ma-); *Runzel* kunyanzi (ma-)
falten *tr* -kunja
Faltenrock *m* sketi la marinda *od* mikunjo
Falter *m* kipepeo (vi-)
faltig -li-*rel*-kunjika; *Haut* -enye makunyanzi
falzen *tr* -kunja
Familie *f* familia (–), aila (–)
Familien|buch *n* jalada la *od* hati za familia; **~name** *m* jina la ukoo; **~stand** *m* hali (–)
fanatisch -enye msimamo mkali
Fanfare *f* tarumbeta (–)
Fang *m Fischerei* mvuo (mi-)
fangen *tr erbeuten* -kamata; *in der Falle* -nasa; *Fische* -vua; *auffangen* -daka, -nyaka
Farbband *n* riboni (–)
Farbe *f* rangi (–); *Kart* ng'anda (–)
farb|echt -enye rangi isiyochujuka; **~empfindlich** -enye rangi inayochujuka
färben *tr* -geuza rangi ya, -rangi[sh]a; **sich ~** -geuka rangi
Farb[en]kasten *m* boksi ya *od* yenye rangi
Färberei *f* kiwanda cha kurangia *od* kutilia rangi
Farb|fernsehen *n* televisheni ya rangi; **~film** *m* filam[u] ya rangi; **~foto** *n* picha ya rangi
farbig -a rangi
Farbkasten *m* = **Farb[en]kasten** *m*
farblos -si-*rel* na rangi
Farb|stift *m* kalamu *od* penseli ya rangi; **~ton** *m* aina ya rangi
Färbung *f* aina ya rangi; *Vorgang* urangishaji
Farm *f* ranchi (–), shamba (ma-)
Farn *m* mjimbi (mi-)
Fasan *m* kuku mwitu (–)
Fasching *m* sherehe ya mavazi bandia
Faschismus *m* ufashisti
faschistisch -a kifashisti
Faser *f* utembo (tembo); *Kokos~* usumba *Sg*
Faß *n* pipa (ma-)
Fassade *f* uso (nyuso)
fassen *tr ergreifen* -kamata | jmdn. an der Hand ~ -shika mtu mkono; *aufnehmen* -wa na; *begreifen* -elewa; **sich ~** -tulia, -jikaza | sich kurz ~ -sema *od* -zungumza kwa ufupi | sich ein Herz ~ -piga moyo konde
Fassung *f Ruhe* utulivu, ujasiri; *Rahmen* fremu (–); *Wortlaut* maneno *Pl* | aus der ~ bringen -hangaisha
fassungslos -li-*rel*-stushwa *od* -hangaishwa
fast karibu | er wäre ~ gestorben karibu amekufa
fasten *intr* -funga, -wa na saumu
Fastenmonat *m* Ramadhani (–)
fatal -a aibu *od* kusikitisha
faul *träge* -vivu, -legevu; *verdorben* -li-*rel*-oza, -bovu
faulen *intr* -oza, -vunda
faulenzen *intr* -legea, -zembea; *sich ausruhen* -pumzika
Faulenzer *m* mvivu (wa-), mkunguni (wa-)
Faulheit *f* uvivu
Fäulnis *f* uozo, uvundivu
Faust *f* ngumi (–), sumbwi (ma-), konde (ma-), ndondi (–) | auf eigene

~ bila kuidhinishwa; **~handschuh** *m* glovu la kupigia ngumi

Favorit *m Sport* mwanamichezo anayetarajiwa kushinda (wanamichezo)

Fazit *n* tokeo (ma-) | das ~ ziehen -hitimisha

Februar *m* Februari (–), mwezi wa pili

fechten *intr* -pigana kwa mapanga

Fechten *n* kupigana kwa mapanga

Fechter *m* mtu apiganaye kwa upanga

Feder *f Vogel* unyoya (nyoya); *Schwanz~* mleli, mlele (mi-); *Schreib~* nibu (–); *Tech* springi (–); **~ball** *m* mchezo wa vinyoya; **~bett** *n* foronya la manyoya *od* sufi la kujifunika

federn *intr* -nesa, -nepa

Federung *f* springi na shokomzoba za gari *od* lori

fegen *tr* -fagia, -pea; *Schornstein* -safisha

fehl | ~ am Platz[e] sein *neg*-hitajika

fehlen *intr abwesend sein neg*-hudhuria, -*neg*-wa[-po] *od* [-ko]; *nicht vorhanden sein* -kosekana | es fehlt an Ersatzteilen wanakosa vipuri | ihr fehlt es an nichts hakosi cho chote | ihm fehlte die Zeit ameshindwa wakati | was fehlt Ihnen? unaumwa nini?

Fehler *m* kosa (ma-)

fehlerfrei *ohne Fehler* bila [ma]kosa; *einwandfrei* -si-*rel* na *od* bila hitilafu *od* dosari

fehlerhaft -enye hitilafu *od* dosari *od* [ma]kosa

Fehlgeburt *f* mimba kuharibika

Fehl|meldung *f* habari ya *od* taarifa la … kutofanyika; **~schlag** *m* ushinde

fehlschlagen *intr* | der Versuch ist fehlgeschlagen jaribio limeshindwa | wenn es fehlschlägt ikishindikana

Feier *f Fest* sherehe (–); *Jubiläums~* maadhimisho *Pl*

Feierabend *m* saa za jioni [baada ya kazi] | *umg* wir machen jetzt ~ tunafunga sasa

feierlich -a *od* kwa heshima [kubwa]

feiern *tr ehren* -shangilia; *Fest begehen* -sherehekea; *Jubiläum* -adhimisha

Feier|stunde *f* sherehe [fupi] (–); **~tag** *m* sikukuu (–)

feig[e] -enye uoga *od* woga | ~r Mensch mwoga (wa-)

Feige *f* tini (ma-)

Feigheit *f* woga, hofu (–)

Feigling *m* mwoga (wa-)

Feile *f* tupa (–)

feilen *tr* piga … tupa

feilschen *intr* -shindania (*um etw.* kitu)

fein *dünn* -embamba; *zierlich* -ororo; *sehr gut* bora, -a hali ya juu

Feind *m Mil* adui (ma-)

feindlich -a kiadui

Feindschaft *f* uadui, uhasama

Feindseligkeiten *Pl* uhasama, mapigano *Pl*

Feinfrost|gemüse *n* mboga barafu (–); **~obst** *n* matunda barafu

feinfühlig -na-*rel*-udhika *od* -kerwa [upesi]

Feinkost *f* vitoweo *Pl*; **~handlung** *f* duka la vitoweo

Fein|mechanik *f* ufundi wa vyombo vidogo [vya aina ya saa]; **~mechaniker** *m* fundi wa vyombo vidogo *od* saa; **~schmecker** *m* mchagua chakula (wa-), kidomo (vi-)

Feld *n Landw* shamba (ma-), konde (ma-); *Mil* medani (–); *Schach* nafasi (–); **~stecher** *m* darubini (–); **~webel** *m* sajini (–); **~weg** *m* ujia (njia)

Felge *f Radkranz* gurudumu la chuma [la gari]; *Sport* kujizungusha

Fell *n* ngozi yenye nywele *od* manyoya

Fels[en] *m* mwamba (mi-), jabali (ma-)

felsig -enye miamba

Fenchel *m* aina ya miti-shamba i-itwayo fennel

Fenster *n* dirisha (ma-); **~brett** *n* ki-zingiti cha chini cha dirisha; **~rahmen** *m* fremu ya dirisha; **~scheibe** *f* kioo cha dirisha

Ferien *Pl* likizo (–), livu (–); **~dorf** *n* kijiji cha likizo; **~reise** *f* safari ya kupumzikia; **~zeit** *f* kipindi cha likizo

Ferkel *n* kitoto [cha nguruwe]

fern 1. *Adj* -a mbali **2.** *Adv* mbali (*von* na)

Fernamt *n* kituo cha kuunganishia miito ya mbali

fernbleiben *intr neg*-hudhuria *tr*

Ferne *f* umbali | in der ~ kwa mbali

ferner *außerdem* isitoshe, licha ya hilo *od* hayo

Fernfahrer *m* dereva wa lori [aendaye mbali] (ma-)

ferngelenkt -na-*rel*-ongozwa [ku]toka mbali

Fern|gespräch *n* simu ya mbali; **~glas** *n* darubini (–)

fernhalten *tr* | sie halten ihn vom Alkohol fern wanamzuia asitumie ulevi; **sich ~** -jizuia (*von* ku-)

Fern|heizung *f* kipashio moto cha mbali; **~lastzug** *m* lori na [ma]trela liendalo mbali

fernliegen *intr unpers* | es liegt mir fern (zu ...) sina wazo la (ku- ...)

fernmündlich -a *od* kwa simu

Fern|rohr *n* darubini (–); **~schreiber** *m* teleksi (–), teletaipu (–)

Fernseh|antenne *f* erieli ya televisheni; **~apparat** *m* seti ya televisheni

fernsehen *intr* -tazama kipindi *od* vipindi kwenye televisheni

Fernsehen *n* televisheni (–)

Fernseh|film *m* filamu ya *od* picha za T.V., video (–); **~funk** *m* idhaa ya televisheni; **~kamera** *f* kamera ya televisheni *od* video; **~sender** *m* kituo cha T.V.; **~spiel** *n* mchezo wa *od* igizo la T.V.; **~teilnehmer** *m* mtazamaji wa televisheni; **~turm** *m* mnara wa [kutangazia *od* kupokelea mawimbi ya] televisheni

Fern|sicht *f* kuona mbali; **~sprechamt** *n* kituo cha kuunganishia miito ya mbali

Fernsprecher *m* simu (–) | öffentlicher ~ kibanda cha simu

Fern|steuerung *f* kuongoza *tr* [ku]toka mbali; **~student** *m* mwanafunzi asomaye kwa njia ya posta; **~studium** *n* masomo kwa njia ya posta; **~verkehr** *m Verk* usafirishaji wa mizigo *od* abiria kwenda mbali; *Tel* miito ya *od* simu za mbali; **~verkehrsstraße** *f* barabara kuu (ma- *od* –)

Ferse *f Anat* kisigino (vi-)

fertig *vollendet* kamili | ~ sein -kamilika; *bereit* tayari | sie ist ~ zum Gehen yuko tayari kuondoka | (nicht) ~ werden mit (*neg*)-weza *od* -mudu *tr*

Fertigbauweise *f* uunganishaji wa sehemu za nyumba

fertigen *tr* -unda, -tengeneza

Fertigkeit *f Gewandtheit* ustadi, ufundi; *Übung* uzoefu

fertigmachen *tr umg töten* -ua; *ermüden* -chosha, -sumbua; *vorbereiten* -andaa, -tayarisha; *vollenden* -kamilisha; **sich ~** -jiandaa

fertigstellen *tr* -kamilisha

Fessel *f* pingu (–)

fesseln *tr* -funga ... kamba; *übertr* -vutia

fesselnd -a kuvutia

fest 1. *Adj nicht flüssig* mango, -gumu; *haltbar* imara, thabiti, madhubuti; *unerschütterlich* -a *od* kwa dhati **2.** *Adv* | ~ davon überzeugt sein, daß ... -wa na hakika kabisa kwamba ... | ~ schlafen -lala fofofo | der Nagel sitzt ~ msumari umepigiliwa vizuri *od* umeshikamana sana

Fest *n* sherehe (–) | frohes ~! siku kuu njema!; **~akt** *m* sherehe (–); **~essen** *n* dhifa (–)

festhalten *tr* -shika; *aufhalten* -zuia;

intr -endelea (*an* na); **sich ~** -shikilia (*an* -ni)
festigen *tr* -imarisha; **sich ~** -imarika, -wa thabiti *od* madhubuti *od* imara
Festigkeit *f Haltbarkeit* uimara, uthubutu; *Standhaftigkeit* ukakamavu, ustahimilivu
Festigung *f* uimarishaji, kuimarika
Festival *n* tamasha (ma-)
Festland *n* nchi kavu (–), bara (ma-)
festlegen *tr* -amua; **sich ~** -kata shauri (*auf* la)
festlich nadhifu, kwa unadhifu
Festlichkeit *f*, *meist* **~en** *Pl* sherehe (–)
Festnahme *f Jur* kukamata *tr*
festnehmen *tr Jur* -kamata
Festrede *f* hotuba rasmi (–)
festschrauben *tr* -kaza nati *od* bolti ya *od* za ...
festsetzen *tr Termin* -weka; **sich ~** -kaa
Festspiele *Pl* tamasha (ma-)
feststehen *intr* | es steht fest, daß ... ni hakika kwamba ...
feststellen *tr* -tambua, -gundua
Feststellung *f* tamko (ma-)
Festtag *m* sikukuu (–)
Festung *f* ngome (–)
Festzug *m* maandamano *Pl*
fett *dick* -nene; *fettig* -a *od* -enye mafuta; -nono *auch übertr* | ~ sein -nenepa, -wanda, -nona
Fett *n Fettigkeit* mafuta *Pl*; *tierisches ~ auch* shahamu (–); *pflanzliches ~ auch* uto; *Wohlgenährtheit* unene | ~ ansetzen -nenepa
fettarm -si-*rel* na mafuta
fetten *tr Kfz* -lainisha
Fettfleck *m* doa la mafuta [mazito]
fettig -enye mafuta
Fetzen *m Lappen* tamba[r]a (ma-)
feucht -nyevu, -a maji *od* uowevu | ~e Kleidung nguo mbichi
Feuchtigkeit *f* unyevu[nyevu], uowevu
feudal -a kikabaila *od* kimwinyi
Feudalherr *m* kabaila (ma-), mwinyi (ma-)
Feudalismus *m* ukabaila, umwinyi
Feuer *n Brand* moto (mi-) | um ~ bitten -omba kuwashiwa | ~ legen -choma moto | ~ machen -koka moto; *übertr* | ~ fangen -shikwa na mapenzi; **~anzünder** *m* kiwashio moto (vi-)
Feuerbaum *m* kifabakazi (vi-)
feuer|fest -si-*rel*-shika moto, jarabati moto; **~gefährlich** -a kushika moto
Feuerholz *n* kuni *Pl* | ~ holen -enda kuni
Feuer|löscher *m* chombo cha kuzima moto, kizima moto (vi-); **~melder** *m* simu ya hatari ya moto; **~stein** *m* kijiwe cha kuwashia; **~wehr** *f* [kikosi cha] zima moto; **~werk** *n* fataki (–); **~zeug** *n* kibiriti cha chuma
Fiasko *n* ushinde
Fichte *f* msonobari (mi-)
Fieber *n* homa (–) | ~ haben -shikwa na homa
fieberfrei -si-*rel* na homa
fieberhaft *mit Fieber* -a homa; *aufgeregt* -a pilikapilika
Fieberthermometer *n* themometa ya kupimia homa
Figur *f Wuchs* umbile (ma-), umbo (ma-); *Schach* kete (–)
Filiale *f* tawi (ma-)
Film *m ~streifen* [ukanda wa] filamu; *Kino~* picha [ya sinema]; *Belag* utando; **~aufnahme** *f* kupiga picha [ya sinema]
filmen *tr* -pigia ... picha [ya *od* za sinema]; *intr* -piga picha [ya *od* za sinema]
Film|festspiele *Pl* tamasha la picha za sinema; **~kamera** *f* kamera ya kupigia picha [za sinema]; **~schauspieler(in)** *m(f)* mchezaji wa sinema; **~verleih** *m* ugawaji wa picha za sinema; **~vorführung** *f* maonyesho ya picha [ya sinema], sinema (–)
[1]**Filter** *m* chujio (ma-), kichujio (vi-)

[2]**Filter** *n Tech* filta (–)
filtern *tr* -chuja
Filterzigarette *f* sigara yenye filta
Filz *m* kitambaa gandamizo (vi-)
Finale *n* fainali (–)
finanziell -a kifedha
finanzieren *tr* -gharimia
Finanzierung *f* kugharimia *tr*
finden *tr* -okota, -pata; *antreffen* -kuta; *halten für* -chukulia | Beifall ~ -pendeza | ich finde, daß ... nimeona *od* naona kwamba ...; **sich** ~ *treffen* -kutana; *herausstellen* -bainika, -dhihirika | sich in etw. ~ -afiki *od* -kubali kitu
Finderlohn *m* kiokosi (vi-), kiangazamacho (vi-), machorombozi *Pl*
Finger *m* kidole (vi-); **~abdruck** *m* alama ya kidole; **~hut** *m* subana (–); *Bot* mmea uitwao foxglove; **~nagel** *m* ukucha (kucha)
Fink *m* ndege wa jamii ya biliwili *od* mtolondo
Finne *m* Mfinnish (wa-)
finnisch -a Kifinnish
Finnland Finlendi (–)
finster -a giza; *mürrisch* -a kughasika *od* kukereka
Finsternis *f* giza (ma-), weusi
Firma *f* shirika (ma-), kampuni (ma-); *Fabrik* kiwanda (vi-)
Firnis *m* vanishi (–)
Fisch *m* samaki (–); **~adler** *m* kwazi (–), yowe (ma-)
fischen *tr*, *intr* -vua *tr*
Fischer *m* mvuvi (wa-)
Fischerei *f* uvuvi
Fisch|fang *m* uvuvi, kuvua samaki; **~geschäft** *n* duka la samaki; **~konserve** *f* samaki ya mkopo; **~otter** *m* fisi-maji (–); **~reiher** *m* kulasitara kijivu (–)
fixieren *tr Foto* -tia ... ndani ya fiksa
Fixstern *m* nyota (–)
flach *eben* -li-*rel* sawa; *Land* tambarare; *niedrig* -dogo, -a chini | ~es Wasser maji mafupi *od* machache
Fläche *f Ober*~ uso (nyuso); *Math* eneo (ma-)
Flächenmaß *n* kizio cha eneo
Flach|küste *f* mwambao tambarare (mi-); **~land** *n* nchi tambarare (–)
Flachs *m* kitani (vi-)
Flachzange *f* koleo lenye mataya bapa
flackern *intr* -yumbayumba
Fladen *m* chapati (–)
Flagge *f* bendera (–)
flaggen *intr* -pandisha bendera
Flamingo *m* heroe (–)
Flamme *f* ulimi wa moto
Flanell *m* flaneli (–)
Flanke *f Tier* ubavu (mbavu); *Sport* pasi (–)
flankieren *tr* -sindikiza ... ubavu kwa ubavu
Flasche *f* chupa (–)
Flaschen|bier *n* bia ya chupa; **~kürbis** *m* buyu (ma-), dundu (ma-), kibuyu (vi-), kitoma (vi-); **~öffner** *m* kifungua chupa (vi-); **~zug** *m* kapi (ma-), roda (–)
Flatterhemd *n* vazi fupi la kulalia
flattern *intr Vogel*, *Insekt* -jipurukusha, -pepesuka; *Fahne* -pepea
Flaute *f Met* shwari (–)
flechten *tr* -suka
Fleck *m Flicken* kiraka (vi-); *beschmutzte Stelle* doa (ma-)
Fleck[en]entferner *m* kitoa madoa (vi-)
fleckig -a *od* -enye [ma]doa
Fledermaus *f* popo (–)
Flegel *m* mfyosi (wa-), safihi (ma-)
flegelhaft -enye utovu wa nidhamu, -a *od* -enye ujeuri *od* ufidhuli
Fleisch *n* nyama (–); **~brühe** *f* supu (–)
Fleischer *m* mchinjaji (wa-), mchinja ... (wa-), bucha (ma-)
Fleischerei *f* bucha (ma-)
Fleisch|konserve *f* nyama ya kopo; **~wolf** *m* kisaganyama (vi-)
Fleiß *m* bidii (–), juhudi (–)

fleißig -enye bidii | ~ arbeiten -chapa kazi
flicken *tr* -tia … kiraka *od* viraka
Flieder *m* mti wenye maua madogo mengi uitwao lilac
Fliege *f* [i]nzi (ma- *od* –)
fliegen *intr* -ruka; *mit dem Flugzeug* -enda *od* -safiri kwa ndege; *eilen* -piga mbio, -fanya haraka; *hin- und her~* -pepea; *tr* -endesha, -ongoza
Fliegenpilz *m* uyoga wenye sumu uitwao toodstoal
Flieger *m* rubani [wa ndege] (ma-); *Mil* askari wa kikosi cha ndege za kivita (ma-); **~alarm** *m* onyo la *od* tahadhari ya kujikinga na ndege za kivita
fliehen *intr* (*vor*) -kimbia (*tr*)
Fliehkraft *f Phys* kani pewa (–)
Fliese *f* kigae (vi-)
Fließband *n Tech* kihawilishi (vi-)
fließen *intr* -tiririka
fließend 1. *Adj Wasser* -a bomba, safi, -na-*rel*-tiririka **2.** *Adv* | ~ … sprechen -zungumza … kama maji
flimmern *intr* -toa mwanga unaobadilika; *Luft* -wa na maruirui | es flimmert mir vor den Augen nahisi maruirui
flink -epesi, -a haraka
Flinte *f* bunduki (–)
Flirt *m* ubembe
flirten *intr* | mit jmdm. ~ -piga mtu ubembe
Flocke *f Schnee* chembe ya theluji
Floh *m* kiroboto (vi-)
Floß *n* chelezo (vyelezo)
Flosse *f* pezi (ma-)
flößen *tr* -ongoza
Flöte *f* nzumari (–)
flott *übertr umg lustig* -changamfu; *umg schnell* -epesi | *Mar* ~ sein -elea
Flotte *f* meli *Pl*
Fluch *m* tusi (ma-), tukano (ma-); *Aberglaube* apizo (ma-)
fluchen *intr* -tukana, -chamba
Flucht *f* kukimbia | die ~ ergreifen (vor) -kimbia (*tr*)
flüchten *intr* (*vor*) -kimbia (*tr*)
flüchtig *entlaufen* -li-*rel*-toroka; *oberflächlich* -a juu juu
Flüchtling *m* mkimbizi (wa-); *Ausbrecher* mtoro (wa-)
Flug *m* mruko (mi-); *mit dem Flugzeug* safari kwa ndege (–); **~bahn** *f* njia (–); **~blatt** *n* kijikaratasi (vi-)
Flügel *m Zool, Flugw* ubawa (mbawa), bawa (ma-); *Arch* sehemu (–); *Mus* kinanda kikubwa; *Mil, Sport* wingi (–)
Fluggast *m* abiria [wa ndege] (ma-)
flügge | ~ sein -weza kuruka
Flughafen *m* uwanja wa *od* kiwanja cha ndege; **~gebühr** *f* kodi ya huduma ya uwanja wa *od* kiwanja cha ndege
Flug|linie *f* shirika la ndege; **~platz** *m* uwanja wa *od* kiwanja cha ndege; **~schein** *m* tikiti (–); **~strecke** *f* njia ya ndege; **~verbindung** *f* usafiri wa ndege; **~verkehr** *m* usafiri wa ndege; **~zeit** *f* muda wa safari ya ndege
Flugzeug *n* ndege (–), eropleni (–); **~führer** *m* rubani [wa ndege] (ma-); **~träger** *m* manowari ndege (–)
Fluktuation *f* kupanda na kushuka, kubadilikabadilika
Flunder *f* gaogao (ma-), wayo (ma-)
Fluor *n* florini
Flur *m* baraza (ma-)
Fluß *m* mto (mi-)
fluß|ab[wärts] kufuata mkondo wa mto; **~auf[wärts]** kupinga mkondo wa mto
Flußbett *n* ndani ya mto, lalio mto (ma-)
flüssig -a maji maji; *Stil* -a kupendeza
Flüssigkeit *f* majimaji *Pl*, kimiminiko (vi-)
Flußpferd *n* kiboko (vi-)
flüstern *tr* -nong'oneza; *intr* -nong'ona
Flut *f* maji kujaa | die ~ kommt maji yanajaa | *übertr* eine ~ von wingi wa;

~licht *n* taa za [kuangaza] uwanja wa michezo
Fohlen *n* mwana wa farasi (wana)
Folge *f Ergebnis* tokeo (ma-), tunda (ma-); *Reihe* mfuatano (mi-) | zur ~ haben -leta, -zusha, -fanya | ~ leisten *gehorchen* -tii *tr* | einer Einladung ~ leisten -itik[i]a mwaliko
folgen *intr gehorchen* -tii *tr*; *nachfolgen* -fuat[i]a *tr*
folgend -na-*rel*-fuat[i]a | am ~en Tag kesho yake | in der ~en Woche wiki ya kesho
folgern *tr* -hitimisha (*aus* kutoka katika)
Folgerung *f* hitimisho (ma-)
folglich 1. *Adj* hususa **2.** *Adv* hivyo
folgsam | ~es Kind mtoto mtii[fu]
Folie *f* jalibosi (ma-); *Plastik*~ karatasi ya plastiki
Folter *f* teso (ma-) | *übertr* jmdn. auf die ~ spannen -hamanisha mtu
Fön *m* kifaa cha kukaushia nywele
Fonds *m* mfuko (mi-)
Fontäne *f* chemchem ya kufoka
forcieren *tr* -harakisha
Förderband *n* kihawilishi (vi-), mkanda safirishi (mi-)
Förderer *m* mfadhili (wa-)
fordern *tr* -dai | wir ~ von ihm Geld tunamdai fedha
fördern *tr* -fadhilisha, -s[i]tawisha; *Bergb* -chimb[u]a
Förderturm *m Erdöl*~ mnara wa kutolea petroli
Forderung *f* dai (ma-)
Förderung *f Hilfe* msaada (mi-); *Bergb* uchimbaji
Forelle *f* trauti (–)
Form *f* umbo (ma-); *Back*~ legeni (–), kiokea mkate *od* keki (vi-); *Tech* kielelezo (vi-), kibombwe (vi-) | in ~ sein -wa katika hali nzuri
formal rasmi
Formalismus *m* urasimu
formalistisch -a kuzingatia urasimu
Formalität *f*, *meist* **~en** *Pl* shughuli (–)
Format *n Buchw* kipimo (vi-), saizi (–) | ~ haben -sifika
Formel *f Chemie*, *Math* fomyula (–)
formen *tr* -umba; *Tech* -finyanga
Former *m* mfinyanzi [wa chuma]
formieren, sich -zuka, -jitokeza
förmlich rasmi
formlos *ungeformt* -si-*rel* na umbile hususa; *ungezwungen* -si-*rel* rasmi *od* na urasimu
Formular *n* fomu (–)
formulieren *tr* -tunga
Formulierung *f* maneno *Pl*
forschen *intr* -chunguza, -tafiti (*nach etw.* kitu), -peleleza (*nach jmdm.* mtu)
Forscher *m* mchunguzi (wa-), mtafiti (wa-)
Forschung *f* uchunguzi; *Feld*~ utafiti
Forschungs|auftrag *m* kazi ya utafiti; **~institut** *n* taasisi ya uchunguzi; **~reise** *f* safari ya utafiti
Forst *m* msitu (mi-)
Förster *m* afisa misitu (ma-)
Försterei *f* nyumba ya afisa misitu
Forstwirtschaft *f* misitu *Pl*
Forsythie *f* mti wenye maua mengi ya njano uitwao forsythia
fort *weg* | sie sind ~ wameondoka, wamekwenda zao | in einem ~ mfululizo
fortfahren *intr abreisen* -ondoka; *fortsetzen* -endelea
fortgehen *intr* -enda [zangu *od* zako *usw.*]
Fortgeschrittene(r) *f*(*m*) aliyeendelea, mweledi (wa-)
fortlaufen *intr* -kimbia
fortlaufend [-a] mfululizo
fortpflanzen, sich *Biol* -zaliana; *Phys* -safiri
Fortpflanzung *f Biol* kuzaliana; *Phys* kusafiri
fortschicken *tr* -peleka; *per Post* -posti; *Person* -tuma
Fortschritt *m* maendeleo *Pl* | ~e machen -endelea, -piga hatua
fortschrittlich *Pol* -a kimaendeleo

fortsetzen *tr* -endelea na, -endeleza
Fortsetzung *f* mwendeleo (mi-) | ~ folgt -naendelea
Forum *n* kikundi (vi-)
Foto *n* picha (–); **~album** *n* albamu ya picha; **~amateur** *m* mpiga picha (wa-); **~apparat** *m* kamera (–), chombo cha kupigia picha; **~atelier** *n* studio (–)
fotogen -a kupendeza *od* kuvutia
Fotograf *m* mpiga picha (wa-)
Fotografie *f* picha (–), fotografia (–)
fotografieren *tr* -pig[i]a … picha; *intr* -piga picha
fotografisch -a fotografia, -a kupiga picha
Foto|kopie *f* nakala (–), picha (–); **~montage** *f* uunganishaji wa picha kadhaa
Fracht *f* mizigo *Pl*, shehena (–); **~brief** *m* hati ya mali; **~gebühr** *f* nauli (–), gharama za uchukuzi; **~gut** *n* ↑ **Fracht; ~schiff** *n* meli ya mizigo *od* shehena
Frack *m* vazi la kiume la tailcoat
Frage *f* swali (ma-); *Anfrage* ulizo (ma-); *Problem* jambo (mambo), suala (ma-) | ohne ~ bila shaka | eine ~ stellen -uliza swali | das kommt nicht in ~ haiwezekani; **~bogen** *m* hojaji (–), maswali dodoso
fragen *tr* -uliza; *aus~* -hoji, -dadisi | jmdn. um Rat ~ -taka shauri la mtu | nach etw. ~ -tafuta kitu; **sich ~** | sie ~ sich, ob … wana shaka kama … | es fragt sich, ob … si hakika kama …
Fragezeichen *n* alama ya kuuliza
fraglich -na-*rel*-husika, h-[-*rel*] h-[-*rel*], -le -le
Fragment *n* mabaki *Pl*
fragwürdig -a wasiwasi *od* shaka
Fraktion *f* kikundi (vi-)
frankieren *tr* -bandika … stempu
Frankreich Ufaransa
Franzose *m* Mfaransa (wa-)
französisch -a Kifaransa
Fräse *f* mashine ya kukwatulia
fräsen *tr Tech* -kwatua; *intr Tech* -kwatuka, -kwatuliwa
Frau *f Dame* mwanamke (wanawake); *Ehe~* mke (wa-); *Anrede* bi[bi] (ma-); **~en** *Pl* akina mama *Pl*
Frauen|arzt *m* daktari wa maradhi ya uzazi (ma-); **~bewegung** *f* mwenendo *od* umoja wa wanawake; **~krankheit** *f* maradhi ya uzazi
Fräulein *n* binti (ma-)
frech -a ufidhuli *od* ujeuri | ~e Person fidhuli (ma-), mjeuri (wa-)
Frechheit *f* ujeuri, utundu, ufidhuli, usafihi
frei *unabhängig* huru; *unbehindert* -si--*rel* na; *nicht besetzt* [-a] wazi; *ohne Entgelt* bure | ~ Haus liefern -peleka mpaka nyumbani | aus ~en Stücken kwa hiari
Freibad *n* bwawa la kuogelea [la nje]
freiberuflich -a kujitegemea
freigeben *tr Weg, Durchfahrt* -fungua, -ruhusu
freigebig -karimu | ~er Mensch *auch* karimu (ma-)
Freigepäck *n* uzito usiolipiwa
freihaben *intr umg* -wa na livu *od* likizo, *neg*-enda kazini
freihalten *tr bezahlen* -lipia … [gharama]
Freihandelszone *f* eneo msimotozwa ushuru
freihändig bila kutumia mikono
Freiheit *f* uhuru
freiheitlich -a kupenda uhuru
Freiheits|entzug *m* kifungo (vi-); **~kampf** *m* vita vya ukombozi; **~kämpfer** *m* mpigania uhuru (wa-)
Freikarte *f* tikiti isiyolipwa *od* ya hisani
freilassen *tr* -acha … huru, -komboa
Freilassung *f* kuacha *tr* huru, ukombozi
Freilicht|bühne *f* jukwaa la nje; **~kino** *n* sinema ya nje [ya aina ya Drive-In]
freimütig -a wazi, bila kuficha
freisprechen *tr* [-toa hukumu la]

kuachi[li]a huru (*von* kwa kutopatikana na hatia ya)
Freispruch *m* [hukumu la] kuachi[li]wa huru
freistellen *tr* -samehe *dopp tr* | sie stellen ihm frei zu kommen ni hiari yake kufika
Freistilschwimmen *n* kuogelea mtindo huru
Freistoß *m* pigo la adhabu | indirekter ~ pigo dogo la adhabu
Freitag *m* Ijumaa (–)
freitags [kila] Ijumaa
freiwillig -a kujitolea | etw. ~ tun -jitolea kufanya kitu
Frei|willige(r) *f(m)* mtu aliyejitolea; **~wurf** *m* mtupo wa adhabu
Freizeit *f* saa (–) baada ya kazi *od* vipindi; **~gestaltung** *f* shughuli (–) wakati wa mapumziko *od* baada ya kazi *od* vipindi
fremd *unbekannt* -geni; *ausländisch* -a kigeni; **~artig** -geni
Fremde(r) *f(m)* mgeni (wa-)
Fremden|führer *m* msindikizaji (wa-); gaidi (ma-); **~verkehr** *m* utalii
Fremdsprache *f* lugha ya kigeni
fremdsprachig -a lugha ya kigeni
Fremd|wort *n* neno la kigeni; **~wörterbuch** *n* kamusi ya maneno ya asili ya kigeni
Frequenz *f Häufigkeit* wingi; *Phys* marudio *Pl*
fressen *tr*, *intr* -la | zu ~ geben -lisha
Freude *f Vergnügen* furaha (–), uchangamfu | ~ haben an -ona furaha kwa | jmdm. eine ~ machen -furahisha mtu
freudig -a furaha, -changamfu
freuen, sich -furahi, -changamka (*über od an* kwa [sababu ya]; *auf* ku-) | sich über etw. freuen -furahia kitu
Freund(in) *m(f)* rafiki (ma-), mwenzi (wenzi) | mein(e) ~(e) (m)wenzangu; *Geliebte(r)* mchumba (wa-); *Liebhaber* mshabiki (wa-); *Anrede unter Frauen* shoga (ma-)
freundlich -pole, -a upole
Freundschaft *f* urafiki | ~ schließen -fanya urafiki
freundschaftlich -a kirafiki
Frevel *m* uhalifu
Frieden *m* amani (–); *Ruhe* utulivu, raha (–) | ~ schließen -patana | laß mich in ~! usinighasi
Friedens|politik *f* siasa ya amani; **~verhandlungen** *Pl* majadiliano ya kuleta amani; **~vertrag** *m* mkataba wa amani
Friedhof *m* makaburini
friedlich -a amani; *ruhig* -tulivu, -a raha
friedliebend -na-*rel*-penda amani
frieren *intr* -hisi baridi (*an* kwenye *od* -ni); *Wasser* -ganda
frisch 1. *Adj neu* -bichi, -pya; *kühl* safi, baridi; *gesund* -zima | ~es Brot mkate wa moto *od* uliookwa sasa hivi | sich ~ machen -jiburudisha **2.** *Adv* | ~ gestrichen rangi haijakauka
Frischhaltebeutel *m* mfuko wa plastiki wa kuhifadhia chakula
Friseur *m*, **Friseuse** *f* kinyozi (vi-); *Damen*~ msusi (wa-)
Frisiercreme *f* dawa ya nywele
frisieren *tr* -suka
Frisiersalon *m* kwa kinyozi (vi-), msuka nywele (wa-), saluni ya kutengeneza nywele
Frist *f* tarehe [ya mwisho]; *Aufschub* muda | eine ~ setzen -weka tarehe | die ~ ist abgelaufen muda umekwisha
fristgemäß kwa tarehe iliyopangwa
fristlos 1. *Adj* bila notisi **2.** *Adv* | jmdn. ~ entlassen -timua
Frisur *f* mtindo wa kunyoa nywele; *Damen*~ msuko [wa nywele]
froh -a *od* -enye furaha (*über* kwa); *heiter* -changamfu
fröhlich -a *od* -enye furaha | ~er Mensch bashashi (–), mchangamfu (wa-)
fromm -a utawa | ~er Mensch mtawa (wa-) | ~ sein -tawa

Front *f Mil* ms[i]tari wa mbele vitani
Frosch *m* chura (vyura); **~mann** *m* mpiga mbizi (wa-)
Frost *m* jalidi (–)
frösteln *intr* -ona baridi
Frostschaden *m* madhara ya baridi [kali]
Frottierhandtuch *n* taulo (–)
Frucht *f* tunda (mu-) *auch übertr* | Früchte tragen -zaa matunda
fruchtbar -a manufaa; *Boden* -enye rutuba | ~ sein -rutubika
Fruchtbarkeit *f* rutuba (–)
Fruchtsaft *m* maji ya matunda, jusi (–)
früh *zeitig* [-a] mapema; *morgens* -a asubuhi sana | von ~ bis spät mfululizo, kutwa nzima
Frühbeet *n* mahali pa kulelea mimea, naseri (–)
früher *zeitiger* mapema [zaidi]; *ehemalig* -a zamani | ~ oder später mtu akipenda asipopenda
frühest -a mapema yawezekanavyo
frühestens si kabla ya | er soll ~ morgen kommen asije kabla ya kesho
Frühgeburt *f* mtoto aliyezaliwa kabla ya wakati wake wa kawaida
Frühjahr *n* majira ya kuchipua
Frühjahrsbestellung *f* upandaji wakati wa majira ya kuchipua
Frühling *m* majira ya kuchipua | im ~ wakati wa majira ya kuchipua
Frühstück *n* kifunguakinywa (vi-), kiamshakinywa (vi-)
frühstücken *tr* [asubuhi] … -la; *intr* -fungua kinywa, -la chakula cha asubuhi, -staftahi
frühzeitig **1.** *Adj* -a haraka **2.** *Adv* mapema
Fuchs *m* mnyama wa aina ya mbweha; *Pferd* farasi mwekundu (–)
fügen, sich | er fügt sich dem Befehl anatii amri
fühlen *tr wahrnehmen* -tambua; *empfinden* -hisi, -sikia | jmdn. etw. ~ lassen -dhalilisha mtu kwa kitu; **sich ~** -jisikia, -jihisi (*als* kuwa)
Fühler *m Zool* papasio (ma-) *übertr* | die ~ ausstrecken -chukua hatua za awali
führen *tr Weg zeigen* -sindikiza; *leiten*, *befehligen* -ongoza, -tawala; *Prozeß* -endesha; *Konto*, *Waren* -wa na; *intr* -tangulia, -wa -a kwanza | der Weg führt nach … njia (barabara) inaelekea … | unsere Bemühungen werden zum Erfolg ~ tutafanikiwa katika shughuli zetu | das führt zu nichts [hii] haisaidii; **sich ~** *aufführen* -wa na adabu
führend -a kwanza *od* mbele, -na-*rel*-tangulia
Führer *m* kiongozi (vi-) **~schein** *m* leseni ya kuendesha
Führung *f* uongozi; *Wirtsch* menejimenti (–); *Museum* uelekezaji, usindikizaji | *Sport* in ~ gehen -pita -ingine na kuwa -a kwanza | *Sport* in ~ liegen -ongoza
Fuhrwerk *n* mkokoteni (mi-)
Fülle *f* | eine ~ von wingi wa, chungu nzima, tele
füllen *tr* -jaza; **sich ~** -jaa | sich den Bauch ~ shibisha tumbo | der Tank füllt sich mit Wasser tanki inajaa maji
Füllfederhalter *m* kalamu ya wino
Füllung *f Kochk* kijazo (vi-); *Zahn* mtovu (mi-)
Fund *m* kitu kilichookotwa
Fundament *n* msingi (mi-)
Fundbüro *n* mahali pa kuhifadhi vitu vilivyookotwa
fundiert -a msingi *od* maana
Fundort *m* mahali kitu kilipookotwa
fünf -tano
Fünf|kampf *m* mashindano ya michezo aina tano; **~tagewoche** *f* siku tano za kazi
fünft|er (~e, ~es) -a tano
fünfzehn kumi na tano
fünfzig hamsini
Funk *m* redio (–)
Funke *m*, **Funken** *m* cheche (–)
funkeln *intr* -memeteka, -ng'aa

funken *tr* -peleka ... kwa simu ya upepo; *intr* -peleka simu ya upepo
Funken *m* = **Funke**
Funker *m* opereta wa simu ya upepo (ma-)
Funkspruch *m* simu ya upepo
Funktion *f* *Tätigkeit* kazi (–), shughuli (–); *Amt* wadhifa (nyadhifa), daraka (ma-) | eine ~ ausüben -shika wadhifa *od* daraka
Funktionär *m* kada (ma-), kiongozi (vi-)
funktionieren *intr* -fanya kazi
Funk|verbindung *f* mawasiliano ya simu ya upepo; **~wagen** *m* gari lenye simu ya upepo
für *zum Nutzen von* kwa | sie kocht ~ die Kinder Essen (näht ~ den Jungen die Hosen) anawapikia watoto chakula (anamshonea mvulana suruali); *anstelle von* badala ya | ~ ihn badala yake | Minister ~ Gesundheitswesen Waziri wa Afya (ma-)
Furche *f* *Landw* mfuo (mi-)
Furcht *f* hofu (–) (*vor* ya)
furchtbar *übertr* -baya, -a kush[i]tusha
fürchten *tr* -wa *od* -patwa na hofu ya | jmdn. ~ -hofia mtu | etw. ~ -ogopea kitu; *intr* -hofu, -ogopa; **sich** ~ -wa na hofu (*vor jmdm. od etw.* ya mtu *od* kitu)
fürchterlich = **furchtbar**
furchtlos -si-*rel*-ogopa, shujaa
furchtsam -a *od* -enye hofu, -na-*rel*-ogopa | ~er Mensch mwoga (wa-)
füreinander -moja kwa -ingine | ~ eintreten -teteana
Furnier *n* plaiwudi (–)
Fürsorge *f* utunzaji
Fürsprache *f* kusemea *tr*, utetezi
Fürsprecher *m* mfadhili (wa-), mtetezi (wa-)
Fürst *m* mtemi (wa-), m[u]twa (wa-)
Furt *f* kivuko (vi-)
Furunkel *m* jipu (ma-)
Fuß *m* mguu (mi-); *Bett* tendegu[u] (ma-); *Längenmaß* futi (–) | am ~e des Berges chini ya mlima | zu ~ kwa miguu | auf eigenen Füßen stehen -jitegemea | auf freien ~ setzen -acha huru; **~bad** *n* kuosha miguu
Fußball *m* mpira (mi-) | ~ spielen -cheza mpira [wa miguu] *od* soka *od* kandanda; **~spiel** *n* mchezo wa mpira [wa miguu] *od* soka *od* kandanda; **~spieler** *m* mchezaji (wa-), mcheza mpira *od* kandanda (wa-)
Fußbank *f* kibago (vi-), stuli (–)
Fußboden *m* sakafu (–); **~belag** *m* kifunika sakafu (vi-)
Fuß|bremse *f* breki ya mguu; **~gänger** *m* [mtu] aendaye kwa miguu (waendao), mwenda kwa miguu (wa-); **~note** *f* tanbihi (–); **~pflege** *f* kutunza miguu; **~tritt** *m* teke (ma-); **~weg** *m* njia ya waendao kwa miguu
Futter *n* *Tiernahrung* chakula (vyakula) | ~ geben -lisha; *Textil* bitana (–); **~mittel** *n* = **Futter**
füttern *tr* *Kleinkind*, *Tier* -lisha; *Textil* -shonea ... *od* -tia bitana katika
Fütterung *f* kulisha *tr*
Futur *n* wakati ujao

G

Gabel *f* uma (nyuma)
gabeln, sich -achana
Gabelstapler *m* foko (ma- *od* –), fokilifti (ma- *od* –)
Gabun Gabon (–)
gackern *intr* -lia, -tetea
Gage *f* *Theat* mrabaha (mi-)
gähnen *intr* -piga miayo
Galago *m* *Zool* komba (–)
galant -na-*rel*-jipendekeza kwa *od* -bembeleza wanawake
Galerie *f* *Kunst* maonyesho ya michoro
Gallen|blase *f* kibofu cha nyongo;

~flüssigkeit *f* nyongo (–); **~stein** *m Med, meist* **~e** *Pl* kijiwe (vi-) katika kibofu cha nyongo
Galopp *m* [mwendo wa] shoti | im ~ kwa kwenda shoti
galoppieren *intr* -enda shoti
Gambia Gambia (–)
Gang *m Gehart* mwendo (mi-); *Ablauf* maendeleo *Pl*, mtiririko (mi-); *Speisenfolge* mlo (mi-); *Arch* ujia (njia); *Tech* mwendo (mi-), gia (–) *auch Kfz* | in ~ setzen -tia moto, -stati, -washa
gängig -na-*rel*-tumika [sana]
Gangway *f* ngazi ya kupandia *od* kushukia
Gans *f* batabukini (–)
Gänse|blümchen *n* mmea mfupi wenye uua leupe dogo uitwao daisy; **~braten** *m* [nyama ya] batabukini ya kukaanga
ganz 1. *Adj gesamt* kamili, -te; *unversehrt* -zima | die ~e Nacht usiku kucha | der ~e Tag kutwa nzima *od* kucha **2.** *Adv völlig* kabisa; *ziemlich* sana, kiasi | ~ gut safi sana, barábara | ~ recht! hewalla | ~ und gar (nicht) hasa (hata kidogo) | ~ naß sein -lowa chapchap
gänzlich kamili, -te
Ganztagsschule *f* shule ya kutwa nzima
gar 1. *Adj präd weichgekocht* -li-*rel*-iva **2.** *Adv* | ~ nicht hata kidogo | ~ nichts sagen *neg*-sema lo lote | ~ keiner si mtu ye yote
Garage *f* banda la kuwekea gari
Garantie *f* amana (–)
garantieren *tr* -hakikishia, -thibitisha
Garantieschein *m* hati ya amana
Garbe *f* mganda (mi-), tita (ma-)
Garderobe *f Kleidung* mavazi *Pl*, nguo *Pl*; *Kleiderablage* mahali pa kutundikia nguo
Garderoben|frau *f* mpokea mavazi (wa-); **~marke** *f* kipande cha kuhifadhia mavazi *od* nguo; **~ständer** *m* mahali pa kutundikia mavazi *od* nguo
Gardine *f* pazia (ma-)
gären *intr in Gärung sein* -chachuka; *übertr* -ghasika, -chafuka
Garn *n* uzi (nyuzi)
Garnele *f* kamba (–)
garnieren *tr* -pamba
Garnitur *f Zusammenstellung* seti (–); *Bekleidung* nguo (–)
Garten *m* bustani (–); *Obst~* kiunga (vi-), shamba la miti
Gartenbau *m* kilimo cha bustani, upandaji wa mimea bustanini; **~ausstellung** *f* maonyesho ya mboga, matunda na maua
Gartenlokal *n* baa (ma-)
Gärtner *m* mkulimabustani (wa-); *umg* shambaboi (–)
Gärtnerei *f* bustani (–)
Gärung *f* uchachukaji
Gas *n* gesi (–) | *Kfz* ~ geben -pandisha mafuta; **~anzünder** *m* kiwashio cha gesi
gasförmig -a gesi
Gas|heizung *f* kipashio moto cha gesi; **~herd** *m* jiko la gesi; **~leitung** *f* bomba la gesi; **~maske** *f* chombo cha kuzuia gesi, gubisi la gesi; **~ofen** *m* jiko la gesi; **~pedal** *n* kikanyagio cha petroli
Gasse *f* kichochoro (vi-), uchochoro (ma-)
Gast *m* mgeni (wa-) | *Theat* als ~ kama mgeni | wir haben Gäste tumetembelewa na *od* tuna wageni; **~dirigent** *m* kiongozi mgeni wa okestra
Gäste|buch *n* kitabu cha wageni; **~haus** *n* nyumba ya kulala wageni; **~zimmer** *n* chumba cha kulala wageni
gastfreundlich -karimu
Gastfreundschaft *f* ukarimu
gastgebend | ~e Mannschaft timu ya nyumbani
Gast|geber *m* mwenyeji (wenyeji); **~haus** *n* = **Hotel**; *Gaststätte* mga-

hawa (mi-), baa (–); **~hörer** *m* msikilizaji (wa-)

gastieren *intr* -wa[-mo *od* -po *od* -ko]

Gastprofessor *m* Profesa mgeni (ma-)

Gastritis *f* uvimbeuchungu wa tumboni

Gastronomie *f* biashara ya migahawa, hoteli na baa

gastronomisch -na-*rel*-husu chakula *od* mlo hotelini *od* kwenye mgahawa *od* baa

Gastspiel *n* kucheza ugenini; **~reise** *f* ziara kwa ajili ya kucheza ugenini (–)

Gast|stätte *f* mgahawa (mi-), baa (–); **~wirt** *m* mwenye mgahawa *od* baa (wenye)

Gas|werk *n* mtambo wa [kutolea] gesi; **~zähler** *m* mita [ya gesi]

Gatte *m* mume (wa-)

Gattin *f* mke (wa-)

Gattung *f Bot* namna (–), aina (–); *Zool* jamii (–)

Gaumen *m* kaakaa (ma-)

Gauner *m* ayari (–), laghai (–), mdanganyifu (wa-)

Gaze *f* shashi (–)

Gazelle *f* swala (–)

Gebäck *n* biskuti (–)

gebacken -li-*rel*-okwa

Gebärde *f* ishara (–)

gebären *tr* -zaa

Gebärmutter *f* mfuko wa uzazi

Gebäude *n* jengo (ma-); **~verwaltung** *f* msajili wa nyumba

geben *tr* -toa, -pa *dopp tr* | es gibt … kuna, pana, mna … | viel darum ~, daß … -thamini ikiwa | *unpers* was gibt es? nini habari?, kuna *od* kumezidi nini? | *Theat* was wird heute gegeben? wataonyesha igizo gani? | sein Wort ~ -ahidi | seine Stimme ~ für … -pigia … kura | sein Bestes ~ -jitahidi sana; *refl* | von sich ~ -tapika | sich zu erkennen ~ -jitambulisha, -jifahamisha | das gibt sich mit der Zeit itatulia tena

Gebet *n* dua (–), s[w]ala (–) | ein ~ verrichten -omba sala *od* dua

Gebiet *n* eneo (ma-), sehemu (–); *Fach~* fani (–), somo (ma-)

gebildet -li-*rel*-soma [sana]; *kultiviert* -li-*rel*-staarabika | ~er Mensch msomi (wa-)

Gebirge *n* milima *Pl*

gebirgig -enye milima

Gebirgszug *m* [safu ya] milima

Gebiß *n* meno *Pl*; *künstliche Zähne* meno ya bandia

geblümt -enye maua

geboren 1. *Part Perf* | ich bin am … in … ~ nimezaliwa tarehe … katika … *od* … -ni **2.** *Adj* | er ist ein ~er Redner yeye ni mzungumzaji *od* msemaji hodari

Gebot *n Rel* Amri (–)

gebraten -li-*rel*-kaangwa

Gebrauch *m* matumizi *Pl* | ~ machen von -tumia

gebrauchen *tr benötigen* -hitaji, -taka; *verwenden* -tumia

gebräuchlich -a kawaida

Gebrauchsanweisung *f* matumizi *Pl*

gebrechlich dhaifu, -nyonge

gebrochen *Adv* | ~ Deutsch sprechen -zungumza Kijerumani kwa shida

Gebrüll *n* kelele (ma- *od* –), milio *Pl*

Gebühr *f Betrag* ada (–); *Schul~* karo (–) | über ~ kupita kiasi

gebührend -na-*rel*-stahili *od* -paswa

gebühren|frei -si-*rel*-tozwa ada *od* kodi; **~pflichtig** -na-*rel*-tozwa ada *od* kodi

Geburt *f* uzazi, kuzaliwa | von ~ an tangu kuzaliwa; *Ursprung* chimbuko (ma-)

gebürtig *Person* mza[li]wa (wa-)

Geburts|haus *n* nyumba ya kuzaliwa; **~jahr** *n* mwaka wa kuzaliwa; **~ort** *m* mahali pa kuzaliwa

Geburtstag *m* siku ya kuzaliwa | heute hat er ~ leo ni siku yake ya kuzaliwa

Geburtsurkunde *f* hati ya kuzaliwa

Gebüsch *n* vichaka *Pl*

Gecko *m* mjusi (mi-)
Gedächtnis *n* *Erinnerungsvermögen* fahamu (–), akili (–); *Gedenken* kumbukumbu (–) | zum ~ an kwa kukumbuka | im ~ behalten -tia moyoni | ein kurzes ~ haben -wa msahaulifu
gedämpft *Stimmen* -a chini; *Licht* hafifu
Gedanke *m* wazo (ma-), fik[i]ra (–) (*an* la *od* ya) | er macht sich ~n über den Studenten mwanafunzi anamfikirisha
gedankenlos bila kufikiri
Gedankenstrich *m* kistari kirefu
Gedeck *n* *Speise* menyu (–)
gedeihen *intr* *Pflanze*, *übertr* -s[i]tawi
gedenken *intr* *sich erinnern* -kumbuka *tr*; *beabsichtigen* -tarajia, -tazamia, -dhamiria
Gedenk|stätte *f* [mahali pa] makumbusho; **~tafel** *f* bati la kukumbuka *tr*
Gedicht *n* shairi (ma-)
Gedränge *n* msongamano (mi-), kubanana
gedrängt *zusammengefaßt* -fupi, -a kifupisho, kwa kifupi *od* ufupi
Geduld *f* subira (–), uvumilivu | ~ haben mit -vumilia, -wa na subira | die ~ verlieren -papatika
gedulden, sich -subiri
geduldig -enye subira | ~e Person mstahamilivu (wa-), mvumilivu (wa-)
gedünstet -li-*rel*-pikwa kwa mvuke
geeignet -na-*rel*-faa (*für* kwa)
Gefahr *f* hatari (–) | außer ~ sein -wa[-po *od* -ko] salama; *Med* -nusurika
gefährden *tr* -hatarisha, -ponza
gefährlich -a hatari
gefahrlos -si-*rel* na hatari
Gefälle *n* mteremko (mi-)
gefallen *intr* -pendeza *tr*, -ona raha | sich etw. ~ lassen -vumilia
[1]**Gefallen** *m* *Gefälligkeit* | jmdm. einen ~ tun -saidia mtu
[2]**Gefallen** *n* | ~ finden an -vutiwa *od* -pendezwa na
gefällig *hilfreich* -na-*rel*-saidia; *ansprechend* -a kuvutia *od* kupendeza
Gefälligkeit *f* msaada (mi-) | jmdn. um eine ~ bitten -omba msaada wa mtu
gefälscht -a bandia
Gefangener *m* *Jur* mfungwa (wa-); *Mil* mfungwa wa vita
Gefangenschaft *f* *Mil* kufungwa
Gefängnis *n* jela (–), gereza (ma-); *Sansibar* Chuo cha Mafunzo | ins ~ werfen -tia *od* -funga ndani; **~strafe** *f* kifungo (vi-)
gefärbt -li-*rel*-tiwa *od* -pakwa *od* -a rangi
Gefäß *n* chombo (vyombo)
gefaßt *Part Perf* -li-*rel*-jikaza (*auf* ku-) | sich ~ machen auf -jikaza *od* -jiandaa ku-
Gefecht *n* mapigano *Pl*
Geflügel *n* kuku (–); **~farm** *f* shamba la kuku; **~zucht** *f* ufugaji wa kuku, ufugajindege
gefräßig | ~er Mensch mlafi (wa-) | ~es Tier mnyama mlafi
Gefreiter *m* koplo (ma-)
gefrieren *intr* -ganda [kwa baridi]
Gefrier|fleisch *n* nyama barafu (–); **~punkt** *m* kiwango cha kuganda
Gefühl *n* hisi (–)
gefühllos -si-*rel* na huruma
gefüllt -li-*rel*-jaa | mit Wasser ~ -li-*rel*-jaa maji
gefüttert *Textil* -enye bitana
gegen *Präp räumlich* kuelekea | der Wagen fuhr ~ einen Baum gari liligonga mti; *zeitlich* | ~ zehn Uhr saa nne hivi ; *entgegen* kinyume cha, kupinga, dhidi ya | ~ etw. sein -pinga
Gegen- *in Zus* -a upande mwingine
Gegend *f* mazingira *Pl*, eneo (ma-)
gegeneinander | sie kämpften ~ walipigana
Gegenlichtaufnahme *f* picha ambapo jua linaikabili kamera
Gegensatz *m* mfarakano (mi-), to-

fauti (–) (*zwischen* kati ya) | im ~ zu kinyume cha
gegensätzlich -na-*rel*-farakana *od* -hitilafiana *od* -tofautiana [kabisa]
gegenseitig | sie helfen (besuchen) sich ~ wanasaidiana (wanatembeleana)
Gegenseitigkeit *f* | das beruht auf ~ imeoana *od* -husiana
Gegenstand *m* kitu (vi-); *Fach* somo (ma-); *Thema* mada (–)
Gegenteil *n* kinyume *Sg* | im ~ kinyume chake
gegenteilig tofauti, -na-*rel*-hitilafiana *od* -tofautiana *od* -farakana
gegenüber kwa kutazamana *od* kukabiliana (*von* na); *Vergleich* kwa kulinganisha na; *Beziehung* na
gegenüberliegen *intr* -tazamana (*von* na), -wa[-mo *od* -po *od* -ko] mkabala (*von* wa)
gegenüberliegend -na-*rel*-tazamana | ~es Ufer ng'ambo ya mto *od* bahari
gegenüberstehen *intr* -kabili *tr*
gegenüberstellen *tr* -kabilisha; *vergleichen* -linganisha
Gegen|verkehr *m* magari yanayokuja; **~vorschlag** *m* pendekezo lingine *od* la kupinga
Gegenwart *f* *Jetztzeit* wakati huu, sasa; *Anwesenheit* mahudhurio *Pl*; *Gramm* wakati uliopo
gegenwärtig **1.** *Adj* -a kisasa **2.** *Adv* sasa
Gegenwartsliteratur *f* fasihi ya kisasa *od* siku hizi
Gegenwind *m* upepo wa mpisho
Gegner *m* *Feind* adui (ma-); *Rivale* mshindani (wa-); *Widersacher* mpinzani (wa-)
[1]**Gehalt** *m* *Inhalt* | ~ an Vitaminen vitamini zilizomo [ndani]
[2]**Gehalt** *n* *Arbeitsverdienst* mshahara (mi-), ujira
gehässig -a chuki *od* fitina (*gegen* juu ya)
Gehäuse *n* gome (ma-), gamba (ma-); *Tech* bodi (–), mwili (mi-)
Gehege *n* ua (nyua), zizi (ma-)
geheim -a siri
geheimhalten *tr* -ficha
Geheimnis *n* siri (–)
geheimnisvoll *fremd* -geni; *seltsam* -a ajabu
gehen *intr* *laufen*, *funktionieren* -enda; *kündigen* -acha kazi; *umg* *Verk* *abfahren* -ondoka | *unpers* es geht hivi hivi | auf Mitternacht ~ -karibia usiku wa manane | es geht darum, daß ... maana yake hasa ni ... | so geht es nicht [hii] si sawa | wie geht es Ihnen? waonaje? u hali gani? | mir geht es gut (schlecht) najisikia vema (vibaya *od* naumwa) | der Schuß ging über das Tor shuti lilipaa juu ya goli
gehenlassen, sich *nachlässig sein* -legea, -wa -legevu
Geher *m* *Sport* mshindanaji wa mashindano ya mwendo wa kukazana
Gehilfe *m* msaidizi (wa-)
Gehirn *n* bongo (ma-), ubongo (bongo); **~erschütterung** *f* ubongo kush[i]tushwa
Gehöft *n* kaya (–), kiambo (vi-)
Gehölz *n* kichaka (vi-), kituka (vi-)
Gehör *n* usikivu
gehorchen *intr* -tii *tr*, -fuata amri
gehören *intr* *im Besitz sein* | das Buch gehört dem Kind (ihm) ni kitabu cha mtoto (chake); *dazugehören* -jiunga (*zu* na) | es gehört sich nicht *schickt sich nicht* haifai, haistahili | das gehört nicht hierher si mahali pake hapa | wie es sich gehört inavyostahili
gehörig *Adv* *kräftig* sana
gehörlos si-*rel*-weza kusikia
Gehörlose(r) *f*(*m*) kiziwi (vi-)
gehorsam *Person* mtii[fu] (wa-)
Gehorsam *m* utii
Geier *m* tumbusi (–), tai-mzoga (–), mangisi (–)
Geige *f* fidla (–) | ~ spielen -piga fidla
Geiger *m* mpiga fidla (wa-)

Geigerzähler *m* kihesabio cha Geiger
Geisel *f* nyara (–) | jmdn. als ~ nehmen -teka mtu nyara
Geist *m Verstand* akili (–), kipaji (vi-); *Gespenst* pepo (–), zimwi (ma-) | Heiliger ~ Roho Mtakatifu
geistesabwesend -li-*rel*-chukuliwa na chechele
Geistesgegenwart *f* mwitikio [wa haraka]
geisteskrank -enye ugonjwa wa akili *od* kichaa *od* wazimu
geistig -a kiakili; *Getränk* -na-*rel*-levya
geistlich -a kiroho
Geistlicher *m Pfarrer* mchungaji (wa-); *Pater* padri (ma-); *muslimischer* ~ shehe (ma-)
geist|los -pumbavu, -tupu, -si-*rel* na maana; **~reich** -enye busara *od* hekima *od* akili
Geiz *m* ubahili
geizen *intr* -wa bahili (*mit* wa ku-)
geizig -bahili
gekocht -li-*rel*-pikwa
gekünstelt -geni, -si-*rel* -a kawaida
Gelächter *n* vicheko *Pl*, cheko (ma-)
gelähmt -li-*rel*-lemaa, -enye ulemavu
Gelände *n* eneo (ma-)
geländegängig *Fahrzeug* -na-*rel*-weza kupita pote
Geländelauf *m* mbio za viungani
Geländer *n Treppen*~ kishikio cha ngazi; *Brüstung* safuvigingi (–)
gelassen *Part Perf* | etw. ~ hinnehmen -jikaza kuvumilia kitu
Gelassenheit *f* ubaridi, utulivu, uvumilivu
geläufig -na-*rel*-julikana
gelb -a manjano
Gelb|fieber *n* homa ya manjano; **~filter** *m od n* kichuja cha manjano
gelblich -a manjano manjano
Gelbsucht *f* homa ya nyongo
Geld *n* pesa (–), fedha (–); *umg* hela (–), noti (–); **~strafe** *f* faini (–); **~wechsel** *m* kubadilisha fedha
gelegen | das Haus ist im Tal ~ nyumba iko bondeni | sein Feld war am Fluß ~ shamba lake lilikuwa[po] karibu na mto | das kommt mir sehr ~ haya yana *od* ni nafuu kwangu
Gelegenheit *f* nafasi (–), fursa (–), wasaa | eine günstige ~ nafasi nzuri | bei dieser ~ safari hii
gelegentlich **1.** *Adj* -a mara kwa mara **2.** *Adv* pengine
Gelehrter *m* mtaalam[u] (wa-)
Gelenk *n Anat*, *Tech* kiungo (vi-)
gelenkig -epesi; *biegsam* -a kupinduka
Geliebte(r) *f*(*m*) mpenzi (wa-)
gelieren *intr* -ganda
gelingen *intr unpers* | es ist ihm gelungen zu … amefanikiwa ku- …
geloben *tr* -ahidi
gelten *intr Gültigkeit haben* -tumika; *betreffen* -husu; *angesehen werden* -angaliwa, -chukuliwa (*als* kuwa) | das gilt nicht haina maana *od* uzito
Geltung *f* | zur ~ kommen -jitokeza, -onekana
Geltungsbedürfnis *n* hamu ya *od* utashi wa kujitukuza
Gemälde *n* mchoro (mi-); **~galerie** *f* maonyesho ya michoro
gemäßigt *Klima* -a vuguvugu
gemein *niedrig* -chafu, -a kishenzi | ~er Kerl mkorofi (wa-), mpujufu (wa-) | *Math* ein ~er Bruch sehemu sahili (–)
Gemeinde *f Verw* kijiji (vi-); *Rel* parokia (–), parishi (–); usharika
Gemeinheit *f* fitina (–), ubaya
gemeinsam **1.** *Adj* -a pamoja **2.** *Adv zusammen* kwa pamoja
gemeinschaftlich -a ushirika, -a pamoja
Gemeinschaftsarbeit *f* kazi ya bega kwa bega
Gemse *f* mbuzimawe aishiye Ulaya
Gemüse *n* mboga (–); **~anbau** *m* ustawishaji wa mboga; **~konserve** *f* mboga ya kopo
gemustert -enye marembo

Gemüt *n* moyo (mi- *od* –), roho (–), akili (–)
gemütlich *Mensch* -changamfu, -kunjufu; *Wohnung* -a kuvutia *od* kupendeza *od* raha
Gemütlichkeit *f* raha (–)
genau 1. *Adj richtig* sahihi; *sorgfältig* barábara, kamili, -a ndani | auf die Minute ~ wakati upasavyo **2.** *Adv* | es ist ~ 9 Uhr ni saa tatu kamili *od* juu ya alama | etw. ~ nehmen -zingatia kitu
Genauigkeit *f* ukamilifu, undani
genauso | ~ schön sein wie … -wa na uzuri huu huu *od* huo huo *od* ule ule kama …
genehmigen *tr* -idhinisha, -ruhusu
Genehmigung *f* idhini (–) (*zu* ya ku-)
genehmigungspflichtig -na-*rel*-takiwa kuidhinishwa
geneigt *Part Perf* -enye mtelemko *od* mteremko | (nicht) ~ sein zu (*neg*)-elekea ku-
General *m* jenerali (ma-)
General- *in Zus* -kuu
General|probe *f Theat* jaribio la mwisho [kabla ya igizo kuonyeshwa hadharani]; **~sekretär** *m* katibu mkuu (ma-); **~streik** *m* mgomo mkuu
Generation *f* kizazi (vi-)
generell -a *od* kwa [u]jumla
genesen *intr* | von der Krankheit ~ -pona ugonjwa
Genesung *f* kupona *tr* | ~ von einer Krankheit kupona ugonjwa
Genesungskur *f* likizo ya ugonjwa
genial -enye akili *od* kipaji, bora
Genick *n* kikosi (vi-) | sich das ~ brechen -vunja kikosi
Genie *n Begabung* kipaji (vi-); *begabter Mensch* msomi (wa-), bingwa (ma-)
genieren, sich -fikwa na aibu, -aibika
genießbar *eßbar* -a kulika *od* kuliwa
genießen *tr übertr sich erfreuen an* -furahia | Vertrauen ~ -aminika | das Essen ist nicht zu ~ chakula hakiliki
Genitalien *n/Pl* sehemu za siri *od* uzazi, viungo vya uzazi
Genitiv *m* uhusika wa umilikaji *od* genitive
genormt -a kufuatana na kiwango kilichowekwa; *Sprache* sanifu, -li-*rel*-sanifishwa
Genosse *m* ndugu (–), komredi (ma-)
Genossenschaft *f* chama cha ushirika
genossenschaftlich -a ushirika
genug -a kutosha | das ist ~ inatosha | ~! basi
genügen *intr* -tosha *tr* | das genügt inatosha
genügend -a kutosha
Genugtuung *f Befriedigung* radhi (–) (*über* ya *od* kwa ajili ya)
Genuß *m* furaha (–); *Speise* kula *tr*; **~mittel** *n*, *meist Pl* vinywaji, vileo na sigara, uraibu
Geograph *m* mjiografia (wa-)
Geographie *f* jiografia (–)
geographisch -a kijiografia
Geologe *m* mjiolojia (wa-)
Geologie *f* jiolojia (–)
geologisch -a kijiolojia
Geometrie *f* jometri (–)
geometrisch -a kijometri
Geophysik *f* j[i]ofizikia (–)
geophysikalisch -a kij[i]ofizikia
Gepäck *n* mizigo *Pl*; **~aufbewahrung** *f* mahali pa kuhifadhia mizigo; **~automat** *m* boksi ya kuhifadhia mizigo; **~netz** *n* chanja (–); **~schein** *m* tikiti ya mizigo; **~stück** *n* mzigo (mi-); **~träger** *m* mpagazi (wa-), hamali (ma-); *Rad* kibao cha nyuma
Gepard *m* duma (–)
gepflegt nadhifu, -li-*rel*-staarabika
gerade 1. *Adj* -li-*rel*-nyoka, -nyofu, sawa | *Math* ~ Zahl namba shufwa **2.** *Adv eben* hivi sasa, sasa hivi, mara moja | ~ gegenüber kwa kutazamana

barábara | ~ heute hasa leo | nun ~ hata hivyo | ~ er yeye ndiye
geradeaus moja kwa moja
geradebiegen *tr* -nyosha; *bereinigen* -sahihisha, -rekebisha
Geranie *f* mmea ambao maua yake yanafanana na yale ya mzingifuri na kuitwa geranium
Gerät *n* kifaa (vi-)
geraten *intr hineinkommen* -pata kuingia *od* kuhusishwa (*in* katika *od* na) | der Braten ist gut ~ nyama imeiva | der Kuchen ist gut ~ keki imechomeka vizuri
Geräteschnur *f* kebo (–)
Gerät[e]turnen *n* mazoezi ya kutumia vifaa
Geratewohl *n* | aufs ~ bila lengo *od* shabaha
geräuchert -li-*rel*-kaushwa kwa moshi
geräumig -kubwa, -pana, -enye nafasi
Geräusch *n* sauti (–)
geräuschlos bila ya sauti
gerben *tr* -dabighi
gerecht halali, -a haki | allen Anforderungen ~ werden -timiza masharti yote
Gerechtigkeit *f* haki (–)
gereizt -a mvutano
Gericht *n Speise* mlo (mi-); *Jur* mahakama (–), korti (ma-)
gerichtlich -a kisheria
Gerichtsverhandlung *f* [kusikiliza] kesi (–)
gerieben *Semmel*, *Käse* -li-*rel*-sagwa
gering *klein* -dogo; *minderwertig* hafifu | nicht im ~sten hata kidogo; **~fügig** -dogo; **~schätzig** -enye dharau, -a kudharau
gerinnen *intr* -ganda
germanisch -a Kigermanik
Germanist *m* mtaalam[u] wa lugha za Kigermanik na fasihi zake
Germanistik *f* taaluma ya lugha za Kigermanik na fasihi zake
gern kwa furaha *od* moyo mkunjufu | nicht ~ etw. tun *neg*-penda kufanya kitu | das ist ~ geschehen karibu[ni] tena | ~ haben -penda | ich möchte ~ ... n[in]apenda ...
Geröll *n* takataka (–)
geröstet -a kuchoma, -li-*rel*-chomwa | ~es Brot tosti (–)
Gerste *f* shayiri (–)
Geruch *m Duft* harufu nzuri; *Gestank* harufu mbaya; *Empfindung* hisi ya kunusa
Gerücht *n* uvumi | ein ~ in die Welt setzen -zua uvumi
Gerümpel *n* vitu vikuukuu
Gerüst *n* jukwaa (ma-)
gesamt -zima, -te; *vollständig* kamili
Gesamtausgabe *f* diwani (–)
Gesandter *m Pol* mjumbe (wa-)
Gesandtschaft *f Pol* ujumbe
Gesang *m* uimbaji; *Vogel~* mlio (mi-)
Gesäß *n* tako (ma-), *meist* matako
Geschäft *n geschäftliche Unternehmung* biashara (–) | ein ~ machen -faidika; *Laden* duka (ma-) | ein großes (kleines) ~ verrichten -enda haja kubwa (ndogo)
geschäftig *rührig* -a pilikapilika
geschäftlich *Handels-* -a kibiashara; *dienstlich* -a kikazi
Geschäftsschluß *m* kufunga *tr*
geschehen *intr* -tokea, -tukia
gescheit -enye akili *od* kipaji
Geschenk *n* zawadi (–) | jmdm. etw. zum ~ machen -zawadia mtu kitu; **~packung** *f* kasha la *od* boksi ya mapambo
Geschichte *f Wissenschaft* historia (–); *Erzählung* hadithi (–), kisa (vi-); *Ereignis* tukio (ma-)
geschichtlich -a kihistoria
Geschick *n Geschicklichkeit* ustadi, welekevu; *Schicksal* amri ya *od* hukumu la Mungu
Geschicklichkeit *f* ustadi, ufundi
geschickt *gewandt* stadi, bora
geschieden *Jur* -li-*rel*-talikiwa
Geschirr *n* vyombo *Pl*; **~tuch** *n* kitambaa cha kukaushia vyombo

Geschlecht *n Biol* uke *od* uume; *Gramm* aina (–)
geschlechtlich -a kujamiana
Geschlechts|krankheit *f* ugonjwa wa zinaa; **~reife** *f* ubale[g]he; **~teile** *n/Pl* viungo vya uzazi; **~verkehr** *m* kujamiana; *umg* kutomba
geschliffen *scharf* -li-*rel*-tiwa ukali, -kali; *poliert* -li-*rel*-ng'arishwa
Geschmack *m Aroma* ladha (–); *Geschmackssinn* hisi ya kuonja; *Schönheitssinn* umaridadi | sie hat einen guten ~ amevaa maridadi
geschmack|los -si-*rel* na ladha; *übertr* -potofu; **~voll** -zuri, -a kuvutia
geschmort -li-*rel*-tokoswa
Geschoß *n Kugel* risasi (–); *Stockwerk* ghorofa (–)
Geschrei *n* [ma]kelele *Pl*
Geschütz *n* mzinga (mi-)
Geschwätz *n Unsinn* upuuzi; *Geplapper* soga (ma-)
geschweige | ~ denn sembuse
Geschwindigkeit *f* kasi (–) | mit hoher ~ kwa mwendo mkali
Geschwister *Pl* kaka na dada, ndugu *Pl*
geschwollen -li-*rel*-vimba
Geschwulst *f Med* uvimbe
Geschwür *n Med* donda ndugu (ma-), banguzi (ma-)
Geselle *m Freund* rafiki (ma-); *Handwerks*~ fundi kijana (mafundi vijana)
gesellig | ~er Mensch mpenda watu (wa-) | ~es Beisammensein tafrija (–)
Geselligkeit *f* tafrija (–), burdani ( )
Gesellschaft *f* jamii (–); *Vereinigung* jumuiya (–), umoja; *Umgang* marafiki *Pl* | ~ mit beschränkter Haftung kampuni yenye dhima ya kikomo | jmdm. ~ leisten -sindikiza mtu
gesellschaftlich -a kijamii
Gesellschafts|ordnung *f* mfumo wa [ki]jamii; **~spiel** *n* mchezo (mi-); **~wissenschaften** *Pl* sayansi za jamii
Gesetz *n* sheria (–); *Grundsatz* kanuni (–) | ein ~ erlassen -idhinisha sheria itumike | gegen das ~ verstoßen -kiuka sheria | ein ~ verabschieden -pitisha sheria; **~blatt** *n* gazeti la Serikali; **~buch** *n* [kitabu cha] sheria (–)
Gesetz|entwurf *m* muswada wa sheria; **~gebung** *f* kutunga sheria
gesetzlich -a kisheria; *rechtmäßig* halali
gesetzt 1. *Adj besonnen* taratibu | ein Mann ~en Alters mtu wa makamo **2.** *Konj* | ~ den Fall, daß … mradi tu kwamba …
gesetzwidrig haramu, -si-*rel* halali
Gesicht *n* uso (nyuso), sura (–) | ein freundliches (böses) ~ machen -onyesha uso wenye (usio na) furaha
Gesichtspunkt *m* kipengele (vi-) | unter diesem ~ kufuatana *od* kutokana na kipengele hiki
Gesinnung *f* msimamo (mi-)
gesondert -a pekee
gespannt *Aufmerksamkeit* -kubwa; *straff* -li-*rel*-kaza; *Beziehungen* -a mvutano | ~ sein auf -subiri … kwa shauku *od* hamu
Gespenst *n* pepo (–)
Gespött *n* | zum ~ werden -pata *od* -fikwa na aibu
Gespräch *n* mazungumzo *Pl*, maongezi *Pl*; *Tel* simu (–) | ein ~ führen -fanya mazungumzo, *Tel* -zungumza kwa simu
gesprächig -a maneno mengi | ~ sein -wa mzungumzaji sana
Gesprächsstoff *m* mambo *od* mada ya kuzungumzia
Gestalt *f äußere Form* umbo (ma-), umbile (ma-); *Person* mtu (wa-), jamaa (–)
gestalten *tr einrichten* -panga; *formen* -umba; *beschreiben* -fafanua
geständig | ~ sein -kiri kosa

Geständnis *n* elezo la *od* maelezo ya kukiri [ma]kosa
Gestank *m* uvundo, harufu mbaya
gestatten *tr* -ruhusu | ~ Sie bitte! niruhusu
Geste *f* ishara (–)
gestehen *tr* -kiri
Gestein *n* miamba *Pl*
Gestell *n* rafu (–)
gestern jana | ~ abend jana jioni *od* usiku | ~ vor acht Tagen jana ni ya saba
gestikulieren *intr* -chezesha mikono, -ashiria
gestorben -li-*rel*-kufa *od* -fariki [duniani]
gestreift -enye milia
gestrig -a jana
Gestrüpp *n* chaka (ma-)
Gestüt *n* shamba la kufugia farasi
Gesuch *n* ombi (ma-)
gesund 1. *Adj* -zima; *Klima, Kost* safi, bora | ~er Menschenverstand busara (–), akili timamu (–) **2.** *Adv* | jmdn. ~ schreiben -ruhusu mtu kurejea kazini
Gesundheit *f* afya (–) | auf Ihre ~! kwa afya yako
Gesundheitshelfer *m* afisa msaidizi wa afya (ma-)
gesundheitsschädigend -na-*rel*-athiri *od* -dhuru afya
Gesundheits|schutz *m* kinga *od* hifadhi ya afya; **~zustand** *m* [hali ya] afya (–)
getragen | ~e Kleidung vulia (ma-), *umg* [nguo za] mitumba
Getränk *n* kinywaji (vi-) | alkoholisches ~ ulevi
Getränkekarte *f* orodha ya vinywaji
getrauen, sich -thubutu, -jipa *od* -wa na moyo wa (*zu* ku-)
Getreide *n* nafaka (–)
getrennt -li-*rel*-tengwa (*von* na)
Getriebe *n Tech* giaboksi (–)
Gewächs *n Bot* mmea (mi-)
gewachsen | einer Aufgabe (nicht) ~ sein (*neg*)-mudu *od* -weza kazi
Gewächshaus *n* banda [la kioo] la kustawishia mboga na maua
gewagt -a hatari
Gewähr *f* dhamana (–) (*für* kwa)
gewähren *tr* -ruhusu | jmdn. ~ lassen -acha mtu kufanya | jmdm. Hilfe ~ -saidia mtu, -pa mtu msaada
gewährleisten *tr* -hakikisha
Gewalt *f Zwang* mabavu *Pl*; *Macht* nguvu (–); *Wucht* kani (–) | sich in der ~ haben -jitawala | jmdm. ~ antun *zwingen* -shurutisha mtu
gewaltig -kubwa, -a ajabu; *heftig* -kali
gewaltsam 1. *Adj* -li-*rel*-tumia *od* -a nguvu, -a kulazimika **2.** *Adv* kwa [kutumia] silaha *od* mabavu
gewandt *körperlich* -a kujipinda *od* kukatika; *geistig* -enye akili timamu
Gewandtheit *f körperlich* ufundi, ubingwa; *geistig* akili (–), ustadi
Gewässer *n Fluß* mto (mi-) | stehendes ~ ziwa (ma-)
Gewebe *n Textil* kitambaa (vi-), nguo (–); *Webart* mfumo (mi-); *Anat* tishu (–)
geweckt *geistig rege* -enye akili
Gewehr *n* bunduki (–)
Geweih *n* pembe (–)
Gewerbe *n Handwerk* ufundi; *Tätigkeit* kazi (–), shughuli (–); **~schein** *m* leseni ya biashara; **~schule** *f* shule ya *od* chuo cha ufundi; **~treibende(r)** *f*(*m*) fundi (ma-), mfanyabiashara (wa-)
Gewerkschaft *f* jumuiya ya wafanyakazi
Gewerkschaft(l)er *m* mwanachama wa jumuiya ya wafanyakazi
gewerkschaftlich -a jumuiya ya wafanyakazi
Gewicht *n* uzito, uzani; *Waage* jiwe la mizani | *übertr* das fällt nicht ins ~ haina maana *od* uzito, si muhimu; **~heben** *n* unyanyuaji wa *od* kunyanyua mizigo *od* vitu vizito
Gewinde *n Tech* hesi (–)
Gewinn *m* faida (–); *Nutzen* manu-

faa *Pl* | ~ abwerfen -leta faida | ~ erzielen -pata faida
gewinnen *tr* -shinda (*auch intr*); *Bodenschätze* -chimbua | jmdn. für etw. ~ -fanikiwa kumshawishi mtu kufanya kitu
Gewinner *m* mshindi (wa-)
Gewinnung *f Bergb* uchimbaji
gewiß 1. *Adj* fulani 2. *Adv* bila shaka, kwa kweli, hakika
Gewissen *n* moyo (mi- *od* –), roho (–)
gewissenhaft *Person* mwangalifu (wa-); *Handlung* kwa uangalifu
Gewissenhaftigkeit *f* uangalifu
gewissenlos -a ufidhuli *od* kifidhuli | ~er Mensch fidhuli (ma-)
gewissermaßen kwa kiasi fulani
Gewißheit *f* hakika (–), uhakika, yakini (–) (*über* kuhusu)
Gewitter *n* mvua ya *od* za radi
gewöhnen *tr* -zoeza, -zoesha (*an* ku-) | sich ~ an, gewöhnt sein an -zoea *tr*
Gewohnheit *f Angewohnheit* kawaida (–), uzoefu, mazoea *Pl*; *Brauch* desturi (–), tabia (–) | aus ~ kwa kawaida *od* uzoefu
gewöhnlich 1. *Adj üblich* -a kawaida, kwa desturi; *gemein* -chafu 2. *Adv* kwa kawaida | er geht ~ jeden Morgen aus dem Haus kila asubuhi yeye huondoka nyumbani
Gewöhnung *f* uzoefu, mazoea *Pl*
Gewölbe *n* kijumba (vi-)
Gewühl *n* msongamano (mi-)
Gewürz *n* kiungo (vi-)
geziert -geni, -si-*rel* -a kawaida
gezwungen *unnatürlich* -geni, -si-*rel* halisi
Ghana Ghana (–)
Gicht *f Med* jongo (ma-)
Giebel *m* mgongo wa tembo
Gier *f* uchu, kiu (vi-) *nur Sg*
gierig -enye tamaa
gießen *tr eingießen* -mimina; *langsam* -gida; *Blumen* -mwagilia, -nyunyiza; *Tech* -kalibu, -subu; *intr* | *unpers* es gießt [in Strömen] mvua inapiga
Gießerei *f* kiwanda cha kukalibia *od* kusubia chuma
Gießkanne *f* keni (–)
Gift *n* sumu (–)
giftig -a *od* -enye sumu; *übertr* -enye chuki *od* matusi
Ginsterkatze *f* kanu (–)
Gipfel *m* kilele (vi-) | das ist der ~ imezidi, ni nyingi mno; **~konferenz** *f* mkutano wa wakuu wa nchi
Gips *m* plasta (–); **~verband** *m* bendeji ya plasta
Giraffe *f* twiga (–)
Girlande *f* maua [bandia] yaliyotundikwa kwenye kamba
Giro|konto *n* akaunti ya [kutumia] hundi; **~verkehr** *m* hesabu ya hundi
Gitarre *f* gitaa (ma-); *traditionelle* ~ gambusi (ma-), udi | ~ spielen -piga gitaa
Gitter *n* fitometali *Pl*
Gladiole *f* mmea wenye maua uitwao gladiolus
Glanz *m* mng'aro (mi-); *übertr* ustawi, anasa (–)
glänzen *intr* -ng'a[r]a
glänzend -na-*rel*-ng'a[r]a; *übertr* bora
Glas *n Material* kioo (vi-); *kleines Gefäß* chupa ndogo; *Trink*~ gilasi (–), bilauri (–) | zwei ~ Bier gilasi mbili za bia; **~bläser** *m* mfukutaji vioo (wa-)
Glaser *m* fundi seremala atengenezaye madirisha (ma-), fundikioo (ma-)
Glaserei *f* karakana ya *od* mahali pa kutia kioo madirishani
gläsern -a kioo
Glashütte *f* kiwanda cha [kutengeneza] kioo
glasieren *tr* -paka … rojo [inayong'arisha], -ng'arisha
Glasscheibe *f* kioo (vi-)
Glasur *f Tech* sehemu ya juu inayong'arisha, ng'arisho (ma-); *Zuckerguß* shira (–)
glatt *eben* safi, -li-*rel*-nyoka; *schlüpfrig* -enye utelezi

Glätte *f einer Oberfläche* usafi; *Gefrorensein* barafu (–); *Schlüpfrigkeit* utelezi

Glatteis *n* barafu inayoteleza sana, vinoo *Pl*

glätten *tr glatt machen* -lainisha, -nyosha, -ororesha

Glatze *f* kidazi (vi-), upa[r]a

Glaube *m Rel* imani (–)

glauben *tr*, *intr* -amini (*an jmdn. od etw.* mtu *od* kitu); *vermuten* -dhani, -fikiri

glaubhaft -a kuaminika

Gläubige *m u. f Rel* muumini (wa-)

Gläubiger *m Jur* mdai (wa-), mwia (wa-)

glaubwürdig = **glaubhaft**

gleich 1. *Adj* h- h-, -le -le, sawa (*wie* na); *präd gleichgültig* sawa | es ist ihr ~ ni sawa kwake | der ~e *Person* [mtu] huyu huyu *od* huyo huyo *od* yule yule | *Math* … ist ~ … … ni sawa na … **2.** *Adv sofort* mara moja, papo hapo; **~altrig** -enye umri ule ule *od* huo huo *od* huu huu, -a rika moja; **~artig** -a aina hii hii *od* hiyo hiyo *od* ile ile

gleichberechtigt -enye *od* -a haki sawa | ~ sein -wa na haki sawa

Gleichberechtigung *f* usawa, haki sawa (–)

gleichen *intr* -wa sawa; *ähneln* -fanana (*jmdm.* na mtu)

gleichfalls pia, vile vile | danke, ~! a[h]sante, nakutakia hayo hayo

gleichförmig sare

Gleichgewicht *n Phys* urari

gleichgültig -si-*rel*-athiriwa *od* -athirika (*gegen* kwa) | es ist mir ~ sijali, ni sawa kwangu

Gleichgültigkeit *f* upurukushani

Gleichheit *f* usawa

Gleichheitszeichen *n* alama ya usawa

gleich|lautend -enye maneno yale yale; **~mäßig** -si-*rel* na dosari *od* hitilafu; *Geschwindigkeit* -si-*rel*-badilika

Gleichstrom *m El* umeme wa mkondo msafara

Gleichung *f Math* mlinganyo (mi-)

gleich|wertig -enye thamani hii hii *od* hiyo hiyo *od* ile ile; **~zeitig 1.** *Adj* -a wakati mmoja **2.** *Adv* kwa wakati mmoja, pamoja, kwa mkupuo [mmoja], sawia

Gleis *n* reli (–)

gleiten *intr* -teleza, -nyiririka (*über* juu ya, kwenye)

Gleitflug *m* kuelea hewani, mruko wa kunyiririka

Gletscher *m* barafuto (–), maji ya mto yaliyoganda

Glied *n Anat* mboo (–), uume; *Mil* mstari (mi-)

gliedern *tr* -ainisha, -panga (*in* katika); **sich ~** -ainika, -ainishwa, -pangika, -pangwa (*in* katika)

Gliederung *f Vorgang* uainishaji; *Aufbau* mwainisho (mi-), utaratibu

Gliedmaßen *Pl* viunzi-angika *Pl*

glimmen *intr* -fifia

Glimmer *m Geol* ulanga

glitzern *intr* -ng'a[r]a

Globus *m* tufe (ma-)

Glocke *f* kengele (–) | *übertr* an die große ~ hängen -eneza *od* -tangaza hadharani

Glocken|blume *f* mmea uitwao bellflower; **~rock** *m* sketi pana (–); **~spiel** *n* kengele *Pl*

glossieren *tr* -eleza *od* -fafanua … kwa mzaha *od* dhihaka

Glück *n Glücksgefühl* heri (–), baraka (–); *günstiger Zufall* bahati (–) | zum ~ kwa bahati nzuri | viel ~! kila la heri! | (kein) ~ haben mit -wa na bahati nzuri (mbaya) ya | jmdm. ~ wünschen -takia mtu [kila la] heri

glücken *intr* | *unpers* es ist ihm geglückt amefanikiwa

glücklich -a raha mustarehe, -zuri, -a bahati | ~e Reise! safari njema

glücklicherweise kwa bahati [nzuri]

Glücksspiel *n* bahati nasibu (–), kamari (–)

Glückwunsch *m* hongera (–), pongezi (–) (*zu* kwa) | herzlichen ~ zum Geburtstag pongezi kwa siku ya kuzaliwa; **~karte** *f* kadi ya pongezi; **~telegramm** *n* simu ya pongezi
glühen *intr* -waka; *übertr* -wa na shauku *od* utashi (*vor* ya *od* wa)
Glühlampe *f El* balbu (–), globu *od* glopu (–)
Glut *f* mwako (mi-), joto; *übertr* shauku (–), utashi
Gnu *n* nyumbu (–)
Gold *n* dhahabu (–)
golden -a dhahabu | *übertr* ~e Hochzeit [sherehe ya] [h]arusi ya dhahabu
Gold|fisch *m* samaki mwenye rangi ya dhahabu; **~medaille** *f* medali ya dhahabu; **~schmied** *m* sonara (ma-), mfua dhahabu (wa-); **~währung** *f* sarafu ya dhahabu
[1]**Golf** *n Sport* gofu (ma-)
[2]**Golf** *m Geogr* ghuba (–); **~strom** *m* mkondo wa ghuba
Gong *m* upatu (patu)
gönnen *tr* | er gönnt sich etwas Ruhe anajipumzisha muda mfupi | er gönnt ihr die Fahrt amefurahia *od* hakuonea jicho safari yake
Gonorrhöe *f* kisonono *nur Sg*
Gorilla *m* mnyama wa jamii ya sokwe
Gotik *f* Gotiki (–)
gotisch -a Kigotiki
Gott *m* mungu (mi-); *im Islam* Allah, Mola (–)
Gottesdienst *m* ibada (–), misa (–)
Grab *n* kaburi (ma-)
graben *tr* -chimba
Graben *m Straßen~* handaki (ma-) (*auch Mil*); *Bewässerungs~* mfereji (mi-), mtaro (mi-)
Grab|mal *n* jiwe la kaburi; **~stätte** *f* = **Grab**
Grad *m Phys, Math* uzi (nyuzi), sentigredi (–); *akademischer* ~ shahada ya Chuo Kikuu | es sind fünf ~ (5°) über (unter) Null ni nyuzi tano juu (chini) ya sifuri | *übertr* bis zu einem gewissen ~ mpaka *od* kwa kiwango fulani
Grafik *u. Abl* = **Graphik** *u. Abl*
grämen, sich -huzunika (*über* kwa)
Gramm *n* gramu (–)
Grammatik *f* sarufi (–)
grammatisch -a kisarufi
Granatapfel *m* komamanga (ma-), kudhumani (ma-); **~baum** *m* mkomamanga (mi-), mkudhumani (mi-)
Granate *f* gurunedi (ma-)
Granatwerfer *m* mzinga wa kurushia magurunedi
Granit *m Geol* itale (matale)
Graphik *f Kunstgattung* uchoraji; *Kunsterzeugnis* mchoro (mi-)
Graphiker *m* mchoraji (wa-)
graphisch -a mchoro *od* uchoraji
Graphit *m* grefaiti (–)
Gras *n* nyasi (–), majani *Pl*
gräßlich -a kuchukia, katili
Gräte *f* mwiba (mi-)
gratis bure
Gratulant *m* mtoa pongezi *od* hongera (wa-)
Gratulation *f* hongera (–), pongezi (ma-) (*zu* kwa)
gratulieren *tr* -pongeza (*jmdm. zu* mtu kwa)
grau *Farbe* -a kijivu
grauen *unpers* | mir graut vor … n[in]aogopa *od* -hofu *tr*
Grauen *n Angst* hofu (–) (*vor* ya)
grauenhaft -a kikatili
graupeln *intr unpers* | es graupelt barafu inaanguka
Graupen *Pl* shayiri (–)
grausam [-a ki]katili, dhalimu (*gegen* kwa)
Grausamkeit *f* ukatili, udhalimu
Graveur *m* mkeketaji (wa-)
gravieren *tr* -keketa
Grazie *f* madaha *Pl*, matuko *Pl*
graziös -enye *od* kwa madaha
greifen *tr* -kamata, -shika; *intr* -nyosha mkono (*nach* ili kukamata) | *Feuer* um sich ~ -enea
Greis *m* mzee (wa-), kizee (vi-)

grell *Farbe*, *Licht* -kali; *Ton* -a juu
Grenze *f* *Natur*~, *politische* ~ mpaka (mi-); *übertr* kikomo (vi-), mwisho (mi-)
grenzen *intr* -pakana (*an* na)
grenzenlos -si-*rel*-isha, mno
Grenz|gebiet *n* eneo la *od* sehemu ya mpakani; **~polizei** *f* polisi ya mpakani; **~übergang** *m* kivuko cha mpakani
Greuel *m* *Abscheu* kinyongo (vi-), chuki (–); **~tat** *f* ukatili, udhalimu
Grieche *m* Mgiriki (wa-); *hist* Myunani (wa-)
Griechenland Ugiriki; *hist* Uyunani
griechisch -a Kigiriki; *hist* -a Kiyunani
griesgrämig -a *od* kwa usununu | ~er Mensch msununu (wa-)
Grieß *m* semolina (–)
Griff *m* *Handbewegung* kunyosha mkono (*nach* ili kukamata); *Hand*~ kishikio (vi-)
Grill *m* banikio (ma-)
Grille *f* nyenje (–), chenene (–)
grillen *tr* -banika, -choma
Grimasse *f* finyo *od* kunjo la uso
grimmig *Kälte* -kali
Grippe *f* flu (–)
grob ~ *gemahlen* duchuduchu, -enye *od* -a machenga; *rauh* -na-*rel*-kwaruza; *unfreundlich* -a ufidhuli | ein ~er Fehler kosa kubwa (ma-)
Grobheit *f* ufidhuli, ukaidi
Grog *m* kilevi cha rum na maji moto
grollen *intr* -chukia *tr*, -nuna; *Donner* -nguruma
Grönland Greenland (–)
Groschen *m* senti kumi (–)
groß *ausgedehnt* -kubwa; *bedeutend* -kuu, mashuhuri; *erwachsen* -zima; *hochgewachsen* -refu | zu ~ sein -pwaya | im ~en [und] ganzen kwa jumla; **~artig** bora | der größte Teil von wingi wa
Großbetrieb *m* kampuni (ma-), shirika (ma-)
Großbritannien Uingereza
Großbuchstabe *m* herufi kubwa (–)
Größe *f* *Ausdehnung* ukubwa; *Nummer* kipimo (vi-), saizi (–); *Bedeutung* umuhimu, maana (–); *Math* idadi (–), namba (–)
Großeltern *Pl* babu na bibi (ma-)
Größenwahn *m* tamaa ya ukuu *od* ukubwa
Groß|grundbesitz *m* mashamba makubwa *Pl*; **~grundbesitzer** *m* kabaila (ma-), mwinyi (ma-), Bwana shamba (ma-); **~handel** *m* biashara ya jumla; **~kundgebung** *f* kuhutubia halaiki *od* umati wa watu; **~macht** *f* taifa kubwa (ma-), nchi kubwa (–)
großmütig -ema, -adilifu
Groß|mutter *f* bibi (–); **~schreibung** *f* kuandika kwa herufi kubwa; **~stadt** *f* jiji (ma-); **~städter** *m* mkazi wa jiji
großstädtisch -a jiji *od* mji mkubwa
größtenteils aghalabu, hasa
Großvater *m* babu (ma-)
großzügig -a ukarimu | ~er Mensch mkarimu (wa-)
Großzügigkeit *f* ukarimu
grotesk -a ajabu, -geni
Grotte *f* pango (ma-), kipango (vi-)
Grube *f* shimo (ma-); *Bergb* mgodi (mi-)
grübeln *intr* -tafakari (*über etw.* jambo; *über jmdn.* juu ya mtu)
grün -a kijani; *unreif* -bichi
Grünanlage *f* bustani (–)
Grund *m* *Boden von Gewässern* sehemu ya chini, kina kirefu; *Ursache* sababu (–), chanzo (vyanzo) | aus welchem ~? kwa sababu gani? | im ~e [genommen] hasa, kwa kweli, kimsingi | von ~ auf tangu mwanzo | auf ~ *mit Gen od von* kwa sababu ya | einer Sache auf den ~ gehen -peleleza, -chunguza ... kwa undani; **~besitz** *m* mali isiyohamishika; **~betrag** *m* kima cha chini
gründen *tr* *Fundament legen* -weka misingi ya; *ins Leben rufen* -asisi,

-anzisha, -unda; **sich ~** -tokana (*auf* na)
Grund|kenntnisse *Pl* misingi *Pl*; **~lage** *f* msingi (mi-)
grundlegend -a kimsingi
gründlich kamili, kwa ukamilifu *od* undani
Grundlohn *m* mshahara wa kawaida
grundlos -si-*rel* na sababu [yo yote]
Grund|riß *m* ramani ya chini; *Lehrbuch* misingi *Pl*; **~satz** *m* kanuni (–)
grundsätzlich = **grundlegend**
Grundschule *f* shule ya msingi
Grundstein *m* | den ~ legen zu -weka jiwe la msingi la ku-
Grundstoff *m* malighafi (–); **~industrie** *f* viwanda vya kusindika malighafi
Grundstück *n* uwanja (nyanja), kiwanja (vi-)
Gründung *f* kuanzisha *tr*, kuasisi *tr*
Grund|wasser *n* maji ya ardhi; **~zahl** *f* nambari kiasi (–), kizio (vi-)
Grüne *n* | im ~n shambani | Fahrt ins ~ matembezi *Pl*
Grünkohl *m* kabichi (–)
grünlich -a kijani kijani
Gruppe *f* *Mil* kikundi (vi-)
gruppieren *tr* -panga
Gruß *m* salamu (–) | viele Grüße an … salamu nyingi kwa …; **~adresse** *f* = **Gruß**
grüßen *tr* -salimu; *Mil* -pigia … saluti | jmdn. ~ lassen -pa mtu salamu | Grüßen Sie Saidi von mir! nisalimie Saidi
Grütze *f* *Brei* ugali
Guatemala Guatemala (–)
gucken *intr* *umg* -tazama
Guereza *m* *Zool* mbega ( )
Guinea Gini (–), Guinea (–)
Gulasch *n* *od* *m* schuu (–)
gültig *Fahrkarte*, *Jur* halali, hai
Gültigkeit *f* utumikaji, uhai
Gummi *m* *Kautschuk* mpira (mi-); *Radier~* raba (–), kifutio (vi-); **~band** *n* utepe wa mpira; **~baum** *m* mpira (mi-)
gummiert -li-*rel*-bandikwa mpira *od* gundi, -li-*rel*-pakwa gamu
Gummi|handschuh *m* glovu ya mpira; **~lösung** *f* dawa ya kuzibia
Gunst *f* wema, hisani (–), fadhili (–)
günstig *vorteilhaft* nafuu
Gurgel *f* koromeo (ma-)
gurgeln *intr* -sukutua
Gurke *f* tango (ma-) | saure ~n matango ya siki
Gurkensalat *m* salata ya matango
Gurt *m* mkanda (mi-)
Gürtel *m* *Kleidung* mkanda (mi-) | den ~ enger schnallen -funga mkanda
Guß *m* *Regen* manyunyu *Pl*; *Zucker~* shira (–); *Tech* kukalibu *tr*, kusubu *tr*; **~stahl** *m* chumu udongo *od* cha kusubu
gut **1.** *Adj* -ema, -zuri **2.** *Adv* barábara, vema, vizuri | also ~! basi! | er tat ~ daran … alifanya vizuri … | es geht ihm ~ hajambo | sei so ~ und lies die Seite! tafadhali, soma ukurasa
Gut *n* *landwirtschaftlicher Betrieb* shamba (ma-), ranchi (–) | Hab und ~ mali (–)
Gutachten *n* ripoti (–) | ein ~ einholen -tafuta maoni
Gute *n* | alles ~! kila la heri! | sich zum ~en wenden -geuka kuwa -zuri
Güte *f* *Gesinnung* wema, upole; *Qualität* ubora; **~klasse** *f* kiwango cha ubora; **~kontrolle** *f* kudhibiti [kiwango cha] ubora
Güter|abfertigung *f* kupokea na kutoa mizigo; **~bahnhof** *m* sehemu ya mizigo ya stesheni ya gari [la] moshi; **~verkehr** *m* usafirishaji wa bidhaa *od* mizigo; **~wagen** *m* bogi la kupakia mizigo *od* bidhaa; **~zug** *m* treni ya *od* gari [la] moshi la mizigo
Gütezeichen *n* alama ya ubora
gutgelaunt *Mensch* -changamfu | ~ sein -changamka
guthaben *tr* -wa na akiba ya

Guthaben *n Fin* akiba (–)
gutheißen *tr befürworten* -unga mkono
gütig -enye hisani, -pole, -ema
gutmachen *tr* -fidia
gutmütig -pole, -karimu
Gut|mütigkeit *f* upole; **~schein** *m* vocha (–); **~schrift** *f* kupokea *od* kuwekewa fedha [kwenye akaunti]
Gymnastik *f* jimnastiki (–)
gymnastisch -a kijimnastiki
Gynäkologe *m* daktari (ma-) *od* mganga mtaalamu wa mambo ya *od* viungo vya uzazi

H

Haar *n* unywele (nywele); *Körper~* laika (ma-); *Bart~* udevu (ndevu); *Scham~* vuzi (ma-); *Tier~* usinga (singa), unyoya (nyoya); **~bürste** *f* b[u]rashi ya nywele; **~klemme** *f* kibanio cha nywele; **~lack** *m* dawa ya kushikamanisha nywele; **~schnitt** *m* mkato wa nywele; **~wasser** *n* dawa ya nywele; **~wuchs** *m* kuota nywele
Habe *f* vitu *Pl*
haben *Hilfsv* -me-; *tr Besitz* -wa na, -miliki | zu ~ sein -patikana | etw. zu sagen ~ -wa na la kusema *od* kauli | keine Zeit ~ -shindwa wakati
Habgier *f* ubahili, uchoyo
habgierig *Mensch* bahili, choyo
Habicht *m* mwewe (–)
Hacke *f Werkzeug* jembe (ma-)
hacken *tr Gartenb* -lima; *Holz* -pasua; *kleine Stücke* -changa, -chanja
Hack|fleisch *n* nyama iliyosagwa; **~steak** *n* kababu *od* kebabu (–)
Hafen *m* bandari (–); **~arbeiter** *m* kuli (ma-); **~stadt** *f* bandari (–)
Hafer *m* oti (–); **~flocken** *Pl* oti zilizopondwa
Haff *n* ghuba (–)
Haft *f* kifungo (vi-), kizuizi (vi-) | in ~ kizuizini
haftbar -na-*rel*-wajibika
Haftbefehl *m* waranti (–)
haften *intr* -nata, -shikamana (*an* -ni, penye); *Jur* -wajibika (*für* kwa)
Häftling *m* mfungwa (wa-)
Haftpflicht *f* dhima (–)
Haftung *f* | ~ übernehmen -wajibika
Hagebutte *f* tunda la waridi
Hagel *m* [mwanguko wa] barafu (–)
hageln *intr* | *unpers* es hagelt barafu inaanguka
hager *Mensch* -embamba, king'onda (vi-)
Hahn *m Zool* jogoo (ma-), jimbi (ma-); *männl. Vogel* ndege dume; *Tech* kilango (vi-); *Wasser~* koki (–), bilula (–)
Hai *m*, **Haifisch** *m* papa (–)
häkeln *tr*, *intr* -fuma kwa kulabu
Haken *m Kleider~* chango (vyango) *übertr* | die Sache hat einen ~ pana tatizo kuhusu jambo hili
halb nusu | ~ … ~ kiasi, hivi hivi | ~ so viel nusu yake | es schlägt ~ sechs kengele inagonga *od* inapiga saa kumi na moja na *od* u nusu | auf ~em Wege kati kati
halb- *in Zus* nusu-
halbautomatisch -na-*rel*-jiendesha -enyewe kwa kiasi fulani, -a nusuotomati
Halb|edelstein *m* johari (–); **~fabrikat** *n* mali ghafi (–)
halbieren *tr* -gawanya katika sehemu mbili zilizo sawa, -gawakati
Halb|insel *f* rasi (–); **~jahr** *n* nusu mwaka (–); **~kreis** *m* nusu duara (–); **~kugel** *f* kizio (vi-); **~leinen** *n Buchw* nusu kitani (–), nusu jalada (–); **~leiter** *m* nusu kipitisho (–)
halbmast | ~ flaggen -pandisha bendera nusu mlingoti
Halb|mond *m* nusu-mwezi (–); **~schuh** *m* kiatu cha jani *od* mambo leo

halb|tags nusu siku; **~wegs** *übertr einigermaßen* hivi hivi, kiasi, kwa wastani

Halbzeit *f Spielzeit* nusu (–); *Pause* mapumziko *Pl*, hafutaimu (–)

Halde *f Bergb* jaa (ma-)

Hälfte *f* nusu (–) | zur ~ nusu

Halle *f* ukumbi (kumbi)

Hallen|bad *n* bwawa la ndani la kuogelea; **~handball** *m* mpira wa mkono uchezwao ndani; **~sport** *m* michezo ya ndani

hallo! *Gruß* habari gani?, namna gani? *Antwort* nzuri

Halm *m Gras* jani (ma-); *Getreide* shina (ma-)

Hals *m* shingo (ma-); *Kehle* koo (ma-) | ~ über Kopf ghaf[u]la | aus vollem ~e schreien -piga mayowe *od* makelele

halsbrecherisch -a hatari | ~es Tempo spidi *od* kasi kubwa *od* kali

Hals|entzündung *f* uvimbeuchungu wa koo; **~kette** *f* mkufu (mi-); **~-Nasen-Ohren-Arzt** *m* daktari wa koo, pua na masikio; **~schmerzen** *Pl* maumivu ya koo

halsstarrig -gumu | ~er Mensch mkaidi (wa-)

Halstuch *n* skafu (–)

halt! simama

Halt *m Stütze* mhimili (mi-), mwimo (mi-); *übertr* msaada (mi-)

haltbar *beständig* -a kudumu; *Lebensmittel* -si-*rel*-haribika upesi

Haltbarkeit *f* uthabiti, uimara

halten *tr* -shika, -kamata; *stützen* -egemeza; *einschätzen* -chukulia (*für* kuwa); *veranstalten* -fanya; *intr Verk* simama | ein Versprechen ~ -timiza ahadi | das Eis hält barafu ni imara *od* haikatiki; **sich ~** *sich richten nach* | sich an etw. ~ -zingatia jambo; *nicht verderben* -kawia

Haltestelle *f* kituo (vi-), stesheni (–)

haltmachen *intr* -simama

Haltung *f Körper* usimamaji; *Einstellung* msimamo (mi-)

Hammel *m* kondoo dume (–); **~braten** *m* [nyama ya] kondoo ya kuchoma *od* kukaangwa

Hammer *m* nyundo (–)

hämmern *tr*, *intr* -piga *tr* kwa nyundo

Hammerwerfen *n* kutupa nyundo

Hamster *m* mnyama afananaye na fuko-butu na kuitwa hamster

Hand *f* mkono (mi-) | aus erster ~ kutoka kwa mwenyewe *od* wenyewe | das liegt auf der ~ ni wazi *od* dhahiri | die Zügel in der ~ haben -shika hatamu | einander die ~ geben -peana mkono | ~ in ~ pamoja, kwa kushirikiana | von der ~ in den Mund leben -wa fakiri, -fukarika | in die Hände klatschen -piga makofi | Hände weg! usiguse; **~arbeit** *f* kazi ya mikono; **~ball** *m* mpira wa mkono; **~besen** *m* ufagio wa kuzolea takataka; **~bremse** *f* breki ya mkono; **~buch** *n* kiongozi (vi-), kitabu cha kufundishia; **~bürste** *f* brashi ndogo

Händedruck *m* kushikana mikono

Handel *m* biashara (–) | im ~ sein -wa[-po *od* -ko *od* -mo] *od* -patikana dukani *od* sokoni | ~ treiben -fanya biashara

handeln *intr* -fanya biashara (*mit etw.* ya kitu; *mit jmdm.* na mtu); *feilschen* -patana, -pigania bei; *zum Inhalt haben* -husu *tr*, -eleza (*von* juu ya); **sich ~** *unpers* -husika (*um* na)

Handels|abkommen *n* mkataba wa biashara; **~beziehungen** *Pl* uhusiano wa kibiashara; **~flotte** *f* meli *Pl*; **~gesellschaft** *f* shirika la biashara; **~schiff** *n* meli ya mizigo; **~vertrag** *m* = **Handelsabkommen**; **~vertretung** *f* idara ya biashara ya ofisi ya Balozi

Hand|feger *m* = **Handbesen; ~gelenk** *n* kilimbili (vi-); **~gepäck** *n* mizigo ya mkononi; **~granate** *f* bomu *od* gurunedi la mkono

handgreiflich -na-*rel*-onekana | ~ werden -anza kupigana

Handgriff *m* | mit wenigen ~en kwa kazi ndogo *od* muda mfupi
Handhabe *f* matumizi *Pl*
handhaben *tr* -endesha, -tumia
Händler *m* mfanyabiashara (wa-)
handlich -si-*rel* -kubwa wala -dogo
Handlung *f Tat* kitendo (vi-), tendo (ma-); *Theat* yaliyomo
Handschrift *f* hati *Pl*, mwandiko (mi-)
handschriftlich -a *od* kwa mkono
Hand|schuh *m* glovu (ma-); **~tasche** *f* mkoba (mi-); **~tuch** *n* taulo (–); **~wagen** *m* mkokoteni wa mtu; **~werk** *n* ufundi; **~werker** *m* fundi stadi (ma-); **~werkszeug** *n* vifaa *Pl*, zana ya mkono
Hanf *m* mmea wa kusokota kamba uitwao hemp, katani (–); *indischer ~ als Droge* bangi (–)
Hang *m Geogr* mtelemko *od* mteremko (mi-); *Neigung* upendeleo (*zu* kwa)
Hänge|brücke *f* tingatinga (ma-), daraja linaloning'inia; **~matte** *f* wavu wa kulalia
hängen *tr* -tundika (*an* kwenye, -ni); -ning'iniza (*auf* kwenye, -ni); *intr* -tundikwa, -tundikika (*an* kwenye, -ni); -ning'inia (*auf*, *in* kwenye, -ni); *übertr* | an jmdm. ~ -penda mtu
hängenbleiben *intr umg* | die ganze Arbeit ist an mir hängengeblieben nimeachiwa kazi zote
Hängepflanze *f* mmea uning'iniao
Hänger *m Anhänger* trela (ma-)
hantieren *intr* | mit etw. ~ -tumia *od* -endesha kitu
Harfe *f* kinubi (vi-)
Harke *f* reki (–)
harmlos -si-*rel* na madhara
Harmonie *f Mus* ulinganifu; *übertr* uelewano, moyo mmoja, mwoano (mi-)
harmonisch *übertr* -a kupatana
Harn *m* mkojo (mi-) | ~ lassen -kojoa, -tabawali, -baua, -enda haja ndogo
Harpune *f* chusa (vyusa)
hart *fest*, *altbacken* -gumu; *übertr streng* -kali | ein ~er Winter [majira ya] baridi kali | ~e Worte maneno makali
Härte *f Strenge* ukali; *Tech* ugumu
härten *tr Tech* -gumisha, -matikia
hart|gekocht *Ei* -gumu; **~herzig** -enye moyo mgumu, -kali, -si-*rel* na huruma; **~näckig** -kaidi, -gumu; *Med* -si-*rel*-tibika
Hartnäckigkeit *f* ukaidi, ugumu
Harz *n* resini (–), utomvu
harzig -a *od* -enye resini *od* utomvu
Hase *m* sungura (–), kitungule (vi-)
Haselnuß *f* kokwa ya Ulaya iitwayo hazelnut
Haß *m* chuki (–) (*gegen* ya *od* na) | ~ empfinden -ingiwa na chuki
hassen *tr* -chukia
häßlich *nicht schön* -baya; *geschmacklos* -chafu, -bovu
Hast *f* pupa (–)
hastig 1. *Adj* -a haraka *od* upesi 2. *Adv* kwa pupa
Haube *f* kofia (–); *Tech* boneti (–)
hauchdünn -embamba sana
Hauer, Häuer *m Bergb* mchimba migodi (wa-)
Haufen *m* fungu (ma-), rundo (ma-), lundo (ma-); *Menge* chungu nzima
häufen, sich -zidi, -ongezeka
häufig -a mara kwa mara
Häufigkeit *f* wingi, idadi kubwa
Haupt- *in Zus* -kuu
Haupt|bahnhof *m* stesheni kuu; **~darsteller** *m* mhusika *od* mwigizaji mkuu; **~eingang** *m* mlango mkuu; **~fach** *n* somo kuu; **~gewinn** *m* zawadi ya kwanza
Häuptling *m hist* mtemi (wa-), mutwa (wa-)
Haupt|mann *m* kapteni (ma-); **~probe** *f* jaribio la mwisho; **~rolle** *f* mhusika *od* mwigizaji mkuu; **~sache** *f* jambo la maana
hauptsächlich -kuu, muhimu, -a maana

Haupt|stadt *f* mji mkuu, makao makuu; **~straße** *f* barabara kuu

Haus *n* nyumba (–) | er geht nach ~e anakwenda zake | zu ~e nyumbani | ist sie zu ~e? je, yuko?; **~arzt** *m* daktari wa familia; **~bar** *f* baa chumbani (ma-); **~bewohner** *m* mpangaji (wa-)

Häuser|block *m* block (–); **~reihe** *f* nyumba zilizojengwa kwa safu

Haus|flur *m* ujia (njia); **~frau** *f* mwanamke anayefanya kazi nyumbani; **~halt** *m* nyumba (–); **~haltplan** *m* bajeti (–), makadirio ya [matumizi ya] fedha; **~herr** *m* mwenye nyumba (wenye)

häuslich 1. *Adj* -a nyumbani **2.** *Adv* | sich ~ einrichten -jisikia nyumbani

Haus|meister *m* mwangalizi wa nyumba; **~nummer** *f* namba [ya nyumba]; **~schlüssel** *m* ufunguo [wa nyumba]; **~schuh** *m*, *meist* **~schuhe** *Pl* viatu vya nyumbani; **~suchung** *f* kusachi nyumba; **~tier** *n* mnyama aliyefugwa; **~tür** *f* mlango [wa nyumba]

Haut *f* *Mensch*, *Tier* ngozi (–) | bis auf die ~ naß werden -roa *od* -loa chapachapa; **~abschürfung** *f* mchubuko (mi-); **~arzt** *m* dak[i]tari wa ngozi; **~creme** *f* krimu [ya ngozi]

Hebamme *f* mkunga (wa-)

Hebel *m* wenzo (nyenzo) | *übertr* alle ~ in Bewegung setzen -fanya juu chini

heben *tr* -inua, -nyanyua, -pandisha

Hecht *m* namna ya samaki aitwaye pike

Heck *n* *Mar* tezi (ma-), shetri (–)

Hecke *f* boma la miti, uamimea (nyuamimea)

Heckenrose *f* *Strauch* mwaridi (mi-); *Blume* waridi (–)

Heckmotor *m* injini *od* mota ya nyuma

Heer *n* *Mil* jeshi (ma-); *Menge* umati [mkubwa], idadi kubwa (–)

Hefe *f* hamira (–), chachu (–)

Heft *n* *Schreib~* daftari (ma-); *Buchw* kijitabu (vi-); *Griff* mpini (mi-), mshikio (mi-)

heften *tr* -shikiza, -shuru, -piga bandi

heftig -kali | er wurde ~ alifoka

Heftigkeit *f* ukali

[1]**Heide** *m* kafiri (ma-)

[2]**Heide** *f* eneo lenye miti mifupi

Heidelbeere *f* tunda lifananalo na zabibu ndogo na kuitwa bilberry

heikel nyeti

heil -zima | mit ~er Haut davonkommen -ponea chupuchupu

Heiland *m* Mwokozi (wa-)

Heilanstalt *f* kituo cha *od* mahali pa matibabu

heilbar -na-*rel*-tibika

Heilbutt *m* halibati (–)

heilen *tr* -ponya; *Medikament* -ponyesha; *intr* -pona

Heilgymnastik *f* jimnastiki ya kupony[esh]a viungo

heilig -takatifu | ~e Schrift Maandiko Matakatifu

Heilige(r) *f*(*m*) Mtakatifu (wa-)

Heil|mittel *n* dawa (–); **~pflanze** *f* mti-shamba (mi-); **~quelle** *f* chemchem ya kupona

heilsam *heilkräftig* -na-*rel*-ponyesha; *nützlich* -na-*rel*-faa

Heilstätte *f* = **Heilanstalt**

Heilung *f* kupona, kuponya *tr*

Heim *n* *Wohn~* bweni (ma-), hosteli (–); *Erholungs~* jumba la kupumzikia; **~arbeit** *f* kazi inayofanywa nyumbani

Heimat *f* nchi (–), mji (mi-) | in unserer ~ [nchini *od* mjini] mwetu *od* petu *od* kwetu

heimisch -a kienyeji *od* kikwetu *od* kikwenu *od* kikwao

Heimkehr *f* kurudi, marudi *Pl*

heimkehren *intr* -rudi, -rejea

Heimleiter(in) *m*(*f*) mwangalizi (wa-)

heimlich -a siri, kwa kuficha

heimsuchen *tr* -kumba

heimtückisch -enye ufisadi *od* fitina

Heimweh *n* mkunguru (mi-), ukunguru | ~ haben -patwa na mkunguru *od* ukunguru
Heirat *f* [h]arusi (–), ndoa (–); *muslimische ~ auch* nikahi (–), akidi (–)
heiraten *tr Mann* -oa; *Frau* -olewa | Asha heiratet Ali Asha anaolewa na Ali; *intr* -funga ndoa, -oana
heiser -li-*rel*-pwelea *od* -kauka
Heiserkeit *f* kupwelea
heiß [-a] joto; *übertr* -kubwa, -ingi | es ist ~ ni joto sana | mir ist ~ nasikia joto | etw. ~ machen -pasha kitu moto
heißen *intr genannt werden* -itwa | er heißt ... jina lake ni; *bedeuten* -wa na maana | was soll das ~! maana [ya]ke nini?, hii ina maana gani? | wie heißt das auf ...? wasemaje *od* maana [ya]ke nini kwa ...? | es heißt, [daß] ... inasemekana [kwamba] ... | das heißt maana [ya]ke ni (*Abk* d.h. m.y.n.), yaani, ndiyo kusema
Heißwasserspeicher *m* bwela (ma-)
heiter *vergnügt* -changamfu, -enye furaha; *Wetter* shwari
Heiterkeit *f* uchangamfu; *Gelächter* vicheko *Pl*
heizbar -na-*rel*-weza kupashwa moto
heizen *tr* -pasha moto; *intr* -toa moto
Heizer *m* fundi apashaye moto (ma-), mpasha moto (wa-)
Heiz|kissen *n* mto wa umeme; **~körper** *m* chombo cha kupashia joto, kikanzi (vi-); **~öl** *n* mafuta ya kupashia joto; **~sonne** *f* taa ya kupashia joto
Heizung *f* kipashio moto (vi-)
Hektar *n od m* hekta (–)
Hektoliter *n od m* hektolita (–)
Held *m* shujaa (ma-)
Heldentat *f* ushujaa, ujasiri
helfen *intr* -saidia *tr*, -auni *tr* (*bei* katika, -ni); *von Nutzen sein* -faa | sich zu ~ wissen -jua la kufanya | *unpers* es hilft nichts haisaidii
Helfer *m* msaidizi (wa-)
hell *Farbe* -enye mwangaza, -eupe; -epesi; *Ton* -a juu | ~ werden *tagen* -pambazuka, -cha
hell *in Zus* -enye weupe
Helligkeit *f* weupe, mwanga[za] (mi-)
Helm *m* helmeti (–)
Hemd *n* shati (ma-); **~bluse** *f* blauzi (–)
hemmen *tr aufhalten* -chelewesha, -zuia; *beeinträchtigen* -athiri | sich gehemmt fühlen -hisi kufedheheka
Hemmung *f*, *meist* **~en** *Pl Psych* aibu (–)
Hengst *m* farasi dume (–)
Henkel *m* kishikio (vi-)
Henne *f Huhn* kuku (–), koo (ma-); *keine Eier legende ~* kiweto (vi-); *weibl. Vogel* ndege jike
her a) *Ort* | vom Fenster ~ zieht es upepo unaingia kupitia dirishani b) *Zeit* | es ist schon lange ~, daß ... muda mrefu umeshapita ambapo ...
herablassen, sich -jifanya mnyonge (*zu* ku-)
herabsetzen *tr Preis* -punguza
heranbilden *tr* -funza, -fundisha, -somesha
herangehen *intr* | an eine Aufgabe ~ -kabili kazi
herankommen *intr* -karibia, -sogea, -jongea
herantreten *intr übertr* | an jmdn. *od* etw. ~ -kabili mtu *od* kitu
heranwachsen *intr* -kua
heranziehen *tr übertr* -shirikisha (*zu etw.* katika kitu)
heraufbeschwören *tr* -sababisha, -zusha
heraufkommen *intr* -panda
heraufziehen *intr* -pandisha, -pakia
herausbekommen *tr in Erfahrung bringen* -peleleza, -dadisi; *Geld* -rudishiwa
herausbringen *tr heraustragen* -leta; *Buch* -chapisha | kein Wort ~ -shikwa *od* -pigwa na bumbuazi
herausfallen *intr* -anguka (*aus* kutoka katika)

herausfordern *tr* -chokoza
Herausforderung *f* uchokozi
Herausgabe *f Buchw* uchapishaji
herausgeben *tr Geld* -rudisha | er gab auf drei Mark heraus alirudisha chenji ya Marki 3; *Buchw* -hariri
Herausgeber *m Buchw* mhariri (wa-), edita (–)
herauskommen *intr* -toka (*aus* katika); *Buchw* -tolewa; *bekannt werden* -julikana, -dhihirika | es kommt nichts dabei heraus haisaidii kitu
herausnehmen *tr* -toa [nje], -futua
herausreden, sich -singizia
herausreißen *tr* -ng'oa
herausstellen, sich -jitokeza, -dhihirika, -bainika
heraussuchen *tr* -tafuta
herausziehen *tr* -chomoa, -kongoa, -ng'oa
herb *Geschmack* -a ugwadu *übertr* | eine ~e Enttäuschung jambo la kusikitisha sana
herbeiführen *tr übertr* -leta
herbringen *tr* -leta
Herbst *m* majira ya majani kupukutika | im ~ wakati wa majira ya majani kupukutika
Herd *m* jiko (meko); *Med* chanzo (vyanzo)
Herde *f* kundi (ma-)
herein! karibu[ni]
hereinbrechen *intr Nacht* -chwa
hereinkommen *intr* -ingia
hergeben *tr* -toa
Hering *m* heringi (–); *Zeltpflock* kigingi (vi-)
herkommen *intr* -ja, -fika
herkömmlich -a kawaida
Herkunft *f* asili (–); *ethnische* ~ kabila (ma-)
Herr *m Mann* mtu (wa-); *Anrede, Rel* Bwana (ma-); *Besitzer* mwenye (wenye)
Herren- *in Zus* -a kiume *od* akina baba
Herrenkonfektion *f* mavazi ya *od* nguo za wanaume
herrisch -kali, -a kuamuru
herrlich -a ajabu, bora
Herrschaft *f* mamlaka (–) (*über* ya)
herrschen *intr* -tawala *tr* | *unpers* es herrscht … ipo …
Herrscher *m* mtawala (wa-); *traditioneller* ~ mtemi (wa-), mutwa (wa-)
herstellen *tr produzieren* -zalisha, -tengeneza; *Verbindung* -anzisha
Hersteller *m* mzalishaji (wa-), mtengenezaji (wa-); **~firma** *f* kiwanda mzalishaji (vi-)
Herstellung *f* uzalishaji, utengenezaji
Herstellungskosten *Pl* gharama za uzalishaji mali
herüberkommen *intr* -kata barabara *od* njia; *Gewässer* -vuka mto
herumführen *tr* -tembeza
herumlaufen *intr* -enda huku na huko
herumsprechen, sich -enea
herumstehen *intr* -kusanyika
herumtreiben, sich -zurura [ovyo]
herunterfallen *intr* -anguka, -poromoka
herunterhängen *intr* -ning'inia
herunterholen *tr* -angua, tungua; *Früchte* -popoa, -pura
herunterklappen *tr* -kunjua
herunterkommen *intr* -shuka, -teremka
herunternehmen *tr* -angua, -tungua
hervorbringen *tr* -zua
hervorgehen *intr* -dhihirika | daraus geht hervor, daß … kutokana na hili *od* haya imekuwa wazi *od* dhahiri *od* bayana kwamba …
hervorheben *tr* -sisitiza, -ti[li]a mkazo
hervorragend bora
hervorrufen *tr verursachen* -leta, -sababisha | schmutzige Kleidung ruft Ausschlag hervor mavazi machafu yafanya kuwa na vipele
hervortun, sich -jipatia sifa
Herz *n* moyo (mi- *od* nyoyo); *Kart* kopa (ma-) | im ~en von kati kati ya

| mir fällt ein Stein vom ~en nimeshusha pumzi | sich ein ~ fassen -jipa moyo; **~anfall** *m* kushikwa na ugonjwa wa moyo; **~fehler** *m* dosari *od* hitilafu ya moyo; **~klopfen** *n* moyo kudunda; *Aufregung* wasiwasi (–)

herzkrank -enye ugonjwa wa moyo

Herzleiden *n* ugonjwa wa moyo

herzlich -a moyo mkunjufu | ~e Grüße salamu nyingi

herzlos -si-*rel* na huruma

Herzschlag *m* moyo kudunda, pigo la moyo; *Tod* kufariki *od* kufa kwa mshtuko *od* ugonjwa wa moyo

Hetze *f Pol* chuki[z]o (ma-) (*gegen* dhidi ya)

hetzen *tr Jagd* -fukuza; *intr* -tia chuki *od* fitina, -fitini

Heu *n* majani makavu, nyasi kavu (–), hei (–)

Heuchelei *f* unafiki, uzandiki

heulen *intr Kind* -kema, -lia (*auch Sirene*); *Wind* -vuma

Heuschrecke *f* nzige (–)

heute leo | ~ mittag leo adhuhuri | ~ in (vor) acht Tagen juma moja ijayo (iliyopita) kutoka leo | von ~ an kuanzia *od* kutoka leo

heutig -a leo

heutzutage siku hizi, kwa wakati huu

Hibiskus *m* haibiskasi (–)

Hieb *m* pigo (ma-)

hier hapa; *drin* humu | ~ und dort hapa na pale

hieran *Ort* hapa

hierauf *Ort* hapa, hapo; *übertr* | er bezog sich ~ alirejea kwenye barua hii | ~ sagte sie ... akijibu akasema ...

hieraus *Ort* humu, humo, mle; *übertr* | ~ folgt, daß ... kutokana na hili *od* hii imehitimishwa kwamba ...

hierbei | ~ ist zu beachten pamoja na hili izingatiwe

hierbleiben *intr* -baki [hapa]

hier|durch kutokana *od* kufuatana na hili *od* hilo *od* haya *od* hayo; **~her** hapa, hapo; **~hin** hapo, pale, mle, huku, huko, kule; **~mit** kwa hili *od* hilo *od* hii *od* hiyo

hierüber juu ya hii *od* hili

hiervon juu ya hii *od* hili

hierzu kwa hii *od* hili *od* hiki

hiesig -a hapa

Hilfe *f* msaada (mi-) | Schrei um ~ yowe (ma-) | um ~ rufen -piga yowe | ~ leisten -toa msaada, -saidia *tr*; **~leistung** *f* [kutoa] msaada (mi-)

hilflos hoi, -si-*rel*-jua la kufanya | er ist ~ [yeye] yu hoi

hilfsbedürftig mas[i]kini, dhaifu | ~e Person mtu asiyejiweza

hilfsbereit -epesi *od* tayari kwa kusaidia

Hilfs|bereitschaft *f* ukarimu; **~mittel** *n* kifaa (vi-); **~verb** *n* kitenzi kisaidizi (vi-)

Himbeere *f* rasiberi (–); *Strauch* mrasiberi (mi-)

Himmel *m* mbingu (–) | unter freiem ~ nje; **~schlüssel** *n* mmea uitwao primrose

Himmelsrichtung *f* upande (pande)

hin | ~ und her huku na huko | ~ und wieder mara kwa mara | ~ und zurück kwenda na kurudi

hinabgehen *intr* -shuka, -teremka

hinaufgehen *intr* -panda

hinaufklettern *intr* | sie klettern auf den Berg hinauf wanapanda mlima

hinaufziehen *tr* -pandisha

hinausgehen *intr* -toka

hinauslehnen, sich -toa kichwa nje

hinauswerfen *tr* -tupa

hinausziehen *tr hinauszögern* -chelewesha

Hinblick *m* | im ~ auf kuhusu, kuhusiana na

hinderlich -enye vizuizi

hindern *tr* -zuia | sie ~ ihn am Gehen wanamzuia asiende

Hindernis *n Sport* kizuizi (vi-), kiunzi (vi-); *übertr* pingamizi (ma-); **~lauf** *m* mbio za kiungani

hindurchgehen *intr* -pita (*durch* katika, -ni)

hineingehen *intr* -ingia (*in* katika); *übertr umg* -kumba
hineinlegen *tr* -tia, -weka
Hinfahrt *f* kwenda
hinfallen *intr* -anguka
hinfällig *gebrechlich* dhaifu, -nyonge; *Jur* | ~ sein -batilika
hingehen *intr* -enda; *verstreichen* -pita
hinhalten *tr vertrösten* -sitisha
hinken *intr* -cheche[me]a, -enda chopi
hinlegen *tr* -laza, -weka; **sich ~** -jilaza
hinrichten *tr* -elekeza (*auf* kwenye); *Jur* -ua
Hinrichtung *f* kuuawa
hinsetzen, sich -kaa kitako, -keti
hinsichtlich kuhusu
hinstellen *tr* -weka
hinten nyuma | nach ~ kwenda nyuma
hinter nyuma ya
Hinter- *in Zus* -a nyuma
Hinterbliebene *Pl* mfiwa (wa-)
hintereinander -moja baada ya *od* nyuma ya -ingine
hinter|er (~e, ~es) -a nyuma
Hintergrund *m* sehemu ya *od* za nyuma | im ~ nyuma
hinterher *danach* baadaye; *am Ende* nyuma | ~ sein -tamani
hinterher|gehen, ~laufen *intr* -fuata (*jmdm.* mtu), -fuatia *tr*
Hinterland *n* bara (ma-), nyika (ma-)
hinterlassen *tr* -acha | jmdm. etw. ~ *vererben* -rithisha mtu kitu
hinterlegen *tr* -weka tayari (*für* kwa)
Hinterlist *f* fitina (–), hila (–)
hinterlistig -a *od* kwa fitina *od* hila | ~er Mensch mfitini (wa-)
Hinterrad *n* gurudumu la nyuma
hintertreiben *tr* -hujumu, -fisidi
hinüberfahren *intr* -vuka *tr*
hinübergehen *intr* -vuka *tr*, -enda kwa
hinuntergehen *intr* -shuka, -teremka
hinuntersteigen *intr* -shuka, -teremka (*in* kwenye *od* katika)
hinweggehen *intr übertr* | über etw. ~ *neg*-jali kitu
hinwegsetzen, sich | sich über jmdn. *od* etw. ~ *neg*-jali mtu *od* kitu
Hinweis *m* dokezo (ma-) (*auf* la)
hinweisen *intr* -dokeza | jmdn. auf etw. ~ -dokezea mtu jambo
hinziehen, sich *Weg* -wa -refu *od* mbali; *Angelegenheit* -chukua muda mrefu, -kaa sana
hinzufügen *tr* -ongeza
hinzukommen *intr* -ingia, -fika | es kommt hinzu, daß … isitoshe, juu *od* zaidi ya hii *od* hiyo *od* hili
Hirn *n* bongo (ma-)
Hirsch *m* mnyama afananaye na paa mkubwa na kuitwa stag
Hirse *f* mtama (mi-), ulezi, uwele
Hirt *m* mchungaji (wa-)
hissen *tr* -pandisha
Historiker *m* mwanahistoria (wanahistoria)
historisch -a kihistoria
Hitze *f* joto (ma-) | große ~ joto kali
hitzebeständig -na-*rel*-stahimili joto
Hitzewelle *f Meteor* joto kali (ma-)
hitzig -kali
Hitzschlag *m* kuzirai kwa joto
Hobel *m* randa (–)
hobeln *tr* -randa, -piga randa
hoch -refu; *Mus*, *übertr* -a juu | … ist 12 m ~ urefu wa … ni m 12 | auf hoher See kwenye bahari kuu | im hohen Norden kaskazini sana *od* kabisa | hohes Fieber homa kali (–)
Hoch *n Met* msukumo wa juu wa hewa
Hochachtung *f* heshima [kubwa] (–) (*vor* kwa)
hochachtungsvoll 1. *Adj* -a heshima **2.** *Adv Briefschluß* Wako katika hisani
Hoch|antenne *f* erieli juu ya paa (–); **~bau** *m* ujenzi wa nyumba yenyewe *od* daraja; **~betrieb** *m* pilikapilika (–); **~deutsch** *n* Kijerumani sanifu; **~ebene** *f* uwanda wa *od* tambarare ya juu

hochentwickelt -li-*rel*-endelea sana
Hoch|gebirge *n* milima mirefu *Pl*; **~haus** *n* nyumba ya *od* jengo la ghorofa nyingi
hochmütig -enye kiburi
Hoch|ofen *m* joko mfyuko (ma-); **~saison** *f* wakati wa *od* hali ya pilikapilika; **~schulbildung** *f* elimu ya shahada *od* Chuo Kikuu; **~schule** *f* Chuo Kikuu (Vyuo Vikuu); **~schullehrer** *m* mwalimu wa Chuo Kikuu; **~seefischerei** *f* uvuvi kwenye bahari kuu; **~sommer** *m* kiangazi hasa (vi-); **~spannung** *f* volteji kubwa (–); **~sprung** *m* kuruka juu
höchst 1. *Adj* -a juu kabisa **|** es ist ~e Zeit wakati umefika **|** im ~en Grade mno, kabisa **2.** *Adv* sana, mno
Hochstapler *m* mdanganyifu (wa-), laghai (ma-)
höchstens | ~ zehn Kilogramm kiasi kisichozidi kilo kumi
Höchstgeschwindigkeit *f* mwendo wa *od* spidi ya juu [kabisa] **|** ~ 60 km in der Stunde mwendo usiozidi *od* spidi isiyozidi km 60 kwa saa
Hoch|straße *f* barabara ya *od* ipitayo juu; ~ **verrat** *m* uhaini; **~wald** *m* msitu mpevu *od* tayari kwa kukatwa; **~wasser** *n* mafuriko *Pl*
hochwertig bora, -a hali ya juu
Hochzeit *f* [h]arusi (–)
Hocker *m* stuli (–), kibago (vi-)
Hockey *n* hoki (–)
Hof *m* ua (nyua), behewa (ma-); *Bauern~* kaya (–), kiambo (vi-); *Fürsten~* Ikulu (–)
hoffen *intr* -tumai[ni] **|** auf etw. ~ -wa na matumaini ya kupata kitu, -tarajia kitu
hoffentlich -na-*rel*-tumainiwa
Hoffnung *f* tumaini (ma-) (*auf* la) **|** die ~ aufgeben -kata tamaa **|** die ~ setzen auf -tumainia **|** in der ~ auf kwa matumaini ya
hoffnungslos -li-*rel* hoi
höflich -enye adabu, adibu
Höflichkeit *f* adabu (–)
Höhe *f Ausdehnung, Maßangabe* urefu; *Gipfel* kilele (vi-); *übertr* **|** das ist doch die ~! imezidi
Hoheits|gebiet *n* eneo la nchi; **~gewässer** *n/Pl* eneo ndani ya mipaka ya bahari
Höhen|lage *f* urefu [juu ya usawa wa bahari], mwinuko (mi-); **~sonne** *f* taa ya urujani juu; **~zug** *m* milima *Pl*
Höhepunkt *m* kilele (vi-), kipeo [cha juu] **|** den ~ erreichen -fikia kilele
hohl -tupu; *Zahn* -enye tundu *od* pengo
Höhle *f Geogr* pango (ma-); *Tierbau* shimo (ma-)
Hohn *m* dhihaki (–)
höhnisch -a dhihaki
holen *tr* -leta **|** jmdn. ~ lassen -ita mtu
Holland *umg* = **Niederlande**
Hölle *f* jahanamu (–)
holprig *uneben* -enye mawe *od* vituta
Holunder *m* mti ufananao na mforosadi na kuitwa elder; **~beere** *f* tunda la elder
Holz *n* mti (mi-); *Bau~* ubao (mbao), bao (ma-); *Feuer~* ukuni (kuni); **~block** *m* gogo (ma-); **~kohle** *f* mkaa (mi-); **~wolle** *f* nyuzi za mti
Homöopathie *f* elimu na matumizi ya miti-shamba
homöopathisch -a miti-shamba
Honduras Honduras (–)
Honig *m* asali (–); **~anzeiger** *m* mlembe (wa-), kiongozi-asali (vi-)
Honorar *n* tu[n]zo (–)
honorieren *tr* -lipa ujira *od* tunzo
Hopfen *m* mti wa jamii ya mforosadi uitwao hop, hopi (–)
horchen *intr* -sikiliza
Horde *f Holzgestell* rafu (–), boksi ya fito
hören *tr* -sikia (*von* kutoka kwa) **|** Radio ~ -sikiliza redio **|** Vorlesungen ~ -hudhuria mihadhara **|** etw. von sich ~ lassen -andika; *intr gehorchen* -sikia *tr*, -tii *tr*

Hörer *m Radio* msikilizaji (wa-); *Universität* mwanachuo (wanachuo); *Tel* mkono wa kusikilizia
Horizont *m* upeomacho
horizontal mtambaa | ~e Linie mstari mtambaa
Hormon *n Med* kichochezo (vi-)
Horn *n* pembe (–) *auch Mus*; *Ethnol* baragumu (ma-), [para]panda (–); **~haut** *f Auge* korinea (–); *verhornte Haut* sugu (–), sagamba (–)
Hör|saal *m* thieta ya mihadhara; **~spiel** *n* igizo la redioni
Hort *m Kinder~* shule ya watoto wadogo
Hortensie *f Bot* mmea ambao maua yake yanafanana na yale ya mzingifuri na kuitwa hydrangea
Hose *f kurze* kaptula (–); *lange* suruali (–)
Hosenträger *m*, *meist Pl* kanda za kushikilia suruali
hospitieren *intr* -hudhuria
Hotel *n* hoteli (–)
hübsch -zuri, -a kupendeza *od* kuvutia | ~e Frau mrembo (wa-)
Hubschrauber *m* helikopta (–)
Huf *m* ukwato (kwato); **~eisen** *n* kiatu cha farasi
Hüfte *f* kiuno (vi-)
Hüfthalter *m* kanda za kushikilia stokingi
Hügel *m* kilima (vi-)
hüg[e]lig -enye vilima
Huhn *n* kuku (–); *weibl. Vogel* ndege jike | Hühner halten -fuga kuku
Hühnchen *n* tembe (–), mtetea (wa-); *Fleisch* nyama ya kuku
Hühner|auge *n Med* sugu (–); **~farm** *f* shamba la kuku
Hülle *f* jalada (ma-); *Biol* gamba (ma-) | in ~ und Fülle tele, chungu nzima
Hülse *f Bot* kumvi (–), kapi (ma-); *Geschoß* ganda (ma-), gamba (ma-); *Tech* bushi (–)
Hülsenfrucht *f* zao la jamii ya kunde
human -a kiutu
Humanismus *m* utu, ubinadamu
Humanität *f* utu
Hummel *f* nyukibambi (–), nyukimanyoya (–)
Humor *m* ucheshi
humoristisch -a bashasha *od* ucheshi
Hund *m* mbwa (–)
Hundehütte *f* kibanda cha mbwa
hundert *Num* mia (ma-) | einige ~ Personen mamia ya watu
Hundert *n* | ~e von mamia ya | zu ~en kwa mamia
hundertst|er (~e, ~es) -a mia
Hunger *m* njaa (–) | ~ haben -sikia *od* -wa na njaa
hungern *intr* -wa na njaa
Hungersnot *f* ba[la]a la njaa
hungrig -enye njaa
Hupe *f* honi (–)
hupen *intr* -piga honi
hüpfen *intr* -enda kichura
Hürde *f Sport* kiunzi (vi-)
Hürdenlauf *m Sport* mbio za kuruka viunzi
husten *intr* -kohoa
Husten *m* kukohoa, makohozi *Pl*; **~saft** *m* dawa ya kutuliza makohozi
[1]**Hut** *m* heti (–)
[2]**Hut** *f* | auf der ~ sein -jitahadhari, -vinjari
hüten *tr pflegen* -tunza; *weiden* -chunga; **sich** ~ -jitahadhari, -jiepusha (*vor* na)
[1]**Hütte** *f Schutz~* banda (ma-), kibanda (vi-)
[2]**Hütte** *f Tech* kiwanda (vi-)
Hyäne *f Streifen~* fisi miraba (–), shundwa (–); *Tüpfel~* fisi madoa (–), kingugwa (vi-), kikuto (vi-)
Hyazinthe *f* mmea ambao maua yake yanafanana na yale ya mrehani na kuitwa hyacinth
Hydrant *m* bomba la *od* kituo cha maji
hydraulisch -na-*rel*-endeshwa kwa nguvu ya mafuta *od* haidroli
Hydrokultur *f* ukuziamajini

Hygiene *f* elimusiha (–), usafi
hygienisch -a kielimusiha, kwa kuzingatia usafi
Hymne *f* wimbo (nyimbo)
Hypnose *f* uzugaji
hypnotisieren *tr* -zuga
Hypothese *f* nadharia tete *od* laini (–)
Hysterie *f* wehu
hysterisch -a wehu | ~er Mensch mwehu (wehu)

I

Ibis *m* kwarara (–)
ich *unverbunden* mimi; *vor Verbform* ni-
Ichneumon *m* nguchiro (–)
ideal *am besten geeignet* bora, bila upungufu *od* hitilafu; *vollkommen* halisi, kamili
Ideal *n* mfano wa kuigwa
Idealismus *m* udhanifu
Idealist *m* mwota ndoto (wa-)
idealistisch -a ndoto; *Phil* -a kidhanifu
Idee *f* wazo (ma-), fik[i]ra (–) | fixe ~ ujinga, upumbavu
identifizieren *tr* -tambua
identisch [-li-*rel*] sawa (*mit* na)
Ideologie *f* i[k]tikadi (–)
ideologisch -a kii[k]tikadi
Igel *m* kalunguyeye (–)
ignorieren *tr* *neg*-jali, *neg*-angalia
ihr 1. *Pers Pron 2. Pl unverbunden* ninyi; *vor Verbform* m[u]- **2. (~e, ~; ~e)** *Poss Pron 3. f/Sg* -ke **3.** *Pl bezogen auf Lebewesen* -o; *bezogen auf Sachen* -ke
Ihr (~e, ~; ~e) *Poss Pron Höflichkeitsform* -ko
ihrerseits kwa upande wake *od* wao
Ihrerseits kwa upande wako
ihretwegen kwa sababu *od* ajili yake *od* yao
Ihretwegen kwa sababu *od* ajili yako
illegal haramu, -si-*rel* halali
Illegalität *f* uharamu
illuminieren *tr* -mulika, -angaza
Illusion *f* ndoto (–), njozi (–)
illusorisch -a ndoto
Illustration *f* picha (–), mchoro (mi-)
illustrieren *tr bebildern* -chorea … michoro; *veranschaulichen* -dhihirisha
Illustrierte *f* jarida lenye picha
Iltis *m* kicheche (vi-)
im (in dem) a) *Ort* katika, -ni, kwenye; *innerhalb* ndani ya b) *Zeit* mnamo | ~ Jahre 1964 mwaka 1964 | ~ nächsten Monat mwezi ujao | ~ Augenblick hivi sasa | ~ allgemeinen kwa jumla | ~ Durchschnitt kwa wastani | ~ Vergleich kwa kulinganisha na
Imbiß *m* kitafunio (vi-) | einen ~ einnehmen -la kitafunio; **~raum** *m* kantini (–)
imitieren *tr* -iga
Imker *m* mfuga nyuki (wa-)
immatrikulieren *tr* -andikisha, -sajili
immer kila wakati *od* mara, mfululizo | es wird ~ mehr (weniger) inaendelea *od* inazidi kukua *od* kuongezeka (kupungua) | ~ noch bado, -ngali | ~ wieder mara kwa mara | was auch ~ lo lote, cho chote; **~hin** juu *od* zaidi ya hili, isitoshe
immun -enye kinga (*gegen* ya)
Imperativ *m* hali ya kuamuru
Imperfekt *n* wakati uliopita
Imperialismus *m* ubeberu
Imperialist *m* beberu (ma-)
imperialistisch -a kibeberu
impfen *tr* -piga *od* -dunga sindano, -chanja (*gegen* kuzuia)
Impfstoff *m* dawa ya chanjo
Impfung *f* kudunga sindano, chanjo (–) (*gegen* kuzuia)
imponieren *intr* -athiri
Import *m* uingizaji
importieren *tr* -ingiza

imprägnieren *tr* -jaliza, -tia ... dawa [ili -sioze]
improvisieren *tr* -tenda *od* -fanya ... papo hapo *od* bila ya maandalizi yo yote
Impuls *m* msisimko (mi-), changamoto (ma-); *Tech* mpwito (mi-)
impulsiv -a haraka, -si-*rel* na uvumilivu
imstande | ~ sein, etw. zu tun -wa na uwezo wa kufanya kitu
in a) *Ort* katika, -ni, kwenye; *innerhalb* ndani ya | ~ den Bus steigen -panda basi | sich ~ den Finger schneiden -jikata kidole | ~ ärztlicher Behandlung sein -tibiwa na daktari b) *Zeit* mnamo, kwa muda wa | ~ aller Frühe asubuhi na mapema | ~ einem Monat mwezi mmoja ujao | ~ letzter Zeit siku zilizopita *od* za hivi karibuni
indem *Gleichzeitigkeit* -ki-, -po- | ~ er kam, brach sie auf alipoingia yeye naye [a]kaondoka; *Mittel* kwa | er qualifiziert sich, ~ er viel liest anajikomaza kwa kusoma sana
Inder *m* Mhindi (wa-)
Indianer *m* Mhindi Mwekundu
Indien India (–), Bara [la] Hindi
Indikativ *m* hali ya kawaida ya kitenzi
indirekt -si-*rel* -a moja kwa moja
indisch -a Kihindi
indiskret -si-*rel* na adabu
Indiskretion *f* kufichua siri
individuell mahsusi, hususa
Individuum *n* binadamu (–)
Indonesien Indonesia (–)
industrialisieren *tr* -anzisha viwanda *od* -kuza shughuli za viwanda katika
Industrialisierung *f* uanzishaji wa viwanda, kukuza shughuli za viwanda
Industrie *f* viwanda *Pl*; **~betrieb** *m* kiwanda (vi-); **~gebiet** *n* eneo la viwanda; **~gewerkschaft** *f* jumuiya ya wafanyakazi katika sekta ya viwanda
industriell -a viwandani
Industrie|staat *m* nchi yenye viwanda vingi, nchi iliyoendelea; **~stadt** *f* mji wenye viwanda vingi; **~waren** *f/Pl* bidhaa [zizalishwazo viwandani]; **~zweig** *m* sekta (–)
Ineffektivität *f* ufanisi mdogo, uzorotaji [kazi]
ineinander -moja ndani ya -ingine
ineinandergreifen *intr* -ingiliana
Infanterie *f* maaskari watembeao kwa miguu
Infektion *f* ambukizo (ma-)
Infektionskrankheit *f* ugonjwa wa *od* maradhi ya kuambukiza
Infinitiv *m* kitenzi-jina (vi-)
infizieren *tr* -ambukiza; **sich** ~ -ambukizwa
Inflation *f* ongezeko la bei, kushuka kwa thamani ya fedha
infolge kufuatia, kwa sababu ya; **~dessen** kwa [sababu] hii *od* hiyo
Information *f* *Mitteilung* habari (–); *Auskunft* maelezo *Pl*
informieren *tr* -arifu, -eleza; **sich** ~ -jitafutia maelezo *od* habari (*über* ya)
Infrarotstrahler *m* taa ya miali myekundu chini
Infrastruktur *f* muundombinu (mi-)
Ingenieur *m* mhandisi (wa-)
Ingwer *m* tangawizi (–)
inhaftieren *tr* -funga ndani *od* gerezani
inhalieren *intr* -ingiza hewa
Inhalt *m* vitu vilivyomo *Pl*; *übertr* mambo yaliyomo *Pl*, kiini (vi-)
Inhalts|angabe *f* muhtasari (mi-), kifupisho (vi-); **~verzeichnis** *n* yaliyomo *Pl*, faharasa (–)
Initiative *f* juhudi (–), hatua (–) | die ~ ergreifen -chukua hatua
Initiator *m* mwanzilishi (wa-)
Injektion *f* *Med* [kudunga *od* kupiga] sindano, mchanjo (mi-)
inkonsequent -na-*rel*-legea[legea], -si-*rel* imara | ~er Mensch kigeugeu (vi-)
Inkrafttreten *n* kuanza kutumika

Inland *n* nchi yenyewe | im ~ humu nchini
inländisch -a kienyeji *od* humu nchini
Inlett *n* nguo ya kufunika godoro
innen ndani | nach (von) ~ kuingia (kutoka) ndani
Innen|aufnahme *f Film, Foto* kupiga picha ndani *od* chumbani; **~minister** *m* Waziri wa Mambo ya Ndani; **~politik** *f* siasa ya ndani
innenpolitisch -a siasa ya ndani
Innenstadt *f* [sehemu ya *od* eneo la] katikati ya mji
innerbetrieblich -a kiwanda kinachohusika, -a shirika linalohusika
inner|er (~e, ~es; ~e) -a ndani | ~e Krankheiten magonjwa ya mwili
Inneres *n* ndani (–) | Minister (Ministerium) des Inneren Waziri wa (Wizara ya) Mambo ya Ndani
innerhalb *Präp* a) *Ort* ndani ya b) *Zeit* muda usiozidi
innig *eng* -kubwa, -zuri
inoffiziell -si-*rel* rasmi
ins (= in das) | ~ Kino gehen -enda sinema | ~ Grüne fahren -enda shambani
Insasse *m Fahrgast* abiria (ma-), msafiri (wa-); *Gefängnis* mfungwa (wa-)
insbesondere hasa
Inschrift *f* maandiko *Pl*
Insekt *n* mdudu (wa-)
Insekten|bekämpfungsmittel *n* kiuwadudu (vi-); **~stich** *m* kuumwa na mdudu
Insel *f* kisiwa (vi-)
Inserat *n* tangazo (ma-)
inserieren *tr, intr* -tangaza (*in* katika, kwenye, -ni)
insgesamt kwa jumla
Inspektion *f* ukaguzi
Inspektor(in) *m(f)* mkaguzi (wa-)
inspizieren *tr* -kagua, -cheki
Installateur *m* msaki (wa-)
installieren *tr* -weka, -tia, -tengeneza
instand | ~ halten -hudumia | ~ setzen -tengeneza, -karabati
Instinkt *m* maumbile *Pl*, hul[u]ka (–)
instinktiv bila kuambiwa
Institut *n* taasisi (–), chuo (vyuo)
Institution *f* taasisi (–), chombo (vyombo)
instruieren *tr* -elekeza
Instruktion *f* agizo (ma-)
Instrument *n* chombo (vyombo); *Musik*~ ala (–)
inszenieren *tr Theat* -andaa
Inszenierung *f* maandalizi *Pl*
Intellektuelle(r) *f(m)* msomi (wa-)
intelligent -enye kipaji
Intelligenz *f Urteilsfähigkeit* kipaji (vi-); *die geistig Schaffenden* wasomi *Pl*
Intendant *m* mkuu (wa-), mkurugenzi (wa-)
intensiv -a bidii, kwa undani | sich ~ mit etw. beschäftigen -zama katika suala
Intensiv|lehrgang *m* kozi kamambe (–); **~station** *f* wodi *od* wadi ya uangalizi mkubwa
interessant -a kuvutia *od* kupendeza
Interesse *n Anteilnahme* kuvutiwa (*an* na), hamu (–) (*an* ya); *Belang* masilahi *Pl*
Interessent *m* mnunuzi anayetegemewa
interessieren *tr u. refl* | er interessiert sich für das Buch *od* das Buch interessiert ihn amevutiwa *od* amependezwa na kitabu
interessiert -li-*rel*-vutiwa *od* -pendezwa
Interjektion *f* kiingizi (vi-), kijazio (vi-)
interkontinental -a kufika ng'ambo
intern -a ndani
Internat *n* bweni (ma-)
international -a kimataifa
Internist *m Med* daktari wa magonjwa ya mwili (ma-)
interplanetarisch -na-*rel*-fika sayari nyingine
Interpretation *f* tafsiri (–), ufafanuzi

interpretieren *tr* -fasiri, -eleza maana ya
Interpunktion *f* kituo (vi-)
Intervention *f* kuingilia [kati] *tr*
Interview *n* mahojiano *Pl*
interviewen *tr* -hoji
intim *vertraulich* nyeti, -a siri; *vertraut* -ema
intolerant -si-*rel*-vumilia (*gegen jmdn. od etw.* mtu *od* kitu)
intransitiv | ~es Verb kitenzi kisicho kielekezi
Intrige *f* fitina (–)
Invalid[e] *m* mtu asiyejiweza
Invalidenrente *f* pensheni kwa sababu ya ugonjwa *od* ulemavu (–)
invalidisieren *tr* -staafisha ... kwa sababu ya ugonjwa *od* ulemavu
Inventar *n* mali (–)
Inventur *f* kuhesabu mali
investieren *tr* -weka ... kama kitegauchumi
Investition *f* kitegauchumi (vi-)
inzwischen wakati huo
Irak Irak (–)
Iran Uajemi
Ire Mwairishi *od* Mwirishi (wa-)
irgend | ~ etwas kitu, cho chote, lo lote | ~ jemand mtu, ye yote
irgend|ein (~eine, ~einer, ~eines) mtu, ye yote; **~wann** wakati wo wote; **~wer** fulani; **~wie** kwa namna moja au nyingine; **~wo** mahali, po pote; **~woher** kutoka po pote; **~wohin** kwenda po pote
irisch -a Kiirishi *od* Kiairishi
Irland Ireland (–)
Ironie *f* mzaha (mi-), dhihaka (–), shitizai (–)
ironisch -a dhihaka *od* shitizai *od* mzaha
irreführen *tr übertr* -hadaa, -danganya
irremachen *tr* -hangaisha, -tia shaka
irren *intr* -potea, -enda huku na huko (*durch* -ni, katika); *übertr u. refl* -kosea
irrig -si-*rel* kweli
irritieren *tr* -hangaisha, -tia wasiwasi
Irrtum *m* kosa (ma-) | im ~ sein -kosea
irrtümlich -si-*rel* kweli *od* sahihi
Ischias *m od n* kuumwa na neva ya nyuma sehemu ya nyonga na paja
Islam *m* Uislamu
Island Iceland (–)
Isolierband *n El* ukanda wa kitenga-umeme
isolieren *tr El übertr* -tenga
Isolierung *f El* kitenga-umeme (vi-); *übertr* kutenga *tr*, kujitenga *refl*
Isotop *n* aisotopu (–)
Israel Israel (–); *hist* Uyahudi
Italien Italia (–)
Italiener *m* Mwitaliano (wa-)
italienisch -a Kiitaliano

J

ja 1. *Adv* ndi[y]o, naam | ~ sagen -sema ndi[y]o **2.** *Interj* | kommt ~! msikose kufika | sie ist ~ die erste yeye ndiye wa kwanza | die Schuhe sind ~ nicht teuer [kwa] kweli viatu si ghali
Jacht *f* jahazi (ma-)
Jackbaum *m* mfenesi (mi-)
Jacke *f* koti (ma-)
Jackenkleid *n* sketi (–) na jaketi (ma-, –)
Jackett *n* jeketi (–)
Jackfrucht *f* fenesi (ma-)
Jagd *f* windo (ma-) | auf die ~ gehen -enda kuwinda; **~flugzeug** *n* ndege piganaji (–)
jagen *tr*, *intr* -winda, -saka
Jäger *m* mwindaji (wa-)
Jaguar *m* chui wa Amerika ya Kusini (–)
jäh -a ghaf[u]la
Jahr *n* mwaka (mi-) | im ~e ... mwaka ... | im vergangenen ~

mwaka jana *od* uliopita | im nächsten ~ mwaka ujao *od* wa kesho | seit ~en kwa miaka iliyopita | vor zwei ~en mwaka wa juzi *od* miaka miwili iliyopita

jahraus | ~ jahrein miaka nenda miaka rudi

Jahrbuch *n* kalenda (–)

jahrelang kwa miaka kadhaa

jähren, sich | ihr Todestag jährt sich zum 100. Mal ametimiza miaka 100 tangu alipofariki

Jahres|tag *m* siku ya kuadhimisha ...; **~urlaub** *m* livu ya mwaka; **~wechsel** *m* siku kuu ya Mwaka Mpya; **~zahl** *f* mwaka (mi-); **~zeit** *f* majira *Pl*

Jahrgang *m* mwaka (mi-) | ein Mann seines ~s mtu wa rika lake

Jahrhundert *n* karne (–) | im 20. ~ [katika] karne ya 20

jährlich -a kila mwaka

Jahr|tausend *n* miaka elfu *Pl*; **~zehnt** *n* miaka kumi *Pl*

Jähzorn *m* harara (–)

jähzornig -enye harara

Jalousie *f* mbao za dirisha

jämmerlich -enye unyonge, dhaifu, -bovu

jammern *intr* -lia

Januar *m* Januari (–), mwezi wa kwanza

Japan Japani (–)

Japaner *m* Mjapani (wa-)

japanisch -a Kijapani

Jasmin *m Blüte* [y]as[u]mini (–); *Strauch* mwas[u]mini (mi-)

jäten *tr* pali[li]a | Unkraut ~ ondoa magugu

jawohl ndi[y]o, kweli, enhee!

Jazz *m* jazi *od* jezi (ma-)

je 1. *Adv* | ~ drei tatu tatu **2.** *Konj* | ~ nachdem yategemea | ~ eher, desto besser mapema yawezekanavyo

jedenfalls kwa vyo vyote

jed|er (~e, ~es) kila | ~er beliebige Mensch mtu ye yote | ~er einzelne kila mmoja

jeder|mann kila mtu, watu wote; **~zeit** kila wakati, wakati wote

jedesmal kila mara

jedoch lakini

jemals wakati wo wote, mara moja

jemand mtu fulani

Jemen Yemeni (–)

jen|er (~e, ~es; ~e) -le

jenseits ng'ambo (*von* ya)

Jesus Yesu

jetzig -a kisasa *od* siku hizi

jetzt sasa | bis ~ hadi sasa | von ~ an kuanzia sasa

jeweilig -na-*rel*-husika

Job *m* kazi (–)

Joch *n Geschirr* nira (–)

Jockei *m* mpanda farasi wa resi

Jod *n* aidini (–)

Joghurt *m od n* mtindi (mi-)

Johannisbeere *f* tunda lifananalo na zabibu ndogo na kuitwa currant

Jongleur *m* mwanasarakasi asimamishaye dede vitu

jonglieren *intr* -leta uwiano *od* urari (*mit etw.* wa kitu), -simamisha *tr* dede

Jordanien Jordan (–)

Journalist *m* mwandishi wa habari

Jubel *m* shangwe (–), shamrashamra (–)

jubeln *intr* -fanya shangwe | über etw. ~ -shangilia kitu

Jubilar *m* mtu anayesherehekea siku ya kuzaliwa *od* anayeadhimisha tukio

Jubiläum *n* sherehe ya kuadhimisha ..., maadhimisho *Pl*

jucken *intr* -washa, -nye[ge]a; **sich ~** -jikuna

Jude *m* Myahudi (wa-)

jüdisch -a Kiyahudi

Judo *n* judo (–)

Jugend *f Lebensalter* ujana; *junge Menschen* vijana *Pl* | von ~ auf tangu ujana; **~buch** *n* kitabu kwa vijana (vi-); **~freund** *m* | mein (dein) ~ kijana mwenzangu (mwenzako); **~herberge** *f* hosteli ya vijana

jugendlich -a kijana
Jugendliche(r) *f(m)* kijana (vi-)
Juli *m* Julai (–), mwezi wa saba
jung -dogo, -changa; *frisch* -bichi, -pya | ~e Leute vijana | sie ist zwei Jahre jünger als ich nimemzidi kwa miaka miwili | er ist ~ geblieben yeye ni mzee-kijana
Junge *m* mvulana (wa-)
Jünger *m* mfuasi (wa-)
Junges *n Zool* mwana (wana)
Jung|frau *f* bikira (–); **~geselle** *m* kapera (ma-), mseja (wa-)
Juni *m* Juni (–), mwezi wa sita
Jura *Pl* sheria (–)
Jurist *m* mwanasheria (wanasheria)
juristisch -a kisheria
Jury *f* kamati ya waamuzi
Justitiar *m* mwanasheria (wanasheria)
Justiz *f* sheria (–)
Juwel *m* kito (vi-), johari (–)
Juwelier *m* sonara (–)

K

Kabarett *n* burudani anuai (–), ramsa (–)
Kabel *n* waya (nyaya), kebo (–)
Kabeljau *m* mjombo (–), kibua (vi-)
Kabine *f* chumba (vyumba); *Schiff* kebini (–)
Kabinett *n Pol* Baraza la Mawaziri; *Zimmer* chumba (vyumba)
Kachel *f* kigae (vi-); **~ofen** *m* tanuri la *od* oveni ya vigae
Kadaver *m* mzoga (mi-)
Käfer *m* mdudu wa jamii ya dudutembo
Kaffee *m* kahawa (–); *Strauch* mbuni (mi-), mkahawa (mi-) | ~ kochen -tengeneza *od* -pika kahawa | eine Tasse ~ kikombe cha kahawa | schwarzer ~ kahawa ya rangi; **~bohne** *f* buni (–)
Kaffeekanne *f* birika (–), buli (ma-); *hohe* ~ mdela (mi-)
Kaffee|löffel *m* kijiko cha chai; **~mühle** *f* kisagia kahawa (vi-), kinu cha kutwangia kahawa
Käfig *m* tundu (ma-)
kahl *unbelaubt* -si-*rel* na majani; *ohne Haar* -enye upara
Kahn *m* mashua (–)
Kai *m* gati (ma-)
Kaiser *m* kaizari (–)
Kajak *m Sport* mtumbwi (mi-)
Kajüte *f* chumba [melini] (vyumba), kebini (–)
Kakao *m* kakao (–); **~strauch** *m* mkakao (mi-)
Kakerlake *f* mende (–)
Kaktee *f*, **Kaktus** *m* kakati (–)
Kalb *n* ndama (–); **~fleisch** *n* nyama ya ndama
Kalbsbraten *m* [nyama ya] ndama ya kukaanga
Kalebasse *f* buyu (ma-), dundu (ma-), kibuyu (vi-), kitoma (vi-); *kleine* ~ ndonga (–), ndumba (–), tunguri (–)
Kalender *m* kalenda (–)
Kali *n* kaliamu (–), potasiamu (–); *Düngemittel* potasiamu oksaidi
Kalk *m* chokaa (–)
Kalkulation *f* makadirio *Pl*, makisio *Pl*
kalkulieren *tr berechnen* -kadiria, -kisia; *intr vermuten* -chukulia
Kalorie *f* kalori (–)
kalt baridi | mir ist ~ nasikia baridi | etw. ~ stellen -weka kitu mahali pa baridi; **~blütig** *übertr* baridi
Kälte *f* baridi (–), mzizimo (mi-); *übertr* ubaridi | 15 Grad ~ nyuzi 15 chini ya sifuri *od* za baridi; **~welle** *f Met* kukumbwa na baridi kali
kaltlassen *tr* | das läßt mich kalt sijali

Kalt|schale *f* fruti (–); **~welle** *f* mtindo wa kusuka nywele uitwao cold perm
Kambodscha Cambodia (–)
Kamel *n* ngamia (–)
Kamera *f* kamera (–)
Kamerad *m* rafiki (ma-), mwenzi (wenzi)
Kameradschaft *f* urafiki
kameradschaftlich -a kirafiki
Kameramann *m* mpiga picha (wa-), mwanakamera (wanakamera)
Kamerun Kamerun (–)
Kamille *f* aina ya miti-shamba wenye maua iitwayo camomile
Kamin *m* *Feuerstelle* mahali pa kupashia moto, chemni (–)
Kamm *m* kitana (vi-); *großer* ~ chanuo (ma-); *Fleischstück* nyama ya shingoni; *Gebirge* tuta (ma-); *Hahnen*~ undu (nyundu), mnju (mi-)
kämmen *tr* -chana … nywele; **sich** ~ | ich kämme mich nachana nywele zangu
Kammer *f* kichumba (vi-); *Institution* halmashauri (–); **~musik** *f* chamber music (–)
Kampagne *f* kampeni (–)
Kampf *m* vita (–), mapigano *Pl* (*für* kwa; *gegen* dhidi ya, kupinga; *um* ya kupigania); *Sport* mashindano *Pl*
kämpfen *intr* -pigana | für *od* um die Freiheit ~ -pigania Uhuru | gegen jmdn. ~ -pigana na mtu | gegen etw. ~ -piga vita kitu
Kämpfer *m* mpiganaji (wa-); *in Zus* mpigania (wa-)
Kampfrichter *m* mwamuzi (wa-), refa[rii] (–)
Kanadier *m* *Sport* mtumbwi (mi-)
Kanal *m* mfereji (mi-), mtaro (mi-); *TV* channel (–)
Kanalisation *f* mfumo wa mifereji na mitaro *od* mabombataka
Kanarienvogel *m* chiriku (–), rega (–)
Kandidat *m* *bei Wahlen* mgombea uchaguzi (wa-)
Kandidatur *f* kugombea *tr*
kandidieren *intr* | für einen Sitz im Parlament ~ -gombea ubunge *od* kiti cha mbunge
Känguruh *n* mnyama [wa Australia] aitwaye kangaroo
Kaninchen *n* sungura (–), kitungule (vi-)
Kanister *m* debe (ma-), tangi (ma-)
Kanne *f* dumu (ma-), gudulia (ma-), jagi (ma-)
Kanone *f* mzinga (mi-)
Kantate *f* wimbo wa kantata
Kante *f* ukingo (kingo) | Geld auf die hohe ~ legen -weka akiba ya fedha
Kantine *f* *Betriebs*~ kantini (–); *im Freien* genge (ma-)
Kantor *m* kiongozi wa kwaya [ya kanisani]
Kanu *n* mtumbwi (mi-), kiperea (vi-), hori (ma-)
Kanzel *f* *Flugzeug* dungu (–); *Rel* mimbari (–)
Kanzlei *f* ofisi (–)
Kanzler *m* *Pol* Waziri Mkuu (ma-); **~amt** *n* ofisi ya Waziri Mkuu
Kap *n* rasi (–) | ~ der Guten Hoffnung Rasi ya Tumaini Jema
Kapazität *f* uwezo; *übertr* bingwa (ma-), fundi stadi (ma-)
Kapelle *f* *Arch* kanisa dogo (ma-); *Mus* beni (–)
Kapellmeister *m* kiongozi wa okestra (vi-); *Mil* dramumeja (–)
Kapital *n* mtaji (mi-) | flüssiges ~ mtaji wa fedha
Kapitalismus *m* ubepari
Kapitalist *m* bepari (ma-)
kapitalistisch -a kibepari
Kapitän *m* rubani (–), kapteni (ma-), nahodha (–, *auch Sport*)
Kapitel *n* sura (–)
Kapitulation *f* kusalimu amri
kapitulieren *intr* -salimu amri
Kappe *f* *Kopfbedeckung* kofia (–); *Fez* tarbushi (–), kitunga (vi-); *Tech* kifuniko (vi-)
kappen *tr* -kata

Kapsel *f* kijaluba (vi-), kibumba (vi-); *Bot* kokwa (–)
kaputt *umg* -li-*rel*-vunjika *od* -pasuka
kaputtgehen *intr umg* -vunjika, -pasuka
Kapuze *f* ushungi (mashungi)
Karabiner *m* bunduki fupi (–)
Karaffe *f* kigida (vi-)
Karawane *f* msafara (mi-)
Kardinal *m* kadinali (ma-)
kariert -enye miraba [miraba]
Karikatur *f* katuni (–)
Karneval *m* sherehe ya mavazi bandia
Karo *n* mraba (mi-); *Kart* uru (ma-)
Karosserie *f* bodi (–)
Karotte *f* karoti (–)
Karpfen *m* samaki wa maji baridi aitwaye karapu
Karre *f*, **Karren** *m* kigari (vi-); *Schub*~ toroli (–)
Karriere *f* maendeleo *Pl* | ~ machen -fanikiwa, -pata mafanikio
Karte *f Post*~ [posta]kadi (–); *Eintritts*~ tikiti (–) | eine ~ kaufen -kata tikiti; *Land*~ ramani (–); *Speise*~ menyu (–); *Kart* karata (–)
Kartei *f* katalogi (–); **~karte** *f* kadi (–)
Kartenspiel *n* mchezo wa karata
Kartoffel *f* kiazi (vi-) | neue ~n viazi vibichi; **~mus** *n* viazi vya kuponda; **~puffer** *m* gole la viazi vilivyosagwa; **~salat** *m* saladi ya viazi; **~suppe** *f* supu ya viazi
Karton *m* karatasi ngumu, kadibodi (–); *Schachtel* katoni (ma-), boksi (ma-)
Karussell *n* bembea (–)
Käse *m* jibini (–), chizi (–)
Kaserne *f* bwalo *od* kambi la maaskari
Kasse *f Auszahlungsstelle* ofisi *od* kaunta ya mshika fedha; *Kassette* kasha la fedha; *Hdl* kalkuleta (–)
Kassenzettel *m* risiti (–)
Kassette *f für Bücher, Schallplatten usw.* boksi (–), kijaluba (vi-); *Tonband* kaseti (–)
Kassettenrecorder *m* rediokaseti (–)
kassieren *tr* -pokea
Kassierer *m* keshia (ma-), mshika fedha (wa-)
Kastanie *f Baum* mti wa chestnut; *Frucht* chestnut (–)
Kasten *m* sanduku (ma-), boksi (ma-)
Katalog *m* katalogi (–)
katastrophal -a kutisha
Katastrophe *f* ajali kubwa (–)
Kategorie *f* daraja (ma-)
Kater *m* paka dume (–)
Kathedrale *f* kanisa kuu (ma-)
Kathode *f* katodi (–)
Katholik *m* Mkatoliki (wa-)
katholisch -a kikatoliki
Katholizismus *m* madhehebu ya kikatoliki
Kattun *m* marekani (–)
Katze *f* paka [jike] (–)
kauen *tr* -tafuna, -saga[saga] … kwa meno
Kauf *m* ununuzi, manunuzi *Pl*
kaufen *tr* -nunua
Käufer *m* mnunuzi (wa-)
Kauf|haus *n* duka lenye idara, supamakiti *od* supamaketi (–); **~kraft** *f* uwezo wa kujinunulia bidhaa, thamani (–)
kaufmännisch -a kibiashara
Kaugummi *m* pipi ya kuchuna, ubani
kaum 1. *Adv mit Mühe* kwa shida; *soeben erst* tu, sasa hivi | er wird ~ kommen sidhani kwamba atafika | es ist ~ der Rede wert si muhimu sana **2.** *Konj* | ~ daß er geantwortet hatte … mara alipokwisha kujibu …
Kaution *f* dhamana (–) | auf ~ freilassen -achia kwa dhamana
Kautschuk *m* mpira (mi-)
Kavalier *m* muungwana (wa-)
Kaviar *m* mayai ya sturijioni
keck -a *od* kwa ujasiri, -si-*rel* na woga | ein ~er Junge mvulana jasiri *od* mtundu

Kegel *m Math* pia (–); *Sport* chupa ya mti; **~bahn** *f* njia ya mchezo wa kuangusha chupa za mti kwa tufe

kegeln *intr* -angusha chupa za mti kwa tufe

Kehle *f* koo (ma-)

Kehlkopf *m* zoloto (–)

[1]**kehren** *tr fegen* -fagia, -pea

[2]**kehren** *tr* | jmdm. den Rücken ~ -pa mtu mgongo

Kehrreim *m* kiitikio (vi-)

Keil *m* kabari (–); **~kissen** *n* mto wenye umbo la kabari; **~riemen** *m* mkanda (mi-), fenbelti (–)

Keim *m* chipukizi (ma-) | etw. im ~ ersticken -komesha kitu mwanzoni

keimen *intr* -chipua

keimfrei -si-*rel* na vijidudu

kein (~e, ~; ~e) | er hat ~e Zeit hana nafasi *od* fursa | sie glaubt auf gar ~en Fall, daß ... haamini hata kidogo kwamba ... | es verging ~ Tag haikupita hata siku moja

kein|er (~e, ~[e]s) | ~er kommt hakuna mtu anayekuja

keinerlei | er machte ~ Anstrengungen ... hakufanya lo lote, hakuchukua hatua yo yote

keinesfalls hata kidogo

Keks *m* biskuti (–)

Kelch *m* kikombe (vi-); *Bot* kikungujani (vi-), kalisi (–)

Kelle *f Schöpf~* kata (–), upawa (pawa); *Maurer~* mwiko (mi-)

Keller *m* ghala [iliyopo chini ya ardhi]

Kellner *m* mhudumu (wa-)

Kenia Kenya (–)

kennen *tr* -fahamu, -jua, -maizi

kennenlernen *tr* -fahamiana *od* -juana na

Kenner *m* mjuzi (wa-), bingwa (ma-)

kenntlich | etw. ~ machen -dhihirisha, -tambulisha kitu

Kenntnis *f Wissen* ujuzi, elimu (–); *Erfahrung* maarifa *Pl* (*von* ya) | zur ~ geben -arifu | zur ~ nehmen -tilia maanani, -zingatia; **~se** *Pl* maarifa

Kennzeichen *n* alama (–), ishara (–), kitambulishi (vi-)

kennzeichnen *tr* -bandika *od* -tia alama; *bezeichnen* -fafanua

Kennziffer *f* data (–), takwimu (–)

kentern *intr* -pinduka, -fidukia

Keramik *f* chombo cha kaure

Kerbe *f* pengo (ma-)

Kerl *m* jamaa (–), mtu (wa-)

Kern *m Bot* kokwa *od* koko (–), kiini (vi-) (*auch Phys*); *Phys* n[y]uk[i]lia (–); **~energie** *f* nishati ya nuklia; **~forschung** *f* uchunguzi wa kinuklia; **~gehäuse** *n*, **~haus** *n* kiini (vi-); **~physik** *f* fizikia ya nuklia; **~reaktor** *m* mtambo wa nuklia; **~spaltung** *f* mwatuko wa nuklia; **~waffe** *f*, *meist* **~waffen** *Pl* silaha za nuklia

Kerze *f* mshumaa (mi-)

Kessel *m Behälter* beseni (–), tangi (ma-); *Wasser~* birika (ma-), kandirinya (ma-); *Dampf~* boila (ma-); **~haus** *n* jengo lenye maboila; **~wagen** *m Eisenbahn* behewa la mafuta *od* kemikali; *LKW* tenka (ma-)

Kette *f* mnyororo (mi-), silisila (–); *Hals~* mkufu (mi-)

keuchen *intr* -hema *od* -pumua kwa shida

Keuchhusten *m* kifaduro (vi-)

Keule *f Sport* rungu (ma-)

kichern *intr* -cheka chinichini

[1]**Kiefer** *m Anat* utaya (taya)

[2]**Kiefer** *f Bot* mkaratasi (mi-)

Kiel *m* mkuku (mi-)

Kieme *f* matamvua *Pl*

Kies *m* changarawe (–)

Kilo|gramm *n* kilo (–); **~hertz** *n* kilohertz (–)

Kilometer *m* kilometa (–); **~zähler** *m* mita [ya gari]

Kilowatt *n* kilowati (–); **~stunde** *f* kilowati kwa saa

Kind *n* mtoto (wa-), mwana (wana)

Kinder- *in Zus* -a watoto

Kinder|arzt *m* daktari wa watoto; **~bett** *n* kitanda cha mtoto; **~buch** *n*

kitabu kwa watoto; **~funk** *m* kipindi cha watoto; **~garten** *m* shule ya watoto wadogo; *umg* shule ya vidudu; **~gärtnerin** *f* mlezi [wa shule ya watoto wadogo]; **~heim** *n* hosteli ya watoto; **~hort** *m* shule ya watoto wadogo; **~krankheit** *f* ugonjwa wa watoto; **~krippe** *f* kituo cha watoto wachanga; **~lähmung** *f* polio (–)

kinder|los -si-*rel* na mtoto *od* watoto; **~reich** -enye watoto wengi

Kinder|tagesstätte *f* kituo cha watoto wadogo; **~wagen** *m* pramu (–); **~zimmer** *n* chumba cha mtoto *od* watoto

Kindheit *f* utoto | von ~ an tangu utoto

kindisch -a kitoto

kindlich kama mtoto

Kinn *n* kidevu (vi-)

Kino *n* [nyumba ya] sinema (–)

Kiosk *m* kioski (vi-)

kippen *tr an~* -inamisha; *aus~* -mwaga; *um~* -pindua; *intr* -pinduka

Kipper *m* tipa (ma-)

Kipplore *f* kibehewa cha kumwagia udongo kwa ubavuni

Kirche *f* kanisa (ma-); *Gottesdienst* ibada (–)

kirchlich -a kanisani *od* kikristo

Kirchturm *m* mnara wa kanisa

Kirschbaum *m* mcheri (mi-)

Kirsche *f* cheri (–)

Kissen *n* mto (mi-); *Sitz~* takia (ma-); **~bezug** *m* foronya (–)

Kiste *f* kasha (ma-), boksi (ma-)

Kitsch *m Lit* fasihi duni (–)

kitschig duni

Kitt *m* pati (–)

Kittel *m* gwanda (ma-); **~schürze** *f* eproni (–)

kitten *tr* -paka *od* -weka … pati, -unganisha … kwa pati

kitzeln *tr* -tekenya, -nyegeza

kitzlig *heikel* nyeti

Klage *f* lalamiko (ma-) (*über* juu ya *od* kuhusu); *Jur* mash[i]taka *Pl* (*gegen* dhidi ya)

klagen *intr* -lalamika | über etw. *od* jmdn. ~ -lalamikia kitu *od* mtu; *Jur* -peleka mashtaka (*gegen* dhidi ya), -sh[i]taki *tr*; *tr* | jmdm. sein Leid ~ -eleza mtu uchungu wake

Kläger *m Jur* mshtaki (wa-)

kläglich *erbärmlich* hafifu, duni, dhaifu; *jämmerlich* -a huzuni *od* kusikitisha

Klammer *f Wäsche~* kibanio (vi-) | in runden ~n katika mibano duara

klammern, sich [-ji]-shikilia (*an jmdn. od etw.* kwa mtu *od* kwenye kitu)

Klang *m* sauti (–); *Trommel* mdundo (mi-)

Klappbett *n* kitanda cha kukunja

Klappe *f* kifuniko (vi-); *Tech* kilango (vi-)

klappen *tr* -betua; *intr unpers umg* | es klappt ni sawa *od* barábara | wenn es nicht klappt ikishindikana

klappern *intr* -lia

Klapp|[fahr]rad *n* bais[i]keli ya kukunja; **~sitz** *m* kiti cha kubetua

klar *durchsichtig* -na-*rel*-penya nuru; *hell* -eupe, -angavu; *Himmel* -si-*rel* na mawingu; *deutlich* wazi, dhahiri, bayana | er ist sich ~ darüber, daß … ni wazi *od* dhahiri *od* bayana kwake kwamba …

klären *tr* -chuja, -safisha; *übertr* -fumbua; **sich ~** -chujika, -wa safi; *übertr* -dhihirika, -bainika

Klarheit *f übertr* uwazi

Klarinette *f* ala ya kupuliza ya aina ya saksafoni ndogo iitwayo klarineti

klarmachen *tr* -eleza … wazi, -fahamisha, -elewesha

klarstellen *tr* -sahihisha

Klärung *f* ufumbuzi

klarwerden, sich | sich über etw. ~ -elewa *od* -fahamu *od* -tambua jambo

Klasse *f Schule* darasa (ma-); *Oberstufe* kidato (vi-); *Pol* tabaka (– *od* ma-); *Verk* | erster ~ daraja la kwanza

Klassen|lehrer(in) *m(f)*, **~leiter(in)** *m(f)* mwalimu wa darasa; **~zimmer** *n* darasa (ma-)
Klassifikation *f* mwainisho (mi-), uainishaji
klassifizieren *tr* -ainisha
Klassik *f* urasimi
Klassiker *m* mwasisi (wa-)
klassisch -a enzi za Wayunani na Warumi
klassizistisch *Arch* -a kirasimu
Klatsch *m Gerede* uvumi, uzushi, porojo (–); *Schlag* pigo (ma-)
klatschen *intr schwatzen* -piga porojo (*über* juu ya) | in die Hände *od* Beifall ~ -piga makofi | jmdm. Beifall ~ -pigia mtu [ma]kofi
Klaue *f* ukucha (kucha *od* ma-)
Klausel *f* sharti (ma-)
Klausurarbeit *f* mtihani wa kuandika
Klavier *n* kinanda (vi-) | ~ spielen -piga kinanda
kleben *tr* -bandika … kwa gundi (*an*, *auf* -ni, kwenye); *intr* -nata, -ganda, -shikamana (*an* -ni, kwenye)
klebrig -a kunata
Kleb|stoff *m* gundi (ma-); **~streifen** *m* selotep (–)
Klecks *m* doa (ma-)
Klee *m* mkitatu (mi-)
Kleid *n* gauni (ma-)
kleiden *tr* | das kleidet sie gut inamkaa vizuri; **sich** ~ -vaa
Kleider|bügel *m* kitundikio (vi-); **~bürste** *f* brashi ya nguo; **~haken** *m* chango (vyango); **~schrank** *m* kabati ya nguo
kleidsam -na-*rel*-faa *od* -kaa vizuri
Kleidung *f* nguo *Pl*, mavazi *Pl*
Kleidungsstück *n* vazi (ma-)
klein *kurz* -fupi; *geringfügig* hafifu, -dogo; *jung* -dogo, -changa | von ~ auf tangu utoto
Kleinbild|film *m* filamu ya mm 35; **~kamera** *f* kamera itumiayo filamu ya mm 35
Kleingeld *n* sarafu (–), visenti *Pl*
Kleinigkeit *f* jambo dogo *od* hafifu
Klein|kalibergewehr *n* bunduki ya mdomo *od* mtutu mwembamba; **~kind** *n* mtoto mchanga, mdema *od* mdima (wa-)
kleinlaut -a *od* kwa sauti ya unyonge *od* aibu
kleinlich -enye mtazamo finyu | ~e Person mrasimu (wa-)
Klein|möbel *n*, *meist Pl* fenicha ndogo; **~stadt** *f* mji mdogo
kleinstädtisch -a mji mdogo
Kleinstwohnung *f* fleti ndogo
Klemme *f* kibanio (vi-); *Tech* k[i]lipu (–), k[i]liti (–); *übertr* shida (–) | in der ~ sein *od* sitzen -kwama
klemmen *tr* -bana (*zwischen* katika, kwenye); *intr* | die Tür klemmt mlango umekwama; **sich** ~ -jifinya, -jibinya
Klempner *m* fundi bomba (ma-)
klettern *intr* -panda (*auf etw.* kitu) | auf die Palme ~ -kwea mnazi
Kletterpflanze *f* mmea unaojisongasonga juu
Klient *m* mteja (wa-)
Klima *n* hali ya hewa | sich an das ~ gewöhnen -zoea hali ya hewa; **~anlage** *f* chombo cha hewa baridi, kiyoyozi (vi-)
klimatisch -a kihali ya hewa
Klinge *f Messer* bapa (ma-); *Rasier~* wembe (nyembe)
Klingel *f* kengele (–)
klingeln *intr* -bonyeza kengele (*bei* ya *od* kwa) | es klingelt kengele inalia; *Tel* simu inalia
klingen *intr* -lia, -toa sauti
Klinik *f* hospitali (–), kliniki (–)
Klinke *f* mkono (mi-)
klipp | ~ und klar bila kuficha, wazi
Klippe *f Geogr* genge (ma-), jabali (ma-); *übertr* kizuizi (vi-)
Klippschliefer *m Zool* kwanga (–)
klirren *intr* -fanya kishindo
klopfen *tr* -pig[ili]a; *intr* -piga hodi (*an* -ni), -gonga *tr*; *Herz* -dunda; *un-*

pers es klopft wapiga hodi *od* -gonga mlango
Klosett *n* choo (vyoo)
Kloß *m* namna ya bumunda la viazi *od* unga lililopikwa
Kloster *n* nyumba ya utawa
Klotz *m* gogo (ma-)
Klub *m* klabu (–)
Kluft *f übertr* pengo (ma-)
klug -enye akili *od* kipaji; *Rat* -a busara *od* hekima | nicht ~ werden aus *neg*-elewa *tr*
Klugheit *f* akili (–), busara (–)
Klumpen *m* donge (ma-)
knabbern *tr*, *intr* -guguna *tr*
Knabe *m* mvulana (wa-)
Knäckebrot *n* biskuti (–)
knacken *tr* -bangua, -banja; *intr* -alika, -fanya kishindo
Knall *m* mlio (mi-), mshindo (mi-), mgoto (mi-)
knallen *intr* -wa na mshindo mkubwa
knapp *beschränkt* -dogo, haba, hafifu; *eng* -na-*rel*-bana; *gering* nadra, adimu
knarren *intr* -toa sauti
knattern *intr* -nguruma, -wa na mshindo
Knäuel *n* donge (ma-) | ein ~ Wolle donge la sufi
knauserig -enye choyo, bahili | ~er Mensch choyo (–), bahili (–)
knechten *tr* -tesa, -dhulumu
kneifen *tr* -binya, -finya, -minya
Kneifzange *f* koleo la [kutolea *od* kukamatia] m[i]sumari
kneten *tr* -kanda
knicken *tr falten* -kunja
Knie *n* goti (ma-); *Tech* kiungo (vi-); **~beuge** *f Sport* kujiinamisha; **~gelenk** *n* kifundo cha goti; **~hose** *f* kaptura (–)
knien *intr* -piga magoti
Knie|scheibe *f* pia ya goti; **~strumpf** *m* soksi ndefu
knifflig -gumu, thakili
knipsen *tr umg Foto* -pig[i]a … picha; *umg Fahrkarte* -toboa
knirschen *intr* -toa sauti
knistern *intr* -alika
knitterarm -si-*rel*-kunjamana upesi
knittern *intr* -kunjamana
Knoblauch *m* kitunguu saumu (vi-)
Knöchel *m Fuß* kifundo cha mguu
Knochen *m* mfupa (mi-)
Knolle *f* kiazi (vi-)
Knopf *m* kifungo (vi-); *Tech* tufe (ma-); **~loch** *n* tundu la kifungo
Knospe *f* tumba (ma-)
Knoten *m Faden*, *Seil* fundo (ma-) | einen ~ binden -piga fundo; *Mar Geschwindigkeit* mwendo wa maili za kibahari katika saa; **~punkt** *m* mji mkuu, mahali pakuu, kitovu (vi-)
knüpfen *tr* -piga … kifundo *od* [ma]fundo
Knüppel *m* gongo (ma-), kibarango (vi-)
knurren *intr* -nguruma | mir knurrt der Magen tumbo linaninguruma
knusprig -enye gome *od* gamba gumu
Koalition *f* serikali ya mseto
Kobra *f* swila (–)
Koch *m* mpishi (wa-); **~buch** *n* kitabu cha upishi
kochen *tr* -pika; *erhitzen* -chemsha; *intr* -chemka
Kocher *m* jiko (meko)
Köcher *m* podo (ma-)
kochfertig -li-*rel* tayari kupikwa
Koch|nische *f* mahali pa *od* pembe ya kupikia chakula; **~platte** *f* jiko (meko); **~topf** *m* sufuria (–), chungu (vyungu)
Köder *m* chambo (vyambo)
Koexistenz *f* kuishi pamoja
koffeinfrei -si-*rel* na kafeni
Koffer *m* sanduku (ma-); **~radio** *n* transista (–); **~raum** *m* buti (–)
Kognak *m* brendi (–)
Kohl *m* kabeji (–)
Kohle *f* kaa (ma-)
Kohlen|anzünder *m* kiwashio makaa (vi-); **~grube** *f* mgodi wa makaa; **~säure** *f* kaboni asidi (–)

Kohlepapier *n* kaboni (–)
Kohlrabi *m* kohlrabi (–)
Koje *f Mar* kijumba (vi-)
Kokerei *f* joko la kutengeneza makaa zimwe
kokett kama mbwembwe | ein ~es Mädchen msichana mbwembwe
kokettieren *intr* -piga ubembe
Kokos|faser *f* usumba (sumba); **~fett** *n* mafuta ya nazi *od* mawese; **~milch** *f* tui (–); **~nuß** *f* nazi (–); *unreife* dafu (ma-); **~palme** *f* mnazi (mi-); **~raspel** *f* chicha (ma-)
Koks *m* makaa zimwe *Pl*
Kolben *m Tech* pistoni (–); *Chem* flaski (–); *Gewehr* liwato (ma-), tako (ma-)
Kolik *f* kusokotwa na tumbo
Kollege *m* | mein (dein) ~ mfanyakazi mwenzangu (mwenzako)
kollegial -zuri, -a kirafiki
Kollegin *f* = **Kollege**
Kollekte *f Rel* sadaka (–), mchango (mi-)
Kollektion *f* mkusanyiko (mi-)
kollektiv -a pamoja
Kollektiv *n* kikundi (vi-), timu (–)
Kollektivierung *f* uanzishaji wa miradi ya ushirika wa uzalishaji mali
kollidieren *intr* -gongana
Kollision *f* mgongano (mi-)
Kolloquium *n* kongamano (–)
Kölnischwasser *n* maji mazuri ya Eau de Cologne
kolonial -a kikoloni
Kolonialist *m* mkoloni (wa-)
Kolonie *f* koloni (ma-)
Kolonnade *f* safu ya nguzo
Kolonne *f Abteilung* kikosi (vi-); *Schar* kundi (ma-)
Koloratur *f* sauti ya koloratura
Kolumbien Kolumbia (–)
Kombi *m* = **Kombi[wagen]**
Kombination *f* uwianishaji; *Sport* mashindano ya michezo anuai; *Arbeitsanzug* ovaroli (ma-)
Kombine *f* kivuna sawia (vi-)
kombinieren *tr* -wianisha, -oanisha
Kombi[wagen] *m* kombi (–)
Komet *m Astron* kim[w]ondo (vi-), nyotamkia (–)
Komfort *m* starehe (–), anasa (–), raha [mustarehe] (–)
komfortabel -a raha [mustarehe] *od* starehe
Komik *f* uchekeshaji
Komiker *m* mchekeshaji (wa-)
komisch *seltsam* -geni; *Heiterkeit erregend* -a kuchekesha
Komitee *n* kamati (–)
Komma *n* mkato (mi-), koma (–)
Kommandant *m* kamanda (ma-)
Kommandeur *m* kamanda (ma-)
kommandieren *tr* -amrisha; *intr* -toa amri
Kommando *n Befehl* amri (ma-); *Befehlsgewalt* daraka (ma-)
kommen *intr herbei~* -ja, -karibia (*in*, *nach* -ni) | zu jmdm. ~ -ja kwa mtu, -jia mtu; *an~* -fika, -wasili | ~ Sie! njoo[ni] | *verlieren* sie ~ um ihr Geld pesa zao zinawapotea | zu etw. ~ -pata kitu | wie kommt es, daß … inakujaje kwamba … | jmdn. ~ lassen -ita mtu | die Zeit ist gekommen wakati umewadia, saa imetimia | ins Zimmer ~ -ingia chumbani | aus dem Haus ~ -toka nyumbani | hinter etw. ~ -gundua kitu
Kommen *n* | ~ und Gehen pirikapirika, pilikapilika (–)
kommend -ja-*rel* | im ~en Jahr mwaka kesho *od* ujao
Kommentar *m Zeitungs~* maoni [ya mhariri *od* edita]; *Rundfunk~* mazungumzo baada ya habari
Kommentator *m Radio*, *TV* mtangazaji wa mazungumzo baada ya habari; *Ztgsw* mwandishi wa maoni ya mhariri
kommentieren *tr* -eleza, -fafanua
Kommilitone *m* | mein (dein) ~ mwanafunzi mwenzangu (mwenzako)
Kommissar *m* kamisaa (ma-)
kommissarisch -a muda

Kommission *f* tume (ma-), kamati (–)
kommunal -a mji
Kommunikation *f* mawasiliano *Pl*
Kommunion *n Rel* ushirika
Kommuniqué *n* taarifa (–)
Kommunismus *m* ukomunisti
Kommunist *m* mkomunisti (wa-)
kommunistisch -a kikomunisti
Komödie *f* futahi (–)
Komoren Komoro (–)
Kompanie *f* kombania (ma-)
Komparativ *m* hali ya kivumishi inayozidi ile ya kawaida
Kompaß *m* dira (–)
kompetent -na-*rel*-husika
Komplet *n* sketi (–) *od* gauni (–) na koti
komplett kamili
komplettieren *tr* -kamilisha, -jaliza
Komplex *m Gesamtheit* ujumla
Komplikation *f* shida (–), tatizo (ma-), vurugu (ma-)
Kompliment *n* mabembelezo *Pl*
komplizieren *tr* -fanya ... kuwa -gumu
kompliziert -gumu, tata | *Med* ~er Bruch mvunjiko mkuu
Komplott *n* njama (–) | ein ~ planen -la njama
komponieren *tr* -tunga; *intr* -tunga muziki
Komponist *m* mtunzi wa muziki
Komposition *f Mus* muziki (mi-); *Anordnung* mpangilio (mi-)
Kompositum *n* neno changamano (ma-)
Kompost *m* mbolea ya takataka, komposti (–), mboleavunde (–)
Kompott *n* matunda *Pl*, fruti (–)
Kompresse *f* bendeji (–)
Kompressor *m Tech* kishindilio (vi-), kompresa (–)
Kompromiß *m* masikilizano *Pl*, makubaliano *Pl* | einen ~ schließen -fikia masikilizano *od* makubaliano
kondensiert *in Dampf verwandelt* -li--*rel*-geuka mvuke, -li-*rel*-toneshwa
Kondensmilch *f* maziwa ya kopo
Kondition *f Sport* hali (–)
Konditor *m* mwoka keki (wa-)
Konditorei *f* duka la vitafunio vitamu
kondolieren *intr* -peleka [salamu za] rambirambi, -hani *tr*
Kondom *n* kondomi (–), mpira (mi-), *umg* soksi (ma-)
Konfekt *n* peremende (–); *umg* pipi (–)
Konfektion *f* nguo za redimedi
Konferenz *f* mkutano (mi-); **~schaltung** *f* vipindi anuai vitangazwavyo moja kwa moja
konferieren *intr* -jadiliana
Konfession *f Rel* madhehebu *Pl*
konfessionell *Rel* -a kidini
Konfirmation *f* kipaimara *Sg* (vi-)
Konfitüre *f* jemu (–)
Konflikt *m* mzozo (mi-), ugomvi
Konföderation *f* shirikisho (ma-)
konfrontieren *tr* | konfrontiert werden mit -kabiliwa na
konfus -a wasiwasi
Kongo Kongo (–)
Kongreß *m* mkutano (mi-)
Konifere *f* mkoniferasi (mi-)
König *m* mfalme (wa-); *Kart* mzungu wa nne; **~in** *f* malkia (–)
konjugieren *tr* -endesha
Konjunktion *f* kiunganishi (vi-)
Konjunktiv *m* hali ya kutarajia
Konjunktur *f* hali nzuri ya uchumi
konkret halisi
Konkurrenz *f* ushindani
konkurrieren *intr* -shindana
Konkurs *m* kufilisika
können *Modalv imstande sein, dürfen* -weza | es kann sein yawezekana; *tr beherrschen* -mudu, -jua
Können *n* uwezo
konsequent -a dhati
Konsequenz *f Beharrlichkeit* uthabiti, dhati (–); *Folgerichtigkeit* hitimisho (ma-) | die ~en ziehen aus -hitimisha *od* -chukua hatua kutokana na

konservativ -enye kushikilia ... -a zamani
Konserve *f* kopo (ma-)
konservieren *tr* -hifadhi ... kwenye [ma]kopo
Konsonant *m* konsonanti (–)
konspirieren *intr* -la njama
konstant -si-*rel*-badilika
konstituieren, sich -anzishwa
Konstitution *f Med* hali (–)
konstruieren *tr* -buni
Konstrukteur *m* mhandisi mrasimu (wa-)
Konstruktion *f Vorgang* uhandisi urasimu; *Ergebnis* mashine (–), mtambo (mi-)
konstruktiv -a kujenga
Konsul *m* konseli (ma-), balozi mdogo (ma-)
Konsulat *n* ofisi ya balozi mdogo, ukonseli
Konsultation *f* mashauriano *Pl*; *Med* kuona *tr*
konsultieren *tr* -taka shauri la, -shauriana na
Konsum *m* matumizi *Pl*; *Geschäft* duka la chama cha ushirika
Konsument *m* mlaji (wa-)
konsumieren *tr* -tumia
Kontakt *m El* ncha (–); *übertr* uhusiano
Kontinent *m* kontinenti (ma-), bara (ma-)
Kontingent *n* sehemu (–), fungu (ma-)
kontinuierlich -na-*rel*-endelea
Kontinuität *f* mwendele[z]o (mi-)
Konto *n* akaunti (–); **~auszug** *m* taarifa ya salio
Kontrast *m* mpambanuo (mi-) (*zu* na)
Kontrolle *f* udhibiti (*über* wa); *Aufsicht* usimamizi (*über* wa)
Kontrolleur *m* mdhibiti (wa-)
kontrollieren *tr* -dhibiti
Kontroverse *f* ugomvi, ubishi
Konturen *Pl* sura (–)
Konversation *f* mazungumzo *Pl*, maongezi *Pl*
Konzentration *f Aufmerksamkeit* usikivu; *Anreicherung* wingi *Sg*
Konzentrationslager *n* kambi la wafungwa
konzentrieren *tr* -bana; *Gedanken* -elekeza; **sich ~** -jielekeza, -zama (*auf* katika *od Inf*)
Konzept *n* dhana (–); *Entwurf* muswada (mi-) | jmdn. aus dem ~ bringen -hangaisha mtu
Konzeption *f* muhtasari (mi-)
Konzern *m* kampuni kubwa (ma-)
Konzert *n* konsati (–); **~meister** *m* mkuu *od* kiongozi wa wanamuziki; **~saal** *m* ukumbi wa konsati
Konzession *f Erlaubnis* leseni (–); *Zugeständnis* ruhusa (–), idhini (–) | ~en machen -toa ruhusa *od* idhini
Kooperation *f* ushirikiano
koordinieren *tr* -ratibu, -oanisha, -wianisha
Kopalbaum *m* msandarusi (mi-)
Kopf *m* kichwa (vi-) | *übertr* sich den ~ zerbrechen -fikiri sana, -tafakari | aus dem ~ kwa moyo | pro ~ (der Bevölkerung) kila; **~bahnhof** *m* stesheni [ya gari la moshi *od* treni] iliyozibwa *od* iliyofungwa upande mmoja; **~bedeckung** *f* kofia (–)
köpfen *tr Sport* -piga ... kwa kichwa
Kopf|hörer *m Radio* kipaza sauti [cha masikioni], kisikilizio cha kichwani; **~kissen** *n* mto (mi-); **~schmerz** *m*, *oft* **~schmerzen** *Pl* kuumwa na kichwa; **~sprung** *m* kupiga kachombe, kurukia kichwa; **~tuch** *n* leso (–)
kopfüber kachombe
Kopie *f* nakala (–)
kopieren *tr Kopien anfertigen* -nakili; *abschreiben* -iga
Kopierstift *m* kalamu ya kopi
Kopilot *m* rubani msaidizi (–)
koppeln *tr* -unganisha
Koppelung *f* kuunganisha *tr*, kuunganishwa
Koproduktion *f Film* picha ya si-

nema iliyopigwa *od* inayopigwa na wabia

Koralle *f* tumbawe (ma-)

Koran *m* Kurani (–)

Korb *m* kikapu (vi-); *großer* ~ dohani (–), tenga (ma-); *aus Palmenstroh* pakacha (ma-); *mit Deckel* jamanda (ma-)

Korea Korea (–)

Korken *m* kizibo [cha gome]; **~zieher** *m* kizibuo (vi-), kifungua chupa (vi-)

[1]**Korn** *n* *Getreidefrucht* chembe (–), punje (–); *Roggen* atta (–), ngano nyekundu

[2]**Korn** *m* *Schnaps* konyagi (–)

Kornblume *f* mmea wenye maua ya b[u]luu uitwao corn-flower

körnig -a chembechembe

Körper *m* mwili (mi-); *Math* umbo (ma-); *Phys* maada (–); **~bau** *m* mwili (mi-)

körperbehindert -lemavu

Körperkultur *f* michezo *Pl*

körperlich *leiblich* -a kimwili

korpulent -nene

Korreferat *n* makala yahusuyo mada kuu

Korreferent *m* mtoa makala kuhusu mada kuu (wa-)

korrekt sahihi

Korrektur *f* sahihisho (ma-)

Korrespondent *m* mwandishi (wa-)

Korrespondenz *f* kuandikiana

korrespondieren *intr* -andikiana (*mit* na)

Korridor *m* ujia (njia)

korrigieren *tr* -sahihisha

Korrosion *f* *Vorgang* ubabuzi; *Ergebnis* mbabuo (mi-)

korrupt -na-*rel*-kula rushwa

Korruption *f* rushwa (–)

Korsett *n* nguo aina ya mkaja

Kosmetik *f* upambaji, urembaji

Kosmetika *n/Pl* manukato *Pl*

Kosmetikerin *f* mpambaji (wa-), mfanyakazi wa studio [ya urembo]

Kosmetiksalon *m* studio ya urembo

kosmisch -a angani

Kosmonaut *m* mwanaanga (wanaanga)

Kosmos *m* anga (–)

Kost *f* chakula (vyakula), mlo (mi-)

kostbar -a thamani

Kostbarkeit *f* hazina (–)

[1]**kosten** *tr* *Speise* -onja

[2]**kosten** *intr* *wert sein* | das Buch kostet 20/– Schillinge bei ya kitabu ni Shilingi 20/– | wieviel kostet es? bei *od* kiasi gani? | es hat viel Mühe gekostet juhudi *od* bidii nyingi zimefanywa kwa sababu hii

Kosten *Pl* gharama (–) | auf ~ von kwa hasara *od* gharama ya | auf seine ~ kommen -faidika; **~anschlag** *m* makadirio ya pesa

kostenlos bure

köstlich -tamu, baridi

Kostprobe *f* mfano (mi-)

kostspielig -a *od* -enye gharama nyingi

Kostüm *n* *Damen~* sketi (ma-) na koti (ma-); *Masken~* vazi la bandia

kostümieren, sich -vaa nguo za bandia

Kot *m* mavi *Pl*

Kotelett *n* kipande cha ubavu

Kotflügel *m* madigadi (–)

Krabbe *f* kaa (–)

Krach *m* *Lärm* kelele (ma-), kishindo (vi-); *umg* *Streit* mabishano *Pl*, ugomvi

krachen *intr* -piga kelele; *Donner* -wa na mngurumo

krächzen *intr* -lia kama kunguru, -sema kwa sauti iliyokauka

Kraft *f* nguvu (–); *Energie* nishati (–); *Wucht* kani (–) | in ~ treten -anza kutumika | *Jur* außer ~ setzen -futa, -batili, -tupilia mbali; **~fahrer** *m* dereva (ma-), mwendeshaji (wa-); **~fahrzeug** *n* gari (ma-), motokaa (–)

kräftig -enye nguvu; *heftig* -kali

kräftigen *tr* -imarisha

Kräftigung *f* uimarishaji

kraftlos hafifu, -enye kukosa nguvu, -nyonge
Kraftstoff *m* fueli (–), petroli (–)
kraftvoll -enye bidii *od* nguvu
Kraftwerk *n* kituo cha utoaji nguvuumeme
Kragen *m* ukosi (kosi), kala (–)
Krähe *f* kunguru (–)
krähen *intr* -wika
Kralle *f* kucha (ma-)
Krampe *f* msumari wenye umbo la U, U naili (–)
Krampf *m* kifafa (vi-), dege[dege] (–)
krampfhaft -a kifafa *od* dege[dege]
Kran *m* krini (–); **~führer** *m* mwendesha krini (wa-)
Kranich *m* korongo (–); *Kronen~* taji (–)
krank -gonjwa | ~ werden -ugua | jmdn. ~ schreiben -pa mtu cheti cha daktari
kränken *tr* -udhi, -umiza
Kranken|besuch *m* kumwona mgonjwa; **~geld** *n* posho la ugonjwa; **~gymnastik** *f* mazoezi ya viungo wakati wa ugonjwa *od* baada ya kupona; **~haus** *n* hospitali (–); **~kasse** *f* [ofisi ya) bima ya wagonjwa; **~pflege** *f* uuguzi; **~schein** *m* cheti cha hospitali *od* daktari; **~schwester** *f* muuguzi (wa-), nasi (ma-); **~wagen** *m* ambulansi (–), gari la wagonjwa
Kranker *m* mgonjwa (wa-)
krankhaft -si-*rel* -a kawaida
Krankheit *f* ugonjwa, maradhi *Pl*
Kränkung *f* udhia (–), adha (–)
Kranz *m* shada (ma-); *Blumen als Halsschmuck* kikuba (vi-)
kraß -kubwa
Krater *m* kreta (–), kasoko (–)
kratzen *tr* -kwaruza, -papu[r]a; *jucken* -kuna; **sich ~** -jikuna
Kraul *n* kuogelea kwa kurusha mikono
kraulen *intr Sport* -ogelea kwa kurusha mikono
kraus | ~es Haar nywele za kipilipili
kräuseln, sich -viringana
Kraut *n Kohl* kabeji (–)
Krawall *m Aufruhr* ghasia (–), fujo (–); *Lärm* kelele (ma-)
Krawatte *f* tai (–)
Kreatur *f* kiumbe (vi-)
Krebs *m* kaa (–); *Med* kansa (–)
Kredit *m* mkopo (mi-)
Kreide *f* chaki (–)
Kreis *m* duara (–) *auch Geom*, mviringo (mi-); *Verw* wilaya (–); *Land~* tarafa (–) | im ~ seiner Kollegen miongoni mwa wafanyakazi wenzake; **~bahn** *f* mzunguko (mi-)
kreischen *intr* -piga *od* -fanya kelele, -lia
kreisen *intr* -zunguka (*um etw.* kitu)
Kreislauf *m* mzunguko (mi-); *Med* mzunguko wa damu; **~störung** *f* hitilafu *od* dosari ya mzunguko wa damu
Kreis|säge *f* msumeno wa kuzunguka wa umeme; **~stadt** *f* makao makuu ya wilaya **~verkehr** *m* mzunguko (mi-)
Krematorium *n* mahali pa kuchoma maiti
Krempe *f Hut* ukingo (kingo)
Kresse *f* mboga ya majani iitwayo cress
kreuz | ~ und quer huku na huko
Kreuz *n* msalaba (mi-); *Kart* pau (–), mavi ya mbuzi | jmdn. ans ~ schlagen -sulubu mtu
kreuzen *tr Arme* -funga; *querlegen* -kingamanisha; *Biol* -changanya mbegu ya, -tambukisha uzazi (*mit* na); **sich ~** *Straßen* -kutana, -kata
Kreuzer *m Mar* manowari [ya kuvinjari]
Kreuz|gang *m Arch* njia ipitayo chini ya matao; **~otter** *f* nyoka wa jamii ya kipiri-bao aitwaye common viper
Kreuzung *f Straße* njia panda (–); *Bot Vorgang* uchavushaji mtambuko; *Zool Vorgang* utungisho mtambuko; *Ergebnis* haibridi (–), zao mkasi *od* mtambuko (ma-)

Kreuzworträtsel *n* fumbo la chemsha bongo
kriechen *intr* -tambaa
Krieg *m* vita (– *od Pl*)
kriegen *tr umg bekommen* -pata; *ergreifen* -kamata | ein Kind ~ -zaa mtoto
kriegerisch -a kivita
Kriegführung *f* [namna ya] kupiga vita
Kriegs|gefangener *m* mfungwa wa vita; **~hetze** *f* uchokozi wa kutaka *od* kuzusha vita; **~schauplatz** *m* medani (–); **~schiff** *n* manowari (–); **~verbrecher** *m* mhalifu wa vita
Kriminalfilm *m* picha ya sinema ya upelelezi
Kriminalität *f* uhalifu
Kriminal|polizei *f* polisi ya upelelezi; **~roman** *m* riwaya ya upelelezi
kriminell -a jinai *od* kuvunja sheria
Krippe *f Futter~* hori (–); *Säuglingsheim* kituo cha watoto wachanga
Krise *f* mzozo (mi-)
¹**Kristall** *m Min* fuwele (–)
²**Kristall** *n Glasware* vyombo vya kioo kilichonakshiwa
Kriterium *n* kigezo (vi-)
Kritik *f* ukosoaji; *Besprechung* uhakiki, tahakiki (–) | ~ üben an -kosoa *tr*
Kritiker *m* mkosoaji (wa-); *Rezensent* mhakiki (wa-)
kritisch -a kukosoa; *Tech* pambanuzi; *Lit* | ~er Realismus uhalisi hakiki
kritisieren *tr* -kosoa
Krokodil *n* mamba (–), ngwena (–)
Krokus *m* zafarani (–)
Krone *f* taji (ma-); *Baum* kilele (vi-)
krönen *tr* -tawaza, -tia *od* -vika ... taji | von Erfolg gekrönt -fanikiwa, -fana
Krönung *f übertr* kilele (vi-), upeo
Kropf *m Med* uvimbe wa tezi
Kröte *f* chura (vyura)
Krücke *f* gwato (ma-)
Krug *m* mdumu (mi-), dumu (ma-)
krümeln *tr* -saga, -fikicha; *intr* -geuka machenga
krumm -li-*rel*-pindika; *übertr* haramu
krümmen *tr* -pinda; **sich ~** -jipinda
Krümmung *f* pindo (ma-); *Weg* kona (–)
Krüppel *m* mlemavu (wa-)
Kruste *f* ganda (ma-)
Krypta *f* kaburi kanisani (ma-)
Kuba Kuba (–)
Kübel *m* pipa (ma-)
Kubikmeter *n*, *auch m* metaujazo
Küche *f* jiko (meko); *Kochkunst* upishi, mapishi | kalte ~ chakula baridi
Kuchen *m* keki (–)
Küchen|messer *n* kisu (vi-); **~schabe** *f* mende (–)
Kuckuck *m* mlemba (wa-)
Kugel *f kugelförmiger Körper* tufe (ma-) *auch Math*, *Sport*; *Geschoß* risasi (–); **~lager** *n Tech* gololi (–); **~schreiber** *m* bolpeni (–); **~stoßen** *n Sport* kutupa tufe
Kuh *f* ng'ombe [jike] (–); *die bereits gekalbt hat* mbuguma (–)
kühl baridi; *besonnen* -tulivu
kühlen *tr* -poza, -zizimua
Kühler *m Kfz* redieta (–), kipozi (vi-); **~haube** *f* boneti (–)
Kühl|haus *n* ghala *od* stoo ya chakula barafu, hifadhi baridi (–); **~schrank** *m*, **~truhe** *f* friji (–), kabati la barafu; **~wasser** *n* maji ya redieta
kühn jasiri, hodari
Kühnheit *f* uhodari, ujasiri
Küken *n* kifaranga (vi-)
Kulisse *f Theat* mandhari bandia [ya igizo]
Kult *m Rel* madhehebu *Pl*
kultivieren *tr bestellen* -panda; *übertr* -stawisha, -staarabisha
Kultur *f* utamaduni; *Zivilisation* ustaarabu; *Anbau* upandaji
Kultur- *in Zus* -a kitamaduni
Kultur|abkommen *n* mkataba wa ushirikiano wa kitamaduni

kulturell -a kitamaduni
Kulturen *Pl Landw* mazao *Pl*
Kultur|erbe *n* urithi wa utamaduni; **~politik** *f* sera ya utamaduni
kulturpolitisch -a kitamaduni
Kulturveranstaltung *f* onyesho la kitamaduni
Kümmel *m Bot* mbegu za *od* mmea wa caraway
Kummer *m* uchungu (*um*, *über* kwa sababu ya)
kümmerlich hafifu, duni, -dogo
kümmern, sich -jishughulisha (*um* na)
Kumpel *m Bergb* mchimba migodi (wa-)
Kunde *m Hdl* mteja (wa-)
Kundendienst *m* huduma kwa wateja (–)
Kundgebung *f* mkutano wa hadhara
kündigen *tr Pol*, *Wirtsch* -futa, -batilisha; *intr* -acha kazi | jmdm. ~ -pa mtu notisi | ihm wurde gekündigt alipewa notisi | jmdm. fristlos ~ -timua mtu
Kündigung *f* notisi (–)
Kündigungsfrist *f* muda wa notisi
Kundschaft *f* wateja *Pl*
Kundschafter *m* mpelelezi (wa-)
künftig 1. *Adj* -a siku zijazo *od* za usoni *od* mbele **2.** *Adv* siku zijazo *od* za usoni *od* mbele
Kunst *f* sanaa (–); *Fertigkeit* ustadi, ubingwa | das ist keine ~ si vigumu; **~ausstellung** *f* maonyesho ya sanaa; **~dünger** *m* mbolea ya chumvi chumvi; **~geschichte** *f* historia ya sanaa; **~gewerbe** *n* ufundi, kazi za mikono; **~historiker** *m* mtaalam[u] wa historia ya sanaa
kunsthistorisch -a historia ya sanaa
Kunstleder *n* ngozi ya bandia
Künstler(in) *m(f)* msanii (wa-)
künstlerisch -a kisanii *od* sanaa
künstlich -si-*rel* asilia | ~e Beatmung upumulishaji | ~e Ernährung ulishaji mnemba
Kunst|schwimmen *n* kuogelea kisanii; **~seide** *f* rayoni (–); **~springen** *n* kuruka kisanii; **~stoff** *m* mata isiyo halisi *od* ya kubuniwa; **~stück** *n* mazingaombwe *Pl*, kiinimacho (vi-); **~werk** *n* kazi bora (–)
Kupfer *n* shaba (–); **~stich** *m* picha iliyochapwa kutokana na bati la shaba lililokeketwa mchoro asilia
Kuppe *f Berg* kilele (vi-); *Nagel* kichwa (vi-); *Finger~* ncha (–)
Kuppel *f* kuba (ma-)
kuppeln *tr Tech* -kanyaga *od* vuta klachi; *Verk* -unganisha
Kupplung *f Tech* klachi (–); *Verk* kuunganisha *tr*
Kur *f* matibabu ya kinga
Kür *f* onyesho (ma-)
Kurbel *f Tech* mkono [wa kuzungushia]
kurbeln *intr* -zungusha mkono wa mashine
Kürbis *m Frucht* boga (ma-); *Pflanze* mboga (mi-); *Sansibar* tango (ma-); *Pflanze* mtango (mi-)
Kur|gast *m* mgeni (wa-) [mahali pa matibabu ya kinga]; **~haus** *n* mahali pa matibabu ya kinga
Kurier *m* tarishi (ma-)
Kur|ort *m* kituo cha matibabu ya kinga; **~park** *m* bustani (–) [kwenye kituo cha matibabu ya kinga]
Kurs *m Mar*, *Flugw* mwelekeo (mi-) (*auf* kwenda); *Fin* thamani (–); *Päd* kozi (–) (*in* ya) | einen ~ besuchen -chukua kozi | im ~ fallen (steigen) -shuka (-panda) thamani; **~buch** *n* ratiba ya treni *od* gari [la] moshi
kursieren *intr Geld* -zunguka; *Gerücht* -enea, -zagaa
Kursus *m* kozi (–)
Kurswagen *m* | ~ nach Tanga behewa la kwenda Tanga
Kurtaxe *f* ada (–) [ilipwayo *od* itozwayo kwenye kituo cha matibabu]
Kurve *f* kona (–) | steile *od* scharfe ~ kona kali

kurvenreich -enye kona nyingi, -na--*rel*-bweta
Kurverwaltung *f* menejimenti ya kituo cha matibabu ya kinga
kurz *Strecke* -fupi; *Zeit auch* -a kitambo kidogo; *knapp* -a maneno machache, kwa kifupi | zu ~ sein -kundaa | ~ und gut haya basi | über ~ oder lang haina budi, mtu akipenda, asipende | vor ~em hivi karibuni *od* majuzi | zu ~ kommen -pitiwa, -fanikiwa kidogo tu; **~ärmelig** -enye *od* -a mikono mifupi
Kürze *f* ufupi | in ~ muda si mrefu
kürzen *tr kürzer machen* -kata; *verkürzen* -fupisha; *Math* -rahisisha; *Ausgaben* -punguza, -bana
kurzfristig -a muda mfupi
Kurzgeschichte *f* hadithi *od* riwaya fupi (–)
kurzlebig -a kupita upesi
kürzlich 1. *Adj* -a hivi karibuni *od* juzi **2.** *Adv* [hivi] juzi, hivi karibuni
Kurz|schluß *m El* shoti (–); **~schrift** *f* hati mkato (–)
kurzsichtig *Med* -si-*rel*-ona vizuri, -enye udhaifu wa macho; *übertr* finyu
Kürzung *f* kufupisha *tr*, ufupishaji; *Ausgaben* kubana *tr*, upunguzaji; *Math* kurahisisha *tr*
Kurz|waren *Pl* vifaa vya kushonea, vifungo na vitanzi; **~welle** *f* mawimbi mafupi
Kusine *f* mpwa (wa-), binamu (–)
Kuß *m* busu (ma-), kisi (–) | einen ~ geben -piga kisi
küssen *tr* -busu
Küste *f* mwambao (mi-), pwani (–)
Kutsche *f* gari (ma-)
Kutte *f dreiviertellanger Mantel* koti (ma-)
Kutter *m* boti (–), stima (–)
Kuvert *n* bahasha (–)
Kybernetik *f* elimu ya mawasiliano na udhibiti kuhusiana na wanyama na kompyuta
kyrillisch -a Kikiriliki

L

labil -a kulega[lega], -a *od* kwa ulegevu | ~er Mensch mlegevu (wa-); *Tech* labili
Labor *n* maabara *Pl*, lebu (–)
Laborant(in) *m(f)* mfanyakazi wa maabara *od* lebu
Laboratorium *n* = **Labor**
lächeln *intr* -tabasamu (*über jmdn.* kwa sababu ya) | über etw. ~ -tabasamia kitu
lachen *intr* -cheka (*über jmdn.* mtu) | über etw. ~ -chekea kitu
Lachen *n* kicheko (vi-), mcheko (mi-) | in ~ ausbrechen -angua kicheko | das ist nicht zum ~ huu si mzaha
lächerlich -a kuchekesha; *geringfügig* hafifu, -dogo | jmdn. ~ machen -aibisha mtu
Lachs *m* samaki aitwaye salmon
Lack *m* leka (–); **~farbe** *f* rangi ya leka
lackieren *tr* -paka ... rangi ya leka
Lack|leder *n* ngozi iliyopakwa leka; **~schuh** *m* kiatu cha ngozi iliyopakwa leka
[1]**laden** *tr Fahrzeug* -pakia, -sheheni; *Gewehr* -shamiri; *El* -chaji
[2]**laden** *tr Jur* -ita (*vor* -ni, mbele ya)
Laden *m* duka (ma-); **~schluß** *m* saa ya *od* wakati wa kufunga duka
Laderampe *f* jukwaa la kupakia mizigo, kikwezeo (vi-)
Ladung *f Fahrzeug, Schiff* shehena (–); *El* chaji (–); *Mil* ramia (–)
Lage *f Schicht* tabaka (–); *Situation* hali (–) | in der ~ sein zu -wa na uwezo wa, -mudu, -weza
Lager *n Hdl* bohari (–), ghala (–); *Zelte, Baracken* kambi (–); *Tech* gololi (–), beringi (–) | ein ~ aufschlagen -piga kambi; **~feuer** *n* moto wa kambini
lagern *tr* -tia, -weka; *intr rasten* -shuka, -pumzika; *zelten* -piga hema

Lagerstätte *f Geol* uga (nyuga)
Lagerung *f* uwekaji
Lagune *f* wangwa (nyangwa)
lahm -li-*rel*-lemaa, -enye kilema *od* ulemavu
lahmen *intr* -cheche[me]a, -enda chopi
lähmen *tr übertr* -simamisha
lahmlegen *tr übertr* -simamisha
Lähmung *f* ulemavu
laichen *intr* -zaliana, -taga mayai
Laie *m* mtu asiye fundi; *umg* fundi magungu (ma-)
laienhaft -si-*rel* na ufundi *od* ustadi
Laien|kunst *f* sanaa iwasilishwayo na watu wanaojitolea; **~künstler** *m* msanii anayejitolea
Laienspiel *n* igizo *od* onyesho la watu wanaojitolea; **~gruppe** *f* kikundi cha watu wanaojitolea kuigiza igizo
Laken *n* shiti (ma-), shuka (–)
lallen *intr* -payapaya
Lamm *n* mwanakondoo (wanakondoo); **~fell** *n* ngozi ya manyoya ya mwanakondoo
Lampe *f* taa (–); *Petroleum~* karabai (–); *kleine ~* kibatari (vi-)
Lampen|fieber *n* wasiwasi; **~schirm** *m* shungi la taa
Lampion *m od n* chemni ya karatasi [na mshumaa ndani]
Land *n Bundes~* jimbo (ma-); *Erdboden* ardhi (–), udongo; *Grundstück* shamba (ma-); *Fest~* bara (ma-), nchi kavu; *Territorium* nchi (–) | *Mar* an ~ gehen -shuka pwani | auf dem ~ vijijini, mashambani; **~arbeit** *f* ukulima
landen *tr Flugw* -ongoza … mpaka -tue; *Mar* -fikisha … pwani; *intr Flugw* -tua; *Mar* -tia nanga
Länderspiel *n* mchezo wa kimataifa
Landes|kirche *f* dayosisi (–); **~kunde** *f* elimu ya nchi
Land|karte *f* ramani (–); **~kreis** *m* tarafa (–)
ländlich -a mashambani *od* vijijini
Land|maschine *f* mashine *od* zana ya kilimo; **~rat** *m* afisa mwandamizi (ma-) katika ofisi ya mkuu wa wilaya
Landschaft *f* nchi (–), mandhari (–)
landschaftlich -a mandhari
Landschaftsschutzgebiet *n* hifadhi (–)
Landsmann *m* mwananchi (wananchi)
Land|straße *f* barabara (–); **~streitkräfte** *Pl* majeshi ya nchi kavu
Landung *f Flugw* kutua; *Mar* kutia nanga
Landungs|brücke *f*, **~steg** *m* gati (ma-)
Landwirtschaft *f* ukulima
landwirtschaftlich -a kilimo
Landwirtschaftsausstellung *f* maonyesho ya kilimo
Landzunge *f* rasi (–)
lang *räuml u. zeitl* -refu | 5 m ~ urefu wa m 5 | zwei Stunden ~ kwa [muda wa] masaa mawili | seit ~em kwa muda mrefu | vor ~er Zeit zamani sana
lange muda mrefu | so ~, bis … hadi wakati ambapo … | es ist ~ her, daß … ni zamani sana tangu … | noch ~ nicht -chelewa sana, bado | zu ~ muda mrefu mno | wie ~ …? kwa muda gani …?
Länge *f räuml u. zeitl* urefu; *Geogr* longitudo (–)
Längen|grad *m* longitudo (–); **~maß** *n* kizio cha urefu
Langeweile *f* kuchoshwa, uchovu | aus ~ kwa kupitisha wakati
lang|fristig -a muda mrefu; **~jährig** -a miaka mingi
Langlauf *m* mbio ndefu *Pl*
langlebig -na-*rel*-tumika muda mrefu
länglich -refu-refu
längs (*mit Gen od Dat*) mbavuni (mwa), kando kando (ya) | wir hielten uns ~ des Strandes tuliambaa ufukwe
langsam -a polepole
Langspielplatte *f* santuri ya LP

längst | er war ~ gekommen ameshafika zamani

Langstrecken|flug *m* safari ya mbali ya ndege; **~flugzeug** *n* ndege iendayo mbali; **~lauf** *m* mbio ndefu *Pl*; **~läufer** *m* mkimbiaji wa mbio ndefu

Languste *f* kambakochi (–), kambamti (–)

langweilen *tr* -chosha; **sich ~** -choshwa

langweilig -a kuchosha

Langwelle *f* masafu marefu

langwierig -gumu, -na-*rel*-chukua muda mrefu

Lanze *f* mkuki (mi-)

Laos Laos (–)

Lappalie *f* jambo dogo (mambo)

Lappen *m* kitambaa [kikuukuu]

Lärche *f* mti wa Ulaya uitwao larch

Lärm *m* kelele (–), ghasia (–)

lärmen *intr* -piga kelele

Larve *f* larva (–)

lassen *tr veranlassen* -fanya; *zulassen* -ruhusu | laß dir von mir erzählen! nikuhadithie | laß es gut sein! basi | laß mich in Ruhe! usinisumbue | sich untersuchen ~ -pimwa; *überlassen* -achia

lässig -a *od* kwa utepetevu *od* dharau

Last *f* mzigo (mi-) | zu ~en von kulipwa na

lasten *intr* -elemea (*auf jmdm. od etw.* mtu *od* kitu)

Lastenaufzug *m* roda ya *od* mtambo wa kuinulia mizigo

Laster *n* dhambi (–), uovu, ubaya, kosa (ma-)

lästern *intr* -piga porojo (*über* juu ya), -paka *tr* matope

lästig -a kuchukiza *od* kukera | jmdm. ~ werden -kera *od* -sumbua mtu | ~er Mensch msumbufu (wa-)

Last|kraftwagen *m* lori (ma-); **~zug** *m* lori na [ma]trela

Latein *n* [lugha ya] Kilatini

lateinamerikanisch -a Amerika ya Kati na Kusini

lateinisch -a Kilatini

Laterne *f* fanusi (–), kandili (ma-), taa ya mkono

Latte *f* ufito (fito)

Latten|rost *m* joko la *od* chanja ya fito; **~zaun** *m* uzio wa *od* dema la fito *od* papi

lau vuguvugu, fufutende

Laub *n* majani *Pl*; **~baum** *m* mti wenye majani

Laube *f* kibanda [cha bustanini]

Laub|frosch *m* chura (vyura); **~säge** *f* msumeno wa mkono; **~wald** *m* msitu wa miti yenye majani ya kupukutika

lauern *intr* -otea, -vizia (*auf jmdn.* mtu)

Lauf *m Sport* mbio *Pl*; *Fluß* mkondo (mi-); *Gewehr* mtutu (mi-); *Tech* mwendo (mi-) | im ~ der Zeit kadiri muda unavyokwenda | einer Sache freien ~ lassen *neg*-ingilia katika jambo; **~bahn** *f* mwenendo (mi-), maendeleo *Pl*

laufen *intr rennen* -piga mbio; *gehen* -enda; *Tech auch* -fanya kazi; *fließen* -tiririka | sich heiß ~ -pata joto

laufend -na-*rel*-tiririka | ~es Wasser maji safi *od* ya bomba; *ständig* mfululizo, -a mara kwa mara | ~e Ausgaben matumizi ya kawaida | im ~en Monat mwezi huu | jmdn. auf dem ~en halten -arifu mtu mara kwa mara | ~e Gespräche mazungumzo yanayoendelea

Läufer *m Teppich* zulia dogo (ma-); *Fußball* hafubeki (ma-); *Leichtathletik* mkimbiaji (wa-); *Schach* bishop (–)

Lauf|gitter *n* tenga la mtoto; **~kran** *m* winchi *od* winji inayokwenda

Laufmasche *f* tundu (ma-) | ~en aufnehmen -shona tundu

Laufschrift *f* herufi za umeme zinazotembea

Laufschritt *m* | im ~ chapuchapu, kwa mbio

Laufsteg *m* jukwaa (ma-)

Lauge *f* lai (–), nyongo (–)
Laune *f* moyo (mi- *od* nyoyo), tabia (–) | gute ~ furaha (–), uchangamfu | guter ~ sein -furahi | schlechte ~ hasira (–), hamaki (–)
launenhaft, launisch -geugeu *od* -a ugeugeu | *Mensch* ~ sein -wa na kigeugeu
Laus *f* chawa (–)
lauschen *intr* -sikiliza kwa makini
[1]**laut** *Adj lärmend* -a kelele; *hörbar* -a *od* kwa sauti [kubwa]
[2]**laut** *Präp* kwa mujibu wa
Laut *m* sauti (–)
Laute *f* mandalina (–), tashkota (–)
lauten *intr* | das Urteil für den Angeklagten lautete auf 5 Jahre Zuchthaus mshtakiwa alihukumiwa miaka 5 jela
läuten *tr* -piga, -bonyeza; *intr* -lia, -bonyeza kengele
lauter *nur* | ~ Männer wanaume watupu *od* tu
lautlos -a kimya, -si-*rel* na sauti *od* kelele
Lautsprecher *m* kipaza sauti (vi-); **~wagen** *m* gari lenye kipaza sauti
Lautstärke *f* ukubwa *od* udogo wa sauti
lauwarm vuguvugu, fufutende
Lavendel *m* aina ya miti-shamba iitwayo lavender
Lawine *f* maporomoko ya mawe
Lazarett *n* hospitali (–)
leben *intr* -wa hai; *wohnen* -ishi, -kaa (*in* katika, -ni; *bei* kwa); *Unterhalt bestreiten* -pata *od* -jipatia riziki (*von* kwa) | ~ Sie wohl! kwa heri[ni] [ya kuonana]
Leben *n Lebenszeit* maisha *Pl*; *Lebensführung* mwenendo (mi-); *Lebenskraft* uhai, uzima | am ~ sein -wa hai | ums ~ kommen -poteza maisha | aus dem ~ scheiden -kata roho, -fariki dunia
lebend hai
lebendig hai; *lebhaft* -changamfu
Lebens|abend *m* uzee; **~bedingungen** *Pl* hali ya maisha; **~dauer** *f* muda wa kuishi; **~erfahrung** *f* maarifa *Pl*, busara (–)
lebensfähig hai
Lebensgefahr *f* hatari ya maisha
lebensgefährlich -a hatari ya maisha
Lebens|gefährte *m* rafiki (ma-), ndugu (–); **~jahr** *n* umri
lebenslänglich -a maisha
Lebenslauf *m* sivi (–)
Lebensmittel *n*, *meist Pl* chakula (vyakula); **~geschäft** *n* duka la chakula
Lebens|retter *m* mwokozi [wa maisha]; **~standard** *m* kiwango cha maisha; **~unterhalt** *m* riziki (–); **~versicherung** *f* bima ya maisha
lebenswichtig muhimu
Lebenszeichen *n* dalili (–)
Leber *f* ini (ma-); **~tran** *m* mafuta ya vibua; **~wurstbaum** *m* mvongonya *od* mvungunya (mi-), mnyegea (mi-)
Lebewesen *n* kiumbe (vi-)
lebhaft -li-*rel*-pamba moto *od* -changamka | ~er Mensch mchangamfu (wa-)
Lebkuchen *m* mkate wa tangawizi
leblos -si-*rel* hai
leck | ~ sein -vuja
Leck *n* mvujo (mi-)
lecken *tr* -ramba; **sich** ~ *Tier* -jiramba
Leckerbissen *m* kitoweo (vi-)
lecker -tamu
Leder *n* ngozi (–)
Leder- *in Zus* -a ngozi
Leder|handschuh *m* glovu ya ngozi; **~hose** *f* bombo *od* kaptula ya ngozi; **~waren** *Pl* vitu vya ngozi
ledig *unverheiratet* -si-*rel*-oa *od* -olewa
lediglich tu
leer ombwe; *übertr* -tupu; *unbesetzt* [-a] wazi | ~ ausgehen -enda kapa
Leere *f* utupu, *Phys* ombwe (ma-)
leeren *tr* -toa, -ondoa | die Flasche ~ -maliza chupa; **sich** ~ -toka, -ondoka

Leerlauf *m Tech* gia frii (–)
legal halali, -a kisheria
legalisieren *tr* -halalisha
legen *tr* -weka; *hinein~* -tia | ein Kind ins Bett ~ -laza mtoto kitandani | Eier ~ -taga mayai | Gewicht *od* Wert ~ auf -ti[li]a maanani; **sich ~** -lala, -jilaza; *Wind* -wa shwari
Legierung *f* aloi (–)
Legionär *m Mil* mamluki (–)
legitim halali
legitimieren, sich -jitambulisha (*durch*, *mit* kwa)
Lehm *m*, **~boden** *m* udongo kinamu *od* wa mfinyanzi
lehmig -a *od* -enye udongo wa mfinyanzi, kinamu
Lehne *f* kiegemeo (vi-)
lehnen *tr* -egemeza (*an od auf* -ni, kwenye); *intr u. refl* | an *od* auf etw. ~ -egemea kitu
Lehr|ausbilder *m* mwalimu wa ufundi; **~brief** *m* cheti cha fundi; **~buch** *n* kitabu cha wanafunzi
Lehre *f* nadharia (–) (*von* ya); *Ausbildung* mafunzo *Pl*; *Erfahrung* fundisho (ma-)
lehren *tr* -fundisha, -funza
Lehrer(in) *m*(*f*) mwalimu (walimu)
Lehr|gang *m* kozi (–); **~jahr** *n* mwaka wa mafunzo ya kazi; **~körper** *m* walimu *Pl*
Lehrling *m* mwanafunzi (wanafunzi), mwanagenzi (wanagenzi)
Lehr|mittel *n* kifaa cha kufundishia; **~plan** *m* muhtasari (mi-)
lehrreich -enye mafundisho *od* mafunzo mengi
Lehr|vertrag *m* mkataba wa mafunzo ya kazi; **~werkstatt** *f* karakana ya kazi kwa vitendo; **~zeit** *f* muda wa mafunzo ya kazi
Leib *m Körper* mwili (mi-); *Bauch* tumbo (ma-); **~schmerzen** *Pl* kuumwa na tumbo
Leiche *f* maiti (–), mfu (wa-); *Tier* mzoga (mi-)
leicht *Gewicht* rahisi; *bekömmlich* laini; *geringfügig* -dogo, hafifu; *mühelos* -epesi, rahisi | ~es Mädchen malaya (–)
Leicht|athlet *m* mwanariadha (wanariadha); **~athletik** *f* riadha (–)
leichtfallen *intr* | *unpers* es fällt mir (nicht) leicht zu … ni (si) rahisi kwangu ku- …
leichtfertig -a juu juu
Leichtgewicht *n* uzito wa light
Leichtigkeit *f* | mit ~ kwa urahisi
Leicht|industrie *f* viwanda vya kusindika chakula, nguo, mbao n. k.; **~metall** *n* metali nyepesi
leichtnehmen *tr* -puuza, -dharau, *neg*-jali
Leichtsinn *m* ulegevu, uzembe
leicht|sinnig -legevu, -a ulegevu; **~verdaulich** laini, na-*rel*-sagwa *od* -yeyushwa upesi; **~verderblich** -na-*rel*-haribika *od* -oza upesi
leid | es tut mir ~ nasikitika
Leid *n* uchungu, majonzi *Pl*, huzuni (–) | jmdm. ein ~ zufügen -tia mtu uchungu, -udhi mtu
leiden *intr Med* -umwa (*an* na); *tr* | jmdn. nicht ~ können *neg*-tamani *od* *neg*-penda mtu
Leiden *n Med* maradhi *Pl*, ugonjwa
Leidenschaft *f* kuwa mshabiki (*für* wa), moyo (mi- *od* nyoyo) (*für* kwa)
leidenschaftlich -enye bidii nyingi *od* moyo
leider kwa bahati mbaya
Leihbücherei *f* maktaba ya kuazimia
leihen *tr* -azima (*von* kutoka kwa)
Leih|frist *f* muda wa kuazima kitabu; **~gebühr** *f* ada (–)
leihweise kwa mkopo *od* kuazima
Leim *m* gundi (–) | auf den ~ gehen -tegwa mtegoni
leimen *tr* -unga *od* -bandika … kwa gundi, -gundisha
Leine *f* kamba (–)
Leinen *n* kitani (–)
Leinwand *f Film* skrini (–), kiwambo (vi-)

leise -a sauti ndogo; *übertr* hafifu | sei doch ~! nyamaza

Leiste *f* upapi (papi); *Anat* kinena (vi-), nena (ma-)

leisten *tr* -fanya | einen Eid ~ -la kiapo | Folge ~ -tii *tr* | Hilfe ~ -toa msaada | Widerstand ~ -pinga *tr* | sich etw. ~ können *finanziell* -weza *od* -mudu kitu

Leistenbruch *m* utumbo kutoka nje kwenye sehemu za siri

Leistung *f Tat* tendo (ma-); *Verdienst* sifa (–); *Tech* uwezo; *Zahlung, meist* **~en** *Pl* malipo *Pl*

leistungsfähig *Mensch, Maschine* -enye bidii *od* uwezo mkubwa; *Tech auch* fanisi

Leistungs|lohn *m* mshahara unaolingana na bidii; **~prämie** *f* bonasi inayolingana na bidii; **~schau** *f* maonyesho ya vitu bora; **~steigerung** *f* kuongeza bidii *od* uwezo

Leitartikel *m* maoni ya mhariri *od* edita

leiten *tr führen* -ongoza; *in eine Richtung lenken* -elekeza; *Phys* -pitisha | in die Wege ~ -anzisha

leitend -na-*rel*-ongoza, -kuu; *El* -na-*rel*-pitisha umeme

[1]**Leiter** *m* kiongozi (vi-); *Wirtsch* meneja (–), mkurugenzi (wa-); *Phys* kipitisha umeme (vi-), kipitishio (vi-)

[2]**Leiter** *f* ngazi (–)

Leit|faden *m Buchw* kiongozi (vi-); **~motiv** *n* dhamira kuu (–), wazo kuu (ma-)

Leitung *f Führung* uongozi; *Wirtsch* menejimenti (–); *Rohr~* bomba (ma-), mfereji (mi-); *El* waya (nyaya)

Leitungswasser *n* maji ya bomba *od* mfereji

Lektion *f* somo (ma-) | jmdm. eine ~ erteilen -rudi mtu

Lektor *m Universität* mhadhiri (wa-); *Verlag* mhariri (wa-)

Lektüre *f Lesestoff* vitabu *Pl*

Lende *f Anat* kiuno (vi-); *Kochk* sarara (–)

lenken *tr Fahrzeug* -ongoza; *übertr Aufmerksamkeit* -elekeza (*auf* kwenye) | Verdacht auf jmdn. ~ -tuhumu mtu

Lenk|rad *n*, **~stange** *f* usukani (sukani)

Lenkung *f an Fahrzeugen* vifaa vya kuongozea gari *od* lori

Leopard *m* chui (–)

Lepra *f* ukoma

Lerche *f* kipozamataza (vi-)

lernen *tr, intr*, -jifunza (*bei* kwa)

Lesebuch *n* kitabu cha kusoma

lesen *tr* -soma; *intr Vorlesungen halten* -toa mihadhara (*über* ya)

Leser *m* msomaji (wa-)

leserlich -na-*rel*-someka

Lesesaal *m* ukumbi wa kusomea

letzt|er (~e, ~es; ~e) -a mwisho | ~en Endes mwishoni | ~es Jahr mwaka [wa] jana *od* uliopita | ~e Woche wiki iliyopita | zum ~en Mal mara ya mwisho

Leuchte *f Lampe* taa (–)

leuchten *intr erstrahlen* -toa mwanga

Leuchter *m* kinara (vi-), mwango (mi-)

Leucht|kugel *f* fataki (–); **~reklame** *f* maelekezo *od* matangazo kwa umeme; **~röhre** *f* = **Leucht[stoff]-röhre; ~schrift** *f* maandishi kwa umeme; **~[stoff]röhre** *f* taa ndefu [iliyotiwa gesi], neli ya kumetameta; **~turm** *m* mnara [wa] taa *od* kuongozea vyombo baharini

leugnen *tr* -kana

Leute *Pl* watu, jamaa

Leutnant *m* luteni (ma-)

Levkoje *f* mmea wenye maua uitwao gillyflower

Lexikon *n* kamusi (–)

Libanon Lebanon (–)

Libelle *f* kereng'ende (–)

liberal -a vuguvugu

Liberalismus *m* uhuria

Liberia Liberia (–)

Libyen Libya (–)

licht | *Tech* ~e Weite upana | *Verk* ~e Höhe urefu

Licht *n Helligkeit* mwanga (mi-), mwangaza (mi-); *Beleuchtung* taa (–); *Kerze* mshumaa (mi-); **~bild** *n* slaidi (–); **~bildervortrag** *m* maonyesho ya slaidi

lichtempfindlich -na-*rel*-dhurika upesi na mwanga, nyeti

lichten, sich -achana, -pungua

Lichtstrahl *m* mwonzi (mi-)

Lichtung *f* uwazi

Lid *n* ukope (kope)

lieb -ema, -tamu; *Anrede* mpendwa | am ~sten würde ich gehen napendelea mno kuondoka | es ist mir ~, daß ... nimependezwa kwamba ...

Liebe *f* upendo, mapenzi *Pl* (*zu* kwa)

lieben *tr* -penda | sie ~ sich wanapendana

liebenswürdig -tamu, -ema

Liebenswürdigkeit *f* wema, moyo (mi-)

lieber afadhali, bora, heri | ich möchte ~ ... napendelea ...

Liebespaar *n* wapenzi *Pl*

liebevoll -tamu, -a mapenzi

liebhaben *tr* -penda

Liebhaber *m Geliebter* mchumba (wa-) *Bewunderer* mshabiki (wa-)

Liebhaberei *f* ushabiki

liebkosen *tr* -busu, -papasa

lieblich -tamu

lieblos -si-*rel* na upendo

Lied *n* wimbo (nyimbo)

liederlich *unordentlich* -ovu, -a ovyo-ovyo, -a uzembe

Liederlichkeit *f Unordnung* uzembe

Lieferant *m* mpelekaji (wa-)

lieferbar -na-*rel*-patikana

Lieferfrist *f* kipindi cha *od* muda wa *od* tarehe ya uwasilishaji

liefern *tr* -peleka, -safirisha | jmdm. etw. ~ -pelekea *od* -patia mtu kitu

Lieferschein *m* idhini *od* hati ya kuchukulia mizigo

Lieferung *f* upelekaji; *Buchw* toleo (ma-)

Lieferwagen *m* pikapu (ma-), gari la mizigo

Liege *f* kitanda (vi-), sofa ndefu

liegen *intr ausgestreckt sein* -lala; *sich befinden* -wamo *od* -wapo *od* -wako | dieses Land liegt in Ostafrika nchi hii ipo Afrika Mashariki | die Bank liegt gegenüber der Post benki inakabiliana *od* inatazamana na posta | daran liegt mir viel (nichts) ni (si) muhimu kwangu, ina (haina) maana kubwa kwangu | es liegt an dir ni juu yako | das liegt mir nicht hii hainipendezi

liegenbleiben *intr im Bett* -ngalipo *od* -lala; *vergessen werden* -sahauliwa

liegenlassen *tr vergessen* -sahau

Liege|stuhl *m* kiti cha kulala *od* raha; **~wagen** *m* behewa lenye viti vya kulala; **~wiese** *f* uwanja wa nyasi wa kupumzikia

Lift *m* lifti (–)

Likör *m* lika (–)

lila -a urujuani

Lilie *f* mmea wa aina ya yungiyungi

Limonade *f* sharubati (–), maji ya limau *od* ndimu

Limone *f Baum* mdimu (mi-); *Frucht* ndimu (–)

Limousine *f* gari (ma-), motokaa (–)

Linde *f* mti wa Ulaya uitwao linden

Lindenblüte *f* ua la mti wa linden

lindern *tr* -tuliza, -punguza

Linderung *f* [kupata] nafuu (–)

Lineal *n* rula (–)

Linguistik *f* isimu (–), taaluma ya lugha

Linie *f* mstari (mi-); *Verk* namba (–) | in erster ~ aghalabu

Linien|bus *m* basi la namba ...; **~richter** *m* mshika kibendera (wa-); **~verkehr** *m* usafiri wa kutumia njia mahsusi

liniert -enye mistari

Linke *f Hand* mkono wa kushoto; *Pol* wanasiasa wapenda maendeleo *Pl*

link|er (~e, ~es) -a kushoto

linkisch -zito

links kushoto

Links|außen *m* mshambuliaji *od* mlinzi wa kushoto, hafubeki wa kushoto (ma-); **~händer** *m* mtu apendeleaye kutumia mkono wa kushoto

Linoleum *n* linoliamu (–)

Linse *f Bot* adesi (–), dengu (–); *Pflanze* mdengu (mi-); *Opt* lenzi (–)

Lippe *f* mdomo (mi-)

Lippenstift *m* rangi ya mdomo

List *f* hila (–), ujanja

Liste *f* orodha (–), listi (–)

listig -a hila *od* ujanja | ~er Mensch mjanja (wa-)

Liter *m od n* lita (–)

literarisch -a [ki]fasihi

Literatur *f* fasihi (–) | orale ~ fasihi-simulizi

Litze *f Borte* utepe (tepe); *El* nyuzi za waya

Lizenz *f* leseni (–)

LKW *m* = **Last[kraft]wagen**

Lob *n* sifa (–)

loben *tr* -sifu (*für*, *wegen* kwa)

Loch *n* tundu (ma-), kitobo (vi-); *Erd~* shimo (ma-); *im Ohrläppchen* ndewe (–); *im Schlauch* pancha (–)

lochen *tr* -dopoa, -toboa

Lochkarte *f* kadi ya kompyuta

Locke *f* unywele wa kipilipili *od* unaoviringana

locken *tr* -vutia, -shawishi

Lockenwickel *m* kifaa cha kuviringishia nywele

locker *lose* -na-*rel*-legea, -legevu; *übertr* -li-*rel*-zorota

lockern *tr* -legeza

Lockerung *f* kulegeza *tr*, ulegevu

lockig -a kipilipili, -enye nywele zinazoviringana

Lockwelle *f* mtindo wa nywele kuviringana

Löffel *m* kijiko (vi-); *hölzerner* ~ mkamshi (mi-); *Schöpf~* upawa (pawa), ukasi (kasi), mwiko (mi-)

Loge *f Theat* daraja la kwanza

Logik *f* mantiki (–)

logisch -a kimantiki

Lohn *m* mshahara (mi-), ujira; *Belohnung* zawadi (–); **~ausgleich** *m* fidia (–)

lohnen, sich -faidika | es hat sich gelohnt hii imefaidika

lohnend *Aufgabe* -enye manufaa

Lohnsteuer *f* kodi ya mapato

Lokal *n* mgahawa (mi-), baa (–)

Lokomotive *f* injini ya reli

Lokomotivführer *m* dereva wa injini [ya gari la moshi] (ma-)

Lorbeer *m Bot* mti uitwao laurel

los 1. *Adj nur präd nicht fest* -legea | was ist ~? kuna nini?, vipi? **2.** *Interj* | ~! haya!, nenda

Los *n Lotterie* tikiti (–); *Schicksal* bahati (–), amri ya Mungu

Löschblatt *n* karatasi ya kukaushia, kikaushio (vi-)

[1]**löschen** *tr Feuer*, *Licht* -zima; *Tonband* -futa; *Durst* -vunja, -pooza; *Kalk* -chokaza

[2]**löschen** *tr Ladung* -pakua

lose *locker* -na-*rel*-legea; *unverpackt* -si-*rel*-tiwa *od* -fungwa

losen *intr* -piga tosi (*um* kwa ajili ya)

lösen *tr lockern* -legeza; *Aufgabe* -tekeleza, -timiza; *Rätsel* -fumbua; *Fahrkarte* -kata; **sich ~** -banduka (*von* kwenye, -ni); *sich auflösen* -yeyuka

loslassen *tr* -acha

löslich -a kuyeyuka

losmachen, sich -jikwamua (*von* katika, kwenye, -ni)

Losung *f Pol* motto (–); *Mil* neno la *od* maneno ya siri

Lösung *f Ergebnis* tokeo (ma-); *Chem* myeyusho (mi-); *Rätsel* ufumbuzi

Lot *n Arch* kobiro (–), timazi (–); *Mar* bildi (–), chubwi (–); *Math* mstari sulubi (mi-); *Tech Lötmetall* lehemu (–)

loten *tr Mar* -pima

löten *tr* -lehemu

Löt|kolben *m* nyundo *od* biti ya kulehemia; **~lampe** *f* stovu ya kulehemia

Lotse *m* rubani (–)
lotsen *tr* -ongoza
Lotterie *f* bahati nasibu (–)
Lotto *n* lotto (–)
Löwe *m* simba (–)
Löwen|maul *n Bot* mmea wenye maua uitwao snapdragon; **~zahn** *m Bot* mmea ufananaye na chano kato na kuitwa dandelion
loyal -tiifu, -enye utii
Loyalität *f* utiifu
Luchs *m* simba-mangu (–)
Lücke *f übertr* pengo (ma-)
lückenhaft -na-*rel*-kosekana
Luft *f* hewa (–); *Atem* pumzi (–); **~aufnahme** *f* picha ipigwayo kutoka katika ndege, picha ya angani; **~ballon** *m* puto (ma-)
luftdicht -si-*rel*-penyeza hewa
Luftdruck *m Meteor*, *Tech* msukumo wa *od* kanieneo ya hewa
lüften *tr* -ingiza *od* -badili hewa
Luft|feuchtigkeit *f* unyevu angani; **~gewehr** *n* bunduki ya kutupia risasi kwa msukumo wa hewa
luftig -a upepo; *Kleid* -epesi
Luft|kissen *n* mto wa [mpira uliojaa] upepo, takia hewa (ma-); **~koffer** *m* sanduku jepesi; **~kurort** *m* mahali pa kujipumzisha kwenye hewa safi
luftleer pasipo na hewa, ombwe
Luft|linie *f Entfernung* umbali [upimwao hewani], njiamkato (–); *Flugw* njia ya ndege; **~matratze** *f* chelezo cha mpira; **~post** *f* barua kwa ndege (–); **~pumpe** *f* pampu ya hewa (–); **~raum** *m* anga (–); **~röhre** *f* umio wa pumzi, bomba hewa (ma-); **~schaukel** *f* bembea (–); **~streitkräfte** *Pl* ndege za kivita
Lüftung *f* uingizajihewa, ubadilishajihewa
Luft|veränderung *f* mabadiliko ya hewa; **~verkehr** *m* usafiri [k]wa ndege
Luftweg *m* | auf dem ~ kwa ndege
Lüge *f* u[w]ongo | eine glatte ~ u[w]ongo mtupu
lügen *intr* -sema u[w]ongo, -ongopa
Lügner *m* mwongo (wa-)
Luke *f* kidirisha (vi-); *Mar* mlango wa kushukia
Lümmel *m* mhuni (wa-)
Lump *m* mchimvi (wa-)
Lumpen *m*, *meist Pl* nguo kuukuu, viraka *Pl*
Lunge *f* buhumu (ma-), pafu (ma-)
Lungenentzündung *f* kichomi (vi-)
Lunte *f* mlao *od* mrao (mi-)
Lupe *f* lenzi ya mfukoni, kikuzio (vi-)
Lupine *f* mmea uitwao lupin
Lust *f Freude* furaha (–); *sinnlich* ashiki (–) | ~ haben zu etw. -penda *od* -wa na hamu ya kufanya kitu
lüstern -enye uchu *od* ashiki (*nach* wa)
lustig -changamfu | ~er Mensch mcheshi (wa-) | sich ~ machen über jmdn. -cheka mtu, -fanyia mtu mzaha
Lustspiel *n* futahi (–), igizo la kuchekesha
lutherisch -a Kilutheri
lutschen *tr* -mumunya
Luxemburg Luxemburg (–)
Luxus *m* anasa (–)
lynchen *tr* -tesa na -ua
Lyrik *f* ushairi

M

machen *tr* -fanya; *zubereiten* -tengeneza, -pika | da ist nichts zu ~ haisaidii kitu | das macht nichts si kitu | ich mache mir nichts daraus sipendi | *umg* mach's gut! kwa heri | das Bett ~ -tandika kitanda
Machenschaften *f/Pl* njama
Macht *f Pol* mamlaka (–); **~haber** *m* mtawala (wa-)
mächtig *stark* -enye nguvu; *groß*

-kubwa, -ingi | einer Sprache ~ sein -wa mweledi wa lugha

machtlos -si-*rel* na nguvu, dhaifu

Madagaskar Madagaska (–), Bukini (–)

Mädchen *n* msichana (wa-); *Haus*~ mtumishi (wa-); *Kinder*~ yaya (ma-); **~name** *m* jina la awali

Made *f* funza (–)

madig -li-*rel*-jaa funza *od* mabuu

Magazin *n Lager* ghala (–), bohari (–) *Zeitschrift* jarida (ma-)

Magen *m* tumbo (ma-); **~beschwerden** *Pl* kuumwa na tumbo, maumivu ya tumbo

magenkrank -na-*rel*-umwa na tumbo

Magen|schmerzen *Pl* kuumwa na tumbo; **~verstimmung** *f* kiungulia (vi-)

mager -embamba, -li-*rel*-konda; *übertr* haba, hafifu, -dogo

Magermilch *f* machunda *Pl*

Magier *m* mchawi (wa-)

magisch -a miujiza

Magistrale *f* barabara kuu (–)

Magistrat *m* Halmashauri ya Jiji *od* Mji

Magnet *m* sumaku (–); *übertr* kivutio (vi-)

magnetisch -a *od*-enye sumaku

Magnet|nadel *f* kidole cha sumaku; **~tonband** *n* mkanda wa tepu; **~tongerät** *n* tepu (–)

Mahagoni *m Baum* mkangazi (mi-), mbambakofi (mi-)

Mäh|binder *m* mashine ya kufungia majani; **~drescher** *m* kivuna sawia (vi-)

mähen *tr* -kata

mahlen *tr* -saga

Mahlzeit *f* chakula (vyakula), mlo (mi-)

Mähmaschine *f* mashine ya kukatia

Mähne *f* manyoya ya shingoni

mahnen *tr* kumbusha (*an jmdn. od etw.* mtu *od* kitu)

Mahnmal *n* kumbukumbu (–)

Mahnung *f* kumbusho (ma-), onyo (ma-) | das war ihm eine ~ hili lilikuwa fundisho kwake

Mai *m* Mei (–), mwezi wa tano | 1. ~ Mei Mosi, Mei Dei; **~feier** *f* sherehe za Mei Mosi *od* Mei Dei; **~glöckchen** *n* mmea wa lily of the valley; **~käfer** *m* mdudu afananaye na barkoa na kuitwa May-bug

Mais *m* mhindi (mi-); **~kolben** *m* mahindi; *ohne Körner* gu[ru]nzi (ma-), bunzi (ma-), guguta (ma-)

majestätisch -tukufu

Major *m* meja (–)

Majorität *f* wingi

Makel *m übertr* kasoro (–), hitilafu (–), dosari (–)

Makkaroni *Pl* makaroni (–)

Makler *m* wakala (ma-), ajenti (ma-)

mal *Math* mara | *umg* hören Sie ~! na sikiliza, sikiliza wee (= *auch* **einmal**)

Mal *n* mara (–), safari (–) | das erste ~ mara ya kwanza | das nächste ~ safari nyingine *od* ijayo | mit einem ~ [kwa] mara moja, ghafla

Malaria *f* malaria (–), homa ya mbu

Malawi Malawi (–)

Malbuch *n* daftari la kuchora

malen *tr* -chora; *anstreichen* -paka rangi

Maler *m Künstler* mchoraji (wa-); *Handwerker* mpaka rangi (wa-)

Malerei *f* uchoraji

malerisch -a kuvutia *od* kupendeza

Mali Mali (–)

Malkasten *m* boksi yenye rangi anuai

Malta Malta (–)

Malz *n* kimea (vi-); **~kaffee** *m* kinywaji cha ngano nyekundu iliyochomwa na kusagwa

Mamba *f* hongo (–), songwe (–)

man mtu *od* watu *od* wao | ~ muß ni lazima, inapaswa, haina budi | ~ sagt yasemekana

manch|er (~e, ~es; ~e) -ingine, fulani

mancherlei anuai

manchmal pengine, mara *od* safari nyingine
Mandarine *f* chenza (ma-)
Mandarinenbaum *m* mchenza (mi-)
Mandat *n Parl* kiti (vi-)
Mandel *f Bot* lozi (ma-); *Baum* mlozi (mi-); *Anat* tonsili (–); **~entzündung** *f* ugonjwa wa tonsili
Mandoline *f* mandalina (–), tashkota (–)
Manege *f* kiwanja cha sarakasi
Mangan *n Chem* manganizi (–)
Mangel *m* ukosefu, uhaba (*an* wa) **|** ~ an Disziplin utovu wa nidhamu; *Fehler* dosari, (–), hitilafu (–)
mangelhaft -si-*rel*-ridhika *od* -ridhisha
mangeln *intr unpers* **|** es mangelt ihm an Einsicht anakosa ufahamivu
Mangelware *f* bidhaa adimu (–)
Mango *f* embe (ma- *od* –); **~baum** *m* mwembe (mi-)
Mangrove *f* mkoko (mi-), mkandaa (mi-)
Manieren *Pl* tabia (–), mwenendo (mi-) **|** er hat gute (schlechte) ~ **|** ana (hana) adabu
Manifest *n* ilani (–)
Maniküre *f* utunzaji wa mikono
maniküren *tr* -tunza mikono ya
Mann *m* mwanaume (wanaume); *umg Pl* akina baba; *Ehe*~ mume (wa-) **|** dein *od* Ihr ~ mumeo **|** ihr ~ mumewe
Männchen *n Zool* dume (ma-)
Mannequin *n* mwonyesha mitindo ya mavazi (wa-)
mannigfaltig -a aina nyingi
männlich *Geschlecht*, *Gramm* -a kiume; *übertr* hodari
Mannschaft *f Sport* timu (–); *Mar* mabaharia *Pl*; *Flugw* watumishi wa ndege; *Mil* maaskari *Pl*
Mannschafts|kapitän *m* kiongozi wa timu; **~wettkampf** *m* mashindano ya timu
Manöver *n Mil* maneva (–); *übertr* hila (–)
manövrieren *intr* -ongozwa, -enda huku na huko; *tr* -ongoza
Mansarde *f* chumbadari (vyumbadari)
Manschette *f* sijafu (–)
Manschettenknopf *m* kifungo cha mkono *od* sijafu
Mantel *m* koti (ma-), ovakoti (ma-); *Reifen* mpira wa nje, tairi (–); *Tech* kifuniko (vi-), sehemu ya nje
manuell -a mikono
Manufaktur *f* kiwanda (vi-), karakana (–)
Manuskript *n* muswada (mi-)
Mappe *f* jalada (ma-); *Schul*~ mkoba (mi-)
Marabu *m* korongo mfuko-shingo *od* kongoti (–)
Marathonlauf *m* mbio za marathon
Märchen *n* hadithi (–), kisa (vi-); **~buch** *n* kitabu chenye hadithi *od* visa
märchenhaft *übertr* -a ajabu
Marder *m* mnyama wa jamii ya nyegere aitwaye marten
Margarine *f* majarini (–)
Marienkäfer *m* mdudu afananaye na nune na kuitwa lady-bird
Marine *f* meli *Pl*; *Mil* jeshi la maji, meli za kivita
Marionette *f Theat*, *übertr* kikaragosi (vi-)
Marionettentheater *n* igizo la vikaragosi
[1]**Mark** *n Knochen* bongo (ma-)
[2]**Mark** *f Kurzf für Währungsbezeichnung* Mark (–)
markant muhimu
Marke *f Zeichen* alama (–); *Warenzeichen* chapa (–); *Wert*~ stempu (–)
markieren *tr* -tia alama
Markierung *f* alama (–)
Markise *f* pazia la nje [la kukingia jua dirishani]
Mark|stein *m* kipeo (vi-); **~stück** *n* sarafu ya Mark 1
Markt *m Platz* barabara ya *od* la marikiti *od* soko; *Hdl* soko (ma-), mari-

kiti (–); *Wirtsch* soko (ma-); **~forschung** *f* uchunguzi wa masoko; **~halle** *f* [ukumbi wa] soko *od* marikiti; **~platz** *m* barabara la *od* ya marikiti *od* soko
Marmelade *f* jemu (–), jamchungu (–)
Marmor *m* marmaru (–)
Marokko Moroko (–)
Mars *m Astron* Mars (–)
Marsch *m Mil*, *Mus* machi (–)
Marschall *m* jemadari (ma-)
marschieren *intr* -enda machi
Marsch|ordnung *f* utaratibu *od* mpangilio wa kumachi; **~richtung** *f* mwelekeo (mi-)
Märtyrer *m* shujaa (ma-); *Rel* mfia dini (wa-)
März *m* Machi (–), mwezi wa tatu
Marzipan *m od n* pipi ya mchanganyiko wa malozi yaliyosagwa na sukari ya unga
Masche *f* fundo (ma-), bovo (ma-)
Maschendraht *m* wavu wa waya
maschenfest -enye mafundo yasiyofungulika upesi
Maschine *f* mashine (–), mtambo (mi-); **Schreib~** taipu (–) | auf *od* mit der ~ schreiben -piga taipu
maschinell kwa kutumia mashine *od* m[i]tambo
Maschinen|bau *m* uhandisi mitambo *od* mashine; **~gewehr** *n* bunduki ya bombom; **~halle** *f* ukumbi wa mitambo *od* mashine; **~öl** *n* mafuta ya injini; **~pistole** *f* bunduki ya SMG; **~schaden** *m* mashine kukwama, dosari *od* hitilafu *od* kasoro ya mashine; **~schlosser** *m* fundi-mitambo (ma-); **~schrift** *f* herufi za *od* maandishi ya taipu
Maschinerie *f* mitambo *Pl*
maschineschreiben *intr* -piga taipu
Maschinist *m* mhudumu mashine *od* mtambo (wa-)
Masern *Pl* surua (–)
Maserung *f* nyuzi *Pl*
Maske *f* kinyago (vi-)
Maskenball *m* sherehe ya mavazi bandia
maskieren *tr* -ficha; **sich ~** -vaa kinyago
Maskulinum *n* aina ya kiume
Maß *n Meßwerkzeug* kipimio (vi-), kigezo (vi-), rula (–); *gemessene Größe* kipimo (vi-), saizi (–) | nach ~ kwa kigezo *od* kilingo | ~e und Gewichte mizani na vipimo
Massaker *n* uuaji ovyo
Maß|angabe *f* kigezo (vi-), kipimo (vi-); **~anzug** *m* suti iliyoshonwa kwa kigezo; **~arbeit** *f* kazi bora *od* ya fundi stadi
Masse *f Phys* uzito; *Volksmenge* umati
Maßeinheit *f* kizio (vi-)
Massenbedarfsgüter *Pl* bidhaa za matumizi ya kila siku
massenhaft -ingi, tele, chungu nzima
Massen|kundgebung *f* hotuba hadharani (–) [mbele ya umati wa watu]; **~organisation** *f* jumuiya (–); **~produktion** *f* kuzalisha mali kwa wingi; **~sport** *m* michezo kwa wengi; **~versammlung** *f* mkutano wa hadharani
Masseur *m*, **Masseuse** *f* mchua misuli (wa-)
maßgebend -na-*rel*-ongoza *od* -tawala
maßhalten *intr* -jifungia mkanda, -bana matumizi
massieren *tr* -chua, -kanda, -singa
massig *umfangreich* -kubwa
mäßig *enthaltsam* -a ukinaifu; *ziemlich schlecht* -a hivi hivi | mit ~er Geschwindigkeit kwa spidi ya wastani
mäßigen *tr mildern* -punguza; **sich ~** -jikaza
Mäßigung *f* uvumilivu, kujikaza
massiv *haltbar* -na-*rel*-dumu | ~es Silber fedha tupu (–)
Maß|kleidung *f*, **~konfektion** *f* mavazi yaliyoshonwa kwa kigezo *od* kilingo

maßlos -si-*rel* na kikomo, -a kupita kiasi
Maßnahme *f* hatua (–) | ~n ergreifen -chukua hatua
Maßstab *m* kiwango (vi-); *Geogr* skeli (–)
maßvoll taratibu
[1]**Mast** *m Mar* mlingoti (mi-); *El*, *Tel* nguzo (–)
[2]**Mast** *f* unenepeshaji, kuzidisha unene
mästen *tr* -nenepesha, -wandisha
Mastvieh *n* mifugo ya kunenepeshwa
Material *n* mata (–), maunzi *Pl*; *Rohstoff* mali ghafi (–); **~fehler** *m* dosari (–), hitilafu (–)
Materialien *Pl* vifaa *Pl*, maandishi *Pl*
Materialismus *m* uyakinifu
Materialist *m* myakinifu (wa-)
materialistisch -a kiyakinifu
Materie *f* mata (–)
materiell -a mali, halisi
Mathematik *f* hisabati (–)
Mathematiker *m* mwanahisabati (wanahisabati)
mathematisch -a hisabati
Matinee *f* onyesho la asubuhi
Matratze *f* godoro (ma-)
Matrose *m* mwanamaji (wanamaji), baharia (ma-)
Matsch *m* theluji inayoyeyuka
matt *erschöpft* dhaifu; *glanzlos* -si-*rel* na nuru, -si-*rel*-ng'arisha
Matte *f Flechtwerk* mkeka (mi-), *auch Sport*; *Sitz~* jamvi (ma-), busati (ma-); *kleine ~* kirago (vi-); *Gebets~* mswala (mi-)
Mattigkeit *f* udhaifu, unyonge
Mattscheibe *f Foto* kiwambo cha kufokasia
Mauer *f* ukuta (kuta)
mauern *tr* -jenga ... kwa matofali
Maul *n* mdomo (mi-); **~beere** *f* forosadi (ma-); **~korb** *m* kifungo cha mdomo
Maul- und Klauenseuche *f* shuna (–)
Maulwurf *m* fuko-butu (–)
Maurer *m* mwashi (wa-); **~kelle** *f* mwiko wa mwashi
Mauretanien Mauretania (–)
Maus *f* panya buku (–)
Mausoleum *n* kumbukumbu yenye kaburi
maximal -a juu [kabisa]
Maximum *n* kiwango *od* kima cha juu, kimaju (vi-)
Mayonnaise *f* mayonesi (–)
Mechanik *f* umekanika
Mechaniker *m* mekanika (ma-)
mechanisch -a kujiendesha, -a mtambo; *gedankenlos* bila kufikiri
mechanisieren *tr* -ongezea ... idadi ya mashine, -tamboza
Mechanisierung *f* kuongezeka kwa idadi ya mashine, kutamboza *tr*
Mechanismus *m* mashine (–), mtambo (mi-); *übertr* utaratibu
Medaille *f* nishani (–), medali (–)
Medikament *n* dawa (–)
Medizin *f Wissenschaft* utibabu, udaktari; *Arznei* dawa (–), tiba (–)
medizinisch -a utibabu *od* kidaktari
Meer *n* bahari (–); *übertr* wingi, idadi kubwa (*von* wa *od* ya); **~busen** *m* ghuba (–); **~enge** *f* mlango wa bahari
Meeresspiegel *m* usawa wa bahari | über dem ~ juu ya usawa wa bahari
Meeresströmung *f* mkondo wa bahari
Meerrettich *m* radishi (–)
Mehl *n* unga; *Weizen~* unga wa ngano; **~speise** *f* mlo wa unga wa nafaka
Mehlsuppe *f* uji; *Reis~* uji wa mapande | ~ essen -nywa uji
mehr zaidi (*als* ya) | nicht ~ als 2 kg *neg*-pita *od* -zidi [kiasi cha] kilo 2 | ~ oder weniger kwa kadiri | sie sind ~ als wir wametuzidi; (↑ *auch* **meist, sehr, viel**); **~bändig** -a juzuu kadhaa; **~deutig** tata, -enye utata
mehrere *Pl* | ~ Personen baadhi ya

watu, watu kadhaa *od* kadha wa kadha
mehr|fach -a mara kadhaa; **~farbig** -enye rangi mbali mbali
Mehrheit *f* wingi
mehr|malig = **mehrfach**; **~mals** mara chache, tena, kwa kurudia; **~sprachig** -a *od* kwa lugha kadhaa; **~stimmig** -a *od* kwa sauti kadhaa; **~stöckig** -enye *od* -a ghorofa
Mehrstufenrakete *f* roketi yenye awamu kadhaa
mehr|tägig -a siku kadhaa; **~teilig** -a sehemu *od* vipande kadhaa
Mehr|wert *m* ziada (–); **~zahl** *f* wingi
meiden *tr* -ep[uk]a, -kwepa
Meile *f* maili (–)
mein (~e, ~; ~e) -ngu
Meineid *m Jur* zuri (–)
meinen *tr* -maanisha; *intr* -wa na maana, -dhani | was meinst du? unaonaje?
meinerseits kwa upande wangu
meinetwegen *um meinetwillen* kwa ajili yangu; *von mir aus* sijali
Meinung *f Ansicht* maoni *Pl* | meiner ~ nach kwa maoni yangu | die öffentliche ~ watu
Meinungs|austausch *m* mabadilishano ya maoni, kubadilishana mawazo; **~verschiedenheit** *f* mfarakano (mi-)
Meise *f* mtama-wa-Bibi (–)
Meißel *m* patasi (–)
meißeln *tr* kata ... kwa patasi
meist 1. *Adj* -ingi [sana] | in den ~en Fällen mara nyingi **2.** *Adv* kwa kawaida, mara nyingi, hasa, aghalabu
meistens aghalabu, hasa
Meister *m Handwerk* fundi (ma-), bingwa (ma-) *auch Sport*; *Vorarbeiter* mkuu (wa-), bosi (ma-)
meisterhaft -a hali ya juu, bora
meistern *tr* -mudu, -shinda *od* -fanikiwa katika
Meisterschaft *f* ustadi, ufundi; *Sport* ubingwa
Meisterwerk *n* kazi bora (–)
melancholisch -enye kukata tamaa *od* uchungu
melden *tr mitteilen* -arifu, -eleza; *ankündigen* -tangaza; *Mil* -piga saluti; **sich** ~ -piga ripoti, -ripoti (*bei* kwa) | sich zu[m] Wort ~ -taka kuzungumza
Meldepflicht *f* wajibu wa kujisajili
meldepflichtig -a kupigiwa ripoti, -enye wajibu wa kujisajili
Meldestelle *f* mahali pa kujiandikisha *od* kujisajili
Meldung *f* taarifa (–), habari (–); *Mil* [kupiga] saluti (–) | *Radio* die ~en im einzelnen habari kamili
melken *tr* -kamua
Melkmaschine *f* mashine ya kukamulia ng'ombe
Melodie *f* sauti (–), mahadhi *Pl*
melodisch *Stimme* -ororo
Melone *f* tikiti (ma-)
Menge *f* kiasi kikubwa, idadi kubwa (–); *große Anzahl* wingi; *Chem* kipimo (vi-); *Math* seti (–) | in großen ~n chungu nzima, tele | eine ~ Menschen umati, halaiki (–)
mengen *tr* -changanya (*unter* na); **sich** ~ -changanyika (*unter* na)
Mensch *m* mtu (wa-), jamaa (–), binadamu (–)
Menschenaffe *m* sokwe (ma-)
menschenleer -si-*rel* na watu
Menschenmenge *f* umati, halaiki (–)
menschenscheu -na-*rel*-jitenga na watu
Menschheit *f* watu *od* binadamu wote
menschlich -a kiutu
Menschlichkeit *f* utu
Mentalität *f* tabia (–)
Menü *n* menyu (–)
Meridian *m* meridiani (–)
Merkblatt *n* kumbukumbu (–)
merken *tr* -tambua, -hisia, -ona | sich etw. ~ -hifadhi kitu kichwani
merklich -na-*rel*-sikika

Merkmal *n* *Kennzeichen* alama (–); *Eigenart* sifa (–)
merkwürdig -na-*rel*-stahili kukumbukwa, -geni
meßbar -a kupimika
Messe *f* *Wirtsch* maonyesho *Pl*; *Kirche* misa (–); **~ausweis** *m* kitambulisho cha maonyesho; **~besucher** *m* mtazamaji wa maonyesho; **~gelände** *n* uwanja wa maonyesho; **~halle** *f* ukumbi wa maonyesho
messen *tr* -pima | sie mißt 1,70 m urefu wake ni m 1,70; **sich ~** -shindana (*mit* na)
Messer *n* kisu (vi-)
Messestand *m* sehemu (–) *od* kitengo (vi-) [kwenye maonyesho]
Messing *n* shaba nyeupe, brasi (–)
Meßinstrument *n* kipim[i]o (vi-)
Messung *f* upimaji
Metall *n* metali (–); **~arbeiter** *m* fundi chuma (ma-), msana metali (wa-)
Metallurgie *f* elimumetali (–), metalajia (–)
metallurgisch -a elimumetali *od* metalajia | ~e Industrie viwanda vya chuma na metali nyingine
Metallwaren *Pl* vitu vya chuma
Meteor *m* kimwondo (vi-), madimwondo *Pl*
Meteorologie *f* elimu ya hewa, mitorolojia *od* meterolojia (–)
meteorologisch -a mitorolojia
Meter *n od m* meta *od* mita (–); **~maß** *n* utepe wa kupimia, futi kamba (–), kigezo (vi-); **~ware** *f* bidhaa iuzwayo kwa kupimia
Methode *f* mbinu (–), mkabala (mi-)
methodisch kuhusu mbinu; *systematisch* -enye utaratibu mzuri
Metropole *f* jiji (ma-), makao makuu
Metzger *m* bucha (ma-)
Meuterei *f* uasi
Meuterer *m* mwasi (wa-)
meutern *intr* | gegen jmdn. ~ -halifu *od* -asi mtu
Mexiko Mexico (–)
Miederwaren *f/Pl* nguo za ndani za aina ya sidiria
Miene *f* uso (nyuso), sura (–)
mies -baya
[1]**Miete** *f* *Entgelt* kodi (–)
[2]**Miete** *f* *Landw* shimo (ma-), ghala ya shambani
mieten *tr* -panga, -kodi
Mieter *m* mpangaji (wa-)
Mietshaus *n* nyumba ya kukodisha
Migräne *f* kuumwa na kichwa
Mikrofilm *m* maikrofilamu (–)
Mikrophon *n* kinasa sauti (vi-), maikro[foni] (–)
Mikroskop *n* hadubini (–)
Milch *f* maziwa *Pl*; *Fisch* mbegu za samaki dume; *Bot* utomvu; *Kokos~* kasimile (–), tui (ma-); **~bar** *f* duka la aiskrimu na vinywaji vya maziwa; **~pulver** *n* maziwa ya unga; **~straße** *f* Milky Way (–)
mild[e] *Klima* [-a] vuguvugu; *Strafe* nafuu, -epesi
mildern *tr* -punguza; *Schmerzen* -tuliza | das Wetter mildert sich baridi imepungua
Milieu *n* mazingira *Pl*
Militärdienst *m* utumishi jeshini
militärisch -a kijeshi
Militarismus *m* hali ya kuhamasisha na kueneza itikadi ya vita
militaristisch -a kupenda majeshi na itikadi ya vita
Miliz *f* jeshi la mgambo
Milliarde *f* bilioni (–)
Milli|gramm *n* miligramu (–); **~meter** *n od m* milimeta (–)
Million *f* milioni (ma-)
Millionenstadt *f* jiji [lenye wakazi wa zaidi ya milioni 1]
Milz *f* wengu (ma-)
Minarett *n* mnara wa msikiti
Minderheit *f* sehemu ndogo
minder|jährig -si-*rel*-fikia umri wa miaka 18; **~wertig** hafifu, duni, -enye thamani ndogo
mindest -a chini, -si-*rel*-pungua | nicht im ~en hata kidogo

Mindest- -a chini
mindestens si chini ya | ~ zwanzig Personen watu wasiopungua ishirini
Mindest|lohn *m* kima cha chini; **~maß** *n* kiwango cha chini
Mine *f Bleistift* risasi (–); *Kugelschreiber* kifaa cha kuandikia; *Mil* bomu la kutegwa, bomu tegwa
Mineral *n* madini (–); **~dünger** *m* mbolea wa chumvi chumvi
Mineralogie *f* elimumadini (–)
mineralogisch -a miamba *od* madini
Mineral|öl *n* petroli (–); **~wasser** *n* soda ya chemchem
minimal -a chini
Minimum *n* kima *od* kiwango cha chini, kimachi (vi-)
Minister *m* waziri (ma-)
Ministerium *n* wizara (–)
Minister|präsident *m* waziri mkuu; **~rat** *m* baraza la mawaziri
Minorität *f* watu [walio] wachache
minus kutoa; *Met* -a baridi, chini ya sifuri
Minus *n Hdl* hasara (–)
Minute *f* dakika (–) | in der ~ kwa dakika moja
mischen *tr* -changanya; *Karten* -changa, -piga; **sich** ~ -shiriki, -ingilia kati (*in* katika)
Mischling *m* chotara (ma-)
Mischung *f Prozeß* mchanganyo (mi-); *Ergebnis* mchanganyiko (mi-)
Mischwald *m* msitu mchanganyiko
miserabel -bovu, hafifu, duni
mißachten *tr ignorieren neg*-tii, *neg*-jali; *verachten* -dharau, -dhahilisha, -beza
Mißachtung *f* dharau (–)
mißbilligen *tr* -laani
Mißbilligung *f* lawama (–)
Mißbrauch *m* matumizi mabaya
mißbrauchen *tr* -tumia vibaya
mißdeuten *tr* -elewa *od* -fahamu vibaya
missen *tr* -kosa
Mißerfolg *m* ushinde, kutofaulu *od* -fanikiwa
Mißernte *f* mavuno yasiyo mazuri
mißfallen *intr neg*-pendezwa na, -chukia | es mißfällt mir hili halinipendezi
Mißfallen *n* kutoridhika | ~ erregen (durch) -leta lawama (kwa)
Mißgeschick *n* bahati mbaya
mißglücken *intr* -shindwa, *neg*-fanikiwa | es ist ihm mißglückt hakufanikiwa katika suala *od* jambo hili
mißgönnen *tr* -onea kijicho
Mißgunst *f* wivu, husuda (–), kijicho (vi-)
mißgünstig -enye husuda *od* wivu
mißhandeln *tr* -tesa
Mißhandlung *f* mateso *Pl*
Mission *f Auftrag* kazi (–), agizo (ma-); *Rel* misheni (–)
Missionar *m* mmisionari (wa-)
Mißklang *m übertr* mfarakano (mi-)
Mißkredit *m* | jmdn. in ~ bringen -paka mtu matope
mißlich -baya, -a hatari
mißlingen *intr* -shindwa, -*neg*-fanikiwa | der Versuch ist mißlungen jaribio halikufanikiwa
mißmutig -a hasira *od* usununu
Mißstand *m*, *meist* **Mißstände** *Pl* hali mbaya
Mißstimmung *f* kuchafuka kwa hali ya hewa
mißtrauen *intr* -tuhumu *tr*, -tia shaka
Mißtrauen *n* tuhuma (–), shaka (ma-)
mißtrauisch -enye tuhuma (*gegen* ya)
Mißverhältnis *n* kutowiana (*zu* na), kutokuwa na urari
mißverständlich tata, -enye utata
Mißverständnis *n* kutoelewa vizuri
mißverstehen *tr neg*-elewa *od* -fahamu … barábara
Mist *m Dünger* samadi (–); *Kot* mavi *Pl*
mit 1. *Adv* pia, vile vile **2.** *Präp* kwa, pamoja na | ein Bus ~ vielen Fahrgästen basi lenye abiria wengi | ~ dem

Messer schneiden -katia kisu | ~ dem Schiff reisen -safiria chombo | ~ der Zeit kadiri muda unavyokwenda
Mitarbeit *f* ushirikiano, msaada (mi-)
mitarbeiten *intr* -shiriki (*bei* katika)
Mitarbeiter *m* mfanyakazi (wa-), mtumishi (wa-), afisa (ma-)
mitbestimmen *tr* -amua kwa pamoja
Mitbestimmungsrecht *n* haki ya kujiamulia mambo kwa pamoja
mitbringen *tr* -ja na, -leta
miteinander pamoja
mitfahren *intr* | mit jmdm. ~ -safiri na mtu
Mitgefühl *n* huruma (–), rehema (–), moyo (mi-)
mitgehen *intr* | mit jmdm. ~ -ondoka *od* -enda na mtu
Mitglied *n* mwanachama (wanachama); mjumbe (wa-)
Mitgliederversammlung *f* mkutano wa wanachama *od* wawakilishi
Mitglieds|ausweis *m* cheti (vyeti) *od* kitambulisho cha mwanachama; **~beitrag** *m* ada ya mwanachama; **~buch** *n* kijitabu cha mwanachama
Mitgliedschaft *f* uanachama
mitkommen *intr* | mit jmdm. ~ -ja na mtu; *Schule* -endelea
Mitleid *n* huruma (–) | ~ haben *od* empfinden -shikwa na *od* -ona *od* -ingiwa na huruma
mitleidig -enye huruma
mitmachen *intr* -shiriki (*bei* katika)
mitnehmen *tr mit sich führen* -leta, -enda na; *ermatten* -chosha
Mitreisende(r) *f*(*m*) msafiri [mwenzi] (wa-)
mitschneiden *tr* -rekodi
Mittag *m* adhuhuri (–) | zu ~ essen -la chakula cha mchana; **~essen** *n* chakula cha mchana
mittags [kila] adhuhuri
Mittags|pause *f* breki ya mchana; **~ruhe** *f* mapumziko ya mchana
Mitte *f Zentrum* kitovu (vi-), sehemu ya katikati | *übertr* in unserer ~ miongoni mwetu
mitteilen *tr* -arifu, -pasha ... habari
Mitteilung *f* taarifa (–), habari (–)
Mittel *n Hilfs~* kifaa (vi-); *Med* dawa (–) (*gegen* ya kuzuia); *Pl Geld* fedha *Pl* (–); **~alter** *n* karne za kati na kati; **~amerika** Amerika ya Kati
mitteleuropäisch -a Ulaya ya Kati | ~e Zeit majira ya *od* saa za Ulaya ya Kati
Mittelgebirge *n* milima yenye urefu wa wastani
mittelgroß -a *od* -enye kipimo cha wastani
Mittellinie *f* ms[i]tari wa kati[kati]
mittel|los -si-*rel* na fedha *od* pesa, maskini; **~mäßig** -a wastani *od* kuridhisha
Mittel|meer *n* Bahari ya Mediterania; **~punkt** *m* kitovu (vi-); nuktakati (–); **~schule** *f* shule ya sekondari **~stand** *m* tabaka la kati; **~streckenläufer** *m* mkimbiaji wa mbio za kati; **~stürmer** *m* fowadi (ma-) *od* mshambulizi wa kati; **~welle** *f Radio* masafu ya kati
mitten katikati (*in* ya) | ~ in der Nacht usiku wa manane | ~ entzweibrechen -pasuka katikati
Mitternacht *f* usiku wa manane
mittler|er (~e, ~es; ~e) -a kati
mittlerweile wakati huo [huo]
Mittwoch *m* Jumatano (–)
mittwochs kila Jumatano
mitunter wakati mwingine, pengine
mitwirken *intr* -shiriki (*bei* katika)
Mitwirkende(r) *f*(*m*) mshiriki (wa-)
Mitwirkung *f* kushiriki (*bei* katika) | unter ~ von kwa kushirikiana na
mixen *tr* -changanya
Mixgerät *n* kichanganyio (vi-)
Möbel *n*, *meist Pl* fenicha (–), samani (–); **~geschäft** *n* duka la fenicha *od* samani; **~wagen** *m* lori lisombalo fenicha
mobil *beweglich* -na-*rel*-kwendakwenda, jongefu

Mobiliar *n* fenicha (–), samani (–)
mobilisieren *tr* -hamasisha; *Mil* -peleka … katika medani
Mobilisierung *f* kuhamasisha *tr*, uhamasisho, ushirikishwaji
möbliert -enye fenicha *od* samani
Moçambique Msumbiji (–)
Mode *f* mtindo wa kisasa; **~artikel** *m* kitu cha mtindo wa kisasa **~haus** *n* studio ya mitindo
Modell *n Muster* sampuli (–), mfano (mi-); *Kunst* muundo (mi-); *Tech* kielelezo (vi-)
Moden|schau *f* maonyesho ya mitindo; **~zeitung** *f* jarida la mitindo
modern -a kisasa; *modisch* maridadi, -a mtindo wa kisasa
modernisieren *tr* -fanya … kuwa -a kisasa
Mode|salon *m* duka la mitindo ya kisasa; **~schmuck** *m* mapambo ya mtindo wa kisasa
modisch -a mtindo wa kisasa
Modistin *f* mshona kofia za kike (wa-)
mögen *tr gern haben*, *Modalv gern wollen* -penda | ich möchte … nataka … | was mag das sein? hii ni nini?
möglich -na-*rel*-wezekana | etw. ~ machen -wezesha kitu
Möglichkeit *f* uwezekano, nafasi (–), fursa (–) | nach ~ ikiwezekana
möglichst | kommen Sie ~ sofort! njoo haraka iwezekanavyo | er wird sein ~es tun atafanya kila liwezekanalo *od* juu chini
Mohammedaner *m* Mwislamu (wa-)
Mohn *m* mmea wa kasumba
Möhre *f*, **Mohrrübe** *f* karoti (–)
Mokka *m* kahawa nzito
Mole *f* gati (ma-)
Molkerei *f* kiwanda cha maziwa
mollig *warm* -zito; *rundlich* -nene kiasi
[1]**Moment** *m* muda mfupi | er ist in diesem ~ gekommen amefika hivi kitambo kidogo tu
[2]**Moment** *n Beweggrund* sababu (–)
momentan -a wakati huu
Monarchie *f* utawala wa kifalme
Monat *m* mwezi (mi-)
monatelang -li-*rel*-dumu miezi kadhaa
monatlich -a kila mwezi
Monatskarte *f* tikiti itumikayo mwezi mzima
Mönch *m* mtawa (wa-)
Mond *m* mwezi (mi-) | abnehmender ~ mwezi kibiongo baada ya mwezi kamili kuonekana | zunehmender ~ mwezi mwandamo *od* kongo
mondän -a fahari *od* anasa
Mond|finsternis *f* kupatwa kwa mwezi; **~landung** *f* kutua mwezini; **~rakete** *f* roketi ya kufikia mwezi; **~schein** *m* mwanga wa mwezi; **~wechsel** *m* mwezi mpya
Mongolei *f* Mongolia (–)
mongolisch -a Kimongolia
Monokultur *f Landw* kilimo cha zao moja
Monolog *m* mazungumzo ya mtu mmoja
Monopol *n Wirtsch* hodhi (–), kuhodhi *tr*
monoton -a kuchosha
Monsun *m* monsuni (–); **~wind** *m* pepo za monsuni
Montag *m* Jumatatu (–)
Montage *f* uunganishaji
montags kila Jumatatu
Monteur *m* mekanika (ma-)
montieren *tr* -unganisha
Monument *n* kumbukumbu (–)
Moor *n* bwawa la matope; **~bad** *n* kuoga kwenye matope
Moos *n* mosi (–)
Moped *n* pikipiki (–); *Sansibar* honda (ma-)
Moral *f sittliches Verhalten* adili (– *od* ma-); *Nutzanwendung* tabia (–), moyo (mi-)
moralisch -a kiadili
Morast *m* matope *Pl*
Mord *m* uuaji
Mörder *m* muuaji (wa-)

morgen kesho | ~ in acht Tagen wiki moja kutoka kesho

Morgen *m* asubuhi (–) | am ~ asubuhi | vom ~ bis zum Abend toka asubuhi hadi *od* mpaka jioni, kutwa nzima | guten ~! habari za asubuhi? *Antwort* nzuri; **~rock** *m* koti jepesi la asubuhi; **~rot** *n* mapambazuko *Pl*

morgens [kila] asubuhi | ~ wache ich zu spät auf asubuhi mimi huchelewa kuamka | [um] 8 Uhr ~ saa mbili za asubuhi

morsch -bovu, -si-*rel* imara

morsen *intr* -endesha chombo cha Morse; *tr* -tuma ... kwa chombo cha Morse

Mörser *m* kinu (vi-)

Morsezeichen *n* ishara ya Morse

Mörtel *m* lipu (–), mota (–) | das Haus mit ~ abputzen -paka nyumba lipu

Mosaik *n* picha pangilio (–)

Moschee *f* msikiti (mi-)

Moskito *m* mbu (–); **~netz** *n* chandarua (vyandarua)

Most *m* maji ya matunda

Motel *n* moteli (–)

Motiv *n* *Beweggrund* sababu (–); *Kunst* mandhari *Pl*

motivieren *tr* -eleza *od* -toa sababu ya

Motor *m* mota (–), injini (–); **~boot** *n* motaboti (–)

Motorenöl *n* mafuta ya injini

motorisieren *tr* -patia ... injini *od* magari

Motorisierung *f* kuwa na injini *od* magari

Motorrad *n* pikipiki (–); *Sansibar* honda (ma-) | ~ fahren -panda pikipiki; **~fahrer** *m* mpanda pikipiki (wa-); **~rennen** *n* mashindano *od* resi ya pikipiki

Motor|roller *m* skuta (ma- *od* –); **~schaden** *m* kukwama kwa injini, hitilafu (–); **~schiff** *n* boti (–); **~sport** *m* mashindano ya pikipiki *od* magari ya resi

Motte *f* nondo (–)

Motto *n* neno kuu *od* maneno makuu

Möwe *f* shakwe (–)

Mücke *f* mbu (–)

Mückenstich *m* kuumwa na mbu

müde -li-*rel*-choka | einer Sache ~ sein -choka [na] kitu

Müdigkeit *f* uchovu

Mühe *f* shida (–), taabu (–) | mit ~ [und Not] kwa shida *od* taabu | sich die ~ machen zu -jipa taabu ku- | sich ~ geben -fanya bidii

mühelos bila [ya] shida *od* taabu

mühen, sich -fanya juu chini *od* bidii

Mühle *f* kiwanda cha usagishaji, kinu (vi-)

mühsam -a shida *od* taabu

Mulde *f* *Talsenke* bonde (ma-)

Müll *m* takataka (ma- *od* –)

Mullbinde *f* bendeji (–)

Mülleimer *m* ndoo ya takataka

Müller *m* msagishaji (wa-), fundikinu (ma-)

Müll|schlucker *m* bomba la takataka; **~tonne** *f* pipa la takataka

Multiplikation *f* kuzidisha *tr*

multiplizieren *tr* -zidisha (*mit* na)

Mund *m* kinywa (vi-), mdomo (mi-) | den ~ halten -nyamaza, -kaa kimya; **~art** *f* lahaja (–)

münden *intr* *Fluß* -ingia (*in* katika); *Straße* -kutana (*in* na)

Mundharmonika *f* kinanda cha mdomo

mündig -enye *od* -li-*rel*-fikia umri wa miaka 18; *übertr* -pevu

mündlich -a kusema

Mundstück *n* filta (–)

Mündung *f* *Feuerwaffe*, *Fluß* mdomo (mi-)

Mundwasser *n* dawa ya kinywa *od* mdomo

Mungo *m* nguchiro (–)

Munition *f* risasi (–)

munter *wach* -li-*rel* macho; *lebhaft* -changamfu

Münze *f* sarafu (–)

Münzfernsprecher *m* simu yenye kisanduku cha kutumbukizia fedha
mürbe laini; *übertr* -a kulegea
murmeln *intr* -nong'ona, -sema kwa sauti ndogo *od* ya chini; *Bach* -tiririka kwa sauti ndogo
murren *intr* -nung'unika | über etw. ~ -nung'unikia kitu
mürrisch -a usununu | ~er Mensch msununu (wa-)
Mus *n Kartoffel*~ viazi vya kuponda; *Obst*~ jemu (–), jamchungu (–)
Muschel *f* koa wa bahari (ma-); *Auster* chaza *od* shaza (–); *Raub*~ jeta (–)
Museum *n* jumba la makumbusho
Musik *f* muziki (mi-); *traditionell* ngoma (–)
Musikalien *Pl* noti
musikalisch -a muziki | er ist ein ~er Mensch yeye ni mwimbaji *od* mwanamuziki hodari, ana sauti ya kuimba *od* kupiga muziki
Musikant *m*, **Musiker** *m* mpiga muziki (wa-), mwanamuziki (wanamuziki)
Musik|hochschule *f* Chuo Kikuu cha Muziki; **~instrument** *n* ala ya muziki
musizieren *intr* -cheza muziki
Muskel *m* m[u]suli (mi-)
Muskulatur *f* misuli *Pl*
muskulös -enye misuli
Muße *f* nafasi (–), fursa (–)
müssen *Modalv neg*-wa na budi, ni lazima | man muß (es tun) ni lazima *od* haina budi *od* yapasa (kulifanya) | ich muß fort ni lazima niondoke, sina budi *od* inanipasa kuondoka | du müßtest es (ihr) sagen heri *od* bora *od* afadhali u(mw)eleze haya | er muß krank sein inavyoelekea yu mgonjwa
müßig | es ist ~ zu … ni kazi bure ku- …
Müßiggang *m* uzembe, uzururaji
Muster *n Vorlage* kielelezo (vi-); *von Stoffen u. ä.* mapambo *Pl*, marembo *Pl*; *Hdl* sampuli (–); *Vorbild* mfano (mi-)
mustergültig -a kuigwa
Mustermesse *f* maonyesho ya sampuli
mustern *tr kritisch betrachten* -tazama … kwa makini; *Mil* -pima
Musterung *f Mil* kupimwa
Mut *m* ushujaa, ushupavu, ujasiri, moyo (mi- *od* –) | ~ fassen -jipa moyo | (keinen) ~ haben (*neg*)-wa na moyo, (*neg*)-piga moyo konde | den ~ verlieren -vunja moyo, -kata tamaa
mutig jasiri, -a kishujaa; *Person* shujaa
mutlos -li-*rel*-vunja moyo *od* -kata tamaa
Mutter *f* mama mzazi; *Tech* nati (–)
mütterlich -a mama *od* mapenzi
Mutter|mal *n* baka (ma-); **~sprache** *f* lugha ya mama *od* awali
Mutwille *m* utundu
mutwillig *absichtlich* [-a] makusudi
Mütze *f* kofia (–)
mysteriös -enye siri
Mythologie *f* hadithi za miungu na mashujaa

N

Nabe *f* habu (–)
Nabel *m* kitovu (vi-)
nach 1. *Adv* | ~ und ~ hatua kwa hatua | ~ wie vor -endelea, bado **2.** *Präp Ort* -ni | die Straße ~ Tanga barabara ya kwenda Tanga; *Zeit* baada ya; *übertr gemäß* kwa mujibu wa
nachahmen *tr* -iga
Nachbar(in) *m(f)* jirani (ma-)
Nachbarschaft *f* ujirani
Nachbehandlung *f Med* uuguzi baada ya ugonjwa kupona
nachbestellen *tr* -agiza tena *od* upya

nachdem baada ya *Inf*
nachdenken *intr* -tafakari (*über etw.* kitu) | über jmdn. ~ -tafakaria mtu
nachdenklich -a kuwaza *od* kutafakari
Nachdruck *m* mkazo (mi-), msisitizo (mi-); *Buchw* chapa (–) | ~ legen auf -tilia mkazo (juu ya)
nachdrucken *tr* -piga chapa ... tena
nachdrücklich kwa dhati
nacheifern *intr* -iga
nacheinander -moja baada ya -ingine
Nacherzählung *f* kusimulia tena *tr*
Nachfolge *f* urithi | die ~ antreten -rithi; **~kandidat** *m* mjumbe asiye na haki ya kupiga kura
nachfolgen *intr* -fuat[i]a *tr*
Nachfolger *m* mrithi (wa-)
nachforschen *intr* -peleleza
Nachforschung *f* upelelezi
Nachfrage *f Hdl* mahitaji (*nach* ya)
nachfühlen *tr* -elewa | ich kann es dir ~ niko pamoja nawe katika jambo hili
nachfüllen *tr* -tia ... *od* -weka ... tena, -ongeza
nachgeben *intr* -lege[zw]a
Nachgebühr *f* faini (–)
nachgehen *intr einer Tätigkeit* -fanya, -jishughulisha na; *einer Sache* -fuatilia *tr*; *Uhr* -chelewa
Nachgeschmack *m* ladha ya baadaye; *übertr* athari (–)
nachgiebig *übertr* -na-*rel*-hurumia (*gegenüber jmdm.* mtu)
nachhaltig -kubwa, -a kutia moyo
nachher baada ya hapo, baadaye
nachholen *tr* -fanya tena
Nachkomme *m* mzawa (wa-), dhuria ( )
nachkommen *intr* -fuatia *tr*; *Befehl* -tii *tr*; *Verpflichtung* -tekeleza
Nachlaß *m Hinterlassenschaft* urithi
nachlassen *intr* -pungua
nachlässig -a *od* kwa uzembe | ~e Person mzembe (wa-)
nachlaufen *intr* | jmdm. ~ -kimbilia mtu
nachliefern *tr* -leta ... baadaye
nachlösen *tr Eisenb* -kata ... kwenye treni
Nachmittag *m* alasiri (–) | am ~ [saa za] alasiri
nachmittags [kila] alasiri | ~ geht er schwimmen alasiri yeye huenda kuogelea
Nachnahme *f* | per ~ malipo ya fedha taslimu posta
nachprüfen *tr* -dhibiti
nachrechnen *tr* -pitia, -kokotoa upya
Nachricht *f* habari (–)
Nachrichtenagentur *f* shirika la habari
Nachruf *m* tanzia (–)
Nachsaison *f* kipindi baada ya msimu
nachschicken *tr* -peleka mbele
nachschlagen *tr, intr* -tazama (*in* kwenye)
Nachschlagewerk *n* kitabu cha marejeo
nachschreiben *tr* -andika tena
Nachschrift *f* kuandika tena *tr*; *Nachsatz* tanbihi (–)
Nachschub *m Mil* kupeleka majeshi *od* chakula
nachsehen *tr prüfen* -cheki, -kagua | *verzeihen* jmdm. einen Fehler ~ -samehe mtu kosa; *intr* | jmdm. ~ -sindikiza mtu kwa macho | sieh nach, ob ... angalia kama ...
nachsenden *tr* -pelekea (*jmdm. od an jmdn.* mtu, *nach* kwenda)
Nachsicht *f* | ~ üben -ingiwa *od* -shikwa na huruma
nachsichtig -enye huruma (*gegen* kwa)
Nachspeise *f* kitindamlo (vi-)
nächst|er (~e, ~es; ~e) -na-*rel*-fuat[i]a | ~es Jahr mwaka ujao *od* kesho | am ~en Tag kesho yake, siku ya pili | bei ~er Gelegenheit wakati ukishawadia

Nächster *m* mtu anayefuat[i]a | wer ist der Nächste? zamu ya nani?
Nacht *f* usiku (siku) | die ganze ~ [usiku] kucha | in der ~ usiku | gute ~! lala *od* laleni salama, usingizi mnono *od* mwema; **~bar** *f* kilabu cha starehe ya usiku; **~dienst** *m* zamu [ya] usiku
Nachteil *m* hasara (–)
nachteilig -enye hasara (*für* kwa)
Nachthemd *n* vazi la kulalia
Nachtigall *f* mkesha (mi-)
Nachtisch *m* kitindamlo (vi-), switi (–)
nächtlich -a usiku
Nachtlokal *n* kilabu cha starehe ya usiku
Nachtrag *m* nyongeza (–)
nachtragen *tr* | jmdm. etw. ~ *verübeln* -kamia mtu jambo
nachtragend -na-*rel*-kamia *tr*
nachträglich *verspätet* -li-*rel*-chelewa, kwa kuchelewa
nachts [kila] usiku
Nachtschicht *f* shifti ya usiku
Nachttisch *m* kikabati cha kitanda; **~lampe** *f* taa ya kitandani
Nachtzug *m* gari [la] moshi lisafirilo usiku, treni isafiriyo usiku
Nachuntersuchung *f* kuonwa *od* kupimwa baada ya ugonjwa kupona
Nachweis *m* ushahidi (*für* wa) | den ~ erbringen -leta ushahidi, -thibitisha
nachweisen *tr* *beweisen* -thibitishia (*jmdm. etw.* mtu kitu)
nachweislich -enye ushahidi wa kutosha
Nachwirkung *f* matokeo ya baadaye
Nachwort *n* maelezo ya tamati
Nachwuchs *m* kizazi kipya
nachzahlen *tr* -lipa … baadaye
nachzählen *tr* -hesabu tena
Nachzahlung *f* kulipwa baadaye
Nachzügler *m* mtu aliyechelewa
Nacken *m* shingo (ma-)
nackt -a uchi, -tupu
Nadel *f* sindano (–), pini (–); *Bot* mwiba (mi-), jani (ma-); **~baum** *m* mkoniferasi (mi-), konifera (–); **~wald** *m* msitu wa konifera *od* mikoniferasi
Nagel *m* *Stift* msumari (mi-); *Finger~* ukucha (kucha); **~feile** *f* kitupa cha kuchongea kucha; **~lack** *m* rangi ya kucha
nageln *tr* -kongomea (*an* -ni)
Nagelschere *f* mkasi wa kukatia kucha
nagen *intr* -guguna (*an etw.* kitu); *übertr* -kera *tr*, -sumbua *tr*
Nagetier *n* mnyama wa jamii ya sungura
Nahaufnahme *f* picha ya karibu
nahe 1. *Adj* a) *Ort* -a karibu *od* jirani b) *Zeit* -a karibu **2.** *Adv* karibu (*an*, *bei* na) | sie ist dem Weinen ~ karibu atalia | er ist ~ daran zu gehen anatarajiwa kuondoka | jmdm. zu ~ treten -udhi mtu
Nähe *f* ukaribu | in der ~ *mit Gen* karibu na
nahelegen *tr* -shauri
naheliegen *intr* | es liegt nahe, daß … ni dhahiri *od* wazi *od* bayana kwamba …
naheliegend [-a] wazi *od* dhahiri *od* bayana
nähen *tr*, *intr* -shona
näher *übertr* -a ndani | die ~en Umstände sababu hasa
Naherholungsgebiet *n* mahali pa kujipumzisha kando kando ya makazi
Näherin *f* mshonaji (wa-)
nähern, sich -karibia *tr*, -sogea *tr*
nahestehen *intr* -husiana sana (*jmdm.* na mtu)
nahezu karibu
Nähmaschine *f* cherehani (vyerehani)
Nähnadel *f* sindano (–); *große* ~ shazia (–)
nahrhaft -enye virutubisho
Nährmittel *n*, *meist Pl* vyakula vya wanga

Nahrung *f* chakula (vyakula)
Nahrungsmittel *n*, *meist Pl* chakula (vyakula)
Nährwert *m* thamani ya chakula
Nähseide *f* uzi wa kushonea
Naht *f* mshono (mi-); *Tech* muungo (mi-)
nahtlos *Tech* -si-*rel* na muungo
Nahverkehr *m* usafiri mjini na vitongojini
Nähzeug *n* vifaa vya kushonea
naiv -a kitoto *od* kijinga | ~er Mensch mshamba (wa-), juha (ma-)
Naivität *f* ujinga, utoto
Name *m* jina (ma-); *Familien*~ jina la ukoo | bekannt unter dem ~n -na-*rel*-julikana kwa jina la | im ~n *mit Gen* kwa niaba ya | in jmds. ~n handeln -tendea mtu | mit ~n na kuitwa | dem ~n nach kwa jina tu
Namensgebung *f* ubatizo
namentlich *vor allem* hasa
namhaft mashuhuri, maarufu
Namibia Namibia (–)
nämlich *Konj* yaani, maana [ya]ke ni (*Abk* m.y.n.)
Napf *m* kihori (vi-)
Narbe *f* kovu (–)
Narkose *f* kuzirai [baada ya kupewa nusukaputi]
Narr *m* mjinga (wa-), mpumbavu (wa-); *Spaßmacher* mchekeshaji (wa-) | jmdn. zum ~en halten -pumbaza mtu
närrisch -a kijinga; *komisch* -a kuchekesha
Narzisse *f* nargisi (–)
naschen *intr*, *tr* -dokoa
Nase *f* pua (–); *übertr* | die ~ rümpfen über -dharau, -kebehi | jmdn. an der ~ herumführen -danganya mtu | sich die ~ putzen -futa kamasi | *umg* immer der ~ nach! moja kwa moja
Nasenbluten *n* damu kutoka puani
Nashorn *n* kifaru (vi-), faru (ma-); **~vogel** *m* fimbi (–), hondohondo (–)
naß -a *od* -enye unyevu, -nyevu, -li-*rel*-loa | völlig *od* durch und durch ~ sein -loa chapachapa
Nässe *f* unyevu[nyevu], umajimaji
nässen *intr Wunde* -toa majimaji
naßkalt -a mvua *od* unyevu na baridi
Nation *f* taifa (ma-)
national -a kitaifa | Nationaler Swahilirat Baraza la Kiswahili la Taifa
National|feiertag *m* sikukuu ya taifa; **~gericht** *n* mlo (chakula) upendelewao (kipendelewacho) na wananchi; **~hymne** *f* wimbo wa taifa
Nationalismus *m* utaifa
nationalistisch -na-*rel*-chochea kujivunia mno utaifa
Nationalität *f* uraia; *Völkerschaft* jamii (–), kabila (ma-)
National|mannschaft *f* timu ya taifa; **~park** *m* hifadhi ya taifa
Nationalpreis *m* tu[n]zo la taifa; **~träger** *m* mshindi wa tu[n]zo la taifa
Nationalstaat *m* taifa (ma-), nchi (–) | die jungen ~en Afrikas nchi changa za Afrika
Natur *f Landschaft* mazingira *Pl*, asili (–); *Veranlagung* tabia (–), umbile (ma-); **~forscher** *m* mwanasayansi (wanasayansi)
naturgetreu halisi
Naturkatastrophe *f* maangamizi *Pl*
natürlich **1.** *Adj* halisi, asilia **2.** *Adv* bila shaka
Naturschutz *m* | unter ~ stehen -hifadhiwa kwa sheria; **~gebiet** *n* hifadhi ya taifa
Natur|wissenschaften *Pl* sayansi (–); **~wissenschaftler** *m* mwanasayansi (wanasayansi)
naturwissenschaftlich -a kisayansi
Navigation *f* kuongoza *tr*, ubaharia
Nebel *m* ukungu
neben *Ort* kando ya
Neben- *in Zus* -dogo
neben|an karibu, jirani; **~bei** juu ya hilo, isitoshe, zaidi ya hili
nebenberuflich -enye kazi ya ziada

nebeneinander ubavu kwa ubavu
nebeneinanderstellen *tr* -simamisha *od* -weka ... ubavu kwa ubavu
Neben|fach *n* somo dogo *od* la ziada; **~fluß** *m* kipera (vi-); **~produkt** *n* zao ziada (ma-); **~sache** *f* jambo dogo (mambo)
nebensächlich -si-*rel* muhimu *od* na maana
Nebenstrecke *f Eisenb* reli ndogo, tawi la reli
neblig -a ukungu
Necessaire *n* mkoba wenye vifaa vya usafi wa mwili
necken *tr* -tania; **sich ~** -taniana (*mit* na)
Neffe *m* mpwa (wa-), binamu (–)
negativ *verneinend* -a kukana; *El* baridi, hasi *auch Math*
Negativ *n* negativu (–)
negieren *tr neg*-jali
nehmen *tr* -twaa, -chukua; *wegnehmen* -ondoa, -nyima | etw. an sich ~ *verwahren* -jichukulia *od* -hifadhi kitu | etw. auf sich ~ -chukua wajibu *od* jukumu la ku- | etw. zu sich ~ -la *od* -nywa kitu | ~ Sie bitte Platz! -kaa *od* kaeni kitako | sich ein Taxi ~ -kodi teksi
Neid *m* wivu, husuda (–), jicho baya *Sg* (macho)
neidisch -a husuda *od* wivu *od* jicho baya
neigen *tr* -inamisha, -teremsha; *intr* -elekea (*zu* kwenye), -pendelea *tr*; **sich ~** -inama
Neigung *f* mteremko (mi-); *übertr* upendeleo (*zu* wa)
nein si[v]yo, hapana, la | aber ~! la hasha!
Nelke *f* mmea wenye maua uitwao carnation; *Gewürz* karafuu (–)
Nelkenbaum *m* mkarafuu (mi-)
nennen *tr einen Namen geben* -ita; *erwähnen* -taja | sein eigen ~ -miliki; sich ~ -itwa
nennenswert -na-*rel*-stahili kutajwa
Nenner *m Math* asili (–)
Neokolonialismus *m* ukoloni mamboleo
Neon|licht *n* kuangaza kwa *od* mwangaza wa neoni; **~röhre** *f* taa ndefu *od* neli ya neoni
Nerv *m* neva (–) | jmdm. auf die ~en fallen -sumbua mtu
Nervenzusammenbruch *m* mtetereko wa akili
nervös -a wasiwasi | das macht mich ~ inanitia wasiwasi
Nervosität *f* wasiwasi
Nest *n* kiota (vi-)
nett *hübsch* -ema, -pole; -zuri; *freundlich* -pole, -karimu; *gemütlich* -a raha
netto halisi
Nettoverdienst *m* mshahara halisi (mi-)
Netz *n zum Fischen* wavu (nyavu); *engmaschig* kimia (vi-); *weitmaschig* jarife (ma-); *El* nyaya za umeme
Netzhaut *f* retina (–), kiwambo mboni (vi-)
neu -pya | ~e Kartoffeln viazi vya msimu huu | von ~em tena, upya; **~artig** -a aina mpya
Neubau *m Haus* nyumba mpya; **~wohnung** *f* fleti kwenye nyumba mpya
neuerdings siku hizi
Neuerscheinung *f Buchw* kitabu kipya, toleo jipya
Neuerung *f* kitu kipya *od* jambo jipya, bidaa (–)
Neugier *f* udadisi
neugierig -a kudadisi *od* udadisi | ~er Mensch mdadisi (wa-) | auf etw. ~ sein -dadisi jambo
Neuheit *f Hdl* kitu kipya
Neuigkeit *f* habari (–)
Neuinszenierung *f* kuandaa upya *tr*
Neujahr *n* Mwaka Mpya
neulich hivi majuzi *od* karibuni
Neuling *m* mwanagenzi (wanagenzi)
Neumond *m* mwezi mpya
neun tisa
neunzehn kumi na tisa
neunzig tisini

Neuschnee *m* theluji mpya
Neuseeland New Zealand (–)
neutral batili; *Pol* -si-*rel*-pendelea upande wo wote
Neutralität *f* hali batili (–); *Pol* siasa ya kutopendelea upande wo wote
Neutrum *n Gramm* aina isiyo ya kiume wala ya kike
Neuwahl *f* kuchaguliwa upya
nicht | er liest ~ hasomi | es ist ~ wahr si kweli | ~ wahr? siyo?
Nichtangriffspakt *m* mkataba wa kutoshambuliana
Nichte *f* mpwa (wa-), binamu (–)
nichtpaktgebunden -si-*rel*-fungamana na upande wo wote
Nichtraucher *m* mtu asiyevuta
nichts | er sagte ~ hakusema lo lote | sie gaben uns ~ hawakutupa cho chote | ~ anderes hakuna kitu kingine *od* jambo lingine | *umg* mir ~ dir ~ *ohne weiteres* mara moja
Nichtschwimmer *m* mtu asiyeweza kuogelea
nichtssagend -tupu
nicken *intr* -inamisha kichwa
nie | sie hat ~ geraucht hakuvuta kamwe *od* hata mara moja
nieder|er (~e, ~es; ~e) -a chini
niedergehen *intr Met* -nyesha
niedergeschlagen -enye huzuni *od* majonzi
niederkommen *intr Med* -jifungua
Niederlage *f Mil*, *Sport* kushindwa, ushinde
Niederlande *Pl* Uholanzi
Niederländer *m* Mholanzi (wa-)
niederländisch -a Kiholanzi
niederlassen, sich -kaa, -shuka
niederlegen *tr Amt* -jiuzulu kwenye
Niederschlag *m Met* mvua (–); *Chem* mashata *Pl*
niederschlagen *tr zu Boden schlagen* -piga ... mpaka -anguke, -angusha; *Aufstand* -zima; *Augen* -angusha
niedertreten *tr* -kanyaga
niedlich -tamu, -a kupendeza
niedrig -fupi, -dogo; *Rang* -a chini
niemals = **nie**
niemand hakuna mtu ambaye
Niere *f* figo (ma-)
Nierenstein *m*, *meist* **~e** *Pl* kijiwe katika mafigo (vi-)
nieseln *intr* | *unpers* es nieselt mvua inanyunya
niesen *intr* -piga chafya
Niet *m*, *umg auch* [1]**Niete** *f Tech* ribiti (–)
[2]**Niete** *f Lotterie* tikiti ambayo haikushinda
nieten *tr Tech* -ribiti
Niger Niger (–)
Nigeria Nigeria (–)
Nikaragua Nikaragua (–)
Nikotin *n* nikotini (–)
Nilpferd *n* kiboko (vi-)
nippen *intr* -onja (*an etw.* kitu)
nirgends | er hat uns ~ gesehen hakutuona po pote
Nische *f* shubaka (ma-), pembe (–)
nisten *intr* -wa na kiota, -lala
Niveau *n übertr* kiwango (vi-)
Nobelpreis *m* tu[n]zo la Nobel; **~träger** *m* mshindi wa tu[n]zo la Nobel
noch *Zeit* bado, -ngali; *Zusatz* zaidi ya hili *od* hilo, isitoshe | ~ im selben Monat mwezi huo huo | ~ einmal tena, mara nyingine | wer ~? nani mwingine? | wir sind ~ nicht gegangen hatujaondoka | ~ vor drei Tagen siku tatu zilizopita tu | nimm ~ etwas Zucker! ongeza sukari
nochmalig -a mara nyingine
Nominativ *m* uhusika usiobadilika
nominieren *tr* -teua
Nonne *f* sista (ma-), mtawa mwanamke (wa-)
Nonstopflug *m* safari ya moja kwa moja
Norden *m* kaskazini (–) | im ~ von Kenia kaskazini mwa Kenya
nordisch -a kaskazini
nördlich -a kaskazini
Nordosten *m* kaskazini mashariki
nordöstlich -a kaskazini mashariki

Nord|pol *m* Ncha ya Kaskazini; **~see** *f* Bahari ya Kaskazini; **~westen** *m* kaskazini magharibi
nordwestlich -a kaskazini magharibi
Nordwind *m* kaskazi (–)
nörgeln *intr* -nung'unika | an etw. ~ -nung'unikia kitu
Norm *f* kadiri (–); *Leistungssoll* kiwango (vi-), lengo (ma-)
normal -a kawaida
normalisieren *tr* -fanya ... kuwa -a kawaida; **sich ~** -rudia *od* -rejea kuwa -a kawaida
Normalisierung *f* kufanya ... *od* kurudia kuwa -a kawaida
normen *tr* -sanifisha
Norwegen Norway (–)
Norweger *m* Mnorway (wa-)
norwegisch -a Kinorway
Not *f schlechte Lage* b[al]aa (ma-), umaskini | zur ~ dharura ikitokea | mit knapper ~ davonkommen -ponea chupuchupu
Notar *m* afisa (ma-) *od* mwanasheria wa idara ya ithibati ya hati
Notariat *n* idara *od* ofisi ya ithibati ya hati
notariell -enye ithibati
Not|ausgang *m* mlango wa dharura; **~bremse** *f* breki ya hatari
notdürftig *behelfsmäßig* -a kushikiza; *unzureichend* duni, hafifu
Note *f Mus* noti (–); *Zensur* alama (–), maksi (–); *Pol* risala (–), barua (–)
Notfall *m* dharura (–) | im ~ dharura ikitokea
notfalls = im Notfall
notgedrungen shingo upande
notieren *tr* -noti, -andika ... kwa kifupi
nötig -na-*rel*-takika *od* -hitajika, -a lazima
nötigen *tr* -lazimisha
Notiz *f* habari fupi (–) | ~ nehmen von -ona; **~block** *m* kurasa zilizofungwa kwenye jalada; **~buch** *n* daftari (ma-)
Notlage *f* hali mbaya, shida (–), ba[la]a (ma-)
notlanden *intr* -tua kwa dharura
Not|landung *f* kutua kwa dharura; **~ruf** *m Tel* simu ya hatari; **~verband** *m* bendeji ya kushikiza; **~wehr** *f* kujilinda bila hiari
notwendig = **nötig**
Notwendigkeit *f* matakwa *Pl*, mahitaji *Pl*, haja (–)
Nougat *m od n* pipi ya malozi
Novelle *f* riwaya fupi (–)
November *m* Novemba (–), mwezi wa 11
Nu *n* | im ~ mara moja
Nuance *f* tofauti ndogo
nüchtern *mit leerem Magen* -si-*rel*-kula cho chote; *besonnen* taratibu | auf ~en Magen bila kutegemea *od* kutarajia
Nudel *f*, *meist* **~n** *Pl* nodo (–)
nuklear -a kin[y]uklia, -a nyukilia
null sifuri (–) | etw. für ~ und nichtig erklären -batilisha *od* -futa kitu
Null *f* sifuri (–); *Sport* bila
Numerale *n* kivumishi cha idadi
numerieren *tr* -tia ... *od* -bandika ... namba
Nummer *f* namba[ri] (–), tarakimu (–) | *Tel* eine ~ wählen -zungusha namba
Nummernschild *n* bati lenye namba[ri]
nun sasa | von ~ an kuanzia *od* kutoka sasa
nur tu
Nuß *f* kokwa (–); **~knacker** *m* kibangulio (vi-), kibanjio (vi-); **~schale** *f* gamba (ma-), ganda (ma-), *der Kokos~* kifuu (vi-)
nutzbar | ~ machen -tumia
nutzbringend -a kuleta faida
nutzen *od* **nützen** *tr* -tumia (*zu* kwa), -faa; *Vorteil ziehen aus* -faidi, -faidika na, -nufaisha | was nützt das? inasaidiaje? | es nützt mir nichts hainisaidii
Nutzen *m* manufaa *Pl*, faida (–) | ~

ziehen aus -faidika na, -faidi | von ~ sein -nufaika, -faa | zum ~ von *od mit Gen* kwa manufaa ya
Nutzholz *n* miti ya biashara
nützlich -na-*rel*-faa
nutzlos -si-*rel*-faa
Nutznießer *m* mfaidika (wa-), mfadhiliwa (wa-)
Nutzung *f* utumiaji
Nylon *n* nailoni (–)

O

o *Interj* alaa, enhe, loo | ~nein! hataa
ob kama, -ki- | ~ man will oder nicht mtu akipenda asipende
obdachlos -si-*rel* na kwake *od* kwao
O-Beine *n/Pl* matege
oben juu | von ~ bis unten naß sein -loa *od* -roa chapuchapu | von ~ nach unten toka juu kwenda chini | nach ~ kwenda *od* kupanda juu | *übertr* von ~ herab kwa dharau *od* makuu
Ober *m Kellner* mwandikiaji (wa-); *Kart* bibi (ma-), mzungu wa pili
Ober- *in Zus* … -a juu, -kuu; *Person* … mwandamizi, … mkuu
Oberarzt *m* daktari (ma-) *od* mganga mwandamizi (wa-)
Oberassistent *m* m[u]hadhiri mwandamizi (wa-); *für Forschung* mchunguzi mwandamizi (wa-)
Oberbefehlshaber *m* amiri jeshi mkuu (–)
Oberbürgermeister *m* meya wa jiji (–); *in der Anrede* mstahiki meya
ober|er (~e, ~es; ~e) -a juu
Oberfläche *f* sura (–), uso (nyuso)
oberflächlich *übertr* -a juu juu
oberhalb 1. *Adv* juu [yake] **2.** *Präp* juu ya
Oberhand *f* | die ~ gewinnen -fana, -pata ushindi
Oberkiefer *m* utaya wa *od* taya la juu
Oberkörper *m* [sehemu ya] kifua
Oberleitung *f El* kebo ya hewani
Oberleutnant *m* luteni (ma-)
Oberliga *f Sport* ligi ya taifa [ya daraja la kwanza]
Oberschenkel *m* kiga (vi-), kiwe (vi-), paja (ma-)
Oberschule *f* shule ya sekondari
Oberschulklasse *f* kidato (vi-)
Oberschwester *f* muuguzi mkuu
Oberst *m* kanali (–)
oberst|er (~e, ~es) -a juu [kabisa *od* sana]; *übertr* -kuu
Oberstleutnant *m* luteni-kanali (ma-)
Oberstufe *f Päd* vidato *Pl*
obgleich ingawa, ijapokuwa
Objekt *n* kitu (vi-); *Gramm* shamirisho (ma-)
objektiv -si-*rel* na upendeleo
Objektiv *n* lensi (–)
Oblate *f* biskuti ifananayo nakiumbo na chapati
obligatorisch -a lazima
Oboe *f* nzumari kubwa iitwayo oboe
Observatorium *n* kituo cha utafiti wa anga
Obst *n* matunda *Pl*; **~bau** *m* upandaji *od* ustawishaji wa miti ya matunda; **~baum** *m* mti unaozaa matunda; **~kuchen** *m* keki ya matunda; **~salat** *m* fruti (–); **~wein** *m* divai ya *od* mvinyo wa matunda
obszön -chafu
obwohl = **obgleich**
Ochse *m* maksai (–)
Ocker *m* ngeu (–)
öd[e] -a kihame *od* mahame, pasipo na watu; *übertr* -a kuchosha
oder au, ama
Ödland *n* kihame (vi-), mahame *Pl*
Ofen *m* jiko (meko); *Tech* oveni (–), joko (ma-), tanuri (–); **~rohr** *n* bomba la moshi la jiko; **~setzer** *m* fundi oveni *od* joko (ma-)
offen 1. *Adj* [-a] wazi | ~e Stelle na-

fasi (–) **2.** *Adv* | ~ gestanden kusema kweli

offenbar 1. *Adj* dhahiri, bayana **2.** *Adv* inavyoelekea

offenhalten *tr* -fungua | die Augen und Ohren ~ -wa macho

Offenheit *f* uwazi

offenlassen *tr Fenster* -acha wazi; *übertr* Frage *neg*-jibu … [bado]

offensichtlich 1. *Adj* [-a] wazi, dhahiri | ~ sein -dhihirika, -bainika **2.** *Adv* | er kam ~ zu spät inavyoonekana amechelewa kufika

Offensive *f* shambulio (ma-)

öffentlich -a hadhara[ni]

Öffentlichkeit *f* hadhara (–) | *Jur* unter Ausschluß der ~ pasipo na wasikilizaji *od* watu

offiziell rasmi

Offizier *m* afisa (ma-)

öffnen *tr* -fungua, -funua, -fumbua

Öffnung *f* uwazi, tundu (ma-)

oft mara nyingi

ohne *Präp und Konj* bila ya | ~ etwas zu sagen bila kusema lo lote | ~ daß man ihn hörte bila kumsikia

Ohnmacht *f Med* kuzirai | in ~ fallen -zirai, -poteza fahamu

ohnmächtig *Med* -li-*rel*-zirai; *übertr* -a unyonge

Ohr *n* sikio (ma-) | ganz ~ sein -sikiliza kwa makini | jmdn. übers ~ hauen -punja mtu; **~ring** *m* herini *od* hirini, (–), bali (–)

Okkupation *f Mil* kukalia *tr* kwa mabavu

Ökonom *m* mchumi (wa-)

Ökonomie *f* uchumi

ökonomisch -a kiuchumi

Oktober *m* Oktoba (–), mwezi wa kumi; **~revolution** *f hist* Mapinduzi ya Oktoba

okulieren *tr* -pachika kitawi cha mmea *od* mti kwenye shina *od* tawi la

Öl *n Speise~* mafuta *Pl*; *Maschinen~ auch* oili (–)

ölen *tr* -tia … mafuta

Öl|farbe *f* rangi ya mafuta; **~gemälde** *n* mchoro wa mafuta; **~heizung** *f* kipashio moto cha mafuta *od* petroli

ölig -a mafuta

Olive *f* zeituni (–)

Oliven|baum *m* mzeituni (mi-); **~öl** *n* mafuta ya zeituni

Öl|leitung *f* bomba la mafuta; **~sardine** *f* sadini *od* dagaa ya kopo

Olympiade *f* michezo ya Olimpiki

Olympiasieger *m* mshindi katika michezo ya Olimpiki (wa-)

olympisch -a Kiolimpiki

Omelett *n* kimanda *od* kiwanda (vi-), omeleti (–)

Omnibus *m* basi (ma-); **~bahnhof** *m* stesheni ya mabasi

Onkel *m Bruder der Mutter* mjomba (wa-); *Bruder des Vaters* ami *od* amu (–); *älterer Bruder des Vaters* baba mkubwa; *jüngerer Bruder des Vaters* baba mdogo

Oper *f Mus* igizo la opera; *Gebäude* jumba la igizo la opera

Operation *f* upasuaji; *Unternehmung* operesheni (–)

Operationssaal *m* thieta ya *od* ukumbi wa upasuaji

operativ *Med* kwa kupasuliwa

Operette *f* igizo la operetta

Operettentheater *n* jumba la maigizo ya operetta

operieren *tr* -pasua | sich ~ lassen -pasuliwa; *intr* -pasua mgonjwa *od* wagonjwa

Opern|glas *n* darubini [itumikayo kwenye jumba la maigizo]; **~haus** *n* jumba la maigizo ya muziki; **~sänger** *m* mwimbaji wa maigizo ya muziki

Opfer *n Verzicht* mhanga (mi-) *auch Rel*; *Rel* kafara (ma-), tambiko (ma-); ~ *einer Katastrophe* mtu aliyekumbwa na … | einer Sache zum ~ fallen -achwa | ein ~ bringen -toa dhabihu

opfern *tr übertr* -toa mhanga; *Rel*

-tambika; **sich** ~ -jitolea mhanga (*für* kwa)
opponieren *intr* -pinga *tr*
Opportunismus *m* ubahatishaji, ubarakala
Opposition *f* kupingana (*gegen* na), upinzani
oppositionell -a upinzani
Optik *f* elimumwanga (–), maonzi *Pl*
Optiker *m* fundi miwani (ma-)
Optimismus *m* matarajio ya matokeo mazuri
Optimist *m* mwenye kutarajia matokeo mazuri (wenye)
optimistisch -a kutarajia matokeo mazuri
optisch -a lenzi *od* miwani | ~e Täuschung sarabi (–)
Orange *f* chungwa (ma-); *Baum* mchungwa (mi-)
Orang-Utan *m* mnyama afananaye na sokwe na kuitwa orang-utan
Oratorium *n* oratorio (–)
Orchester *n* okestra (–), ben[d]i (–)
Orchidee *f* okidi (–)
Orden *m* tunzo (–)
ordentlich *geordnet* -li-rel-pangwa vizuri, -enye utaratibu mzuri; *präzis* kamili; *sorgfältig* taratibu
ordinär *gemein* -chafu, -a upujufu | ~er Mensch mpujufu (wa-)
ordnen *tr* -panga
Ordner *m Verw* faili (ma-)
Ordnung *f geordneter Zustand* mpangilio (mi-), utaratibu (taratibu); *Reihenfolge* mfuatano (mi-); *Biol* tafsida (–) | in ~ bringen -panga, -weka … sawasawa | jmdn. zur ~ rufen -kumbusha mtu nidhamu
ordnungsgemäß kwa kufuata utaratibu uliowekwa
Ordnungszahl *f* idadi orodha (–)
Organ *n Anat* kiungo (vi-), ogani (–); *Stimme* sauti (–); *Pol* chombo (vyombo)
Organisation *f* ogenaizesheni (–); *Vereinigung* jumuiya (–)
Organisationsbüro *n* ofisi ya utendaji, sekreterieti (–)
organisatorisch -a kiutekelezaji
organisch -a kiumbe hai, mahuluku; *übertr* asilia, -embamba
organisieren *tr* -andaa
Organismus *m System* mfumo (mi-); *Biol* kiumbe (vi-)
Organist *m* mpiga kinanda cha mifereji *od* mabomba (wa-)
Orgel *f* kinanda cha mifereji *od* mabomba
Orient *m* nchi za Mashariki
orientalisch -a mashariki
Orientalistik *f* taaluma ya lugha na tamaduni za Asia na Afrika ya Kaskazini
orientieren *tr* -elekeza; **sich** ~ -jipatia habari (*über* kuhusu)
Orientierung *f* mwelekeo (mi-)
Original *n* asili (–); *übertr* mtu wa pekee
Originalität *f* uasilia
originell -geni, -a pekee
Orkan *m* tufani (–)
Ornament *n* nakshi (–)
Ort *m Ortschaft* kijiji (vi-); *Platz* mahali | an ~ und Stelle mahali pake *od* penyewe
orten *tr Mar*, *Flugw* -pima
orthodox -a kale, -kongwe
Orthographie *f* tahijia (–)
orthographisch -a tahijia
Orthopäde *m* daktari bingwa wa viungo na misuli (ma-)
orthopädisch -a viungo na misuli
örtlich -a mitaa | ~e Betäubung kutia ganzi kwenye sehemu
Ortschaft *f* kijiji (vi-)
ortsfremd -geni
Ortsgespräch *n Tel* mwito wa mjini *od* karibu
ortskundig -na-*rel*-jua mahali | ~e Person *auch* mwenyeji (wenyeji)
Ortszeit *f* majira *Pl*, saa *Pl*
Öse *f* kipachikio (vi-)
Osten *m* mashariki (–) | der Ferne

(Nahe) ~ Mashariki ya Mbali (ya Kati)
Osterei *n* yai la Pasaka
Ostern *n od Pl* Pasaka (–) | zu ~ wakati wa Pasaka
Österreich Austria (–)
Österreicher *m* Mwaustria (wa-)
österreichisch -a Kiaustria
östlich -a mashariki
Ostsee *f* Bahari ya Baltiki
Ostwind *m* matlai (–)
1**Otter** *m* fisimaji (–)
2**Otter** *f* nyoka wa jamii ya bafe
Ouvertüre *f* muziki wa ufunguzi
oval -a duara dufu
Oxid *n* oksaidi (–)
oxydieren *intr* -oksidisha
Ozean *m* bahari (–)

P

paar | ein ~ kadhaa, kadha wa kadha | in ein ~ Worten kwa kifupi *od* maneno machache | in (vor) ein ~ Tagen siku chache zijazo (zilizopita)
Paar *n* jozi (–); **~lauf** *m* wacheza dansi wawili wanaoteleza kwenye barafu
paarmal | ein ~ mara chache *od* kadha wa kadha
Pacht *f Geld* kodi la uwanja
pachten *tr* -kodi, -panga
Pächter *m* mpangaji (wa-)
Päckchen *n Post* kifurushi (vi-); *Verpackung* pakiti (–), bumba (ma-) | ein ~ Tee bumba la *od* pakiti ya chai
packen *tr* -tia, -weka, -funga (*auch Koffer*); *ergreifen* -kamata, -shika
Packpapier *n* karatasi ya kufungia
Packung *f* pakiti (–); *Med* tabaka (ma- *od* –)
Packwagen *m* bogi *od* behewa la mizigo
Pädagoge *m* mwalimu (wa- *od* walimu)
Pädagogik *f* ualimu
pädagogisch -a elimu
Paddel *n* kafi (ma-), kasia (ma-); **~boot** *n* mtumbwi (mi-), mashua (–)
paddeln *intr* -piga kasia *od* kafi
Paket *n* kifurushi (vi-), kipeto (vi-); **~annahme** *f* vifurushi *od* vipeto viendavyo mbali, upokeaji wa vifurushi; **~ausgabe** *f* vifurushi *od* vipeto kutoka mbali, utoaji wa vifurushi; **~karte** *f* fomu ya kupelekea kifurushi
Pakistan Pakistan (–)
Pakt *m* mkataba (mi-)
Palast *m Schloß* jumba la mfalme; *Präsidenten~* Ikulu (–)
Palme *f Kokos~* mnazi (mi-); *Dattel~* mtende (mi-); *Öl~* mchikichi (mi-); *Borassus~* mvumo (mi-); *Zwerg~* mlala (mi-)
Palmöl *n* mawese *Pl*
Palmwein *m* tembo (–), zarambo (–) | ~ zapfen -gema tembo
Pampelmuse *f* danzi (ma-), balungi (ma-)
Panama Panama (–)
panieren *tr* -paka machenga ya mkate
Panik *f* mfadhaiko (mi-)
Panne *f Motor* kuharibika kwa gari; *Reifen* pancha (–)
Panorama *n* mandhari, mazingira *Pl*
Panther *m* chui mweusi (–)
Pantoffel *m* koshi (ma-), sapatu (–)
Pantolette *f* = **Pantoffel**
Pantomine *f* igizo bubu (ma-)
Panzer *m Mil* kifaru (vi-); *Zool* gamba (ma-); **~abwehrgeschütz** *n* mzinga wa kuangamizia vifaru
Papagei *m* kasuku (–)
Papaya *f Baum* mpapai (mi-); *Frucht* papai (ma-)
Papier *n* karatasi (–); *Urkunden*, *Ausweise meist* **~e** *Pl* hati (–), cheti

(vyeti); **~korb** *m* kikapu cha karatasi zilizochakaa
Pappe *f* kadibodi (–)
Pappel *f* mti mwembamba mrefu wa Ulaya uitwao poplar
Paprika *m Gemüse~* pilipili mboga (–); *Gewürz~* pilipili hoho (–); *Pflanze* mpilipili (mi-)
Papst *m* Baba Mtakatifu
päpstlich -a Baba Mtakatifu
Parade *f Mil* gwaride (–), paredi (–), kwata (–)
Paradies *n* paradiso (–)
paradox -na-*rel*-kinzana
Paragraph *m* para[grafu] (–)
Paraguay Paraguai (–)
parallel [-a] sambamba | ~ verlaufen zu … -enda sambamba na …
Parallele *f Math* mistari sambamba *Pl*; *übertr* mfano (mi-)
Parallelschaltung *f* saketi (–) *od* mzunguko sambamba (mi-)
Pärchen *n Zool* dume na jike (ma-)
Parfüm *n* uturi, mafuta mazuri *Pl*
parfümiert -li-*rel*-tiwa manukato
paritätisch -enye idadi sawa
Park *m* bustani (–)
parken *tr* -egesha, -paki; *intr* -egeshwa, -pakiwa
Parkett *n* sakafu ya mbao, pakei (–); *Theat* daraja la pili
Park|platz *m* maegesho ya magari; **~uhr** *f* pakomita (–); **~verbot** *n* marufuku kuegesha gari hapa
Parlament *n* Bunge (ma-)
parlamentarisch -a Bunge
Parlamentsabgeordneter *m* Mbunge (wa-)
Parodie *f* wimbo wa *od* shairi la dhihaka
Parole *f Losungswort* neno la siri
Partei *f Pol* chama (vyama); *Jur* upande (pande) | ~ ergreifen für -unga mkono | ~ ergreifen gegen -pinga
parteiisch -a *od* kwa upendeleo
Parteileitung *f* viongozi wa chama
parteilich -a kichama
parteilos -si-*rel* mwanachama
Partei|programm *n* programu ya chama; **~sekretär** *m* katibu wa chama (ma-); **~tag** *m* mkutano mkuu wa chama; **~vorsitzender** *m* mwenyekiti wa chama; **~zugehörigkeit** *f* uanachama
Parterre *n* ghorofa ya chini
Partie *f Sport* mchezo (mi-)
Partisan *m* mpiganaji [wa msituni]
Partitur *f* noti za ala kadhaa na sauti anuai
Partizip *n* kitenzi cha tendo timilifu *od* linaloendelea
Partner(in) *m(f)* mshirika (wa-)
Party *f* karamu (–), tafrija (–)
Parzelle *f* kiwanja (vi-)
Paß *m Ausweis* pas[ipot]i (–); *Gebirge* pitio milimani (ma-), mpito (mi-)
Passage *f Absatz* aya (–), paragrafu (–)
Passagier *m* abiria (ma-), msafiri (wa-); **~flugzeug** *n* ndege ya abiria
Paßamt *n* idara ya uhamiaji
Passant *m* mpita njia (wa-)
Passat *m* pepo za msimu
Paßbild *n* picha ya paspoti
passen *intr Kleidung* -kaa | das paßt ihr gut inamkaa vizuri; *recht sein* -wa sawa; *Kart* -jitoa
passend *geeignet* -na-*rel*-faa (*zu* kwa)
passieren *tr überschreiten* -kata, -vuka; *vorbeigehen an* -pita; *intr sich ereignen* -tokea, -tukia | *unpers* das ist mir noch nicht passiert hii haijanitokea
Passierschein *m* kitambulisho (vi-)
passiv -a kutendewa, tuli | ~er Mensch mvumilivu (wa-)
Passiv *n* kauli ya kutendwa
Paßkontrolle *f* kituo cha uham[i]aji
Paste *f* pasta (–)
Pastellfarbe *f* rangi vumbi *od* pasteli (–)
Pastete *f* kinyunga (vi-), andazi (ma-)
Pastor *m* mchungaji (wa-)

Pate *m* baba *od* mama wa ubatizo
Patenkind *n* mfadhiliwa (wa-), mtoto anayefadhiliwa
Patenschaft *f* fadhili (–), kufadhili *tr* | die ~ übernehmen -wa mfadhili
Patent *n* hataza (–)
patentieren *tr* -sajili *od* -andikisha hataza ya *od* za
Pater *m* padri (ma-)
Patient *m* mgonjwa (wa-)
Patriot *m* mzalendo (wa-)
patriotisch -a kizalendo *od* uzalendo
Patrone *f* risasi (–), *Film~* katriji (–)
patzig *umg* -a hamaki
Pauke *f* ngoma (–)
pauschal -a *od* kwa jumla *od* pamoja
Pauschale *f* malipo kwa pamoja
Pause *f* mapumziko *Pl*, breki (–)
pausenlos [-a] mfululizo
Pausenzeichen *n* sauti ya *od* muziki wa idhaa ya redio kabla ya kipindi kutoendelea
pausieren *intr* -jitoa, -pumzika
Pavian *m* nyani (–)
Pavillon *m* banda (ma-)
Pazifik *m od* **Pazifischer Ozean** *m* Bahari ya Pasifiki
pazifistisch -a upinzanivita
Pech *n übertr umg* bahati mbaya
Pedal *n* pedali (–)
pedantisch -a kirasimu *od* utawala msonge
Pediküre *f* utunzaji wa m[i]guu na makucha yake
peilen *tr* -pima
peinlich *unangenehm* -li-*rel*-udhi; *genau* kamili
Peitsche *f* mjeledi (mi-); *Nilpferd~* kiboko [cha kuchapia]
Pelikan *m* mwari (wa-)
Pelle *f* ganda (ma-)
Pellkartoffel *f*, *meist* **~n** *Pl* viazi visivyomenywa
Pelz *m ~werk* nguo za ngozi yenye manyoya; **~futter** *n* bitana ya ngozi yenye manyoya; **~kragen** *m* utosi wa ngozi yenye manyoya; **~mantel** *m* koti *od* ovakoti la ngozi yenye manyoya; **~mütze** *f* kofia ya ngozi yenye manyoya; **~tierfarm** *f* ranchi ya wanyama wa jamii ya cheche
Pendel *n* pinduli (–)
pendeln *intr* -bembea; *Verk* -enda na kurudi
Pendel|tür *f* mlango wa bembea; **~verkehr** *m* usafiri wa kwenda na kurudi; *mit Bussen* usafiri wa daladala
penetrant -kali
Pension *f Ruhegeld* pensheni (–); *Fremdenheim* nyumba ya kulala wageni | ein Zimmer mit Voll~ malazi na chakula
Pensum *n* wajibu
per kwa | ~ Schiff reisen -safiria chombo
perfekt *vollkommen* -li-*rel*-komaa
Perfekt *n* wakati timilifu
Perfektion *f* ukomavu
perforiert -a vijimeno *od* meno, -li--*rel*-dopolewa
Pergament *n* ngozi nyembamba ya kuandika; **~papier** *n* karatasi ifananayo na ngozi nyembamba
Periode *f* kipindi (vi-); *Med* hedhi (–)
periodisch -a mara kwa mara
Peripherie *f* ukingo (kingo), pembe (–), mzingo (mi-)
Perle *f* lulu (–)
Perlenkette *f* shazi la lulu
Perlmutt *n* mng'ao wa lulu
permanent -a kudumu
persisch -a Kiajemi
Person *f* mtu (wa-), binadamu (–); *Gramm* nafsi (–) | *Theat* die handelnden ~en wahusika
Personal *n* wafanyakazi, watumishi *Pl*; **~ausweis** *m* kitambulisho (vi-); **~bogen** *m* hojaji (–); **~büro** *n* idara ya utumishi; **~rat** *m* baraza la wawakilishi wa watumishi
Personalien *Pl* data [za mtu]
Personen|kraftwagen *m* gari la abiria; **~zug** *m* gari-moshi la abiria

persönlich -a binafsi
Persönlichkeit *f* mtu mashuhuri (wa-)
Perspektive *f* kuona mbali; *übertr* mategemeo *Pl*, matumaini *Pl*
Perspektivplan *m* mpango wa muda mrefu
Peru Peru (–)
Perücke *f* nywele [za] bandia
Pessimismus *m* hali *od* tabia ya kukata tamaa *od* kuvunjika moyo
Pessimist *m* mtu mwenye matarajio *od* matumaini mabaya *od* anayekata tamaa
pessimistisch -a kukata tamaa
Petersilie *f* paseli (–)
Petroleum *n* mafuta ya taa, mafuta ghafi
Pfad *m* kijia (vi-)
Pfahl *m* nguzo (–)
Pfand *n Spiel* rahani (–)
pfänden *tr Jur* -filisi
Pfändung *f* kufilisi *tr*
Pfanne *f* tawa (–)
Pfannkuchen *m* andazi (ma-)
Pfarrer *m protestantisch* mchungaji (wa-); *katholisch* padri (ma-)
Pfau *m* tausi (–)
Pfeffer *m* pilipili hoho (–); **~kuchen** *m* andazi la tangawizi; **~minze** *f* nanaa (–); *Pflanze* mnanaa (mi-)
Pfeife *f Tabak* kiko (vi-), mtemba (mi-); *Signal* paipu (–), kipenga (vi-), filimbi (–)
pfeifen *tr* -toa … kwa kupiga mruzi *od* miunzi; *intr* -piga mruzi *od* miunzi; *verächtlich* -sonya
Pfeifkessel *m* birika lilialo maji yakichemka
Pfeil *m* mshale (mi-)
Pfeiler *m* mhimili (mi-), mwinuo (mi-); *Brücke* nguzo (–)
Pfennig *m* senti *od* sarafu ya Kijerumani iitwayo Pfennig
Pferd *n* farasi (–)
Pferde|rennen *n* resi ya farasi; **~stärke** *f* nguvu-farasi (–)
Pfifferling *m* uyoga parandesi (viyoga)
pfiffig -a ujanja *od* utundu | ~er Mensch mjanja (wa-), mtundu (wa-)
Pfingsten *n od Pl* Pentekoste (–)
Pfingstrose *f* mmea wenye maua uitwao peony
Pfirsisch *m* pichi (ma-), fyulisi (ma-)
Pflanze *f* mmea (mi-)
pflanzen *tr* -panda
Pflanzenfett *n* mafuta yanayotokana na mimea
Pflanzung *f* shamba (ma-)
Pflaster *n Med* plasta (–); *Straße* mapande ya mawe yaliyopangwa, sakafu *Pl*
pflastern *tr* -panga *od* -weka … mapande ya mawe, -sakifu
Pflaume *f* zambarau (–)
Pflaumen|baum *m* mzambarau (mi-); **~mus** *n* jemu ya zambarau
Pflege *f Med* uuguzi; *übertr* utunzaji
pflegebedürftig | ~er Mensch mtu asiyejiweza
Pflege|eltern *Pl* walezi; **~heim** *n* kituo cha malezi ya *od* kuwahudumia wazee; **~kind** *n* mtoto anayelelewa na walezi
pflegen *tr Med* -uguza; *übertr* -tunza, -hudumia
Pflicht *f* wajibu, daraka (ma-); *Sport* onyesho la lazima
pflichtbewußt taratibu, -enye nidhamu
Pflichtfach *n* somo la lazima
Pflock *m* kigingi (vi-)
pflücken *tr* -chuma
Pflug *m* plau (–), jembe la kukokotwa
pflügen *tr* -lima … kwa plau, -katua
Pförtner *m* bawabu (ma-), mlinzi (wa-)
Pfosten *m* mhimili (mi-), mwinuo (mi-), nguzo (–)
Pfote *f* mguu (mi-)
Pfund *n Gewichtsangabe* nusu kilo (–); *umg* ratili (–); *Währung* pauni (–)

pfuschen *intr schlecht arbeiten* -zembea, -fanya kazi ovyo
Pfütze *f* dimbwi (ma-)
Phantasie *f* ndoto (–)
phantasieren *intr Med* -paya, -payukapayuka,
phantastisch -a kubuni *od* ndoto; *umg* -a ajabu *od* raha
Pharmazie *f* famasia (–)
Phase *f Abschnitt* awamu (–), mkupuo (mi-); *Tech* fezi (–)
Philatelie *f* ukusanyaji wa stempu
Philatelist *m* mkusanyaji wa stempu
Philippinen Visiwa vya Filipino
Philologe *m* mfafanuzi wa matini za lugha fulani
Philologie *f* ufafanuzi wa matini za lugha fulani
philologisch -na-*rel*-fafanua matini za lugha fulani
Philosoph *m* mwanafalsafa (wanafalsafa)
Philosophie *f* falsafa (–)
philosophieren *intr* -eleza *od* -zungumza kwa upana (*über* juu ya)
philosophisch -a kifalsafa
phlegmatisch -zito
Phonetik *f* fonetiki (–)
phonetisch -a kifonetiki
Phosphor *m* fosforasi (–)
Photo *u. Abl* = **Foto** *u. Abl*
Phrasen *f/Pl* maneno matupu
Physik *f* fizikia (–)
physikalisch -a kifizikia
Physiker *m* mfizikia (wa-)
Physiologie *f* fisiolojia (–)
physiologisch -a kifisiolojia
physisch -a kimwili
Pianist *m* mpiga piano (wa-)
Piano *n* piano (–)
Pickel[1] *m* sururu (–)
Pickel[2] *m Med* kipele (vi-), chunusi (–)
picken *intr* -dona *tr*, -dokoa *tr*
Picknick *n* mandari (–)
Pigment *n* pigimenti (–)
Pik *n Kart* shupaza (–), jembe (ma-)
pikant -tamu, baridi
Pilger *m* hujaji (ma-); **~fahrt** hija (–)
pilgern *intr* -hiji, -fanya hija
Pille *f* tembe (–), kidonge (vi-); *Antibaby~ umg* dawa ya kuzuia mimba
Pilot *m* rubani [wa ndege] (–)
Pilz *m* uyoga (viyoga); *Schimmel* kuvu (–)
Pinguin *m* penguini (–)
Pinie *f* mvinje (mi-)
Pinsel *m* brashi (–); *Dummkopf* mjinga (wa-), mpumbavu (wa-)
Pinzette *f* kibanio (vi-), mentari (–)
Pionier *m Mil* askari fundi (ma-); *übertr* mwasisi (wa-)
Pipeline *f* bomba la mafuta
Pirat *m* haramia (ma-)
Piste *f* nija (–), barabara (–); *Flugw* njia ya kurukia na kutulia ndege
Pistole *f* bastola (–)
plädieren *intr* -semea, -tetea (*für jmdn.* mtu)
Plädoyer *n Jur* utetezi
Plage *f Mühe* ta[a]bu (–), dhiki (–); *Belästigung* usumbufu
plagen *tr* -kera, -sumbua; **sich ~** -jibidisha
Plakat *n* bango (ma-), posta (ma-); **~säule** *f* nguzo ya matangazo
Plakette *f* beji (–)
Plan *m Programm* mpango (mi-), programu (–); *Grundriß* ramani (–); *Vorhaben* mradi (mi-)
Plane *f* turuba[l]i (ma-)
planen *tr* -panga; *zeitlich* -ratibu
Planer *m* mratibu (wa-), mpangaji (wa-)
Planerfüllung *f* kutimiza malengo ya mpango
Planet *m* sayari (–)
planetarisch -a sayari
Planetarium *n* kituo cha *od* ukumbi wa kuonyeshea sinema ya sayari na anga
planieren *tr* -chonga, -sawazisha
Planierraupe *f* tingatinga (ma-)
Planke *f* bao (ma-)
planlos bila utaratibu *od* mpango
planmäßig kama ilivyopangwa

Planschbecken *n* bwawa la watoto
Planstelle *f* nafasi (–)
Plantage *f* shamba (ma-)
Planung *f* upangaji, kupanga *tr*
Planwirtschaft *f* uchumi upangwao na kudhịbitiwa kitaifa
plappern *tr* -payapaya, -payuka
Plasma *n* plazma (–)
Plastik[1] *f* *Kunstwerk* sanamu (–); *Kunst* uchongaji wa sanamu
Plastik[2] *m* plastiki (–); **~erzeugnis** *n* kitu cha plastiki
plastisch *anschaulich* -na-*rel*-eleweka
Platane *f* mti ufananao na mjohoro na kuitwa platan
Plateau *n* uwanda wa juu (nyanda)
Platin *n* pletinamu (–)
platt *flach* [-a] bapa; *übertr* -si-*rel* na maana, -tupu | ~ sein -duwaa, -shikwa na bumbuazi; **~deutsch** lahaja ya kaskazini ya Kijerumani
Platte *f* *Tisch*~ top (–), juu (–), sura (–); *Metallstück* bamba (ma-); *Schall*~ santuri (–), rekodi (–); *Servierteller* sinia (–), chano (vyano) | kalte ~ vipande vya nyama baridi
plätten *tr* -piga … pasi; *intr* -piga pasi
Plattenspieler *m* rekodiplea (–)
Plattform *f* jukwaa (ma-)
Platz *m* mahali | auf diesem ~ mahali hapa; *Sitz*~ kiti (vi-); *freier Raum* nafasi (–) *auch Sport*; *Bau*~, *Sport*~ uwanja (nyanja), kiwanja (vi-) | ~ nehmen -keti, -kaa kitako | jmdm. ~ machen -pa mtu nafasi, -pisha mtu | den ersten ~ belegen -shika nafasi ya kwanza; **~anweiserin** *f* mwonyesha nafasi *od* viti (wa-) [kwenye sinema *od* jumba la maigizo]
platzen *intr* -pasuka | vor Lachen ~ -angua kicheko
Platzkarte *f* tikiti ya kiti kilichohifadhiwa
platzkartenpflichtig -na-*rel*-hitaji tikiti ya kiti kilichotengwa kwa mwenye tikiti
Platzkartenwagen *m* behewa lenye viti vilivyohifadhiwa kwa wakatao tikiti maalum
Platz|patrone *f* risasi ya tishio; **~regen** *m* mvua ya rasharasha
plaudern *intr* -piga soga
plazieren, sich *Sport* -shika nafasi
Plazierung *f* nafasi (–)
Plenum *n* kikao cha wajumbe wote
Plisseerock *m* sketi ya pliti *od* mikunjo marinda
Plombe *f* *Verschluß*, *Zahn* kizibo (vi-)
plombieren *tr* *Zahn* -toboa … na kuziba kwa kizibo; *Verschluß* -funga rasmi
plötzlich 1. *Adj* -a ghaf[u]la **2.** *Adv* ghaf[u]la
plump *Gestalt* -nene, -si-*rel*-pendeza; *ungeschickt* -zito
plündern *tr* -pora
Plural *m* wingi
plus na, ongeza
Plüsch *m* mahameli *Pl*
Plusquamperfekt *n* wakati uliopita hali ya mazoea na timilifu
pneumatisch -na-*rel*-endeshwa kwa msukumo wa hewa, nyumatiki
Pocken *Pl* ndui (–)
Podium *n* jukwaa (ma-)
Poet *m* mshairi (wa-)
poetisch -a kishairi *od* mashairi
Pointe *f* kipeo cha juu
Pokal *m* *Preis* kombe (ma-), kikombe (vi-); **~spiel** *n* mchezo wa kuwania [ki]kombe
Pol *m* *El*, *Geogr* ncha (–)
polar -a Ncha ya Kaskazini *od* Kusini
Polar|kreis *m* duara la Kaskazini *od* Kusini; **~stern** *m* nyota ya Kaskazi
Pole *m* raia wa Poland (–), Mpolish (wa-)
polemisch -a ubishi
polemisieren *intr* -bishana, -kinzana
Polen Poland (–)
polieren *tr* -ng'arisha, -piga polishi
Poliklinik *f* zahanati (–)
Politik *f* siasa (–)
Politiker *m* mwanasiasa (wanasiasa)

politisch -a kisiasa
Politur *f Glanz* mng'ao (mi-); *Poliermittel* king'arish[i]o (vi-), polishi (–)
Polizei *f* [jeshi la] polisi (ma-)
polizeilich -a polisi
Polizeirevier *n* kituo cha polisi
Polizist *m* askari wa polisi (ma-)
polnisch -a Poland
Polster *n Möbel* takia (ma-)
Polsterer *m* fundi kochi (ma-)
Polstermöbel *Pl* fenicha ya aina ya kochi
polstern *tr* -tengeneza mifuko ya
Polsterstuhl *m* kiti cha raha
Polterabend *m* mkesha wa arusi
poltern *intr* -nguruma, -rindima
Polygraphie *f* viwanda vya uchapaji
polygraphisch -a uchapaji
polytechnisch -a kiufundi
Pommes frites *f* chipsi (–)
pompös -a anasa
Ponton *m* pantoni (ma-)
[1]**Pony** *n Pferd* farasi mfupi (–)
[2]**Pony** *m Haar* nywele zilizokatwa pajini
Popeline *f* paplini (–)
populär maarufu, -na-*rel*-julikana sana
popularisieren *tr* -eneza ... *od* -sambaza ... kwa njia nyepesi
Popularität *f* umaarufu
populärwissenschaftlich -a kisayansi na kuenezwa kwa njia nyepesi
Pore *f* kinyweleo (vi-)
porös -a vinyweleo
Porree *m* liiki (–)
Portal *n* lango (ma-)
Portemonnaie *n* pochi (–), kibeti (vi-)
Portier *m* bawabu (ma-), mpokezi (wa-)
Portion *f* | eine ~ Eis aiskrimu glasi moja | zwei ~en Reis mit Fleisch pilau sahani mbili
Porto *n* ada (–)
Porträt *n* picha ya *od* mchoro wa mtu
Portugal Ureno
Portugiese *m* Mreno (wa-)
portugiesisch -a Kireno
Porzellan *n* vyombo vya kaure *Pl*
Posaune *f* tarumbeta (–)
Position *f* hali (–); *Standpunkt* msimamo (mi-) | die ~ des Schiffes ist ... meli ipo ...
positiv chanya
Post *f* [ofisi ya] posta (–); *Nachricht* barua (–), waraka (nyaraka) | mit der ~ kwa [njia ya] posta *od* kuposti; **~amt** *n* [ofisi ya *od* jengo la] posta (–); **~anweisung** *f* fomu ya kupelekea *od* hawala ya fedha; **~bote (~botin)** *m(f)* tarishi (–)
Posten *m Stellung* cheo (vyeo), daraka (ma-); *Ware* bidhaa *Pl*; *Mil* askari wa zamu (ma-)
Post|fach *n* sanduku la posta *od* barua; **~karte** *f* postakadi (–)
postlagernd -na-*rel*-ngojea posta
Post|leitzahl *f* namba ya ofisi ya posta; **~scheckkonto** *n* akaunti kwenye benki ya akiba ya posta; **~sparbuch** *n* kitabu cha akiba ya posta; **~stempel** *m* mhuri wa posta
postwendend | ~ antworten -jibu papo hapo
Postwertzeichen *n, meist Pl* stempu (–)
Potenz *f Math* kipeo (vi-)
Präambel *f* dibaji (–), utangulizi
prächtig bora, -a [fa]raha
Prädikat *n Gramm* prediketa (–)
Präfix *n* kiambishi awali (vi-)
prägen *tr Münzen* -geta; *übertr* -athiri
prahlen *intr* -jigamba, -jisifu, -jivuna
Praktikant *m* mwanafunzi anayefanya kazi kwa vitendo
Praktiker *m* bingwa (ma-), fundi stadi (ma-)
Praktikum *n* mazoezi kwa vitendo
praktisch -a *od* kwa vitendo | ~er Arzt daktari wa hospitali *od* zahanati (ma-)
praktizieren *intr eine Praxis ausüben* -fanya kazi (*als* ya); *tr in der Praxis*

anwenden -tumia, -tekeleza ... kwa vitendo
Praline *f* [pipi ya] chokleti (–)
prall -nene, -li-*rel*-jaa [sana] | in der ~en Sonne kwenye jua kali
prallen *intr* -gonga (*gegen etw.* kitu)
Prämie *f* bonasi (–)
präm[i]ieren *tr* -pa ... bonasi
Präm[i]ierung *f* kupewa bonasi
Pranke *f* mguu (mi-), guu (ma-)
Präparat *n Pharm* dawa (–)
präparieren *tr Anat* -hifadhi
Präposition *f* kihusishi (vi-)
Präsens *n* wakati uliopo
präsentieren *tr vorstellen* -onyesha, -tambulisha; *Gewehr* -shika mbele
Präsidium *n Vorsitz* uenyekiti; *Vorstand* kamati ya utendaji
prasseln *intr Feuer* -alika[alika]; *Regen* -piga, -nyesha sana
Präteritum *n* wakati uliopita
Praxis *f* uzoefu; *Wirklichkeit* hali halisi (–); *Med* ofisi ya daktari; *Jur* ofisi ya hakimu *od* mwanasheria
präzis[e] kamili
präzisieren *tr* -fafanua ... kwa ukamilifu *od* undani
Präzision *f* ukamilifu, umakini
predigen *intr* -hubiri
Prediger *m* mhubiri (wa-)
Predigt *f* mahubiri *Pl*
Preis *m Geldwert* bei (–), kiasi *Sg* (vi-); *Belohnung* tuzo (ma-); *Fahr~* nauli (–) | fester ~ bei ya Serikali | um keinen ~ hata kidogo | um jeden ~ kwa vyo vyote | wie hoch ist der ~? bei *od* kiasi gani? **~ausschreiben** *n* mashindano *Pl*
Preiselbeere *f* mmea mfupi wenye matunda ya aina ya beriberi uitwao red whortleberry
preisen *tr* -sifu
Preiserhöhung *f* ongezeko la bei
preisgeben *tr ausplaudern* -fichua
preisgekrönt -li-*rel*-pewa tuzo
preisgünstig -a bei nafuu
Preislage *f* | in jeder ~ kwa kila bei
Preis|richter *m* mwamuzi (wa-); **~senkung** *f* kupunguza *od* kushusha bei; **~stufe** *f* daraja (ma-); **~träger** *m* mshindi [wa tuzo]
preiswert = **preisgünstig**
prellen *tr umg betrügen* -danganya, -laghai, -punja
Prellung *f* kujigonga
Premiere *f* maonyesho ya kwanza, uzinduzi
Premierminister *m* Waziri Mkuu (ma-)
Presse *f Zeitungen* magazeti *Pl*; *Tech* kigandamizio (vi-); **~fotograf** *m* mpiga picha wa gazeti; **~konferenz** *f* mkutano na waandishi wa habari (mi-)
pressen *tr Früchte* -kam[u]a
Preßluft *f* hewa shindilia (–)
Prestige *n* hadhi (–)
Priester *m* kahani *od* kuhani (ma-); *katholischer* ~ kasisi (ma-), padri (ma-)
prima *umg* safi
primär *ursprünglich* -a awali, asilia; *wesentlich* muhimu, -a msingi
Primel *f* mmea ufananao na chanuo kato na kuitwa primrose
primitiv *einfach* duni, -a kishenzi
Prinz *m* mwana wa mfalme
Prinzip *n* kanuni (–)
prinzipiell -a kimsingi
Priorität *f* uzito wa juu
Prise *f* kidokoo (vi-)
Prisma *n* mche (mi-)
Pritsche *f* kitanda (vi-)
privat *inoffiziell* -a faragha, -si-*rel* rasmi; *persönlich* -a binafsi
Privat|betrieb *m* kiwanda cha mtu; **~eigentum** *n* mali ya binafsi; **~quartier** *n* chumba cha binafsi; **~sekretär** *m* katibu myeka (ma-)
Privileg *n* haki (–)
pro kwa | ~ Stück kwa kila
Probe *f Muster* sampuli (–); *Theat, Mus* zoezi (ma-); *Math* ithibati (–), thibitisho (ma-) | *übertr* jmdn. auf die ~ stellen -jaribu mtu

proben *tr Mus*, *Theat* -fanya mazoezi ya
probieren *tr* -jaribu; *kosten* -onja
Problem *n* suala (ma-); *Schwierigkeit* tatizo (ma-); *Math* fumbo (ma-)
problematisch -gumu; *zweifelhaft* -a mashaka
Produkt *n* zao (ma-)
Produktion *f* uzalishaji mali
Produktions|mittel *Pl* zana za *od* vyombo vya kuzalishia mali; **~verhältnisse** *Pl* hali ya uzalishaji mali
produktiv -a tija
Produktivität *f* tija (–)
Produktivkräfte *Pl* nguvu za uzalishaji
Produzent *m* mzalishaji (wa-), mtengenezaji (wa-)
produzieren *tr* -tengeneza, -zalisha
Professor *m* profesa (ma-)
Profil *n* umbopande (ma-)
Profilierung *f* uumbaji, kuumba *tr*
Profit *m* faida (–); **~rate** *f* kiwango cha
profitieren *intr* -faidika (*von* na), -faidi *tr*
Prognose *f* utabiri
Programm *n Ablauf* programu (–); *Zeitplan* ratiba (–); *Heft* muhtasari (mi-)
programmieren *tr* -andaa programu ya
Programmvorschau *f* matangazo ya vipindi [vinavyofuatia]
Projekt *n* mradi (mi-)
projektieren *tr* -andaa mradi wa *od* miradi ya
Projektierung *f* kuandaa m[i]radi
Projektor *m* projekta (–)
Proklamation *f* tangazo (ma-), kutangaza *tr*
Pro-Kopf-Verbrauch *m* matumizi ya kila mtu
Proletariat *n* makabwela *Pl*
Proletarier *m* kabwela (ma-)
proletarisch -a kikabwela
Prolog *m* utangulizi, dibaji (–)
Promenade *f Grünanlage* bustani (–)
prominent mashuhuri, maarufu
Promotion *f* kupata shahada la daktari
promovieren *intr* -pata shahada ya daktari
prompt -a papo hapo *od* mara moja
Pronomen *n* kiwakilishi (vi-)
propagieren *tr* -eneza, -sambaza
Propan[gas] *n* gesi ya propeni
Propeller *m* rafadha (–)
Prophet *m Rel* mtume (mi-), nabii (ma-)
prophezeien *tr* -agua, -bashiri
prophylaktisch -a kinga
Prophylaxe *f* kinga (–)
Proportion *f* uwiano
proportional -a kuwiana
Probst *m* mkuu wa wakuu wa majimbo
Prorektor *m* makamu wa mkuu wa Chuo Kikuu
Prosa *f* nathari (–)
prosaisch *übertr* -a kawaida
prosit! kwa afya
Prospekt *m* katalogi (–)
Prostituierte *f* malaya (–), kahaba (ma-)
Prostitution *f* umalaya, ukahaba
Protest *m* kulaani *tr*
Protestant *m* mprotestanti (wa-)
protestantisch -a kiprotestanti
Protestantismus *m* Uprotestanti (–)
protestieren *intr* -laani (*gegen jmdn. od etw.* mtu *od* kitu)
Protestkundgebung *f* maandamano ya kulaani *tr*
Prothese *f Ersatzglied* kiungo cha bandia; *Zahnersatz* meno ya bandia
Protokoll *n Jur* kumbukumbu (–); *Diplomatie* itifaki (–) | ein ~ aufnehmen -chukua kumbukumbu
protokollieren *tr* -chukua kumbukumbu za
Proviant *m* vyakula *Pl*
Provinz *f* jimbo (ma-); *Gegensatz zur Großstadt* mikoani, mashambani, vijijini
Provision *f* tengo (ma-)

provisorisch *behelfsmäßig* -a kushikiza; *vorläufig* -a muda
Provokation *f* uchokozi
provozieren *tr* -chokoza
Prozedur *f* utaratibu (taratibu)
Prozent *n* asilimia (–)
...prozentig -enye asilimia ...
Prozentsatz *m* asilimia (–)
prozentual kwa mia
Prozeß *m Jur* kesi (–); *Chem, Tech* harakati (–), mwenendo (mi-)
prüde -enye aibu *od* haya
prüfen *tr examinieren* -tahini; *kritisch sichten* -tathmini; *Tech* -jaribu, -fanya majaribio na
Prüfung *f Examen* mtihani (mi-); *Tech* jaribio (ma-)
Prüfungskommission *f* kamati *od* bodi ya watahini
Prügel *Pl* kuchapa *tr*, kupiga *tr*
Prügelei *f* mapigano *Pl*
prügeln *tr* -chapa, -piga; **sich** ~ -pigana
Prunk *m* anasa (–), fahari (–)
prunkvoll -a anasa *od* fahari
Pseudonym *n* jina la bandia
psychisch -a kiakili
Psychologe *m* msaikolojia (wa-)
Psychologie *f* elimunafsi (–), saikolojia (–)
psychologisch -a kisaikolojia
Pubertät *f* ubaleghe
Publikation *f Erzeugnis* kitabu (vi-), makala (– *od Pl*); *Tätigkeit* upigaji chapa, uchapaji
Publikum *n* hadhara (–), hadhirina (–); *Zuhörer* wasikilizaji *Pl*; *Zuschauer* watazamaji *Pl* | vor ~ hadharani
publizieren *tr* -toa
Publizistik *f* uandishi
Pudding *m* pudini (–); **~pulver** *n* unga wa pudini (–)
Pudel *m* mbwa aitwaye poodle
Puder *m* poda[ri] (–); **~dose** *f* jaluba ya [kutilia] poda[ri]
pudern *tr* -paka ... poda[ri]; **sich** ~ -jipaka poda[ri]
Puderzucker *m* sukari [ya] unga
Pullover *m* sweta (–)
Puls *m* pigo (ma-), mpwito (mi-) | jmdm. den ~ fühlen -pima mtu mapigo ya moyo
Pult *n* deski (–); *Schüler~* dawati (ma-)
Pulver *n* poda[ri] (–); *Mil* baruti (–)
pulverisiert -a poda[ri] *od* unga, -a kuseta
Pulverschnee *m* theluji laini (–)
Pumpe *f* pampu (–)
pumpen *tr Wasser* -peleka ... kwa pampu
Pumps *Pl* viatu vya visigino [virefu]
Punkt *m Tupfen* doa (ma-), tone (ma-); *Satzzeichen, Math* nukta (–); *Chem, Phys* kiwango (vi-); *Sport* pointi (–); *Tagesordnung* dondoo (ma-) | ~ 9 Uhr saa 3 kamili *od* juu ya alama | nach ~en siegen kushinda kwa pointi
pünktlich -a wakati uliopangwa, -a tarehe iliyowekwa
Pünktlichkeit *f* kufika kwa wakati utakikao *od* utakiwao
Punkt|richter *m* refa (ma-), mwamuzi (wa-); **~spiel** *n* mchezo wa kuwania ubingwa *od* kikombe
Punsch *m* divai nyekundu moto na viungo
Pupille *f* mboni (–)
Puppe *f Spielzeug* mwanasesere (wanasesere); *Theat* kikaragosi (vi-); *Landw* tita (ma-); *Zool* pupa (–)
Puppen|spiel *n* igizo la vikaragosi; **~theater** *n* nyumba ya maigizo ya vikaragosi; **~wagen** *m* pramu kwa vikaragosi (–)
Püree *n Kartoffel~* viazi vya kuponda
Purzelbaum *m* kujiviringisha
Pute *f* bata mzinga (–)
Putsch *m* uasi
Putz *m Arch* plasta (–), lipu (–)
putzen *tr reinigen* -safisha; *polieren* -ng'arisha, -piga polishi | sich die Nase ~ -penga, -jifutia kamasi | sich die Zähne ~ -piga mswaki meno

Putz|lappen *m* kitambaa cha kufutia vumbi; **~macherin** *f* mshona kofia (wa-)
Pyramide *f* haram (–)
Python *f* chatu (–)

Q

Quadrat *n* mraba (mi-)
quadratisch -a mraba
Quadrat|kilometer *n od m* kilometa *od* kilomita ya mraba; **~meter** *n od m* meta *od* mita ya mraba; **~wurzel** *f* kipeno (vi-)
Qual *f* teso (ma-), uchungu
quälen *tr peinigen* -tesa; *belästigen* -taabisha; **sich ~** -sumbuliwa (*mit* na)
Qualifikation *f* elimu (–), maarifa (–)
qualifizieren *tr* -endeleza *od* -komaza ... kikazi *od* kielimu (*zu* kuwa); **sich ~** -jiendeleza *od* -jikomaza kikazi *od* kielimu (*zu* kuwa)
Qualifizierung *f* kuendeleza *tr od* kukomaza *tr* kielimu | eigene ~ kujiendeleza *od* kujikomaza kielimu (*zu* kuwa)
Qualität *f* ubora
qualitativ -a hali, bora
Qualitätsarbeit *f* kazi bora (–)
Qualle *f* jeteta (ma-)
Qualm *m* moshi (mi-)
qualmen *intr* -fuka, -toa moshi
Quantität *f* idadi (–), wingi
quantitativ -a idadi
Quantum *n* kipimo (vi-), kiasi (vi-)
Quarantäne *f* karantini (–)
Quark *m* maziwa yaliyogandishwa na kutolewa maji; **~kuchen** *m* keki iliyotengenezwa kwa maziwa yaliyogandishwa na kutolewa maji
Quartal *n* robo mwaka (–)
Quartett *n* [kikundi cha] wanamuziki wanne
Quartier *n* mahali pa kukaa; *Mil* nyumba ya kukaa maaskari
Quarz *m* jiwe lifananalo na marumaru na kuitwa quartz
Quatsch *m* upuuzi
Quecke *f* mmea ufananao na ndago na kuitwa quitch
Quecksilber *n* nakuri (–), zebaki (–)
Quelle *f* chemchem[i] (–); *übertr* chanzo (vyanzo), asili (–)
quellen *intr anschwellen* -vimba
quer kwa mkingamo | kreuz und ~ huku na huko | ~ durch moja kwa moja
Quere *f* | *umg* jmdm. in die ~ kommen -ingilia *od* -kinga mtu
Quer|schnitt *m* mkato mtambuko (mi-); **~straße** *f* njia ya mkingamo
Querulant *m* mnung'unikaji (wa-)
Querverbindung *f* simu ya ndani
quetschen *tr drücken* -bana, -finya | sich den Finger ~ -jibana kidole
Quetschung *f Med* vilio (ma-), mvilio (mi-)
quieken *intr* -lia
quietschen *intr* -lia
Quintett *n* [kikundi cha] wanamuziki watano
Quirl *m* mchapo (mi-)
quirlen *tr* -pekecha; *umrühren* -koroga
Quitte *f Frucht* tunda lifananalo na pea na kuitwa quince
quittieren *tr* -andika *od* -toa risiti *od* stakabadhi ya; *Dienst* -acha
Quittung *f* risiti (–), stakabadhi (–)
Quote *f* asilimia (–), sehemu (–)

R

Rabatt *m* aheri (–)
Rabe *m* kunguru mweusi (–)
Rache *f* kisasi (vi-)
rächen *tr* -lipiza kisasi; **sich ~** -lipa kisasi

Rachen *m Mensch* koo (ma-), umio wa chakula
Rachitis *f* nyongea (–)
Rad *n* gurudumu (ma-); *Fahr~* bais[i]keli (–)
Radar *m* rada (–); **~gerät** *n* chombo cha rada
Raddampfer *m* meli iendeshwayo na mapangaboi ya mbavuni, stima kafi (–)
radebrechen *intr* -sema *od* -tamka maneno *od* -zungumza kwa shida
radfahren *intr* -panda bais[i]keli
Radfahrer *m* mpanda bais[i]keli (wa-)
radieren *intr* -futa [kwa raba]
Radiergummi *m* raba (–)
Radierung *f Werk* nakala iliyochapwa kwa bamba lenye nakshi; *Drucktechnik* kuchapa kwa bamba lenye nakshi
Radieschen *n* radishi (–), figili (–)
radikal *extrem* -kali; *gründlich* kamili; *rücksichtslos* bila kujali, -si-*rel*-jali
Radio *n Rundfunk, Gerät* redio (–) | im ~ katika redio
radioaktiv -nururushinguvu, harakatiredio
Radioapparat *m* redio (–)
Radium *n* radiamu (–)
Radius *m Math* nusu kipenyo (–)
Rad|rennbahn *f* uwanja wa mashindano ya bais[i]keli; **~rennen** *n* mashindano ya bais[i]keli; **~sport** *m* kupanda bais[i]keli kwenye mashindano; **~weg** *m* njia ya wapanda bais[i]keli
Raffinesse *f* ujanja
raffiniert *durchtrieben* -a ujanja | ~e Person mjanja (wa-); *ausgeklügelt* stadi, bora
Ragout *n* schu (–)
Rahm *m* malai (–)
rahmen *tr Bild* -tia fremu
Rahmen *m Bild* fremu (–); *übertr* | im ~ der Tagung wakati wa kikao | im ~ deiner Möglichkeiten kadiri yako
Rakete *f* roketi (–)
Raketen|antrieb *m* injini ya roketi; **~technik** *f* ufundi wa roketi
rammen *tr Verk* -gonga
Rampe *f Lade~* kikwezeo (vi-); *Theat* jukwaa (ma-)
Rampenlicht *n* | im ~ stehen -simama [wima] -kiangazwa na taa; *übertr* -husika *od* -husishwa hasa
Rand *m* ukingo | etw. am ~e bemerken -sema kitu bila ya dhamira
randalieren *intr* -tia fujo, -ghasi
Rang *m Stellung* cheo (vyeo), daraka (ma-); *Theat* daraja la pili
rangieren *tr Eisenb* -pitisha ... huku na huko
Ranke *f* kikono (vi-)
ranken, sich -jisokota
Ranzen *m* mkoba [wa mwanafunzi]
ranzig -li-*rel*-oza
rapid[e] -a haraka *od* upesi *od* mbio sana
Rappe *m* farasi mweusi (–)
Raps *m* aina ya mbegu za mafuta zitwazo rape; **~öl** *n* mafuta ya rape
Rapünzchen *n/Pl* aina ya letusi ya *od* mchicha wa Kizungu
rar adimu, -a nadra | ~ sein -adimika | er macht sich ~ anakuja kwa nadra
Rarität *f* nadra (–)
rasch -a haraka, -epesi
rascheln *intr* -chakacha
Rasen *m* [eneo la] majani *od* nyasi
rasend *schnell* -a mbio sana *od* mno, chapuchapu
Rasenmäher *m* mashine ya kukatia majani *od* nyasi
Rasier|apparat *m* mashine ya kunyolea; **~creme** *f* sabuni ya kunyolea
rasieren *tr* -nyoa | sich ~ lassen -nyolewa; **sich** ~ -jinyoa
Rasier|klinge *f* wembe (nyembe); **~pinsel** *m* brashi ya kunyolea; **~seife** *f* sabuni ya kunyolea; **~wasser** *n* dawa ya kunyolea;
Raspel *f* tupadutu (–)
raspeln *tr* -kuna, -saga
Rasse *f* rangi (–)
rasseln *intr* -alika[alika]

rassig bora, maridadi | ~e Frau chuma cha mwanamke, kitoto (vi-)
Rassismus *m* ubaguzi wa rangi
Rassist *m* mbaguzi (wa-)
Rast *f* mapumziko *Pl*
rasten *intr* -pumzika
Raststätte *f* kituo (vi-), hoteli (–)
Rat *m* *~schlag* shauri (ma-), mawaidha *Pl*; *Behörde* baraza (ma-) | ~ der Stadt baraza la mji *od* jiji *od* manisipaa | mit ~ und Tat kwa mawazo na vitendo | jmdn. um ~ fragen -taka mtu shauri | jmdn. zu ~e ziehen -shauriana na mtu
Rate *f* rubuni (–) | etw. auf ~n kaufen -nunua kitu kwa kutoa rubuni
raten *tr erraten* -fumbua; *intr* -toa shauri (*zu* la *Inf*), -shauri *tr*
Ratgeber *m* mshauri (wa-)
Rathaus *n* jengo la manisipaa *od* baraza la jiji *od* mji
ratifizieren *tr Pol* -pitisha *od* -thibitisha rasmi
Ratifizierung *f* thibitisho rasmi (ma-), kupitisha *tr*, kuthibitisha *tr*
Ration *f* resheni (–)
rationalisieren *tr* -chukua hatua za kuongeza ufanisi wa
Rationalisierung *f* kuchukua hatua za kuongeza ufanisi
rationalistisch -a busara, kwa kutumia akili
rationell -a *od* kwa ufanisi
rationieren *tr* -panga ugawaji wa
ratlos -li-*rel*-fadhaika *od* -hangaika, -si-*rel*-jua la kufanya
ratsam | es ist ~ inafaa
Ratschlag *m* shauri (ma-) | jmdm. einen ~ erteilen -pa mtu shauri
Rätsel *n* kitendawili (vi-), fumbo (ma-) | ein ~ lösen -fumbua fumbo
rätselhaft -a fumbo, -geni
Ratte *f* panya (–)
Raub *m* uporaji, kupora *tr* | ~ der Flammen kuteketezwa kwa moto
Raubbau *m* | *Forstw* ~ treiben kukata miti ovyo; *übertr* kutojali *tr*
rauben *tr* -pora
Räuber *m* jambazi (ma-)
Raub|tier *n* mnyama mkali; **~vogel** *m* ndege mkali
Rauch *m* moshi (mi-)
rauchen *tr* -vuta, -sokota; *intr Schornstein* -fuka, -toa moshi
Rauchen *n* | ~ nicht erwünscht si ruhusa kuvuta sigara | ~ verboten marufuku kuvuta sigara
Raucher *m* mvutaji (wa-); *~abteil* chumba cha wavutaji
räuchern *tr* -kausha ... kwa moshi *od* hewa ya joto
Räucherware *f* chakula kilichokaushwa kwa moshi
Rauch|fleisch *n* nyama iliyokaushwa kwa moshi; **~waren** *Pl* mavazi ya ngozi zenye manyoya
raufen *intr und refl* -gombana, -pigana
rauh -li-*rel*-paruza, -a ukwaru; *Stimme* -li-*rel*-pwelea *od* -kauka, -kavu; *Wind* -kali; *Witterung* -enye upepo na mvua | ~e See bahari iliyochafuka; *übertr* -baya
Rauhreif *m* jalidi (–)
Raum *m Zimmer* chumba (vyumba); *Platz* nafasi (–)
räumen *tr Wohnung* -hamisha; *Gebiet* -ondoa ... kwenye
Raum|fahrt *f* usafiri angani; **~flug** *m* safari ya angani; **~inhalt** *m* ukubwa, mjao (mi-); **~kunst** *f* upambaji wa nyumba
räumlich -a mahali
Raum|schiff *n* chombo cha angani; **~station** *f* kituo cha angani
Räumung *f Wohnung* -kuhamisha *tr*; *Gebiet* kuondoka kwenye
Raupe *f* lava (–)
Raupenschlepper *m Tech* katapila (ma-)
Rausch *m* ulevi, ugimbi | einen ~ haben -lewa
rauschen *intr* -vuma
Rauschgift *n* kileo (vi-), dawa ya kulevya
räuspern, sich -safisha koo

Razzia *f* msako (mi-)
Reagenzglas *n* testityubu (–)
reagieren *intr* -itika | auf etw. ~ -itikia jambo; *Chem* -menyuka
Reaktion *f* mwitiko (mi-); *Chem*, *Phys* harakati (–), mmenyuko (mi-); *Pol* wapinga maendeleo *Pl*
reaktionär *Pol* -a kupinga maendeleo
Reaktor *m* tanuri (ma-)
real halisi
realisieren *tr* -tekeleza, -timiza
Realismus *m* uhalisi | kritischer ~ uhalisi hakiki
realistisch halisi; *Lit* halisia
Realität *f* hali halisi (–)
Rebe *f* kicha[l]a (vi-)
rebellieren *intr* -fanya uasi | gegen jmdn. ~ -asi mtu
Rebhuhn *n* kuku mwitu (–)
Rechen *m* reki (–)
Rechen|fehler *m* kosa la hesabu; **~maschine** *f* mashine ya kuhesabia
Rechenschaft *f* maelezo *Pl*, taarifa (–) | jmdn. zur ~ ziehen -chukulia mtu hatua, -taka mtu kutoa maelezo | ~ ablegen über -wajibika kwa
Rechenschafts|bericht *m* taarifa ya utekelezaji; **~legung** *f* kutoa *od* kusoma taarifa ya utekelezaji
Rechenschieber *m* slaidiruli (–), kikotoo telezi (vi-)
rechnen *tr Aufgabe* -kokotoa, -hesabu; *zählen* -hesabia (*zu* kuwa); *intr kalkulieren* -chukulia, -hesabia; *gefaßt sein* -jiandaa (*mit* kwa); *erwarten* -amini, -tegemea (*auf jmdn.* mtu)
rechnerisch -a *od* kwa kukokotoa
Rechnung *f Kostenforderung* bili (–), ankra (–); *Math* hesabu (–) | einer Sache ~ tragen -zingatia *tr*
Rechnungswesen *n* uhasibu
recht 1. *Adj echt* -a kikweli, kweli; *richtig* sahihi | seine ~e Hand msaidizi wake **2.** *Adv sehr* sana | nun erst ~ makusudi | das geschieht ihm ~ amepata alichostahili
Recht *n Gesamtheit der Gesetze* sheria (–); *Berechtigung* haki (–) | das ~ haben -weza, -ruhusiwa, -wa na haki
Rechte *f Hand* mkono wa kulia *od* kuume; *Pol* wapinga maendeleo *Pl*
Rechteck *n* mstatili (mi-)
rechteckig [-a] mstatili
recht|er (~e, ~es; ~e) -a kulia *od* kuume | ~er Winkel pembe mraba (–)
rechtfertigen *tr* -tetea; **sich** ~ -jitetea (*vor* dhidi ya)
Rechtfertigung *f* utetezi
rechthaberisch -a ukaidi | ~er Mensch mkaidi (wa-)
rechtlich -a kisheria
rechtmäßig halali
rechts kulia
Rechts|anwalt *m* mwanasheria (wanasheria); **~außen** *m* mshambuliaji *od* mlinzi wa kulia, hafubeki wa kulia (ma-)
Rechtschreibung *f* tahijia (–)
rechts|gültig halali; **~kräftig** -li-*rel*-thibitishwa mahakamani *od* kisheria
Rechtsprechung *f* mfumo wa kisheria
Rechtswissenschaft *f* sheria (–)
recht|winklig -a pembe mraba; **~zeitig** -a *od* kwa wakati utakikao *od* utakiwao
Reck *n* mti wa *od* chuma cha kuambaa
recken, sich -jinyosha
Redakteur *m* mhariri (wa-)
Redaktion *f Büro* ofisi ya mhariri; *Tätigkeit* kuhariri *tr*
Rede *f* hotuba (–) | zur ~ stellen -taka maelezo | nicht der ~ wert si kitu *od* muhimu, haidhuru
redegewandt -a umbuji
reden *intr* -ongea, -zungumza (*über* juu ya); *tr* -sema
Redensart *f* msemo (mi-), nahau (–)
redigieren *tr* -hariri
Redner *m* mhotubiaji (wa-)
reduzieren *tr* -punguza (*auf* kufikia)
Reederei *f* wakala wa meli
reell nafuu

Referat *n Bericht* ripoti (–); *Vortrag* makala *Pl od* (–)
Referendum *n* kura ya maoni
Referent *m* mtoa makala *od* ripoti (wa-)
referieren *intr* -soma makala, -zungumz[i]a (*über* juu ya)
reflektieren *tr Phys* -akisi
Reflektor *m* kiakisio (vi-)
Reflex *m Psych* mwitikio (mi-)
Reflexion *f* mwakisio (mi-)
Reform *f* mabadiliko *Pl*
Reformation *f* kubadili *tr*, badiliko (ma-); *Rel* ufufuaji
reformieren *tr* -badili, -rekebisha; *Rel* -fufua
Refrain *m* kipokeo (vi-), kiitikio (vi-)
Regal *n* rafu (–)
Regatta *f* mashindano ya mitumbwi *od* madau *od* motaboti
rege -a motomoto *od* pilikapilika
Regel *f* kanuni (–); *Med* hedhi (–) | in der ~ aghalabu, kwa kawaida *od* desturi
regelmäßig -a kawaida *od* mara kwa mara
regeln *tr* -rekebisha
Regelung *f* utaratibu
regen, sich -enda; *arbeiten* -fanya kazi
Regen *m* mvua (–); *leicht* manyunyu *Pl*; **~bogen** *m* upinde wa mvua
regenerieren *tr* -fufua; *Reifen* -tia tredi tena
Regen|mantel *m* kaputi (ma-); **~schirm** *m* mwavuli (mi-); **~wetter** *n* mvua (–); **~wolke** *f* ghubari (ma-); **~zeit** *f März bis Mai* masika *Pl*, kifuku (vi-); *September bis November* vuli (ma-)
Regie *f Theat*, *Film* wakurugenzi wa [ma]igizo; **~assistent** *m* msaidizi wa mkurugenzi *od* mkurugenzi msaidizi wa [ma]igizo
regieren *tr*, *intr* -tawala
Regierung *f* serikali (–)
Regierungsdelegation *f* ujumbe wa kiserikali
Regime *n Regierungsform* utawala; *Regierung* serikali (–)
Regiment *n Mil* kikosi (vi-)
Region *f* mkoa (mi-), jimbo (ma-)
regional -a kimkoa
Regisseur *m Theat*, *Film* mkurugenzi wa [ma]igizo
Register *n alphabet. Verzeichnis* faharisi *od* faharasa (–), rejesta *od* rejista (–)
registrieren *tr* -sajili, -andikisha
Reglerbügeleisen *n* pasi ya kurekebisha moto
regnen *intr* | *unpers* es regnet [mvua] inanyesha
regnerisch -a mvua mvua
regulär -a kawaida
regulieren *tr* -rekebisha
Regung *f übertr* msukumo (mi-), hisia (–)
Reh *n* mnyama afananaye na paa na kuitwa roe
rehabilitieren *tr* -tetea; **sich** ~ -jitetea
Rehabilitierung *f* utetezi, kutetea *tr*
Reibeisen *n* kikunio (vi-), mbuzi (–)
reiben *tr* -saga, -kuna; *intr Schuh* -chubua ngozi, -suguana
Reibung *f Phys* msuguano (mi-)
reibungslos taratibu, -si-*rel* na msuguano
reich tajiri, -enye mali; *ergiebig* -ingi, -kubwa | das Land ist ~ an Bodenschätzen nchi ina madini mengi
Reich *n* dola (ma-); **König~** ufalme
reichen *tr* -pa, -kabidhi *beide dopp tr*; *intr sich erstrecken* -enea, -zagaa (*von* … *bis* [kutoka] katika *od* -ni … mpaka *od* hadi); *genügen* -tosha
reichhaltig -ingi, tele, chungu nzima
reichlich -na-*rel*-tosha sana
Reichtum *m* mali (–), utajiri
Reichweite *f Entfernung* umbali | in ~ sein -wa karibu
reif -bivu, -pevu; *übertr* -zima, kamili, -li-*rel*-komaa | ~ werden -iva, -komaa, -pevuka | ein Mensch in ~eren Jahren mtu wa makamo

Reif *m* jalidi (–)
Reife *f* ubivu, upevu; *Vollkommenheit* ukamilifu, ukomavu
[1]**reifen** *intr reif werden* -iva, -pevuka
[2]**reifen** *intr unpers Reif ansetzen* | es hat gereift jalidi imeenea
Reifen *m* pete (–); *Fahrzeug* tairi (–), mpira wa nje
Reifeprüfung *f* mtihani wa kuhitimu kidato cha 4 *od* 6
reiflich | nach ~er Überlegung baada ya kutafakari sana
Reihe *f* mstari (mi-); *hintereinander* foleni (–), msururu (mi-) | der ~ nach kwa zamu | an der ~ sein -wa zamu | warte, bis du an der ~ bist! ngoja *od* subiri zamu yako | wer ist an der ~? zamu ya nani? | *Math* arithmetische ~ hesabu endelezi (–)
Reihen|folge *f* mfululizo (mi-), mfuatano (mi-); **~schaltung** *f* saketi mfululizo (–); **~untersuchung** *f* kupima kundi la watu
Reiher *m* kulasitara (–)
Reim *m* kina (vi-)
reimen, sich -wa na vina *od* ufanano wa matamshi
rein *sauber* safi; *unvermischt* -tupu (*auch übertr*); *Chem* menyu
reinemachen *tr umg* -piga deki
Reingewinn *m* faida halisi (–)
reinigen *tr* -safisha; *Chem* -takasa *auch Rel* | chemisch ~ -fua ... kwa kemikali
Reinigung *f* kusafisha *tr*, usafishaji; *Rel* kutakasa *tr auch Tech* | chemische ~ kufua kwa kemikali
Reis *m Pflanze, unbearbeitetes Korn* mpunga (mi-); *enthülst* mchele (mi-); *gekocht* wali | ~ mit Fleisch *od* Fisch pilau ( )
Reise *f* safari (–), ziara (–) | gute ~! safari njema; **~andenken** *n* kumbukumbu (–); **~beschreibung** *f* maelezo ya *od* kitabu cha safari; **~büro** *n* ofisi ya usafiri; **~führer** *m* gaidi (–); *Buch* kiongozi (vi-); **~gepäck** *n* mzigo (mi-); **~geschwindigkeit** *f* *Flugw* mwendo (mi-); **~gruppe** *f* kikundi cha wasafiri; **~kosten** *Pl* gharama za usafiri; **~leiter** *m* kiongozi wa msafara (vi-)
reisen *intr* -safiri (*nach* kwenda, *zu* kwa) | mit dem Schiff (Zug) ~ -safiria chombo (gari la moshi)
Reisende(r) *f*(*m*) msafiri (wa-)
Reise|paß *m* paspoti (–); **~route** *f* njia ya safari *od* ziara; **~schreibmaschine** *f* taipureta ndogo *od* nyepesi; **~tasche** *f* mkoba (mi-), begi (ma-); **~verkehr** *m* usafiri
Reisig *n* kuni *Pl*
Reißbrett *n* ubao wa kuchorea
reißen *intr zerreißen* -chanika | mir reißt die Geduld sivumilii tena; *tr* | in Stücke ~ -chana ... vipande vipande
reißend | ein ~er Fluß mfo *od* mvo (mi-) | ~en Absatz finden -uzwa sana *od* haraka
Reiß|verschluß *m* zipu (–); **~zeug** *n* bikari na vifaa vingine vya urasimu; **~zwecke** *f* teki (–)
reiten *tr* -panda; *intr* -panda farasi
Reiter *m* mpanda farasi (wa-)
Reit|pferd *n* farasi wa kupandwa (–); **~sport** *m* kupanda farasi
Reiz *m Anreiz* changamoto (–); *Anziehungskraft* madaha *Pl*
reizbar -enye hasira, -epesi -a kukasirika
reizen *tr erregen* -chokoza, -hamakisha; *locken* -vutia
reizend -zuri, -tamu
Reizung *f Med* mwasho (mi-), kuwasha
reizvoll -a kuvutia *od* kupendeza
Reklamation *f* lalamiko (ma-)
Reklame *f* tangazo (ma-)
reklamieren *tr* -lalamikia, -ripoti hitilafu *od* dosari ya
rekonstruieren *tr* -tengeneza upya
Rekonstruktion *f* matengenezo *Pl*
Rekord *m* rekodi (–) | einen ~ aufstellen (brechen) -weka (-vunja) rekodi

Rekrut *m* askari mpya (ma-)
Rektor *m* mkuu wa Chuo Kikuu
Relais *n* relei (–); **~station** *f* kituo cha relei
Relation *f* uwiano (*zu* na)
relativ *bedingt* -a masharti; *verhältnismäßig* kiasi
relevant *wichtig* muhimu, -a maana; *erforderlich* -na-*rel*-hitajika *od* -husika
Relief *n Geogr* sura ya nchi
Religion *f* dini (–)
religiös -a kidini
Reling *f* vyuma vya *od* kamba za ukingoni [vya *od* za meli *od* boti]
Remilitarisierung *f* kuanzisha upya *od* kuimarisha majeshi
remis *Schach* sare
Renaissance *f* zinduko la Ulaya
Rennbahn *f* uwanja wa kushindania mbio
rennen *intr* -enda *od* -piga mbio, -kimbia; *um die Wette* -shindana mbio | gegen etw. ~ -gonga kitu
Rennen *n* resi (–), mashindano *Pl*
Renn|fahrer *m Auto* dereva wa gari la mashindano *od* resi (ma-); *Fahrrad* mpandaji wa bais[i]keli ya mashindano *od* resi; **~pferd** *n* farasi wa mashindano *od* resi (–); **~rad** *n* bais[i]keli ya mashindano *od* resi; **~rodeln** *n* mashindano ya kuteleza kwa vigari kwenye njia ya barafu; **~schlitten** *m* kigari cha mashindano *od* resi cha kutelezea kwenye barafu; **~strecke** *f* njia *od* barabara ya mashindano *od* resi; **~wagen** *m* gari la mashindano *od* resi
renovieren *tr mit Farbe* -paka ... rangi upya
Renovierung *f* upakaji upya wa rangi, matengenezo *Pl*
rentabel -na-*rel*-leta faida
Rentabilität *f* [kuleta] faida (–)
Rente *f* malipo ya uzeeni, pensheni (–) | in ~ gehen -staafu, -ng'atuka
rentieren, sich -leta faida
Rentner *m* mstaafu anayelipiwa pensheni *od* malipo ya uzeeni
Reorganisation *f Ergebnis* mabadiliko *Pl*; *Vorgang* mabadilisho *Pl*
reorganisieren *tr* -badilisha
Reparatur *f* matengenezo *Pl*, ukarabati; **~werkstatt** *f* gereji (–)
reparieren *tr* -karabati
repassieren *tr* -tengeneza
Repertoire *n* programu (–)
Reportage *f* maelezo *Pl*, ripoti (–)
Reporter *m Presse* mwandishi (wa-); *Radio* mtangazaji (wa-)
Repräsentant *m* mwakilishi (wa-)
repräsentativ *würdig* mashuhuri; *stattlich* -kubwa, -ingi
repräsentieren *tr* -wakilisha
Repressalien *Pl* mateso *Pl*
Reproduktion *f* nakala-picha (–)
reproduzieren *tr* -nakili
Reptil *n* mnyama mtambaaji (wa-)
Republik *f* Jamhuri (–)
Republikaner *m* mtetezi wa Jamhuri
republikanisch -a [kutetea] Jamhuri
Requisiten *Pl* vifaa *Pl*
Reserve *f* akiba (–); **~rad** *n* gurudumu la spea
reservieren *tr* -tenga | für jmdn. etw. ~ -tengea mtu kitu
reserviert *vorbestellt* -li-*rel*-hifadhiwa awali; *zurückhaltend* taratibu
Reservist *m* askari wa akiba (ma-)
Residenz *f* | ~ des Staatsoberhauptes Ikulu (–)
Resignation *f* kukata tamaa, kuvunjika moyo
resignieren *intr* -kata tamaa, -vunjika moyo
resolut -a *od* kwa dhati
Resolution *f* tamko (ma-)
Resonanz *f Phys* mwangwi (mi-); *übertr* mwitikio (mi-)
Respekt *m* heshima (–)
respektieren *tr* -heshimu
respektlos -si-*rel* na heshima
Ressort *n* daraka (ma-), kazi (–)
Rest *m* baki (ma-, *auch Math*), salio (ma-)

Restaurant *n* mgahawa (mi-)
restaurieren *tr* -fufua, -tengeneza upya
restlich -li-*rel*-salia *od* -baki
restlos 1. *Adj* kamili, -a kikamilifu **2.** *Adv* kabisa
Resultat *n* matokeo *Pl*
resultieren *intr* -tokana (*aus* na)
retten *tr* -okoa (*vor*, *aus* katika); **sich ~** -jiokoa
Rettich *m* radishi (–)
Rettung *f* kuokoa *tr*, kusalimisha *tr*, wokovu
Rettungs|boot *n* boti ya kuokolea abiria, mashua okozi (–); **~ring** *m* mpira wa kuokolea maisha, mshipi okozi (mi-); **~schwimmer** *m* mwogeleaji mwokozi
retuschieren *tr* -rekebisha, -sahihisha
Reue *f* majuto *Pl*; *Rel* toba (–)
Reuse *f* tando (ma-)
Revanche *f* kisasi (vi-)
revanchieren, sich *rächen* -lipa kisasi; *vergelten* -rudisha *tr*
revidieren *tr* -kagua
Revier *n* *Forstw* eneo (ma-); *Polizei~* kituo (vi-); *Mil* wadi (–)
Revision *f* ukaguzi; *Fin* ukaguzi hesabu; *Jur* kusikiliza upya
Revisionismus *m* nadharia ya ubahatishaji *od* ubarakala
Revolte *f* uasi
revoltieren *intr* -fanya uasi, -asi *tr*
Revolution *f* mapinduzi *Pl*
revolutionär -a kimapinduzi
Revolutionär *m* mwanamapinduzi (wanamapinduzi)
Revolver *m* bastola (–)
Revue *f* *Theat* maonyesho ya jukwaani
rezensieren *tr* -pitia, -hakiki
Rezension *f* pitio (ma-)
Rezept *n* *Koch~* upishi (mapishi); *Med* cheti cha dawa
rezeptpflichtig -na-*rel*-tolewa kwa cheti tu
Rezitation *f* kukariri *tr*
rezitieren *tr* -kariri
Rhabarber *m* rhubarb (–)
Rheuma *n*, *Kurzw für* **Rheumatismus** *m* baridi yabisi (–)
rheumatisch -a baridi yabisi
Rheumatismus *m* = **Rheuma**
Rhodesien *hist* Rhodesia (–)
Rhododendron *m* mti mfupi ambao maua yake yanafanana na yale ya mzingifuri na kuitwa rhododendron
Rhombus *m* msambamba sawa (mi-)
rhythmisch -a m[i]pigo
Rhythmus *m* mpigo (mi-)
richten *tr* -elekeza (*auf* kwenye, kwa); *Tech gerademachen* -nyosha | eine Bitte an jmdn. ~ -peleka ombi kwa mtu; **sich ~** -fuatia (*nach jmdm.* mtu)
Richter *m* jaji (ma-), hakimu (ma-)
Richtfest *n* sherehe ifanywayo baada ya kuta na paa kujengwa; *in Ostafrika* sherehe ya kujilinda na maadui
richtig *fehlerfrei* sahihi; *echt* kweli, halisi; *wirklich* -a kikweli; *zweckmäßig* bora, -na-*rel*-faa
richtigstellen *tr* -sahihisha
Richtlinie *f*, *meist* **~n** *Pl* maelekezo *Pl*, mwongozo (mi-)
Richtung *f* upande | in westlicher ~ upande wa magharibi | in ~ von kuelekea
riechen *tr* -nusa; *intr* -toa harufu (*nach* ya)
Riege *f* kikundi (vi-), timu (–)
Riegel *m* *Tür* tumbuu (–); *Seife* kipande (vi-) | *übertr* einer Sache einen ~ vorschieben -zuia tendo lisifanyike
Riemen *m* mkanda (mi-)
Riese *m* jitu (ma-)
rieseln *intr* *fließen* -tiririka; -chirizika; *Regen* -nyunya
Riesen|rad *n* bembea-vikapu (–); **~schlange** *f* joka (ma-)
riesig -kubwa, -a kiasi kikubwa
Riff *n* miamba *Pl*, vipwa *Pl*
rigoros *streng* -kali

Rille *f* mkwaruzo (mi-); *Schallplatte* njia ya sindano
Rind *n* ng'ombe (–)
Rinde *f* gome (ma-); *Brot* gamba (ma-)
Rinderbraten *m* [nyama ya] ng'ombe ya kukaanga
Rindfleisch *n* nyama ya ng'ombe
Rindsleder *n* ngozi ya ng'ombe
Ring *m Schmuck* pete (–); *Kettenglied* kikuku (vi-); *Box*∼ ulingo; **∼e** *Pl Turngerät* pete (–)
Ringelnatter *f* nyoka wa jamii ya mla-mayai
ringen *intr* -pigana mieleka; *übertr streben* -jibidisha (*um* ku-)
Ringer *m* mpiganaji wa mieleka
Ring|kampf *m* mashindano ya mieleka; **∼richter** *m* mwamuzi (wa-)
rings[her]um kwa kuzunguka, pote
Rinne *f* mfereji (mi-); *Dach* bati la kupitishia maji ya mvua, mfumbi (mi-)
rinnen *intr* -tiririka
Rippe *f* ubavu (mbavu); *Blatt* chelewa (–); *Kokoswedel* ujukuti (njukuti); *Boot* taruma (ma-)
Rippenfellentzündung *f* kichomi (vi-)
Risiko *n* hatari (–)
riskant -a hatari
riskieren *tr* -hatarisha
Riß *m Spalt* ufa (nyufa); *Sprung* mpasuko (mi-)
rissig -li-*rel*-pasuka, -enye mipasuko
Ritt *m* upandaji, kupanda *tr*
Rittersporn *m Bot* mmea wenye maua ya b[u]luu uitwao larkspur
Ritze *f* ufa (nyufa)
ritzen *tr* -kwangua; *Haut* -chanja
Rivale *m Konkurrent* mshindani (wa-); *Gegner* adui (ma-)
Rivalität *f* kushindana
Rizinus *m* mbono (mi-); *Samen auch* mbarika (mi-), nyonyo (–)
Robbe *f* mnyama afananaye na nguva na kuitwa seal
Roboter *m* robota (ma-)
robust imara, thabiti | ∼er Mensch mkakamavu (wa-)
röcheln *intr* -pumua kwa shida
Rochen *m* taa (–)
Rock *m* sketi (–)
Rodelbahn *f* njia ya barafu *od* theluji ya kutelezea kwa vigari
rodeln *intr* -teleza kwa kigari *od* vigari kwenye barafu *od* theluji
Rodelschlitten *m* kigari cha kutelezea kwenye barafu *od* theluji
roden *tr* -katua, -fyeka
Roggen *m* ngano nyekundu
roh *ungekocht* -bichi, freshi; *nicht bearbeitet* ghafi; *grob* -a ufidhuli | ein ∼er Mensch mshenzi (wa-)
Rohbau *m* kujengwa kwa kuta na kupauliwa kwa paa
Rohkost *f* chakula freshi *od* kisichopikwa; **∼salat** *m* saladi ya mboga
Rohmaterial *n* mali ghafi (–)
Rohr *n* bomba (ma-); *Sansibar* mfereji (mi-); *Bot* tete (ma-); **∼bruch** *m* kupasuka kwa bomba
Röhre *f Ofen* sehemu ya kuokea; *Radio*, *TV* tyubu (–), valvu (–)
Rohrleitung *f* bomba (ma-); *Sansibar* mfereji (mi-)
Rohstoff *m* mali ghafi (–)
Rokoko *n* rokoko (–)
Rollbahn *f Flugw* njia ya kurukia na kutulia ndege
Rolle *f Tech* gurudumu (ma-); *Flaschenzug* roda (–); *Wäsche*∼ mashine ya kunyoshea nguo; *Theat* mhusika (wa-); *übertr* dhima (–)
rollen *tr* -bingirisha, -viringisha, -zungusha; *Wäsche* -nyosha; *intr* -enda, -zunguka; **sich** ∼ -nyaa, -kunjamana
Roller *m Kfz* skuta (ma-); *Kinder*∼ kigari cha mtoto
Rollo *n* pazia la kuviringisha
Rollschuh *m* roller sketi (–); **∼stuhl** *m* kigari cha mlemavu; **∼treppe** *f* ngazi zinazokwenda *od* jongefu
Roman *m* riwaya (–)
romanisch -a Kiromaniki

Romantik *f* mtindo wa ulimbwende
romantisch -a mahaba *od* mapenzi
röntgen *tr* -piga ... eks[i]rei *od* miali X
Röntgen|assistentin *f* msaidizi eksirei (wa-); **~aufnahme** *f* picha ya *od* kupiga eksirei
rosa pinki
Rose *f Blume* waridi (–) *Strauch* mwaridi (mi-); *Med* vipele na uvimbe uchungu mwilini
Rosen|kohl *m* kabeji *od* kabichi vifundo (–); **~öl** *n* halwaridi (–)
Rosine *f* zabibu kavu (ma-)
[1]**Rost** *m Oxidschicht* kutu (–)
[2]**Rost** *m Gitter* chanja (–)
rosten *intr* -pata kutu
rösten *tr* -choma, -banika
rostfrei -si-*rel*-pata kutu, jarabati kutu
rostig -a *od* -enye kutu
Rostschutzfarbe *f* rangi ya kuzuia kutu
rot -ekundu; *übertr* | ~ werden -geuka kuwa -ekundu, -ona aibu | das ~e Kreuz Msalaba Mwekundu | das ~e Meer Bahari ya Sham
Rotation *f* mzunguko (mi-)
rotbraun -a hina
rotieren *intr* -zunguka
Rot|kehlchen *n* ndege afananaye na kweche mraba na kuitwa robin redbreast; **~kohl** *m*, **~kraut** *n* kabeji nyekundu
rötlich -ekundu kidogo
Rot|schwänzchen *n* ndege afananaye na kitibwa mwekundu na kuitwa redstart; **~wein** *m* divai nyekundu, mvinyo mwekundu; **~wild** *n* wanyama wa porini wafananao na paa *od* swala na kuitwa deer
Roulade *f Gericht* nyama iliyoviringishwa na kukaangwa
Rouleau *n* = **Rollo**
Route *f* njia (–)
Routine *f* uzoefu, mazoea *Pl*
routiniert -enye uzoefu mwingi; *Person* stadi
Rowdy *m* mhuni (wa-)
Rübe *f* bitiruti (–)
Rubel *m* rouble (–)
Rubin *m* yakuti (–)
Rubrik *f* safu (–)
Ruck *m* kumbo (ma-), msukumo wa ghaf[u]la
Rückblick *m* kukumbuka *tr*, kurejea
rücken *tr* sogeza; *intr* | zur Seite ~ -sogea
Rücken *m* mgongo (mi-) | jmdm. den ~ zudrehen -pa mtu mgongo | auf dem ~ liegen -lala chali; *Buch* sehemu ya nyuma; *Messer* mafutu *Pl*; **~mark** *n* ute wa uti wa mgongo; **~schwimmen** *n* kuogelea chali
Rück|fahrkarte *f* tikiti ya [kwenda na] kurudi; **~fahrt** *f* safari ya kurudi *od* kurejea, marejeo *Pl*, marudio *Pl*; **~fall** *m Med* kuugua tena
rückfällig *Jur* -li-*rel*-rudia hali ...
Rück|flug *m* kurudi *od* kurejea kwa ndege; **~frage** *f* kuuliza tena
rückfragen *intr* -uliza tena
Rückgang *m* kupungua
rückgängig | ~ machen -futa, -batilisha, -tangua
Rück|grat *n* uti wa mgongo; **~kehr** *f* marejeo *Pl*, marudio *Pl*
rückläufig -na-*rel*-shuka *od* -pungua
Rücklicht *n Verk* taa ya nyuma
rücklings nyuma | ~ liegen -lala chali
Rückreise *f* safari ya kurudi *od* kurejea
Rucksack *m* shanta (–)
Rückschlag *m Mißerfolg* kushindwa, ushinde
Rückschluß *m* | Rückschlüsse ziehen -hitimisha
Rückschritt *m* [hatua ya] kurudi nyuma
rückschrittlich -a kupinga maendeleo, -a kurudi nyuma
Rückseite *f* [upande wa] nyuma (–)
Rücksicht *f* | ~ nehmen auf -zingatia
rücksichts|los -si-*rel*-jali; **~voll** taratibu, -enye hadhari; *Person* -angalifu

Rück|spiegel *m* kioo cha gari *od* pikipiki; **~spiel** *n Sport* mchezo wa marudiano

Rücksprache *f* mashauriano *Pl* | ~ nehmen -shauriana tena

Rückstand *m* uchelewaji | im ~ sein -chelewa; *Rest* salio (ma-)

rückständig -li-*rel*-po nyuma

Rück|strahler *m* taa ya nyuma; **~tritt** *m* kujiuzulu; *Fahrrad* breki ya nyuma

rückwärts nyuma | nach ~ kwenda *od* kurudi nyuma

Rückwärtsgang *m* kwenda nyuma; *Kfz* rivas (–)

Rückweg *m* marudi[o] *Pl*, marejeo *Pl* | auf dem ~ -kirudi, -kirejea, -liporudi, -liporejea

rückwirkend -li-*rel*-anza toka …

Rück|zahlung *f* kurudisha *od* kurejesha fedha; **~zug** *m* kuondoa *tr*

Rudel *n* kundi (ma-), kikundi (vi-)

Ruder *n* kasia (ma-), kafi (ma-); **~boot** *n* mtumbwi (mi-), mashua (–)

rudern *intr* -piga *od* -vuta kasia *od* kafi

Ruf *m Ansehen* sifa (–); *Schrei* mlio (mi-), mwito (mi-) *auch Tel u. übertr*

rufen *tr* -ita; *zum Gebet* -adhini; *intr* -ita (*nach jmdm.* mtu) | du kommst wie gerufen umekuja wakati unaotakika | jmdn. zur Ordnung ~ -kumbusha mtu nidhamu | ins Leben ~ -anzisha, -asisi | um Hilfe ~ -piga mayowe

Ruf|name *m* jina la kwanza; **~nummer** *f Tel* namba ya simu

Rüge *f* lawama (–) | eine ~ erteilen -toa lawama

rügen *tr* -rudi, -laumu

Ruhe *f Stille* kimya (–); *übertr* baridi (–), utulivu, raha (–) | ~! nyamaza *od* nyamazeni | in ~ lassen -acha | sich zur ~ setzen -staafu, -ng'atuka | immer mit der ~! pole pole | zur ~ gehen -enda kulala | angenehme ~! lala (laleni) salama

ruhelos -a utukutu | ~er Mensch mtukutu (wa-)

ruhen *intr ausruhen* -pumzika; *zum Stillstand gekommen sein* -simama; *Brücke* -kaa (*auf* kwenye *od* juu ya)

Ruhetag *m* siku ya mapumziko *od* kufunga

ruhig 1. *Adj in Ruhe* -tulivu, baridi, -li-*rel*-poa | er war völlig ~ alitulia tuli; *still* -a kimya; *Meer*, *Met* shwari **2.** *Adv* kwa utulivu; *ohne Bedenken* bila wasiwasi | nur ~! pole pole

Ruhm *m* utukufu, fahari (–)

rühmen, sich -jivunia (*einer Sache* kitu)

Ruhr *f Med* kuhara damu

Rührei *n* yai la maji *od* kukoroga

rühren *tr umrühren* -koroga; *übertr bewegen* -tia … moyo | keinen Finger ~ *umg* -pumzika, -zembea | gerührt sein von -tiwa moyo na; *intr* -gus[i]a (*an etw.* kitu); **sich** ~ -jihusisha, -jishughulisha

rührend -a kutia moyo

Rührung *f* kutiwa moyo

Ruin *m* kuteketea, uteketezaji, maangamizo *Pl*

Ruine *f* gofu la jengo

ruinieren *tr* -angamiza, -teketeza; **sich** ~ -jiua (*durch* kwa)

Rum *m* ramu (–)

Rumäne *m* raia wa Rumania (–)

Rumänien Rumania (–)

rumänisch -a Kirumania

Rumpf *m* mwili (mi-); *Tech auch* bodi (–) kiunzimeli (vi-); kiunzindege (vi-)

Rumpsteak *n* nyama ya tako iliyokaangwa

rund 1. *Adj* -a duara *od* mviringo; *dick* -nene **2.** *Adv ungefähr* hivi | ~ zwei Stunden masaa mawili hivi

Runde *f Sport Laufen* mzunguko (mi-); *Boxen* raundi (–); *Gesellschaft* kikundi (vi-)

Rund|fahrt *f* safari (–) [kwa gari *od* basi]; **~flug** *m* safari (–) [kwa ndege]

Rundfunk *m*, **~gerät** *n* redio (–);

~sender *m* kituo cha redio; **~sendung** *f* kipindi cha redio
Rundgang *m* matembezi *Pl*
rundlich -nene kiasi
Rundreise *f* matembezi *Pl*, ziara (–)
rundweg wazi, bila kuficha
runzlig *Haut* -a *od* -enye makunyanzi
Rüpel *m* baradhuli (ma-)
rupfen *tr Geflügel* -nyonyoa, -fuchua; *Gras* -chuma
Ruß *m* masizi *Pl*
Russe *m* Mrusi (wa-)
Rüssel *m Schwein* pua (–); *Elefant* mkonga (mi-), mwiro (mi-)
rußen *intr* -fuka
russisch -a Kirusi
Rußland Urusi
rüsten *intr militärisch* -limbikiza silaha *od* zana za kivita
rüstig -zima, hai
Rüstung *f militärische* ~ malimbikizo ya silaha; *Ritter~* ngao ya mwilini
Rute *f* ufito (fito), hinzirani (–)
rutschen *intr* -teleza; *aus der Hand* -ponyoka, -churupuka
rütteln *tr* -tingisha

S

Saal *m* ukumbi (kumbi), sebule (–)
Saat *f junges Getreide* machipukizi *Pl*; **~gut** *n* mbegu *Pl*
Säbel *m* kitara (vi-)
Sabotage *f* hujuma (–)
sabotieren *tr* -hujumu
Sachbearbeiter *m* afisa (ma-), mtumishi (wa-)
Sache *f Angelegenheit* jambo (mambo); *Jur* kesi (–) | zur ~ kommen -fikia kiini cha habari; **~n** *Pl* vitu; *Kleider* nguo
Sachgebiet *n* fani (–), somo (ma-)
sachgemäß -a kitaalam, bora
Sachkenntnis *f* maarifa *Pl*, ujuzi
sachlich *unparteiisch* -si-*rel*-pendelea *tr*, -si-*rel* na upendeleo; *die Sache betreffend* hususa
sächlich *Gramm* -si-*rel* -a kiume wala -a kike
Sach|schaden *m* hasara ya mali; **~verhalt** *m* hali (–); **~verständiger** *m* bingwa (ma-)
Sack *m* gunia (ma-); **~gasse** *f* njia iliyofungwa sehemu moja
säen *tr* -panda mbegu ya; *intr* -panda
Safran *m* zafarani (–)
Saft *m Frucht* maji *Pl*; *Baum* utomvu; *Braten* mchuzirojo (mi-)
saftig -enye maji mengi
Sage *f Erzählung* hurafa (–)
Säge *f* msumeno (mi-); *für zwei Personen* jambeni (ma-)
sagen *tr äußern* -tamka, -sema | jmdm. etw. ~ -ambia mtu jambo | man sagt, daß ... inasemekana kwamba ... | was will er damit ~? ana maana gani? | offen gesagt kusema wazi | auf Wiedersehen ~ -aga *tr*
sägen *tr* -kata ... kwa msumeno; *intr* -katia msumeno
Säge|späne *Pl* unga wa mbao; **~werk** *n* kiwanda cha mbao
Sahne *f* krimu (–)
Saison *f* msimu (mi-); **~arbeit** *f* kazi ya msimu
Saite *f* uzi (nyuzi)
Saiteninstrument *n* ala ya nyuzi
Sakko *n* koti (ma-), jaketi (ma-)
Salamander *m* mnyama wa majini afananaye na mjusi na kuitwa salamander
Salami[wurst] *f* soseji ya salami
Salat *m Bot* letusi (–), saladi (–); *Speise* saladi (–); *Gemüse~ auch* kachumbari (–)
Salbe *f* dawa ya mafuta, marhamu (–)
Salbei *m* aina ya miti-shamba iitwayo sage
Saline *f* kiwanda cha chumvi

Salon *m Empfangsraum* chumba cha upokezi; *Frisier~* studio (–)
Salto *m* kuviringika
Salut *m* saluti (–)
salutieren *intr* -piga saluti
Salve *f* kupiga bunduki *od* mizinga
Salz *n* chumvi (–)
salzen *tr* -tia ... chumvi
Salzgurke *f* tango lililohifadhiwa kwenye maji ya chumvi
salzhaltig -a chumvi chumvi
Salzhering *m* samaki ya chumvi chumvi [ya jamii ya dagaa]
salzig -a chumvi
Salz|säure *f* asidi haidrokloridi (–); **~see** *m* ziwa la magadi; **~streuer** *m* kitilia chumvi (vi-); **~wasser** *n* maji ya baharini *od* chumvi chumvi
Sämaschine *f* kipanzi (vi-), mashine ya kupandia, mali planta (–)
Sambia Zambia (–)
Samen *m* mbegu (–)
Sammel|fahrschein *m* tikiti ya pamoja; **~liste** *f* orodha ya wanaochangia
sammeln *tr* -kusanya; *erbitten* -changia (*für* kwa); **sich ~** -jumuika (*um* kuzunguka); *übertr* -jituliza, -jikaza
Sammelvisum *n* viza ya pamoja
Sammler *m* mkusanyaji (wa-)
Sammlung *f Briefmarken, Kunst* mkusanyiko (mi-); *Geld* mchango (mi-); *Rel* sadaka (–)
Samstag *m* Jumamosi (–)
samstags [kila] Jumamosi
Samt *m* mahameli *od* bahameli (–)
sämtlich -te
Sanatorium *n* kituo cha *od* mahali pa matibabu
Sand *m* mchanga (mi-) | *übertr* die Sache ist im ~ verlaufen -*neg*-fikia mbali, -*neg*-fanika
Sandale *f*, **Sandalette** *f meist Pl* mitarawanda *Pl*, kandambili *Pl*, malapa *Pl*, ndala *od* ndara *Pl*
Sandbank *f* fungu (ma-)
Sandel|holz *n*, **~öl** *n* sandali (–)
sandfarben -enye rangi ya mchanga
Sandfloh *m* funza (ma-), tekenya (ma-)
sandig -a mchanga *od* -tifutifu
Sand|papier *n* msasa (mi-); **~stein** *m* jiwe la mchanga
Sandwich *n* sangweji (–)
sanft *zart* -ororo, laini, teketeke
Sänger(in) *m(f)* mwimbaji (wa-)
sanieren *tr* -tengeneza
sanitär -na-*rel*-husu afya *od* siha | die ~en Anlagen maliwato na vyoo
Sanitäter *m* daktari msaidizi (ma-)
Sanitätsstelle *f* kituo cha huduma ya kwanza
Sanktion *f* kikwazo (vi-) | gegen jmdn. ~en verhängen -wekea mtu vikwazo
Sansibar Unguja
Saphir *m* yakuti (–)
Sarg *m* jeneza (ma-)
Satellit *m* setilaiti (–)
Satire *f* tashititi (–)
satirisch -a dhihaka *od* mzaha
satt -li-*rel*-shiba, -enye shibe | ~e Farben rangi kali | etw. ~ haben -shiba kitu, -choka na kitu
Sattel *m* saruji (–)
satteln *tr* -tandika saruji
sättigen *tr* -shibisha; *Tech* -kifu
Sattler *m* fundi ngozi (ma-)
Satz *m Gramm* sentensi (–), tungo (–); *Mus* schemu (–); *Sprung* mruko (mi-), kuruka | in großen Sätzen kwa haraka *od* mbio sana; *Boden~* mashapo *Pl*, masimbi *Pl*; *zusammengehörige Gegenstände* seti (–); *Typ* setting (–)
Satzung *f* katiba (–)
Satzzeichen *n* kituo (vi-)
sauber safi
sauberhalten *tr* -zingatia usafi wa, -safisha
Sauberkeit *f* usafi
saubermachen, säubern *tr* -safisha
Säuberung *f* usafishaji
Saudi-Arabien Uarabuni Saudi (–)
sauer -kali, chachu; *Milch* -li-*rel*-ganda; *Chem* -a asidi

Sauer|kirsche *f* cheri ya morello; **~kraut** *n* kabeji ya siki
säuerlich -kali kiasi
Sauerstoff *m* oksijeni (–)
saufen *tr Tier* -nywa; *Mensch vulg* -nywa ... kwa pupa; *intr Alkohol umg* -piga maji
saugen *tr* -nyonya, -fyonza
Säugetier *n* mnyama anyonyeshaye watoto wake; *Pl* mamalia
Säugling *m* mtoto mchanga
Säuglings|pflege *f* utunzaji wa mtoto mchanga; **~schwester** *f* nesi (ma-) wa watoto wachanga
Säule *f* mwimo (mi-), muhimili (mi-), nguzo (–)
Saum *m* jongo (ma-)
säumen *tr einfassen* -pinda
säumig -li-*rel*-chelewa
Sauna *f* bafu ya hewa joto
Säure *f Chem* asidi (–)
Saxophon *n* saksafoni (–)
S-Bahn *f* gari [la] moshi la mjini
Schabe *f* mende (–)
Schabefleisch *n* nyama ya kusaga, kima (–)
schaben *tr kratzen* -kwangua, -kwaruza; *Fleisch* -saga
schäbig -kuukuu, hafifu, duni; *übertr niedrig* -ovu
Schablone *f* kielelezo (vi-)
Schach *n* chess (–), sataranji (–) | ~ spielen -cheza chess *od* sataranji; **~brett** *n* ubao wa [kuchezea] chess *od* sataranji; **~figur** *f* kete (–)
schachmatt | ~ setzen (sein) -shinda (-shindwa) katika mchezo wa chess *od* sataranji
Schachspiel *n* mchezo wa chess *od* sataranji
Schacht *m* mgodi (mi-)
Schachtel *f* boksi (–)
schade kwa bahati mbaya | es ist ~ msiba kweli | ~! bahati mbaya
Schädel *m Kopf* kichwa (vi-); *Knochen* fuvu (ma-); **~bruch** *m* kuvunja fuvu
schaden *intr* -leta *od* -tia hasara, -dhuru | das schadet nichts! si kitu, haidhuru
Schaden *m Verlust* hasara (–); *Nachteil* athari (–); *Beschädigung* madhara *Pl* | ~ anrichten -leta *od* -tia hasara, -umiza; **~ersatz** *m* fidia (–); **~freude** *f* dhihaka (–)
schadenfroh -a dhihaka
schadhaft -enye kasoro *od* hitilafu, -bovu
schädigen *tr* -hasiri
schädlich -enye madhara, -baya; *ungesund* -a kudhuru afya
Schädling *m Person* mhujumu (wa-); *Tier* mnyama mharibifu
Schädlingsbekämpfung *f* kuua vidudu
schadlos | sich ~ halten an -faidika na, -chuma faida ya
Schaf *n* kondoo (–); **~bock** *m* kondoo dume (–)
Schäfer *m* mchungaji (wa-); **~hund** *m* mbwa wa Alsatian
schaffen *tr bewältigen* -mudu, -weza; *befördern* -peleka; *hervorbringen* -unda, -umba; *zurücklegen* -enda | ich habe es geschafft nimefanikiwa | zu ~ machen -kera, -sumbua
Schaffner *m* kondakta (ma-)
Schafherde *f* kundi la kondoo
Schaft *m Werkzeug* mpini (mi-); **~stiefel** *m* buti (ma-)
Schakal *m* bweha (–)
schal *abgestanden* chapwa
Schal *m* shali (–), kashida (–)
[1]**Schale** *f Gefäß* bakuli (–)
[2]**Schale** *f* ganda (ma-); *Kokosnuß* kifu[v]u (vi-); *äußere Hülle der Kokosnuß* kumbi (ma-); *leere Hülle* kaka (ma-)
schälen *tr Kartoffeln* -menya; *Fruchtfleisch der Kaffeebohne entfernen* -koboa; **sich** ~ -bambuka
Schall *m* sauti (–); *Geräusch* mlio (mi-), kishindo (vi-); **~dämpfer** *m* mafla (–)
schalldicht -si-*rel*-toka sauti, jarabati sauti

schallen *intr* -lia, -alika
Schall|geschwindigkeit *f* kasi ya *od* mwendo wa sauti; **~platte** *f* santuri (–), rekodi (–); **~welle** *f* wimbi la sauti
schalten *tr El* -unga, -funga; *Tech* -badili gia ya *auch Kfz*, -washa
Schalter *m El* swichi (–); *Kunden~* kaunta (–); **~raum** *m* ukumbi wa *od* chumba cha kaunta
Schalt|hebel *m* wenzo wa gia (nyenzo); **~jahr** *n* mwaka kuzidi siku moja; **~tafel** *f* swichibodi (–)
Schaltung *f El* saketi (–); *Tech* gia (–)
Scham *f* aibu (–), soni (–)
schämen, sich -aibika, -ona *od* -pata *od* -wa na soni *od* haye
Schamgefühl *n* = **Scham**
schamlos *unverschämt* -si-*rel* na haya *od* aibu; *unzüchtig* -chafu
Schande *f* fedheha (–)
Schandfleck *m* dosari (–), hitilafu (–), aibu (–)
schändlich -a fedheha
Schanze *f Sport* kirukio (vi-)
Schar *f* kundi (ma-), umati
scharen, sich -jumuika, -kusanyika (*um* kwa)
scharf 1. *Adj Geruch, Geschmack, Wind* -kali | ~er Pfeffer pilipili hoho (–) | er ist nicht ~ auf Fußball yeye si mshabiki wa mpira [wa miguu] **2.** *Adv* vikali, kwa dhati | *Mil* ~ schießen -piga risasi | *Foto* ~ einstellen -fokasi
Schärfe *f Schliff, übertr* ukali; *Foto* kutokea vizuri, fokasi (–)
schärfen *tr* -noa, -pisha
scharfsinnig -enye akili *od* busara
Scharlach *m* homa ya kuambukiza inayosababisha kuchochota kwa koo na vipele vyekundu ngozini
Scharnier *n* bawaba (–)
Schärpe *f* kibwebwe (vi-), mshipi (mi-)
scharren *intr* -chakura
Schatten *m* kivuli (vi-)
schattieren *tr* -tia rangiuvuli
Schattierung *f* kutia rangiuvuli
schattig -a *od* -enye kivuli
Schatz *m* hazina (–); *Geliebte* mpenzi (wa-)
schätzen *tr hochachten* -thamini; *veranschlagen* -kadiria, -kisia (*auf* kufikia)
Schätzung *f* makadirio *Pl*, makisio *Pl*
schätzungsweise hivi | ~ 1 000 Personen werden kommen inakisiwa kwamba watu 1 000 watakuja
Schauder *m Schütteln* mtetem[ek]o (mi-), kitapo (vi-); *Entsetzen auch* hofu (–)
schauderhaft -a kutisha *od* kuogopa; *Wetter* -baya
schaudern *intr* -tetemeka | *unpers* mir *od* mich schaudert es vor nashtushwa na, natishiwa na
schauen *intr* -angalia, -tazama (*auf jmdn. od etw.* mtu *od* kitu); *aufpassen* -chunga (*nach jmdm.* mtu)
Schauer *m Wetter* mvua ya rasharasha
Schaufel *f* sepetu (–), beleshi (–), koleo (ma-); **~bagger** *m* ekskaveta lenye vijiko
schaufeln *tr* -chota ... kwa sepetu *od* beleshi
Schau|fenster *n* dirisha la duka; **~kasten** *m* bao la matangazo lifunikwalo kwa kioo
Schaukel *f* bembea (–)
schaukeln *tr* -bembeza; *intr* -bembea; *schwanken* -pepesuka, -yumbayumba
Schaukelstuhl *m* kiti cha kubembea
Schaulaufen *n Sport* maonyesho ya wachezaji bora
Schaum *m* povu (ma-)
schäumen *intr* -toa [ma]povu, -foka
Schaum|gummi *m* sponji (–); **~löscher** *m* kizimamoto cha povu; **~wein** *m* chempeni (–)

Schauplatz *m* uwanja (nyanja)
schaurig -a kutisha *od* kuogopa
Schau|spiel *n Theat* igizo (ma-), tamthiliya (–); *übertr* tukio (ma-); **~spieler(in)** *m(f)* mwigizaji (wa-); **~spielhaus** *n* jumba la maigizo *od* tamthiliya; **~turnen** *n* maonyesho ya mazoezi ya viungo
Scheck *m* cheki (–), hundi (–); **~heft** *n* kitabu cha hundi
scheckig -enye madoa
Scheibe *f Glas* kioo (vi-); *Brot* kipande (vi-), slaisi (–); *Schieß~* shabaha (–)
Scheiben|gardine *f* pazia dirishani (ma-); **~waschanlage** *f Kfz* chombo cha kuoshea kioo cha gari; **~wischer** *m* wipa (–), kipangusio (vi-)
Scheide *f Anat* kuma (–); *Futteral* ala (–), uo (nyuo)
scheiden *tr* -tenga; *Ehe* -taliki; *intr Abschied nehmen* -agana; *aus einem Amt* -jiuzulu, -staafu
Scheidung *f Ehe* talaka (–)
Schein *m Papier*, *Urkunde* hati (–), cheti (vyeti); *Papiergeld* noti (–); *Licht* nuru (–), mwanga[za] (mi-); *Vorwand* kisingizio (vi-) | den ~ wahren -endelea na tendo hili hili *od* hilo hilo
scheinbar -si-*rel* halisi, -a kukisiwa
scheinen *intr Sonne* -choma; *den Anschein haben* -elekea
scheinheilig -a unafiki *od* uzandiki | ~e Person mnafiki (wa-), mzandiki (wa-)
Scheinwerfer *m* kirusha mwanga (vi-), taa (–)
Scheitel *m Haar* njia (–); *Math* peo (–)
scheitern *intr übertr* -shindwa, -feli (*an* katika *od* kwa); *umg* -anguka, -angushwa
Scheitern *n* | zum ~ verurteilt sein *neg*-weza kufanikiwa
Schellen *Pl Kart* kisu (vi-), uru (–)
Schellfisch *m* samaki afananaye na mjombo na kuitwa haddock
Schelm *m* mtundu (wa-)
schelmisch -a utani *od* mzaha
schelten *tr* -rudi, -onya (*wegen* kwa)
Schema *n Diagramm* kielelezo (vi-)
schematisch *Darstellung* -a kielelezo
Schemel *m* stuli (–)
Schenkel *m Anat Ober~* paja (ma-), kiweo (vi-); *Unter~* mguu (mi-); *Math* kiegama (vi-)
schenken *tr geben* -toa zawadi ya | jmdm. etw. ~ -pa mtu zawadi ya kitu | jmdm. die Freiheit ~ -komboa mtu
Scherbe *f* kigereng'enza (vi-)
Schere *f* mkasi (mi-); *Zool* gando (ma-)
[1]**scheren** *tr* -nyonyoa, -kata
[2]**scheren** *tr kümmern* -husu | das schert mich nicht! sijali jambo hili; **sich ~** -jihusisha (*um* na)
Scherenschnitt *m* picha iliyokatwa kutokana na karatasi
Schererei *f* shida (–), taabu (–)
Scherz *m* mzaha (mi-); **~artikel** *m/Pl* vifaa vya kuchekeshea
scherzen *intr* -fanya mzaha, -cheka | über jmdn. ~ -fanyia mtu mzaha, -tania mtu
scherzhaft -a mzaha *od* utani
scheu -a woga | ein ~es Tier mnyama mwoga
Scheu *f Zurückhaltung* woga, aibu (–), haya (–)
scheuen *tr fürchten* -ogopa *auch refl*; *intr Tier* -kimbia (*vor jmdm. od etw.* mtu *od* kitu)
Scheuerbürste *f* brashi ya kusugulia
scheuern *tr Fußboden* -sugua … kwa brashi, -piga deki
Scheuertuch *n* kitambaa cha deki
Scheune *f* banda (ma-)
scheußlich -a kutisha *od* kuogopa; *entsetzlich* -a kikatili; *Wetter* -baya
Schi *u. Zus* = **Ski**
Schicht *f* tabaka (ma- *od* –); *Arbeitszeit* shifti (–); **~arbeit** *f* kufanya kazi kwa shifti; **~arbeiter** *m* mfanyakazi wa shifti
schichten *tr* -omeka

schick maridadi
[1]**schicken** *tr* -peleka; *Person* -tuma; *intr* -ita (*nach jmdm.* mtu)
[2]**schicken** *refl* | sich in etw. ~ -afiki jambo | es schickt sich nicht ... haistahiki ...
Schicksal *n* amri ya Mungu
Schiebedach *n* kipaa telezi *od* cha kufungua
schieben *tr* -sukuma; *intr umg* -fanya biashara ya magendo
Schiebetür *f* mlango telezi *od* wa kuteleza
Schieds|gericht *n* korti la usuluhisho; **~richter** *m Sport* mwamuzi (wa-), refa (ma-); **~spruch** *m* uamuzi
schief *schräg* kombo | ~ stehen -wa *od* -kaa kombo | ~e Ebene mtelemko (mi-); *übertr* | auf die ~e Bahn geraten -potoka
Schiefer *m Geol* sleti (–)
schiefgehen *intr* -enda kombo, -potoka
schielen *intr Med* -tazama kwa *od* -wa na macho makengeza
Schienbein *n* muundi (mi-), gokọ (ma-)
Schiene *f Tech* reli (–); *Med* kitata (vi-)
schienen *tr* -funga ... kitata | das Bein ~ -funga kitata mguuni
Schienenfahrzeug *n* chombo kinachokwenda katika reli
schießen *tr* -piga; *Sport* | ein Tor ~ -funga goli; *intr* -fyatua bunduki *od* bastola | auf die Scheibe ~ -lenga shabaha
Schieß|sport *m* mchezo wa kupiga bunduki *od* bastola; **~stand** *m* mahali pa kupigia bunduki *od* bastola
Schiff *n* chombo (vyombo), meli (–) | mit dem ~ fahren -safiria chombo
Schiffahrt *f* usafiri wa baharini *od* maziwani
schiffbar -na-*rel*-tumiwa kwa usafiri wa meli
Schiffbau *m* uundaji meli
schiffbrüchig -li-*rel*-patwa na chombo kuzama
Schiffer *m* baharia (ma-), mwanamaji (wanamaji); **~klavier** *n* hamoni (–), akodeoni (–)
Schiffs|hebewerk *n* mtambo wa kuinulia meli; **~verkehr** *m* usafiri kwa meli
Schikane *f* hila (–), fitina (–)
schikanieren *tr* -tesa, -udhi
[1]**Schild** *m Ethnol* ngao (–)
[2]**Schild** *n Aufschrift* maneno *Pl*; *Mütze* kipaa (vi-)
Schilddrüse *f* tezi la koromeo
schildern *tr* -fafanua, -hadithia
Schilderung *f* ufafanuzi
Schildkröte *f Land~* kobe (ma-); *Meeres~* kasa (–)
Schilf *n* eneo lenye matete; **~rohr** *n* tete (ma-)
schillern *intr* -ng'ara kama upinde wa mvua
Schilling *m* shilingi (–)
Schimmel *m Pilzüberzug* kuvu (–), ukungu; *Pferd* farasi mweupe (–)
schimmeln *intr* -ota ukungu
Schimmer *m* mng'arisho (mi-); *Schein* nuru (–)
schimmern *intr glänzen* -ng'aa; *leuchten* -toa nuru
schimmlig -li-*rel*-ota ukungu
Schimpanse *m* sokwe (–)
schimpfen *intr* -kemea, -karipia (*auf jmdn.* mtu), -tukana
Schimpfwort *n* tusi (ma-), tukano (ma-)
schinden, sich -teswa, -sumbuliwa
Schinken *m* hemu (–)
schippen *tr* -chimba
Schirm *m* mwavuli (mi-); *Mützen~* kipaa (vi-); **~ständer** *m* kiwekea miavuli (vi-)
Schlacht *f* mapigano *Pl*
schlachten *tr* -chinja
Schlachthof *m* machinjioni
Schlacke *f* slagi (–), mangea (–)
Schlaf *m* usingizi; **~anzug** *m* pajama (–); **~couch** *f* kochi la kulala

Schläfe *f* panda *od* panja (ma-)
schlafen *intr* -lala [usingizi] | fest *od* tief ~ -lala fofofo
schlaff -na-*rel*-legea
Schlafkrankheit *f* malale *Pl*
Schlaflosigkeit *f* kutopata usingizi
Schlafmittel *n* dawa ya usingizi
schläfrig -na-*rel*-sinzia
Schlaf|saal *m* ukumbi wa kulala; **~sack** *m* mfuko (mi-); **~tablette** *f* kidonge cha usingizi
Schlafwagen *m* behewa la kulala; **~schaffner** *m* kondakta (ma-) wa behewa la kulala
Schlafzimmer *n* chumba cha kulala
Schlag *m* pigo (ma-) *auch übertr*; *mit der Faust* ngumi (–), sumbwi (ma-); *mit der Hand* kofi (ma-); *mit dem Stock* dharuba (–); *El* kush[i]tushwa na nguvu za umeme; *Med* kiharusi (vi-), faliji (–) | es ist ~ 9 ni saa 3 juu ya alama | mit einem ~ ghafla, mara moja; **~ader** *f* ateri (–); **~anfall** *m* = **Schlag** *Med*; **~baum** *m* kizuizi (vi-)
schlagen *tr prügeln* -piga, -chapa; *besiegen* -shinda, -laza; *intr Uhr* -gonga; *Herz* -dunda; *Vogel* -lia; **sich** ~ pigania, -gombea (*um etw.* kitu)
Schlager *m Mus* kibao (vi-)
Schlägerei *f* mapigano *Pl*
schlagfertig -epesi kwa kusema
Schlag|instrument *n* ala ya midundo; **~loch** *n* shimo (ma-); **~sahne** *f* malai *Pl*; **~wort** *n* neno kuu (ma-); **~zeile** *f* kichwa cha habari; **~zeug** *n Mus* ala ya jamii ya ngoma iitwayo percussion
Schlamm *m* tope (ma-)
schlammig -a *od* -enye matope
Schlamperei *f umg* uzorotaji
Schlange *f Zool* nyoka (–); *Reihe Wartender* foleni (–), mlolongo (mi-), msururu (mi-) | ~ stehen -simama foleni
schlängeln, sich *Weg* -pindapinda
schlank -embamba
schlapp dhaifu
schlau -a ujanja | ~er Mensch mjanja (wa-)
Schlauch *m* hozi (–); *Kfz* mpira wa ndani; **~boot** *n* chelezo cha mpira
schlecht -baya, -ovu; *verdorben* -bovu | mir ist ~ siwezi; **~gelaunt** -enye hasira
schlechtmachen *tr* -paka … matope
Schlei *m*, **Schleie** *f* samaki afananaye na perege na kuitwa tench
schleichen *intr* -nyapa, -nyata; *Zeit* -enda polepole
Schleier *m Gesichts*~ barakoa (–)
schleierhaft | das ist mir ~ sielewi haya *od* hayo
Schleife *f* kitanzi (vi-) | eine ~ binden -piga kitanzi
[1]**schleifen** *tr über den Boden ziehen* -burura; *intr* -kwaruzana
[2]**schleifen** *tr schärfen* -noa; *Edelstein* -kata
Schleim *m* ute (nyute); **~haut** *f* utando telezi
schleimig -a ute ute
schlemmen *intr verschwenden* -badhiri
schlendern *intr* -randa
schleppen *tr tragen* -beba; *Fischernetz* -kokota, -vuta; **sich** ~ -sumbuliwa (*mit* na)
schleppend *übertr* -a pole pole
Schlepper *m Verk* trekta (ma-); *Mar* tagi (–), stima (–)
Schlepp|kahn *m* tishali (–), boti inayovutwa; **~netz** *n* wavu unaovutwa
Schleuder *f* manati *Pl*; *Wäsche*~ kikamua nguo (vi-)
schleudern *tr* -rusha, -vurumiza; *Wäsche* -kamua; *intr Auto* -teleza
schleunigst kwa haraka iwezekanavyo
Schleuse *f* guli (–); *Hafen*, *Kanal* mlango (mi-), mlizamu (mi-)
schlichten *tr Streit* -suluhisha
schließen *tr* -funga | einen Vertrag ~ -tia sahihi *od* saini mkataba | die Augen ~ -fumba macho; *beenden* -maliza; *intr Schlüssel* -faa; *enden*

-malizika, -koma; *folgern* -hitimisha (*aus* kutokana na)

Schließfach *n* sanduku la barua *od* posta

schließlich *Adv* mwishowe, mwishoni

schlimm -baya

Schlinge *f* kitanzi (vi-)

Schlingel *m* mtundu (wa-), msumbi (wa-), mtukutu (wa-)

schlingen *tr winden* -viringisha, -zungusha, -zongomeza (*um* -ni, kwenye); **sich** ~ -jiviringisha, -jizungusha (*um* -ni, kwenye)

Schlingpflanze *f* mmea unaojiviringisha *od* unaojisokota kwenye mwingine

Schlips *m* tai (–)

Schlitten *m* kigari cha kutelezea kwenye theluji; **~fahrt** *f* kuteleza kwa kigari kwenye theluji

Schlittschuh *m* kitelezeo (vi-); **~läufer** *m* mtu anayeteleza kwenye barafu kwa vitelezeo

Schlitz *m* mpenyo (mi-), tundu (ma- *od* –)

Schloß *n Arch* ngome (–), jumba la mfalme, Ikulu (–); *Tür~* kitasa (vi-); *Vorhänge~* kufuli (–); *Gewehr* mtambo (mi-)

Schlosser *m* mekanika (–)

Schlosserei *f* karakana (–)

schlottern *intr* -tetemeka

Schlucht *f* genge (ma-)

schluchzen *intr* -lia [kwa kwikwi]

Schluck *m* mkupuo (mi-)

schlucken *tr* -meza; *hinnehmen* vumilia; *intr* -meza mate

schludern *intr* -zembea

schlummern *intr* -sinzia

Schlund *m* umio (ma-)

schlüpfen *intr* -jipenyeza (*in* katika)

Schlüpfer *m* chupi (–)

schlüpfrig -enye utelezi, -na-*rel*-teleza; *übertr* -chafu

Schlupfwinkel *m* maficho *Pl*

Schluß *m Ende* mwisho (mi-); *Buch* tamati (–); *Folgerung* hitimisho (ma-) (*aus* katika) | den ~ ziehen aus -hitimisha kutokana na

Schlüssel *m* ufunguo (funguo); **~bein** *n* mtulinga (mi-); **~bund** *m od n* fungu la funguo; **~loch** *n* tundu la ufunguo

Schlußfolgerung *f* hitimisho (ma-) (*aus* katika)

schlüssig | sich über etw. ~ werden -kata shauri la kufanya tendo

Schluß|licht *n Verk* taa ya *od* za nyuma; **~wort** *n* hotuba ya ufungaji

Schmach *f* aibu (–)

schmächtig -embamba

schmähen *tr beleidigen* -tukana, -chamba

schmal -embamba

schmälern *tr* -shusha, -punguza

Schmal|filmkamera *f* kamera ya kupigia picha za sinema itumikayo kanda nyembamba; **~spurbahn** *f* reli ndogo

Schmalz *n* shahamu (–)

Schmarotzer *m Biol* kimelea (vi-); *übertr* kupe (ma-)

schmecken *tr* -onja; *intr Geschmack haben* -wa na ladha (*nach* ya) | gut ~ -chapukia | es schmeckt mir (gut) naipenda (sana)

Schmeichelei *f* ubembelezi

schmeichelhaft -a kubembeleza

schmeicheln *intr übermäßig loben* -bembeleza *tr*, -rai *tr*, -sihi *tr* | sich geschmeichelt fühlen -vutiwa, -bembelezwa

schmelzen *tr* -yeyusha; *intr* -yeyuka

Schmelz|käse *m* jibini *od* chizi laini (–); **~wasser** *n* maji ya barafu *od* theluji iliyoyeyuka

Schmerz *m* maumivu *Pl*, uchungu; *stechender* ~ kichomi (vi-); *seelisch* huzuni (–)

schmerzen *intr* -uma | mir schmerzt der Kopf kichwa changu kinauma, naumwa na kichwa; *tr kränken* -umiza, -udhi

schmerzhaft -na-*rel*-uma

schmerzlich -a kusikitisha

schmerz|lindernd -na-*rel*-punguza maumivu; **~los** -si-*rel*-umiza; **~stillend** -na-*rel*-tuliza maumivu
Schmerztablette *f* aspirini (–)
Schmetterling *m* kipepeo (vi-)
Schmetterlingsschwimmen *n* kuogelea kama kipepeo *od* kwa mtindo wa butterfly
Schmied *m* mfua chuma (wa-), mhunzi (wa-)
Schmiede *f* karakana ya mfua chuma *od* mhunzi *od* kufulia
schmiedeeisern -a chuma cha mfuo *od* mhunzi
schmieden *tr* -fua; *Pläne* -andaa | Ränke ~ -la njama
schmiegen | sich an jmdn. ~ -egemea mtu
schmiegsam *weich* laini
schmieren *tr Tech* -tia grisi, -lainisha; *intr* -wa na hati mbaya
schmierig *fettig* -a mafuta; *schmutzig* -chafu
Schminke *f* rangi ya usoni
schminken *tr* -pakia … rangi; **sich** ~ -jipakia rangi
Schmirgelpapier *n* msasa (mi-)
schmollen *intr* -nuna
Schmorbraten *m* styu (–), schuu (–)
schmoren *tr* -tokosa; *intr* -tokota
Schmuck *m* pambo (ma-)
schmücken *tr* -pamba, -remba; **sich** ~ jipamba, -jiremba
Schmuckstück *n* kipambio (vi-)
Schmuggel *m* magendo *Pl*
schmuggeln *tr* -fanya magendo ya …; *intr* -fanya magendo
schmunzeln *intr* -tabasamu (*über* juu ya)
Schmutz *m* uchafu | jmdn. mit ~ bewerfen *od* in den ~ ziehen -paka mtu matope
schmutzen *intr* | leicht ~ -chafuka upesi *od* haraka
schmutzig -chafu | jmdn. ~ machen -chafua mtu | sich ~ machen -chafuka
Schnabel *m* mdomo (mi-)
Schnalle *f* bizimu (–)
schnalzen *intr* -piga kidoko
schnappen *intr* | nach jmdm. *od* etw. ~ -tia mtu *od* kitu meno | er schnappte nach Luft pumzi zikampaa
Schnapp|schloß *n* kitasa nasa *od* kinachojifungia chenyewe; **~schuß** *m* mpigo wa *od* kupiga picha ghafla
Schnaps *m* gongo (–), moshi (mi-)
schnarchen *intr* -koroma
schnattern *intr* -lia
schnauben *intr* -piga kelele
Schnauze *f* mdomo (mi-); *Tech* pua (–)
Schnecke *f Zool* konokono (ma-)
Schnee *m* theluji (–); **~ball** *m* tufe la theluji; **~decke** *f* utando wa theluji; **~fräse** *f* mashine ya kuzolea theluji; **~gestöber** *n* upepo wa theluji; **~glöckchen** *n* mmea wa snowdrop; **~kette** *f* mnyororo wa kuzuia gari lisiteleze; **~mann** *m* sanamu iliyoumbwa kwa theluji; **~matsch** *m* theluji inayoyeyuka; **~pflug** *m* chombo cha kuzolea theluji; **~schläger** *m* mchapo (mi-); **~schmelze** *f* kuyeyuka kwa theluji; **~wehe** *f* tuta la theluji
Schneide *f* makali *Pl*
schneiden *tr* -kata; *Bretter* -pasua; *Gemüse, Obst* -chanyata; *Feuerholz* -chanja, -changa, -tema; *Haare* -chega, -dira; *intr* | mit dem Messer ~ -katia kisu; **sich** ~ -jikata | sich an einer Büchse ~ -jikata kopo; *Math* -kingama
Schneider(in) *m(f)* mshon[aj]i (wa-)
schneidern *tr, intr* -shona
Schneidezahn *m* kato (ma-)
schneien *intr* | *unpers* es schneit theluji inaanguka
Schneise *f* eneo lisilo na miti
schnell 1. *Adj* -a haraka *od* upesi *od* mbio sana **2.** *Adv* chapuchapu, haraka, upesi
Schnell|boot *n* motaboti isafiriyo kwa spidi; **~gaststätte** *f* mgahawa

wa kujihudumia mwenyewe; **~hefter** *m* faili (ma-)

Schnelligkeit *f* upesi, haraka (–)

Schnell|kochtopf *m* sufuria ya mvuke; **~straße** *f* barabara kuu (ma-); **~verkehr** *m* usafiri wa haraka; **~zug** *m* treni isiyosimama vituoni njiani

schneuzen, sich -penga, -futa kamasi

schnippisch -a usafihi | ~e Person safihi (ma- *od* –)

Schnitt *m* mkato (mi-); *Muster* kielelezo (vi-); **~blume** *f* ua la kupambia nyumba

Schnitte *f* kipande (vi-), slaisi (–)

Schnitt|lauch *m* majani ya vitunguu; **~muster** *n* kielelezo (vi-); **~punkt** *m* ungano (ma-); **~wunde** *f* jeraha la kujikata

Schnitzel *m* *Papier* kipande (vi-); *Fleisch* steki (–), fileti (–); *Gericht* fileti iliyopakwa machenga ya mkate na kukaangwa

schnitzen *tr* -nakshi, -chonga *auch intr*; *intr* -tia nakshi | der Armreif ist schön geschnitzt bangili imechongwa vizuri

Schnitzer *m* mchongaji (wa-)

Schnitzerei *f* sanamu (–), kinyago (vi-); *Tätigkeit* uchongaji

Schnörkel *m* pambo (ma-), nakshi (–)

schnüffeln *intr* -nusa (*an etw.* kitu)

Schnupfen *m* mafua *Pl*

schnuppern *intr* -nusa (*an etw.* kitu)

Schnur *f* kamba (–), ugwe (nyugwe)

schnüren *tr* -funga ... kwa kamba

Schnurrbart *m* sharubu (–) | sich einen ~ wachsen lassen -fuga sharubu

schnurren *intr* -koroma

Schnürsenkel *m* kamba ya kiatu

Schock *m* *Med* mshtuko (mi-)

schockieren *tr* -shtusha

Schöffe *m* mshauri wa hakimu

Schokolade *f* chokleti (–) | eine Tafel ~ chokleti moja

Scholle *f* *Eisstück* pande la barafu; *Fisch* samaki afananaye na wayo na kuitwa plaice

schon -[kwi]sha-, tayari | sie sind ~ angekommen wame[kwi]shafika | ~ gut! basi

schön -zuri | bitte ~! a[h]sante, karibu[ni]

schonen *tr* -tumia ... taratibu; *verschonen* -hurumia; **sich** ~ -fanya shughuli taratibu

schöngeistig | ~e Literatur fasihi ya kisanii

Schönheit *f* uzuri

Schönheitspflege *f* urembaji

Schonkost *f* chakula laini (vyakula)

Schonung *f* *Nachsicht* huruma (–); *Forstw* naseri (–), eneo la kustawishia miche

schonungslos -si-*rel* na huruma

Schonzeit *f* *Jagd* kusimamisha uwindaji kwa muda

Schopf *m* | *übertr* beim ~ fassen -tumia nafasi

schöpfen *tr* *Wasser* -chota | Luft ~ -punga hewa *od* upepo

schöpferisch -a kubuni

Schöpfkelle *f* kata (ma- *od* –), ukasi (kasi), upawa (pawa)

Schoppen *m* gilasi (–) | ein ~ Wein gilasi ya divai

Schorf *m* kigaga (vi-); *Kopf* ukoko

Schornstein *m* bomba la moshi; **~feger** *m* msafisha *od* mfagia bomba la moshi (wa-)

Schoß *m* tumbo (ma-), kiuno (vi-) | *übertr* die Hände in den ~ legen -kata tamaa

Schößling *m* *Bot* mche (mi-), chipukizi (ma-)

Schote *f* *Bot* ukunde (kunde)

Schotter *m* kokoto (–)

schottisch -a Kiskotishi

Schottland Scotland (–)

schraffieren *tr* -chora mistari mshazari kwenye

schräg mshazari

Schramme *f* kovu (–)

Schrank *m* kabati (ma-)

Schranke *f Eisenb* lango (ma-), kizuizi (vi-) *auch übertr*, kikwazo (vi-)
Schraube *f* parafujo (–), skrubu (–); *Schiff* rafadha (–)
schrauben *tr* -funga … kwa parafujo *od* skrubu (*auf*, *an* kwenye)
Schrauben|schlüssel *m* spana (–); **~zieher** *m* bis[i]bisi (–)
Schraub|stock *m* jiliwa *od* jiriwa (–); **~verschluß** *m* kizibo [cha kuviringisha]
Schrebergarten *m* bustani (–)
Schreck *m* mshtu[k]o (mi-) | einen ~ bekommen -sh[i]tuka, -gutuka | jmdm. einen ~ einjagen -sh[i]tusha *od* -gutusha mtu
schreckhaft -oga, -enye hofu
schrecklich -a kutisha
Schrei *m* kilio (vi-), mlio (mi-); *Hilferuf* yowe (ma-)
Schreibblock *m* karatasi za kuandikia zilizofungwa kwenye jalada
schreiben *tr* -andika | jmdm. ~ -andikia mtu | Schreibmaschine ~ -taipu, -piga taipu; *verfassen* -tunga; **sich** ~ -andikiana (*mit* na)
Schreiben *n Schriftstück* barua (–)
schreibfaul -zito *od* -vivu kuandika
Schreib|fehler *m* kosa la kuandika; **~heft** *n* daftari (ma-); **~maschine** *f* taipu (–); **~papier** *n* karatasi ya kuandikia
Schreibtisch *m* deski (–); **~lampe** *f* taa ya kuangaza deski
Schreibwaren *Pl* vifaa vya kuandikia
schreien *intr rufen* -piga kelele, -ita kwa sauti; *weinen* -lia
schreiten *intr* -tagaa, -enda magamaga, -ringa
Schrift *f Hand~* hati (–), andiko (ma-); *Typ* herufi (–); *meist* **~en** *Pl Buchw* maandishi *Pl*
schriftlich -a kuandika
Schrift|setzer *m* fundi chapa (ma-); **~sprache** *f* lugha sanifu (–); **~steller** *m* mtunzi wa vitabu
schriftstellerisch | ~ tätig sein -wa mtunzi wa vitabu, -tunga vitabu
Schriftstück *n* hati (–), waraka (nyaraka)
schrill -a juu sana
Schritt *m* hatua (–) | *übertr* ~ halten -enda sambamba | ~e einleiten -chukua hatua | auf ~ und Tritt po pote; **~macher** *m Med* kirekebi mapigo (vi-); *übertr* mhamasishaji (wa-)
schrittweise -a hatua kwa hatua
schroff -kali; *übertr* -a harara *od* kisirani
Schrot *n od m Jagd* marisau *Pl*; *Getreide* chembe (–), chenga (ma-)
Schrott *m* mabaki ya vyuma
Schrubber *m* brashi ya kusugulia
schrumpfen *intr* -kunjamana; *Haut* -finyaa
Schub|fach *n* mtoto wa meza; **~karre(n)** *f*(*m*) toroli (–); **~kraft** *f* nguvu ya msukumo; **~lade** *f* = **Schubfach**
schüchtern -a *od* -enye aibu *od* haya *od* soni *od* woga | ein ~es Kind mtoto mwoga
Schüchternheit *f* woga, aibu (–), haya (–), soni (–)
Schuft *m* mchimvi (wa-)
schuften *intr* -chapa kazi
Schuh *m* kiatu (vi-); **~anzieher** *m* kivalia viatu (vi-); **~bürste** *f* brashi ya viatu; **~creme** *f* dawa ya viatu; **~geschäft** *n* duka la viatu; **~macher** *m* mshon[aj]i viatu (wa-); **~putzzeug** *n* vifaa vya kusafishia viatu
Schukostecker *m* plagi maalum (–)
Schul|abgänger *m* kijana (vi-) aliyehitimu shule; **~bildung** *f* elimu ya shuleni; **~buch** *n* kitabu cha wanafunzi
Schuld *f Jur* hatia (–), kosa (ma-); *Rel* dhambi (ma-); *meist* **~en** *Pl Fin* deni (ma-) | das war meine ~ lilikuwa kosa langu | ~ sein an -wajibika kwa, -patikana na hatia ya
schuldbewußt -li-*rel*-tambua kosa *od* hatia
schulden *tr* | er schuldet mir viel Geld namdai fedha nyingi, ana-

daiwa nami fedha nyingi, ana madeni mengi kwangu | wir ~ ihr Dank anastahili shukrani zetu
Schulden *Pl* ↑ **Schuld**
schuldenfrei -si-*rel* na deni
schuldig *Jur* -enye hatia | sich ~ bekennen -kiri kosa; *Fin* | was bin ich Ihnen ~? unanidai kiasi gani? | er ist uns nichts ~ hatumdai cho chote | die Antwort ~ bleiben *neg*-jibu
schuldlos -si-*rel* na hatia *od* kosa
Schuldner *m* mdaiwa (wa-), mwiwa (wa-)
Schule *f* shule (–); *Sansibar* skuli (–); *Koran*~ chuo (vyuo) | zur ~ gehen -enda *od* -jifunza shuleni
schulen *tr* -fundisha, -funza, -elimisha
Schüler *m* mwanafunzi (wanafunzi)
Schulferien *Pl* likizo (–)
schulfrei -si-*rel* na vipindi
Schul|funk *m* elimu kwa redio, vipindi vya shule; **~garten** *m* shamba la *od* bustani ya shule; **~geld** *n* karo (–); **~jahr** *n* mwaka wa masomo; **~klasse** *f* darasa (ma-), kidato (vi-); **~leiter** *m* mwalimu mkuu (walimu); **~pflicht** *f* wajibu wa kila mtoto kwenda shuleni
schulpflichtig -li-*rel*-fika umri wa kwenda shuleni
Schulspeisung *f* mlo shuleni (mi-)
Schulter *f* bega (ma-) | ~ an ~ bega kwa bega
Schulung *f* kozi (–)
Schund *m* vitu vikuukuu; **~literatur** *f* fasihi duni (–)
schunkeln *intr* -bembea
Schuppe *f* gamba (–); *Med* meist **~n** *Pl* mba (–)
schuppen *tr Fisch* -pa[r]a
Schuppen *m* banda (ma-), ghala (–), bohari (–)
Schuppentier *n* kakakuona (–)
schüren *tr Feuer* -chochea *auch übertr*; *übertr Haß* -chokoza
Schurke *m* mchimvi (wa-)
Schurwolle *f* sufi (–)
Schürze *f* aproni *od* eproni (–)
Schuß *m* mshindo (mi-), mlio (mi-); *Tech Weberei* mtande (mi-) | einen ~ abgeben -fyatua risasi
Schüssel *f* bakuli (–); *Wasch*~ beseni (ma-)
Schußwaffe *f* silaha ya kutupia risasi
Schutt *m Abfall* takataka (ma- *od* –)
Schüttelfrost *m* kitapo (vi-) | ~ haben -ingiwa *od* -shikwa na kitapo
schütteln *tr* -tikisa, -tingisha | jmdm. die Hand ~ -peana mkono na mtu | den Kopf ~ -tingisha kichwa; **sich ~** -tetemeka, -jitingisha (*vor* kwa)
schütten *tr aus*~ -mwaga; *hinein*~ -mimina
Schutthaufen *m* jaa (ma-)
Schutz *m Wahrung* utetezi; *Bewachung* ulinzi; *Zuflucht* kinga (–) (*vor* na); **~blech** *n* madigadi (–)
Schütze *m* mlenga shabaha (wa-)
schützen *tr* -kinga (*vor* na); **sich ~** -jikinga
Schutz|hütte *f* kibanda cha kujilindia; **~impfung** *f* sindano ya kinga; **~vorrichtung** *f* kinga (–)
schwach dhaifu, -a *od* -enye unyonge; *Geräusch, Licht* hafifu | ~ *od* schwächer werden -dhoofika
Schwäche *f* udhaifu, unyonge; *Unvollkommenheit* kasoro (–), dosari (–), hitilafu (–); *Neigung* uraibu
schwächen *tr* -dhoofisha
schwächlich dhaifu, hafifu | ~er Mensch mnyonge (wa-)
Schwachstrom *m El* umeme mdogo
Schwager *m*, **Schwägerin** *f* mlamu *od* muamu (wa-), shemeji (ma-)
Schwalbe *f* kijumbamshale (vi-)
Schwamm *m* sifongo (–), sponji (–); *Biol* uyoga (viyoga)
schwammig -a yavuyavu
Schwan *m* ndege wa majini afananaye na bata mzinga na kuitwa swan
schwanger -enye mimba | ~e Frau mja mzito (wa-)
Schwangerschaft *f* ujauzito
Schwangerschafts|unterbrechung *f*

kuharibu *od* kuavya mimba; **~urlaub** *m* livu ya uzazi
schwanken *intr* -tikisika, -tetemeka, -yumbayumba; *übertr zögern* -sita
Schwankung *f*, *meist* **~en** *Pl* tetemeko (ma-), tikisiko (ma-)
Schwanz *m* mkia (mi-)
schwänzen *tr umg* -tega
Schwarm *m Menschen* umati; *Tiere* kundi (ma-)
schwärmen *intr* -ruka kwa wingi; *übertr* -wa mshabiki (*für* wa)
schwarz -eusi | das ~e Meer Bahari Nyeusi | das ~e Brett bao la matangazo
Schwarzbrot *n* mkate mweusi
schwarzfahren *intr* -safiri bila kulipa nauli'
schwarzsehen *intr* -tabiri mambo mabaya
Schwarzweißfilm *m* filamu isiyo na rangi *od* ya black and white
schwatzen *intr umg* -ropoka
Schwätzer *m* mlimi (wa-), mpayukaji (wa-)
schwatzhaft -a kupayuka | ~er Mensch = **Schwätzer**
Schwebe|bahn *f* kigari kinachoning'inia katika waya na kuvutwa; **~balken** *m* gogo la kujisawazisha
schweben *intr* -paa, -elea | *übertr* in Lebensgefahr ~ -wapo hatarini
Schwede *m* Mswedish (wa-)
Schweden Sweden (–)
schwedisch -a Kiswedish
Schwefel *m* salfa (–)
schwefelhaltig -a *od* -enye salfa
Schwefel|quelle *f* chemchem ya salfa; **~säure** *f* asidi ya salfa
Schweif *m* mkia (mi-)
schweigen *intr* -nyamaza, -kaa kimya
schweigsam | ~er Mensch mnyamavu (wa-)
Schwein *n* nguruwe (–); *umg* mkuu wa meza; *Glück umg* bahati (–)
Schweine|braten *m* [nyama ya] nguruwe ya kukaanga *od* kuchoma; **~fleisch** *n* nyama ya nguruwe; **~mästerei** *f* ranchi ya *od* shamba la kunenepesha nguruwe; **~zucht** *f* ufugaji wa nguruwe
Schweinsleder *n* ngozi ya nguruwe
Schweiß *m* jasho (ma-) | in ~ geraten -tokwa na *od* -toka jasho
schweißen *tr Tech* -tambuza, -unga
Schweißer *m* mtambuzaji (wa-), fundi muunga vyuma (mafundi waunga vyuma)
Schweißtropfen *m* kitone cha jasho
Schweiz *f* Uswisi (–)
Schweizer *m* Mswisi (wa-)
schweizerisch -a Kiswisi
schwelen *intr Feuer* -fifia
schwelgen *intr* -ishi maisha ya raha na mustarehe
Schwelle *f* kizingiti (vi-); *Eisenb* taruma (ma-) | ~n legen -tandika mataruma
schwellen *intr* -vimba, -tuna
Schwellung *f Med* uvimbe
schwenken *tr* -pepesa, -rusha
Schwenkung *f* mwelekeo wa *od* kuelekea ubavuni
schwer *Gewicht* -zito; *schwierig* -gumu
Schwer|arbeiter *m* mfanya kazi ya sulubu (wa-); **~athletik** *f* michezo ya mieleka na kunyanyua vitu vizito; **~behinderte(r)** *f(m)*, **~beschädigte(r)** *f(m)* mlemavu (wa-)
Schwere *f übertr* ugumu
Schwerelosigkeit *f* kutokuwa na uzito
schwerfallen *intr* | es fällt mir (nicht) schwer ni (si) vigumu kwangu, inaniwia (hainiwii) vigumu
schwerfällig -zito, -a pole pole
Schwergewicht *n Sport* uzito wa heavy weight
schwerhörig -enye masikio mazito
Schwer|industrie *f* viwanda-mama *Pl*; **~kraft** *f* nguvu ya uvutano, uzito
schwerkrank -li-*rel*-ugua *od* -umwa sana
Schwer|maschinenbau *m* viwanda-

-mama *od* vikuu; **~metall** *n* metali nzito

schwermütig -enye uchungu *od* huzuni

Schwerpunkt *m übertr* uzito; *Phys* kitovu cha masi

Schwert *n* upanga (panga); **~fisch** *m* papa upanga (–)

schwer|verdaulich -na-*rel*-yeyushwa *od* -sagika kwa shida; **~wiegend** -zito, muhimu

Schwester *f* dada (–); *Anrede unter Geschwistern* umbu *Sg*; *Beruf* muuguzi (wa-), nesi *od* nasi (ma- *od* –); *Nonne* sista (ma-)

Schwieger- *in Zus* | ~ … … mkwe (wa-)

Schwiele *f* sugu (–)

schwierig -gumu, -zito; *heikel* nyeti

Schwierigkeit *f* ugumu, shida (–), tatizo (ma-)

Schwimm|bad *n* mahali pa kuogelea; **~becken** *n* bwawa la kuogelea; **~dock** *n* flotile (–), gudi elezi *od* ya kuelea

schwimmen *intr* -ogelea; *Gegenstand* -elea; *unsicher sein* -hangaika, -changanyikiwa

Schwimmer *m* mwogeleaji (wa-)

Schwimm|flosse *f*, *meist* **~flossen** *Pl* kiatu cha kupigia mbizi; **~halle** *f* ukumbi wa kuogelea; **~stadion** *n* bwawa la *od* uwanja wa kuogelea; **~weste** *f* jaketi okozi (–)

Schwindel *m Betrug* udanganyifu, ulaghai; *Lüge* uwongo; **~anfall** *m* kizunguzungu (vi-)

schwindelfrei -si-*rel* na kizunguzungu

schwindeln *intr lügen* -sema uongo, -ongopa

schwinden *intr weniger werden* -pungua

Schwindler *m* mwongo (wa-); *Betrüger* mdanganyifu (wa-), mlaghai (wa-)

schwindlig | mir ist ~ nina kizunguzungu

schwingen *tr* -pepesa, -bembeza; *intr Pendel* -bembea

Schwingung *f Phys* mbembeo (mi-), mzunguko (mi-)

Schwips *m* | einen ~ haben -lewa kidogo

schwitzen *intr* | wir ~ tunatoka jasho, jasho linatutoka

schwören *tr* -apa; *intr* -la kiapo *od* yamini

schwül -a joto na unyevu

Schwüle *f* joto na unyevu

schwülstig -a mikogo

Schwung *m* mbembeo (mi-); *übertr* ari (–), moyo (mi- *od* nyoyo), uhamasisho | etw. in ~ bringen -fufua *od* -viringisha kitu

schwungvoll -a nguvu

Schwur *m* kiapo (vi-), yamini (–)

sechs sita

sechst|er (~e, ~es) -a sita

sechzehn kumi na sita

sechzig sitini

[1]**See** *m* ziwa (ma-) | der Tanganyika-~ Ziwa la Tanganyika

[2]**See** *f* bahari (–); **~bad** *n* mahali pa kupumzikia ufukoni; **~fisch** *m* samaki wa baharini; **~gang** *m* mawimbi *Pl*; **~gurke** *f* jongoo la pwani; **~hund** *m* mnyama wa baharini afananaye na nguva mdogo na kuitwa seal

seekrank -na-*rel*-lewa baharini

Seekuh *f* nguva (–)

Seele *f* roho (–) | durstige ~ mpiga maji (wa-) | eine ~ von Mensch mtu mpole | die ~ aushauchen -kata roho

seelisch -a nafsi *od* kiakili *od* roho

See|luft *f* upepo wa baharini; **~mann** *m* mwanamaji (wanamaji), baharia (ma-)

seemännisch -a baharia

See|meile *f* maili ya kibahari; **~not** *f* hatari ya chombo kuzama

Seenplatte *f* maziwa *Pl*

See|pferdchen *n* mbuzi-bahari (–); **~reise** *f* kusafiria chombo, usafiri wa meli; **~rose** *f* yungi (ma-);

~schlange *f* swila-bahari (–); **~stern** *m* kiti cha pweza; **~streitkräfte** *Pl* jeshi la maji

Seeweg *m* | auf dem ~ kwa meli

Segel *n* tanga (ma-) | ~ setzen -tweka tanga | ~ einholen -tua tanga; **~boot** *n* dau (ma-), jahazi (ma-); **~flieger** *m* rubani aongozaye ndege isiyo na injini; **~flugzeug** *n* ndege isiyo na injini na kuelea hewani

segeln *intr* -enda kwa *od* -safiria dau; *Vogel* -elea hewani

Segel|regatta *f* mashindano ya majahazi *od* madau; **~schiff** *n* jahazi (ma-), dau (ma-); **~sport** *m* kushindana kwa jahazi *od* dau

Segen *m Rel u. übertr* baraka (–)

segnen *tr* -bariki

sehen *tr* -ona; *erkennen* -tambua; *beobachten* -chunga | wir ~ uns veranlaßt tunalazimishwa, hatuna budi

sehenswert -a kupendeza *od* kuvutia

Sehenswürdigkeit *f* kivutio (vi-)

Sehkraft *f* nguvu ya macho

Sehne *f Anat* kano (–)

sehnen, sich -tamani (*nach etw.* kitu)

Sehnenscheidenentzündung *f* uvimbe uchungu wa kano

Sehnsucht *f* tamaa (–), hamu (–) (*nach* ya)

sehnsüchtig -a kutamani sana

sehr sana, mno

seicht -fupi, haba; *übertr* -a juu juu

Seide *f* hariri (–)

Seidenpapier *n* karatasi laini *od* tishu (–)

Seife *f* sabuni (–)

Seil *n* kamba (–), ugwe (nyugwe); **~[schwebe]bahn** *f* kigari kinachoning'inia kwenye waya na kuvutwa; **~springen** *n* kurukaruka kwa kamba

[1]**sein (~e, ~; ~e)** *Poss Pron* -ke

[2]**sein** *intr Qualität* -wa | sie war Ärztin alikuwa daktari | du bist Lehrer wewe ni mwalimu | wir sind keine Studenten sisi si wanafunzi; *sich befinden* -wapo *od* -wamo *od* -wako, -wepo *od* -wemo *od* -weko | ich bin zu Hause mimi nipo nyumbani; *Hilfsverb* | er ist verstorben amefariki | sie war nach Hause gekommen alikuwa amefika nyumbani

seinerseits kwa upande wake

seinetwegen kwa ajili *od* sababu yake

Seismograph *m* kipimatetemeko (vi-), sesimografi (–)

seit 1. *Präp* toka, tangu | ~ wann …? tangu lini …? **2.** *Konj* toka *od* tangu -po- | ~ er begann, Bücher zu schreiben … tangu alipoanza kutunga vitabu …; **~dem 1.** *Adv* tangu wakati huo *od* ule **2.** *Konj* = **seit 2.**

Seite *f* upande (pande), sehemu (–); *Buch* ukurasa (kurasa) | auf der ~ mbavuni | auf der anderen ~ des Flusses ng'ambo ya mto | ~ an ~ bega kwa bega | sich nach allen ~n umsehen -zungusha macho | von allen ~n toka pote

Seitenstechen *n* kichomi (vi-)

seitlich -a ubavuni

seitwärts kwenda ubavuni *od* kando

Sekretär *m Pol* katibu (ma-); *Büroangestellter* mhazili (wa-)

Sekretariat *n Pol* sekreterieti (–); *Büro* ofisi ya mhazili *od* wahazili

Sekretärin *f* mhazili (wa-)

Sekt *m* chempeni (–)

Sekte *f* madhehebu *Pl*

sektiererisch -a kujitenga

Sektion *f Abteilung* kitengo (vi-)

Sektor *m* sekta (–)

sekundär -si-*rel* muhimu *od* na maana sana

Sekunde *f* nukta (–), sekunde (–)

Sekundenzeiger *m* akrabu ya sekunde

selber = **selbst 1.**

selbst 1. *Pron* -enyewe; *Person auch* nafsi, binafsi | von ~ kwa hiari **2.** *Adv* hata

selbständig -a kujitegemea; *unabhängig* -a kujitawala | sich ~ machen -potea

Selbst|auslöser *m* kifyatulio kinachojiendesha chenyewe; **~bedienung** *f* kujihudumia mwenyewe *od* wenyewe; **~bedienungsladen** *m* duka la kujihudumia mwenyewe *od* wenyewe; **~beherrschung** *f* kujikaza; **~bestimmungsrecht** *n* haki ya kujiamulia mambo mwenyewe
selbstbewußt -a kujiamini
Selbst|bewußtsein *n* kujiamini; **~kosten** *Pl* gharama za msingi; **~kritik** *f* kujikosoa
selbstkritisch -a kujikosoa mwenyewe *od* wenyewe
Selbstlauf *m* | etw. dem ~ überlassen -acha kitu kiendelee hivi hivi
selbstlos -si-*rel*-jifikiria
Selbstmord *m* kujiua
selbstsicher = **selbstbewußt**
Selbststudium *n* kujisomea mwenyewe *od* wenyewe
Selbstversorgung *f* kujikimu
selbstverständlich 1. *Adj* si-*rel* na shaka **2.** *Adv* bila [ya] shaka
Selbst|vertrauen *n* kujiamini; **~wählferndienst** *m* huduma ya STD
Sellerie *m* figili (–)
selten *nicht häufig* -a nadra, adimu; *ungewöhnlich* -a ajabu, -geni
Seltenheit *f* *Merkwürdigkeit* ajabu (–); *wenig vorkommend* uhaba, nadra (–) | Haie sind hier eine ~ hapa papa huonekana kwa nadra
Selter[s]wasser *n* soda kali (–)
seltsam -a ajabu, -geni
Semester *n* muhula (mi-)
Semifinale *n* nusufainali (–)
Semikolon *n* nukta [na] mkato
Seminar *n* *Unterrichtsform* semina (–)
Semmel *f* kibakora (vi-)
Senat *m* baraza (ma-)
senden *tr* *schicken* -peleka, -posti; *Person* -tuma; *Radio, TV* -tangaza | wir ~ wieder tupo hewani tena
Sender *m* kituo cha redio
Sendung *f* *Radio* kipindi (vi-)
Senegal Senegal (–)
Senf *m* haridali (–)
senken *tr* *Preis, Kosten* -punguza, -bana; *Kopf* -inamisha; **sich ~** *Arch* -zama
Senker *m* *Bot* mche (mi-)
senkrecht wima
Sensation *f* kituko (vi-), kioja (vi-)
sensationell -a ajabu *od* muujiza
Sense *f* jimundu (ma-)
sensibel -na-*rel*-dhurika upesi
sentimental -a kutia moyo
Sentimentalität *f* kutiwa moyo
separat -a pekee
Separatismus *m* siasa ya utengano
September *m* Septemba (–), mwezi wa tisa
Serenade *f* wimbo wa mapenzi
Serie *f* *Satz* seti (–); *Reihe* mfululizo (mi-)
Serienproduktion *f* uzalishaji wa vitu kwa wingi
seriös -a maana | ~er Mensch mtu mwaminifu
Serpentine *f* kona (–)
Serum *n* dawa (–)
Serval *m* *Zool* mondo (–)
Service *n* huduma (–)
servieren *tr* -andika
Serviererin *f* mwandikiaji [wa kike]
Serviette *f* kipangusia mdomo (vi-)
Sessel *m* kochi fupi (ma-); **~lift** *m* viti vinavyoning'inia katika waya na kuvutwa
seßhaft | ~ werden -kaa, -ishi
setzen *tr* *hinsetzen* -weka; *Typ* -panga | seine Hoffnung ~ auf -wa na tumaini la; *intr* *wetten* -weka *od* -tia dau (*auf* kwa ajili ya); **sich ~** *Platz nehmen* -kaa [kitako], -keti; *Niederschlag* -tulia
Setzer *m* fundi chapa (ma-)
Setzerei *f* mahali pa mafundi chapa
Seuche *f* ugonjwa unaoambukizwa kwa wingi
seufzen *intr* -piga kite
Seufzer *m* kite *Sg*
sexuell -a kujamiana
Seychellen *Pl* Shelisheli (–)

sezieren *tr* -pasua
Shampoo *n* sabuni ya kuoshea nywele
Shorts *Pl* kaptula (–)
sich *refl Pron* | nur an ~ denken -jifikiria mwenyewe tu | aus ~ herausgehen -jitokeza | etw. von ~ aus tun -fanya kitu kwa hiari | etw. vor ~ haben -kabiliwa na kitu | zu ~ kommen -pata ufahamu | das versteht ~ von selbst inaeleweka bila maelezo ya ziada, ni dhahiri *od* wazi | sie kennen ~ wanajuana
Sichel *f* mundu (mi-), panga la kukatia nyasi
sicher 1. *Adj gewiß* thabiti, -a hakika; *gefahrlos* -a usalama; *geschützt* -na-*rel*-lindwa (*vor* na) **2.** *Adv vermutlich* bila [ya] shaka
Sicherheit *f Gefahrlosigkeit* usalama; *Gewißheit* uhakika; *Fin* dhamana (–) | in ~ bringen -okoa, -nusurisha
Sicherheits|abstand *m* umbali wa kutosha; **~bestimmung** *f* kanuni ya *od* sharti la usalama; **~gurt** *m* mkanda wa usalama; **~nadel** *f* pini (–); **~rat** *m* Baraza la Usalama; **~schloß** *n* kitasa chenye [u]funguo maalum
sicherlich bila ya shaka
sichern *tr* -linda, -kinga (*vor* na, *gegen* dhidi ya); *gewährleisten* -hakikisha; **sich** ~ -jilinda, -jikinga (*vor* na, kwenye; *gegen* dhidi ya)
sicherstellen *tr* -okoa
Sicherung *f Schutz* ulinzi (*vor*, *gegen* dhidi ya); *El* fyuzi (–)
Sicht *f* maono *Pl*, mtazamo (mi-) | auf lange ~ kwa muda mrefu
sichtbar -na-*rel*-onekana
sichten *tr wahrnehmen* -ona, -tambua; *durchsehen* -pitapita
Sicht|weite *f* upeo; **~werbung** *f* matangazo [ya kuandika]
sickern *intr* -vuja, -churuzika (*durch* kwenye)
sie *Pers Pron 3. Pers Sg für Menschen und Tiere unverbunden* yeye *vor Verbform* a-, yu- | *Uhr* ~ ist stehengeblieben imesimama; *3. Pers Pl für Menschen und Tiere unverbunden* wao; *vor Verbform* wa- | *Busse* ~ sind abgefahren yameondoka
Sie *Pers Pron höfliche Anrede unverbunden* wewe; *vor Verbform* u-
Sieb *n* chekeche (ma-), chungio (ma-)
[1]**sieben** *tr* -chekecha, -chunga
[2]**sieben** *Num* saba
siebent|er (~e, ~es) -a saba
siebzehn kumi na saba
siebzig sabini
sieden *tr* -chemsha; *intr* -chemka
Siedepunkt *m* kiwango cha kufuka *od* mvuke
Siedler *m* mkazi (wa-); *weißer* ~ mlowezi (wa-), setla (ma-)
Siedlung *f* kijiji (vi-)
Sieg *m* ushindi | ~ über jmdn. kumshinda mtu
Siegel *n* mhuri wa lakiri
siegen *intr* -shinda
Sieger *m* mshindi (wa-); **~ehrung** *f* sherehe kwa washindi (–); **~mannschaft** *f* timu iliyoshinda
siegreich -li-*rel*-shinda
siehe! | ~ oben (unten) tazama juu (chini)
Signal *n* ishara (–)
signalisieren *tr* -ashiria, -fahamisha, -julisha
signieren *tr* -saini, -tia saini *od* sahihi
Silbe *f* silabi (–)
Silben|rätsel *n* fumbo la silabi; **~trennung** *f* kukata silabi
Silber *n* fedha (–); **~hochzeit** *f* arusi ya fedha; **~medaille** *f* medali ya fedha; **~münze** *f* sarafu ya fedha
silbern -a fedha
Silhouette *f* kivuli (vi-), sura (–)
Silo *m* sailo (–); **~mais** *m* mahindi yaliyochachuka
Silvester *m od n* mkesha wa Mwaka Mpya
Simbabwe Zimbabwe (–)

Sims *m* ushi (nyushi)
simulieren *tr* | er simuliert die Krankheit anajifanya kuwa mgonjwa
simultan sawia, -a wakati huu huu *od* huo huo
Sinfonie *f* sinfoni (–); **~konzert** *n* konseti (–); **~orchester** *n* okestra (–)
sinfonisch -a sinfoni
singen *tr*, *intr* -imba; *Vögel* -lia
Singular *m* umoja
Singvogel *m* ndege aimbaye (–)
sinken *intr* -zama; *fallen* -pungua, -shuka
Sinn *m Bedeutung* maana (–); *Wesen* tabia (–); *Zweck* madhumuni *Pl* | das hat keinen ~ hii haina maana | in gewissem ~e kwa kiwango fulani; **~e** *Pl* = **Sinnesorgan**
sinnen *intr* -tafakari, -waza
Sinnesorgan *n* kiungo cha utambuzi
sinngemäß -na-*rel*-lingana
sinnlich -a ashiki *od* nyege
Sinnlichkeit *f* nyege (–)
sinn|los -si-*rel* na maana, -a upuuzi; **~voll** -a maana, -na-*rel*-faa
Sintflut *f* gharika (–)
Sippe *f* ukoo (koo)
Sirene *f* king'ora (vi-)
Sirup *m* shira (–)
Sisal *m Pflanze* mkonge (mi-); *Faser* katani (–)
Sitte *f Gewohnheit* kawaida (–); *Brauch* mila na desturi (–) | gute ~n adabu njema
Situation *f* hali ilivyo
Sitz *m ~fläche* kikalio (vi-); *Wohn~* makazi *Pl*; *Niederlassung* makao *Pl*; *von Kleidung* kukaa; **~ecke** *f* meza na viti pembeni mwa chumba
sitzen *intr* -kaa [kitako]; *Kleidung* -kaa | ~ bleiben *nicht aufstehen* -kaa | auf sich ~ lassen -vumilia
sitzenbleiben *intr Schule* -rudia mwaka
Sitz|platz *m* kiti (vi-); **~streik** *m* mgomo wa kukaa
Sitzung *f* kikao (vi-)
Sizilien Sisili (–)
Skala *f* skeli (–)
Skandal *m* tukio la aibu
skandalös -a aibu
Skandinavien Skandinavia (–), nchi za Nordic
Skandinavier *m* mtu wa Skandinavia
Skat *m* mchezo wa Kijerumani wa karata uitwao skat
Skelett *n* kiunzi (vi-)
Skepsis *f* mashaka *Pl*
Ski *m* mbao ya kutelezea kwenye theluji | ~ laufen -teleza kwa mbao kwenye theluji; **~anzug** *m* koti na suruali ya michezo ya baridi; **~hose** *f* suruali ya michezo ya baridi; **~kurs** *m* kozi ya kujifunza kuteleza kwa mbao kwenye theluji; **~lauf** *m* mbio za kuteleza kwa mbao kwenye theluji; **~läufer** *m* mwanamichezo wa mbio za kuteleza kwa mbao kwenye theluji; **~lift** *m* mtambo wa kuvutia *od* kuwavuta wenye mbao za kutelezea kwenye theluji; **~sport** *m* michezo ya kuteleza kwa mbao kwenye theluji; **~springen** *n* kuruka kwa mbao za kutelezea kwenye theluji; **~springer** *m* mrukaji kwa mbao za kutelezea kwenye theluji; **~stiefel** *m* buti (ma-)
Skizze *f* mchoro (mi-)
skizzieren *tr* -sawidi
Sklave *m* mtumwa (wa-)
Sklaverei *f* utumwa
Skorpion *m* nge (–)
skrupellos -si-*rel* na huruma, -si-*rel*-jali *tr*
Skulptur *f* sanamu (–)
Slalom *m Sport* kupindapinda na kukwepa miti iliyosimamishwa
Slawe *m* Mslav (wa-)
slawisch -a Kislavoniki
Slip *m* chupi (–)
Slowake *m* Mslovak (wa-)
Slowakei *f* Slovakia (–)
slowakisch -a Kislovak
Smaragd *m* zumaridi (–)

so hivyo, kwa namna hii *od* hiyo | du bist ~ groß wie er wewe ni mrefu kama yeye | ~ schnell wie möglich haraka iwezekanavyo | ~ ..., daß ... ... kiasi kwamba ...; **~bald** mara -po- *od* -ki-
Söckchen *n/Pl* soksi (–)
Socke *f* soksi (–)
Sockel *m* msingi (mi-), tako (ma-)
Soda *f od n* magadi *Pl*
Sodbrennen *n* kiungalia (vi-)
soeben sasa hivi
sofern kama, -ki- | ~ er kommt ... akija ...
so|fort mara moja; **~gar** hata
sogenannt ati, eti
sogleich = **sofort**
Sohle *f Fuß* wayo (nyayo); *Schuh* soli (–); *Bergb* sehemu ya mgodi iliyopo chini ya ardhi
Sohn *m* mwana (wana) | mein ~ mwanangu
Sojabohne *f* soya (–)
solange muda -po- *od* -ki-
Solbad *n* mahali pa maji chumvi
solch|er (~e, ~es; ~e) -a aina hii *od* hiyo *od* ile
Soldat *m* askari [wa jeshi] (ma-)
Söldner *m* mamluki (–)
Sole *f* maji [ya] chumvi
solidarisch -a kuunga mkono
Solidarität *f* kuunga mkono *tr*, mshikamano (mi-)
solid[e] *Arbeit* bora; *Charakter* -aminifu; *haltbar* imara; *gediegen* -tupu
Solist *m* mwanamuziki *od* mwimbaji anayejitokeza peke yake
Soll *n Wirtsch* lengo (ma-)
sollen *Modalv* -takiwa | er soll krank sein anashukiwa kuwa mgonjwa | er soll nur anfangen aanze tu | was soll das heißen? hii ina maana gani? | was soll ich machen? nifanyeje?
Solo *n Mus* mchezo wa mtu mmoja; **~tänzer** *m* mcheza ngoma *od* dansi anayejitokeza peke yake
Somalia Somalia (–)
Sommer *m* majira ya joto | im ~ wakati wa majira ya joto; **~fahrplan** *m* ratiba itumikayo majira ya joto; **~ferien** *Pl* likizo ya majira ya joto; **~kleid** *n* gauni jepesi; **~kurs** *m* kozi wakati wa likizo ya majira ya joto
sommerlich -a majira ya joto
Sommermantel *m* ovakoti jepesi
Sommersprosse *f*, *meist* **~n** *Pl* doa kwenye ngozi (ma-)
Sonate *f* sonata (–)
Sonde *f Med* kipimio cha sehemu za ndani; *Tech Bohrloch* shimo la mafuta
Sonder|abteil *n* chumba kilichotengwa; **~angebot** *n* seli (–); **~ausgabe** *f* toleo maalum (ma-)
sonderbar -geni
Sonder|fahrt *f* safari maalum (–); **~marke** *f* stempu maalum (–)
sondern *Konj* lakini, bali | nicht nur er kam, ~ auch die anderen si yeye tu aliyefika, bali wengine pia
Sonder|nummer *f* = **Sonderausgabe**; **~schicht** *f* shifti ya ziada; **~schule** *f* shule maalum (–); **~wagen** *m* behewa lililotengwa; **~zug** *m* treni (–) *od* gari [la] moshi maalum (ma-)
sondieren *tr*, *intr übertr* -gundua, -chunguza
Sonett *n* sonatina (–)
Sonnabend *m* Jumamosi (–)
sonnabends [kila] Jumamosi
Sonne *f* jua (ma-)
sonnen, sich -ota jua
Sonnen|aufgang *m* macheo *Pl*, mawio *Pl*; **~bad** *n* kuota jua; **~blende** *f* kofia (–); *Kfz* kivulijua; **~blume** *f* alizeti (–); **~blumenöl** *n* mafuta ya alizeti; **~brand** *m* kuungua jua kali; **~brille** *f* miwani ya jua; **~finsternis** *f* kupatwa kwa jua; **~öl** *n* dawa ya kujikinga na mionzi ya jua; **~schein** *m* mng'aojua (mi-); **~schirm** *m* mwavuli wa kujikinga na mionzi ya jua; **~uhr** *f* saa ionyeshayo wakati kutokana na kivuli cha mkono wake; **~untergang** *m* machweo *Pl*,

kuchwa, kuzama kwa jua; **~wende** *f* solistasi (–)
sonnig -a jua
Sonntag *m* Jumapili (–)
sonntags [kila] Jumapili
sonst *außerdem* licha *od* mbali ya hili *od* hilo; *andernfalls* kama sivyo; *für gewöhnlich* kwa kawaida | was ~? nini lingine? | wer ~? nani mwingine?
sonstig -ingine, -na-*rel*-baki *od* -salia
sooft kila mara -po-
Sopran *m Stimmlage* sauti ya nne *Sängerin* mwimbaji anayeimba kwa sauti ya nne
Sorbe *m* mtu wa jamii ya Kisorabian
sorbisch -a Kisorabian
Sorge *f Kummer* dhiki (–), jitimai (–); *Fürsorge* matunzo *Pl* (*für* ya) | sich ~n machen um -wa na jitimai na | keine ~! usihangaike, usiwe na wasiwasi | laß das meine ~ sein! niachie haya, usijishughulishe
sorgen *intr* -hudumia, -tunza (*für jmdn.* mtu); **sich ~** -wa na jitimai (*um* na)
Sorgfalt *f Genauigkeit* ukamilifu, uangalifu
sorg|fältig -a kikamilifu, kwa uangalifu; **~los** -a juu juu *od* uzembe, -si--*rel*-jali *tr*
Sorte *f* aina (–); *Qualität* daraja (ma-)
sortieren *tr* -panga, -ainisha
Sortiment *n Warenangebot* bidhaa *Pl*
sosehr kwa hali yo yote -vyo-
Soße *f* mchuzi (mi-)
Soubrette *f* mwimbaji wa opera
Souffleur *m* mtu anayenong'oneza *tr*
soufflieren *intr* -nong'oneza *tr*
Souvenir *n* zawadi (–)
souverän -a kujitawala mwenyewe
Souveränität *f* uhuru wa kujiamulia mambo yake mwenyewe
soviel 1. *Konj* -vyo- | ~ ich weiß, ... ninavyojua mimi ... **2.** *Adv* kwa wingi | ~ wie möglich kwa wingi kama inavyowezekana
soweit | ~ es ihn betrifft ... kadiri anavyohusika yeye ... | ~ ich weiß ... kadiri ninavyojua mimi ...
sowenig | ~ wie möglich kidogo kama inavyowezekana
sowie *sobald* mara -ki- *od* -po-; *und* pamoja na; **~so** kwa vyo vyote
sowjetisch *hist* -a Kisoviet
Sowjetunion *hist f* Umoja wa Kisoviet, Urusi
sowohl | ~ ... als auch ... ... na ...
sozial -a kijamii
Sozial|demokrat *m* mwanachama wa social democrats; **~demokratie** *f* chama cha *od* mawazo ya social democrats
sozialisieren *tr* -taifisha
Sozialismus *m* usoshalisti; *in Tansania* ujamaa
Sozialist *m* msoshalisti (wa-); *in Tansania* mjamaa (wa-)
sozialistisch -a kisoshalisti; *in Tansania* -a kijamaa
Sozial|politik *f* sera ya huduma muhimu [za kijamii]; **~versicherung** *f* bima ya majaliwa; **~wissenschaften** *f/Pl* sayansi za jimii
Sozius|fahrer *m* mtu aliyepanda nyuma; **~sitz** *m* kiti cha nyuma
Spachtel *m od f* kisu cha kujazia pati *od* kubandulia, chizo (–)
Spaghetti *Pl* spageti (–)
Spalier *n Lattenwand* ukuta wa fito; *Ehrenaufstellung* gwaride (ma-); **~obst** *n* miti mifupi ya matunda
Spalt *m Tür* mwanya (mi-), uwazi mdogo; *Mauer* ufa (nyufa)
Spalte *f Typ* safu (–)
spalten *tr Holz* -pasua; *Phys* -atua; **sich ~** -pasuka; *übertr* -tengana
Spaltung *f Phys* upasuaji, uatukaji; *übertr* utengano
Span *m* kibanzi (vi-), kidondo[o] (vi-)
Spange *f Haar~* kibanio cha nywele
Spanien Hispania (–)
Spanier *m* Mhispaniola (wa-)
spanisch -a Kihispaniola
spannen *tr* -kaza; *Foto Verschluß*

-weka *Tech* | etw. in das Futter ~ -funga kitu kwenye chaki; *intr* -bana
spannend -a kusisimua
Spann|kraft *f* uhai; **~teppich** *m* sakafu ya plastiki
Spannung *f El* volteji (–), *übertr* hamu (–); *meist* **~en** *Pl Uneinigkeit* mvutano (mi-)
Spar|buch *n* kitabu cha akiba; **~büchse** *f* kifuko cha fedha; **~einlage** *f* akiba (–)
sparen *tr* -okoa; *haushalten* -tumia ... taratibu; *intr sparsam umgehen* -bana matumizi (*mit* ya)
Sparer *m* mwenye akaunti ya akiba (wenye)
Spargel *m* asparagasi (–)
Sparkasse *f* benki ya akiba
spärlich *wenig* -chache, haba, hafifu
sparsam -a kutumia ... taratibu; *geizig* -na-*rel*-bana matumizi
Sparsamkeit *f* iktisadi (–), uwekevu
Spartakiade *f* michezo *Pl*
Sparte *f* tawi (ma-)
Spaß *m* mzaha (mi-), utani; *Vergnügen* furaha (–) | ~ verstehen -vumilia mzaha
spaßen *intr* -fanya mzaha *od* masihara
spaßig -a mzaha *od* kuchekesha
spät -li-*rel*-chelewa | von früh bis ~ kutwa nzima | wie ~ ist es? [ni] saa ngapi? | nicht ~er als ... si baada ya ...
Spaten *m* sepetu (–)
spätestens si baada ya
Spatz *m* = **Sperling**
spazierengehen *intr* -tembea
Spazier|gang *m* matembezi *Pl*; **~gänger** *m* mtembeaji (wa-); **~stock** *m* bakora (–)
Specht *m* kigogota (vi-), king'oto (vi-), gogonola (–)
Speck *m* bekoni (–)
Spediteur *m* mwasilishaji (wa-)
Spedition *f* wakala wa usombaji *od* uwasilishaji
Speer *m* mkuki (mi-); **~werfen** *n* kutupa mkuki
Speiche *f* spoki (–), ujukuti (njukuti)
Speichel *m* mate *Pl*
Speicher *m* ghala (–), stoo (–), kihenge (vi-)
speichern *tr* -weka, -hifadhi
Speicherofen *m* tanuru la kuhifadhia joto
Speise *f* chakula (vyakula), mlo (mi-); **~eis** *n* aiskrimu (–); **~karte** *f* menyu (–)
speisen *tr El* -patia ... umeme, -endesha
Speisenkarte = **Speisekarte**
Speise|röhre *f* koromeo (ma-); **~saal** *m* ukumbi wa chakula; **~wagen** *m Eisenb* mgahawa wa gari [la] moshi
Spektrum *n Phys* spektra (–)
Spekulation *f* ubahatisho
spekulieren *intr* -bahatisha (*auf* kupata)
Spende *f* mchango (mi-); *Rel* sadaka (–)
spenden *tr* -changia; *Rel* -pa ... sadaka
Spender *m* mdhamini (wa-), mfadhili (wa-)
spendieren *tr* -lipia *dopp tr*
Sperling *m* jurawa (–), shorewanda (–)
Sperma *n* mbegu (–)
Sperre *f Tech* kilango (vi-); *Straße* kizuizi (vi-); *Blockade* kikwazo (vi-)
sperren *tr Straße* -funga
Sperrholz *n* plaiwudi (–)
sperrig -kubwa kupita kiasi
Spesen *Pl* posho (–), gharama *Pl*
spezialisieren *tr* -elekeza ... hasa; **sich** ~ -jishughulisha hasa (*auf* na), -taalimu, -chepua (*auf* katika)
Spezialisierung *f* kujishughulisha hasa (*auf* na), maarifa maalum *Pl* (*auf* katika), mchepuo (mi-)
Spezialist *m* mtaalamu (wa-), bingwa (ma-)
Spezialität *f* somo kuu (ma-); *Eigenart* upendeleo
Spezialsprunglauf *m* = **Sprunglauf**

speziell mah[u]susi, hususa
spezifisch -a pekee, aini | ~es Gewicht uzito maalum
Sphäre *f Bereich* mazingira *Pl*
spicken *tr Braten* -tia vipande vya mafuta ya nguruwe; *umg bestechen* -honga; *intr umg abschreiben* -kopi
Spiegel *m* kioo (vi-); **~ei** *n* jicho la ng'ombe
spiegeln, sich *im Spiegel betrachten* -jitazama (*in* kwenye); *reflektieren* -akisika
Spiegel|reflexkamera *f* kamera yenye kioo cha kuakisia taswira; **~teleskop** *n* darubini akisi (–)
Spiel *n Kart, Mus, Sport* mchezo (mi-); *Tech* nafasi (–) | sein Leben steht auf dem ~ maisha yake yapo hatarini
spielen *tr Instrument* -piga; *Theat Rolle, Karten, Sport* -cheza | *übertr* das spielt keine Rolle si kitu *od* muhimu, haina maana, haidhuru; *intr Kinder* -cheza
Spieler *m Sport* mchezaji (wa-); *Kart* mcheza karata (wa-)
Spiel|feld *n* uwanja (nyanja); **~gefährte** *m* rafiki (ma-), mchezaji mwenzi; **~karte** *f* karata (–); **~leiter** *m* kiongozi (vi-), meneja (–); **~plan** *m* ratiba (–); **~platz** *m* uwanja wa *od* mahali pa kucheza; **~raum** *m übertr* nafasi (–); **~regel** *f* kanuni ya mchezo; **~waren** *Pl* vichezeo *od* vitu vya kuchezea *Pl*; **~zeit** *f Theat* muda wa kuigiza maigizo; **~zeug** *n* = **Spielwaren**
Spieß *m* fuma (ma-), sagai (–); *Brat*~ kibaniko (vi-); **~bock** *m* choroa (–)
spießbürgerlich -a kibwanyenye
Spikes *Pl Sport* njumu
Spinat *m* mchicha (mi-)
Spindel *f Tech* spindeli (–)
Spinne *f* buibui (–)
spinnen *tr* -sokota
Spinnengewebe *n* utando wa buibui
Spinnerei *f* kiwanda cha kusokota nyuzi
Spion *m* jasusi (ma-), mpelelezi (wa-)
Spionage *f* ujasusi, upelelezi
spionieren *intr* -jasisi
Spirale *f* zongomo (ma-)
Spirituosen *Pl* vileo
Spiritus *m* spiriti (–); **~kocher** *m* jiko la spiriti
spitz -kali, -enye ncha kali, -li-*rel*-chongoka; *übertr* -a fitina *od* kuudhi *od* uchongeaji | *Math* ~er Winkel pembe kali (–)
Spitze *f Gipfel* kilele (vi-); *spitzes Ende* ncha (–); *Speer*~, *Pfeil*~ kigumba (vi-), nyana (–); *oberer Teil* kichwa (vi-); *vorderer Teil* sehemu ya mbele; *Führung* uongozi; *Textil* lesi (–) | eine Sache auf die ~ treiben -tia chumvi *od* -piga chuku jambo
spitzen *tr Bleistift* -chonga
Spitzen|belastungszeit *f El* saa ya *od* za matumizi makubwa ya umeme; **~erzeugnisse** *n/Pl* vitu *od* bidhaa bora, vitu vya *od* bidhaa za hali ya juu; **~sportler** *m* mwanamichezo bora (wanamichezo); **~verkehr** *m* msongamano wa magari
spitzfindig -a kirasimu
Spitz|findigkeit *f* urasimu; **~hacke** *f* sururu (–); **~maus** *f* sange (–); **~name** *m* lakabu (–)
Splitter *m Glas* kigereng'enza (vi-); *Holz* kibanzi (vi-)
splittern *intr* -vunjika, -pasuka
spontan -si-*rel*-lazimishwa, -a hiari
Sport *m* michezo *Pl*; **~abzeichen** *n* nishani ya kumudu michezo anuai; **~art** *f* mchezo (mi-); **~artikel** *m/Pl* vifaa kwa michezo; **~arzt** *m* daktari wa wanamichezo (ma-); **~fest** *n* mashindano *Pl*; **~klub** *m* klabu (ma-); **~lehrer** *m* mwalimu wa michezo
Sportler *m* mwanamichezo (wanamichezo)
sportlich -a michezo
Sport|platz *m* uwanja wa michezo; **~reporter** *m Presse* mwandishi wa habari za michezo; *Rundfunk* mta-

ngazaji wa habari za michezo; **~schuh** *m* kiatu cha jani; **~student** *m* mwanafunzi anayesomea michezo; **~wagen** *m für Kinder* kigari cha watoto
Spott *m* dhihaka (–)
spotten *intr* -dhihaki (*über jmdn.* mtu)
spöttisch -a dhihaka
Sprache *f Landes~* lugha (–); *Sprechweise* usemi | zur ~ bringen -taja
Sprach|fehler *m* kigugumizi (vi-); **~führer** *m* kiongozi (vi-), kitabu cha kujifunza lugha
sprachlich -a lugha
sprachlos -li-*rel*-pigwa *od* -shikwa na bumbuazi
Sprach|unterricht *m* mafunzo ya *od* vipindi vya lugha; **~wissenschaft** *f* isimu (–)
Spray *m od n* kinyunyizio (vi-)
Sprechchor *m* halaiki (–)
sprechen *tr* -sema, -nena, -tamka | Swahili ~ -zungumza Kiswahili; *intr* -zungumza, -sema (*mit* na, *über* juu ya) | vor jmdm. ~ -hotubia *od* -hutubia mtu
Sprecher *m* msemaji (wa-), mzungumzaji (wa-); *Rundfunk* mtangazaji (wa-); *Parlamentspräsident* spika (ma-)
Sprech|stunde *f* saa za huduma *od* kumwona afisa *od* daktari; **~tag** *m* siku ya kumwona afisa *od* daktari; **~zimmer** *n* ofisi (–)
spreizen *tr* -panua
sprengen *tr* -lipua; *bespritzen* -rashia, -nyunyiza
Sprengstoff *m* baruti (–)
Sprengung *f* mlipuko (mi-), kulipua *tr*
Sprengwagen *m* lori la kunyunyizia maji
Sprichwort *n* methali (–)
sprießen *intr* -chipua
Springbrunnen *m* chemchem ya kurushia maji
springen *intr* -ruka; *bersten* -pasuka, -lipuka
Springer *m Sport* mrukaji (wa-); *Schach* knight (–), farasi (–), paa (–)
Springflut *f* bamvua (–)
sprinten *intr* -kaza mbio, -kimbia kwa umbali mfupi
Sprinter *m* mpiga mbio wa umbali mfupi
Sprit *m umg Benzin* petroli (–), mafuta *Pl*
Spritze *f Med* sindano (–); *Injektion* kudunga *tr* sindano
spritzen *tr* -nyunyiz[i]a; *Auto lackieren* -paka rangi; *Med* -dunga ... sindano; *intr* -foka
Spritzer *m Fleck* doa (ma-); *Regen~* nyunyu (ma-)
spröde *übertr* -enye aibu; *Tech* kechu
Sproß *m* chipukizi (ma-)
Sprosse *f* kipag[i]o (vi-), kipandio (vi-)
Sprossenwand *f* ngazi ya ukutani *od* wima
Sprotte *f* dagaa (–)
Spruch *m* msemo (mi-); *Jur* hukuma (–); *Schieds~* uamuzi; **~band** *n* slogen (ma-)
spruchreif | ~ sein -wa tayari, -iva
Sprudel *m Getränk* soda kali (–)
sprudeln *intr* -bubujuka
sprühen *intr* | *unpers* es sprüht mvua inanyunya
Sprühregen *m* mvua ya manyunyu *od* rasharasha
Sprung *m* mruko (mi-), kuruka, urukaji; *Riß* ufa (nyufa), mpasuko (mi-); **~brett** *n* ubao wa kurukia
sprunghaft -a kurukaruka
Sprung|lauf *m* mashindano ya kuruka kutoka juu wa kirukio kwa mbao za kutelezea kwenye theluji; **~schanze** *f* kirukio (vi-); **~turm** *m* mnara wa kurukia wanamichezo
spucken *intr* -tema mate
Spülbecken *n* beseni (–); *Toilette* choo cha kuvutwa
Spule *f* kidonge (vi-), kibiringo (vi-); *El* koili (–)
spulen *tr* -sokota, -zongomeza

spülen *tr Geschirr* -safisha, -osha; *Mund* -sukutua | an Land ~ -sukum[w]a ufukoni

Spur *f Fährte* wayo (nyayo); *Schleif*~ mbururo (mi-); *übertr Anzeichen* dalili (–), alama (–) | jmdm. auf die ~ kommen -pekua siri ya mtu

spürbar -na-*rel*-hisika

spüren *tr* -hisi, -sikia, -tambua

Spürhund *m* mbwa wa kusakia wahalifu (–)

spurlos bila ya kuacha alama

Spurt *m* kukaza mbio

spurten *intr* -kaza mbio

Staat *m* taifa (ma-), nchi (–)

staatenlos -si-*rel* na uraia

staatlich -a kitaifa *od* taifa

Staats|akt *m* sherehe rasmi (–); **~angehörigkeit** *f* uraia; **~anwalt** *m* mwendesha mashtaka (wa-); **~begräbnis** *n* mazishi rasmi *Pl*; **~besuch** *m* ziara rasmi (–); **~bürger** *m* raia (–); **~examen** *n* mtihani wa taifa *od* wa kupata shahada ya Chuo Kikuu; **~grenze** *f* mpaka wa nchi; **~haushalt** *m* bajeti (–), makadirio ya fedha; **~macht** *f* dola (ma-); **~mann** *m* mwanasiasa (wanasiasa); **~oberhaupt** *n* mkuu wa nchi; **~sekretär** *m* Katibu Mkuu (ma-); **~streich** *m* uasi, mapinduzi; **~wappen** *n* nembo ya taifa

Stab *m* fimbo (ma-), upondo (pondo); *Mil* makamanda wa makao makuu; **~hochsprung** *m* kuruka kwa upondo

stabil imara, madhubuti, thabiti

stabilisieren, sich -wa imara *od* thabiti, -imarika

Stabilität *f* uimara, uthabiti

Stabsoffizier *m* kamanda (ma-)

Stachel *m* mwiba (mi-); *Stachelschwein* mshale (mi-); **~beere** *f* mmea wenye matunda ya aina ya beriberi uitwao gooseberry; **~draht** *m* seng'enge (–); **~schwein** *n* nungiri (–)

stachlig -enye miiba miiba

Stadion *n* uwanja wa michezo

Stadium *n* hatua (–), awamu (–)

Stadt *f* mji (mi-); **~bezirk** *m* mtaa (mi-), wilaya (–)

Städtebau *m* ujenzi wa miji

städtebaulich -a ujenzi mjini

Städteplanung *f* upangaji wa na kuratibu shughuli za ustawishaji wa miji

Städter *m* mkaazi wa mjini

Stadtfunk *m* matangazo ya redio mjini

städtisch -a mjini

Stadt|kreis *m* wilaya (–); **~mauer** *f* ukuta uzungushao mji; **~park** *m* bustani ya mji; **~plan** *m* ramani ya mji; **~rand** *m* sehemu ya vitongoji; **~rat** *m* halmashauri ya mji; **~rundfahrt** *f* matembezi mjini; **~teil** *m* mtaa (mi-); **~verordnete(r)** *f*(*m*) diwani (ma-)

Staffel *f Sport* timu ya mbio za kupokezana

Staffelei *f* ubao wa kuchorea

Staffellauf *m* mbio za kupokezana

staffeln *tr* -panga … hatua kwa hatua

stagnieren *intr* -kwama, -simama

Stahl *m* chuma cha pua; **~beton** *m* zege shadidi (–); **~helm** *m* helmeti (–); **~konstruktion** *f* ujenzi kwa kutumia chuma cha pua; **~werk** *n* kiwanda cha chuma cha pua

Stall *m* banda (ma-)

Stamm *m Bot* shina (ma-); *Volks*~ kabila (ma-)

stammeln *tr* -ganza

stammen *intr* -toka (*aus* katika, -ni); -tolewa (*von* na)

Stammgast *m* mgeni wa kawaida

stämmig imara, -nene kiasi

stampfen *tr zerstoßen* -twanga, -ponda; *intr* | mit dem Fuß ~ -kanyaga *od* -dunga kwa mguu

Stand *m Messe*~ eneo (ma-), kitengo (vi-); *Lage*, *Zustand* hali (–) | der ~ der Dinge hali ilivyo *od* halisi | auf dem neuesten ~ kwa mtindo wa kisasa

Standard *m* kiwango (vi-)
Standardisierung *f* kuweka viwango
Ständer *m* kiweko (vi-); *Kerzen*~ kinara (vi-)
Standesamt *n* ofisi ya msajili wa ndoa
standhaft -a kukakamaa *od* ukakamavu | ~er Mensch mkakamavu (wa-)
Standhaftigkeit *f* ukakamavu, ustahamilivu
standhalten *intr* -kakamaa, -stahamili *tr*
Standlicht *n Verk* taa ndogo
Standpunkt *m* msimamo (mi-) | auf dem ~ stehen, daß ... -ona kwamba ...
Stange *f* nguzo (–); *Eisen*~ nondo (–) | ich habe eine ~ Geld bezahlt nililipa fedha chungu nzima
Stanniol *n* jalibosi la bati
stanzen *tr* -seta
Stapel *m Holz* lingo (ma-); *Papier* rundo (ma-) | vom ~ laufen -shua dau *od* ngalawa; **~lauf** *Mar m* kushua *tr*
stapeln *tr* -rundika
stapfen *intr* -dunda mguu
[1]**Star** *m Zool* kwezi (–)
[2]**Star** *m Med* mtoto wa jicho
[3]**Star** *m Film* nyota (–)
stark *kräftig* -enye nguvu; *dick* -nene; *heftig* -kali | ~er Kaffee kahawa nzito
Stärke *f Kraft* nguvu (–); *Dicke* unene; *Heftigkeit* ukali, nguvu (–); *Chem* uwanga (wanga); *übertr starke Seite* ustadi, ubingwa, uhodari
stärken *tr* -imarisha; *Wäsche* -tia wanga; **sich** ~ -jiburudisha
Starkstrom *m El* umeme mkubwa
Stärkung *f Festigung* uimarishaji; *Erfrischung* kiburudisho (vi-)
starr *unbeweglich* imara, -li-*rel*-kazwa; *unbeugsam* -a ukaidi *od* ushupavu | ~ vor Entsetzen -shtushwa na hofu
starren *intr* -kodoa macho | auf jmdn. ~ -kodolea mtu macho
Start *m Flugzeug* kuondoka; *Sport*, *übertr* mwanzo (mi-)
starten *intr* -ondoka; *Rakete* -ruka; *tr* -stati, -tia moto; *Rakete* -rusha
Starter *m Sport* mwanzishaji (wa-), *Kfz* stata (–)
Startschuß *m* pigo la kuanzia *od* kuanzishia mbio
Station *f* stesheni (–), kituo (vi-); *Med* wadi (–)
stationär -si-*rel*-hamishika | ~e Behandlung matibabu hospitalini
stationieren *tr* -weka
Stationsarzt *m* daktari wa wadi (ma-)
Statist *m* mwigizaji mdogo
Statistik *f* takwimu (–)
statistisch -a takwimu
Stativ *n* kisimamio (vi-)
statt *Präp* badala ya
Stätte *f* mahali | eine ~ der Erholung mahali pa mapumziko
stattfinden *intr* -fanyika
statthaft -na-*rel*-kubalika *od* -kubaliwa *od* -yakinika, halali
stattlich *beträchtlich* chungu nzima, tele | eine ~e Person mpandikizi wa mtu
Statue *f* sanamu (–)
Statut *n* katiba (–)
Staub *m* vumbi (ma-)
Staubecken *n* bwawa (ma-), hifadhi limbikaji (–)
Staubgefäß *n* kichavua (vi-)
staubig -enye mavumbi
Staublappen *m* kitambaa cha kufutia *od* kupangusia vumbi
staubsaugen *intr* -piga ufagio wa umeme *od* kifyonza vumbi
Staub|sauger *m* ufagio wa umeme; **~tuch** *n* kitambaa cha kufutia *od* kupangusia vumbi; **~zucker** *m* sukari ya unga
Staudamm *m* bwawa (ma-)
Staude *f* mti mfupi
stauen *tr Wasser* -zuia ... -sitiririke; **sich** ~ -songamana
Staumauer *f* ukuta zuilio (kuta)

staunen *intr* -shangaa (*über* juu ya)
Stausee *m* bwawa (ma-)
Stauung *f Verk* msongamano (mi-)
Steak *n* steki (–)
stechen *tr* -uma | jmdn. mit einem Messer ~ -choma mtu kisu; *Kart* -shinda; *intr Sonne* -choma | in See ~ -ng'oa nanga; **sich** ~ -chomwa, -jichoma (*an* etw. kitu)
Steckdose *f* soketi (–)
stecken *tr* -tia, -weka; *Pflanze* -pandikiza, -atika; *intr* -otea, -vizia (*in* katika, -ni)
steckenbleiben *intr* -kwama
Stecker *m* plagi (–)
Steck|kontakt *m* soketi (–); **~nadel** *f* pini (–)
Steg *m Brücke* mtatago (mi-)
Stegreif *m* | aus dem ~ papo hapo
stehen *intr* -simama; *passen* -kaa *tr* | das Spiel steht 3:2 magoli matatu kwa mawili | unter jmds. Leitung ~ -ongozwa na mtu | was steht zu Diensten? nikusaidieni?
stehenbleiben *intr* = **stehen**
stehenlassen *tr vergessen* -sahau
Steherrennen *n* mashindano ya wapanda bais[i]keli wanaowafuatia wapanda pikipiki
Stehlampe *f* taa wima (–)
stehlen *tr* -iba | jmdm. etw. ~ -ibia mtu kitu
Stehplatz *m* nafasi ya kusimama
steif -gumu, -zito | ~ vor Kälte sein -ganda kwa baridi | ~es Hemd shati lililotiwa wanga
Steigbügel *m* kikuku (vi-)
steigen *intr* -panda, -ongezeka, -kua; *Flugzeug* -ongeza kimo
Steiger *m* foamen (ma-)
steigern *tr* -ongeza, -zidisha; **sich** ~ -ongezeka, -kua
Steigerung *f* ongezeko (ma-); *Gramm* ulinganifu
Steigung *f* mwinuko (mi-)
steil -kali
Steil|hang *m* mwinuko mkali, gema (ma-); **~küste** *f* ngome (–)
Stein *m* jiwe (ma-); *Obstkern* kiini (vi-), kokwa (–); *Brettsp* kete (–), namu (–), komwe (–); **~bruch** *m* chimbo la mawe; **~garten** *m* mimea inayostawi katika bustani yenye miamba; **~gut** *n* vyombo vya udongo *od* ufinyanzi
steinig -a mawe
Stein|kohle *f* makaa ya mawe; **~pilz** *m* uyoga wa boletus
Stelle *f Ort* mahali | an dieser ~ mahali hapa; *Anstellung* kazi (–); *Text* sehemu (–) | an deiner ~ nikiwa wewe | auf der ~ mara moja, papo hapo | offene ~ nafasi (–) | nicht von der ~ kommen -kwama, *neg*-endelea
stellen *tr* -weka; *auf~* -simamisha; *Uhr* -rekebisha; *Dieb* -kamata; **sich** ~ -jipanga, -inuka, -simama wima; *Jur* -jitoa
Stellen|anzeige *f* tangazo la nafasi; **~plan** *m* orodha ya wafanyakazi
stellenweise huku na huko
Stellplatz *m* mahali pa kukutana
Stellung *f Lage* msimamo (mi-), hali (–); *Mil* mstari (mi-) | ~ nehmen (zu) -toa maelezo (kuhusu); **~nahme** *f* maelezo *Pl*, ufafanuzi
stellvertretend | ~er Vorsitzender Makamu wa Mwenyekiti (–) | ~er Minister Naibu Waziri (–)
Stell|vertreter *m* makamu (–), kaimu (–); **~werk** *n Eisenb* kituo cha kurekebisha pacha na ishara za reli
Stemmeisen *n* patasi (–)
stemmen *tr Gewicht* -nyanyua, -inua; **sich** ~ -fanya ukinzani (*gegen* na)
Stempel *m* mhuri (mi-); *Bot* pistili (–); **~kissen** *n* pedi (–)
stempeln *tr* -piga *od* -gonga mhuri
Stengel *m* shina (ma-)
Steno|graf *m* stenografa (ma-); **~grafie** *f* hati mkato *Pl*
stenografieren *tr* -andika … kwa hati mkato; *intr* -andika hati mkato
stenografisch -a hati mkato

Stenogramm *n* maandiko ya hati mkato
Stenotypistin *f* stenografa [wa kike] (ma-)
Steppdecke *f* mfuko uliojazwa manyoya wa kujifunikia
Steppe *f* pori (–), nyika (–)
steppen *tr* -shona
sterben *intr* -fariki, -fa, -toka roho
Sterblichkeit *f* vifo *Pl*
Stereo|anlage *f* redio ya stereo; **~platte** *f* santuri ya stereo
sterilisieren *tr* -ua vijidudu vya
Stern *m* nyota (–); **~bild** *n* kundi la nyota; **~deuter** *m* mnajimu (wa-); **~warte** *f* kituo cha kuchunguzia sayari na nyota
stetig [-a] mfululizo
stets daima, wakati wote
1**Steuer** *f* kodi (–), ushuru | jmdm. ~n auferlegen -toza mtu kodi
2**Steuer** *n* usukani (sukani); **~bord** *n* upande wa kulia *od* kuume
Steuerermäßigung *f* kupunguzwa kodi
steuerfrei -si-*rel*-lipiwa kodi *od* ushuru
Steuermann *m* mshika usukani (wa-)
steuern *tr* -ongoza; *intr* -shika usukani
steuerpflichtig -na-*rel*-lipiwa kodi *od* ushuru
Steuerung *f* usukani (sukani), kuongoza *tr*
Steward *m*, **Stewardeß** *f* mwandikiaji *od* mhudumu wa ndege
Stich *m Insekt* kuumwa | ~ eines Skorpions kuumwa na nge; *Nadel* bandi (ma-); *Messer* kuchomwa; *Kart* kushinda; *Kunst* nakala picha iliyochapwa kutokana na bamba la madini lililonakshiwa mchoro asilia | jmdn. im ~ lassen -acha mtu
stichhaltig -zito, muhimu, -a maana
Stich|probe *f* sampuli (–); **~tag** *m* tarehe iliyowekwa; **~wort** *n Theat, Buch* kitomeo (vi-)
sticken *tr, intr* -darizi, -tarizi
Stickerei *f* darizi (–), tarizo (ma-)
Stick|garn *n* uzi wa kudarizia; **~stoff** *m* naitrojeni (–)
Stiefel *m* buti (ma-)
Stiefelette *f* buti fupi (ma-)
Stief|eltern *Pl* mama na baba wa kambo; **~mutter** *f* mama wa kambo; **~mütterchen** *n Bot* mmea wenye maua uitwao pansy; **~sohn** *m*, **~tochter** *f* mtoto wa kambo; **~vater** *m* baba wa kambo
Stiege *f Lattenkiste* boksi (ma- *od* –)
Stieglitz *m* ndege afananaye na biliwili na kuitwa goldfinch
Stiel *m Bot* shina (ma-); *Blüten~* kikonyo (vi-); *Griff* mpini (mi-), mshikio (mi-)
Stier *m* fahali (ma-)
Stift *m Blei~* kalamu [ya risasi], penseli (–)
stiften *tr ins Leben rufen* -anzisha, -asisi; *übertr hervorrufen* -zu[sh]a
Stiftung *f* wakfu (–)
Stil *m* mtindo (mi-), staili (–)
stilistisch -a staili
still kimya; *bewegungslos* tuli; *schweigend* -nyamavu | im ~en kwa siri | sei doch ~! kelele
Stille *f* kimya *Sg*; *Ruhe* utulivu; *Schweigen* unyamavu
Stilleben *n* mchoro wa vitu tuli
stillegen *tr Betrieb* -simamisha
stillen *tr Durst* -vunja; *Blut* -zuia … -sitoke; *Schmerz* -tuliza; *Kind* -nyonyesha
Stillstand *m* kusimama
stillstehen *intr Maschine* -simama
Stimm|abgabe *f* kupiga kura; **~band** *n*, *meist* **~bänder** *Pl* nyuzi za glota
stimmberechtigt -enye haki ya kupiga kura
Stimme *f* sauti (–); *Wahl~* kura (–) | seine ~ abgeben -piga kura
stimmen *tr Instrument* -rekebisha; *intr seine Stimme abgeben* -piga kura | für jmdn. ~ -pigia mtu kura [ya ndiyo] | gegen jmdn. ~ -pigia mtu kura ya hapana; *in Ordnung sein* -wa sawa

Stimm|enthaltung *f* kutopiga kura ya ndiyo au hapana; **~recht** *n* haki ya kupiga kura
Stimmung *f* | gute ~ furaha (–) | schlechte ~ hamaki (–), hasira (–)
Stimmwechsel *m* kubelesa
stimulieren *tr* -hamasisha, -sisimua
stinken *intr* -nuka
Stipendium *n* skolashipu (–), msaada wa masomo
Stirn *f* paji (ma-); **~höhle** *f* uwazi fuvuni nyuma ya paji
stochern *intr* -chaku[r]a | im Feuer ~ -chochea moto | in den Zähnen ~ -chokoa meno
Stock *m* fimbo (ma- *od* –); *Rohr~* hinzirani (–); *Etage* ghorofa (–)
stockdunkel -a giza totoro
stocken *intr* -kwama
Stockung *f* kukwama
Stockwerk *n* ghorofa (–)
Stoff *m* *Textil* kitambaa (vi-); *Chem* mata (–); *übertr* mada (–), jambo (mambo); **~wechsel** *m* kataboli (–)
stöhnen *intr* -piga kite (*über* kwa sababu ya)
Stola *f* shali (–)
Stollen *m* *Bergb* pango (ma-)
stolpern *intr* -jik[ungu]waa
stolz -a *od* -enye fahari (*auf* ya), -na-*rel*-jivunia (*auf etw.* kitu); *hochmütig* -enye kiburi
stopfen *tr* *Strumpf* -tililia
Stopf|garn *n* uzi wa kutililia; **~nadel** *f* sindano ya kutililia
stoppen *tr* -simamisha; *intr* -simama
Stopp|licht *n* taa za breki; **~straße** *f* barabara ndogo; **~uhr** *f* saa zuio *od* simamifu (–)
Stöpsel *m* kizibo (vi-); *El* plagi (–)
Stör *m* Sturijioni (–)
Storch *m* kuyu (–)
Storchennest *n* kiota cha kuyu
Store *m*, *meist* **~s** *Pl* pazia (ma-)
stören *tr* -sumbua, -kera; *in Unordnung bringen* -vuruga | lassen Sie sich nicht ~! endelea tu
Stores *Pl* ↑ **Store**
störrisch -a ukaidi | ~er Mensch mkaidi (wa-)
Störung *f* usumbufu, shida (–); *Tech* kasoro (–), hitilafu (–); *Radio* kelele (–)
Stoß *m* pigo (ma-); *Stapel* rundo (ma-); **~dämpfer** *m* shokomzoba (–)
stoßen *tr* -piga | mit dem Fuß ~ -piga [ma]teke | mit der Faust ~ -piga ngumi | mit der Schulter ~ -kumba *tr*, -piga kumbo; *im Mörser* -twanga; *übertr* | jmdn. vor den Kopf ~ -udhi mtu; *intr aufprallen* -gonga (*an etw.* kitu); *angrenzen* -pakana (*an* na); *finden* -kuta (*auf etw.* kitu); **sich ~** -jigonga (*an etw.* kitu), -jikwaa (*an* na); *übertr Ärgernis nehmen* -shtushwa (*an* na)
Stoß|stange *f* bampa (–); **~zahn** *m* pembe (–)
stottern *intr* -wa na kigugumizi
Strafanstalt *f* gereza (ma-), jela (–); *Sansibar* Chuo cha Mafunzo
strafbar -a jinai | sich ~ machen -patwa na kosa
Strafe *f* adhabu (–); *Geld* faini (–)
strafen *tr* -adhibu; *durch Geldbuße* -toza faini
straff -na-*rel*-bana
straffrei | ~ ausgehen *neg*-hukumiwa
Straf|gesetzbuch *n* [kitabu cha] sheria ya jinai; **~prozeß** *m* kesi ya jinai; **~raum** *m* *Sport* eneo la goli; **~stoß** *m* *Sport* penalti (–), pigo la adhabu; **~tat** *f* jinai (–)
Strahl *m* *Sonne* mwonzi (mi-); *Wasser* bubujiko (ma-); *Phys* mwali (mi-); **~antrieb** *m* injini ya jeti
strahlen *intr* -nururika; *übertr* -furahi (*vor* kwa)
Strahlenschutz *m* kinga ya miale
strampeln *intr* -piga kwata
Strand *m* pwani (–), ufuko; **~anzug** *m* suti ya *od* vazi la hari
stranden *intr* *Mar* -kwama
Strand|korb *m* kiti cha ufukoni *od*

ufukweni; **~promenade** *f* barabara ipitayo kando ya ufuko *od* ufukwe
Strapaze *f* shida (–)
strapazieren *tr ermüden* -chosha; *Kleidung* -vaa sana
strapazierfähig -si-*rel*-chakaa upesi
strapaziös -na-*rel*-chosha
Straße *f* barabara (ma- *od* –)
Straßenbahn *f* tremu (–); **~haltestelle** *f* kituo cha tremu
Straßen|bau *m* ujenzi wa barabara; **~beleuchtung** *f* taa za barabarani; **~graben** *m* mtaro ubavuni mwa barabara (mi-); **~kreuzung** *f* makutano *Pl*; **~verkehr** *m* usafiri barabarani; **~verkehrsordnung** *f* kanuni za njia
Strategie *f* mkakati (mi-)
strategisch -a hila *od* mkabala *od* mkakati
Stratosphäre *f* tabakastrato (–)
sträuben, sich -kaidi (*gegen etw.* kufanya kitu)
Strauch *m* mti mfupi
[1]**Strauß** *m Blumen* shada (ma-)
[2]**Strauß** *m Zool* mbuni (–)
streben *intr* -jitahidi (*nach* kupata)
strebsam -enye bidii [nyingi]
Strecke *f Entfernung* umbali; *Eisenb* [njia ya] reli (–) | auf freier ~ nje ya kituo, njiani
strecken *tr* -nyosha; **sich ~** -jinyosha
streckenweise pengine
Streich *m Unfug* adha (–), udhia | jmdm. einen ~ spielen -kasirisha mtu
streicheln *tr* -papasa
streichen *tr tilgen* -futa; *anstreichen* -paka rangi; *bestreichen* -paka
Streich|holz *n* kijiti cha kibiriti; **~instrument** *n* ala ya muziki inayopigwa kwa upinde; **~orchester** *n* okestra itumiayo ala za aina ya fidla
Streife *f* doria (–)
streifen *tr berühren* -gusa; *erwähnen* -gusia
Streifen *m* ms[i]tari (mi-)
Streik *m* mgomo (mi-); **~brecher** *m* msaliti wa mgomo
streiken *intr* -goma; *übertr* -kwama
Streikende *Pl* wagomaji
Streikposten *m* mgomaji wa zamu
Streit *m* ugomvi, mabishano *Pl*
streiten *intr*, **sich ~** -bishana, -gombana (*über* kwa sababu ya)
Streitigkeiten *Pl* = **Streit**
Streitkräfte *Pl* majeshi
streitsüchtig | ~er Mensch mbishi (wa-)
streng -kali | ~er Frost baridi kali
Strenge *f* ukali
streuen *tr* -tia, -weka (*auf* kwenye, -ni)
Strich *m* mstari (mi-); *übertr* | einen ~ ziehen unter -maliza
Strick *m* kamba (–), ugwe (nyugwe)
stricken *tr* -fuma
Strick|jacke *f* koti lililofumwa, sweta (ma-); **~kleid** *n* gauni lililofumwa; **~nadel** *f* sindano ya kufumia
strikt -kali
strittig -a matata, tata
Stroh *n* majani ya *od* mashina ya ngano *od* nafaka; **~dach** *n aus Palmenblättern* paa ya makuti; **~halm** *m* shina la ngano; *zum Trinken* mrija (mi-); **~hut** *m* shumberere (–)
Strom *m Fluß* jito (ma-); *Strömung* mkondo (mi-); *El* [nguvu za] umeme; *übertr* Menschenmenge umati | es regnet in Strömen mvua inapiga *od* inanyesha sana
strom|abwärts kufuata mkondo wa mto; **~aufwärts** kupinga mkondo wa mto
Strom|erzeugung *f* kutengeneza umeme; **~kreis** *m* saketi (–); **~schnelle** *f* poromoko dogo; **~stärke** *f* nguvu ya mkondo wa umeme, nguvuampea (–)
strömen *intr* -furika
Strömung *f* mkondo (mi-)
Stromverbrauch *m* matumizi ya umeme
Strophe *f* ubeti (beti)
strotzen *intr* -jaa tele | vor Gesundheit ~ -wa na siha

Strudel *m* maji kuzingia; *übertr* pilikapilika (–), ghasia (–)
Struktur *f* muundo (mi-)
Struma *f* uvimbe wa tezi
Strumpf *m* stokingi (–); **~haltergürtel** *m* kanda za kushikilia stokingi; **~hose** *f* stokingi ya panty hose
struppig | ~e Haare nywele timtimu
Stube *f* chumba (vyumba)
Stück *n* kipande (vi-); *Exemplar* nakala (–); *Theat* igizo (ma-); *Seife* mkuo (mi-)
Student(in) *m(f)* mwanachuo (wanachuo), mwanafunzi (wanafunzi)
Studentenwohnheim *n* bweni (ma-)
Studie *f* ripoti (–)
Studien|aufenthalt *m* safari ya kikazi; **~jahr** *n* mwaka wa masomo
studieren *intr Student sein* -som[e]a; *tr Buch* -soma; *Fach* -som[e]a
Studio *n Radio, Film* studio (–)
Studium *n* masomo *Pl*, kusomea
Stufe *f Treppe* kidato (vi-); *Raketenteil* sehemu (–); *übertr* awamu (–)
Stuhl *m* kiti (vi-); **~gang** *m* choo *Sg*, haja kubwa (–)
stumm *schweigsam* [-a] kimya | ~er Mensch bubu (ma-)
stumpf -butu | *Math* ~er Winkel pembe butu (–)
Stumpf *m* gutu (ma-); *Baum~ auch* kisiki (vi-)
stumpfsinnig *Tätigkeit* -na-*rel*-chosha | ~er Mensch mpumbavu (wa-)
Stunde *f* saa (ma-); *Unterricht* kipindi (vi-)
stunden *tr* -ongeza muda wa
Stunden|geschwindigkeit *f* mwendo kwa saa (mi-); **~kilometer** *m* kilometa *od* kilomita kwa saa (–)
stundenlang -na-*rel*-chukua masaa
Stunden|lohn *m* ujira kwa saa; **~plan** *m* ratiba ya masomo
stundenweise -a muda
stündlich [kila] saa
stur -gumu
Sturheit *f* ugumu
Sturm *m* dhoruba (–); *Mil* mashambulio *Pl*; *Andrang* kusukumana *od* kusongamana (*auf* kwa sababu ya); *Sport* fowadi laini (–)
stürmen *tr Mil* -teka; *intr Sport* -shambulia; *unpers* | es stürmt dhoruba inavuma
Stürmer *m Sport* mshambuliaji (wa-), fowadi (ma-)
Sturmflut *f* bamvua (–)
stürmisch -a dhoruba; *See* -li-*rel*-chafuka; *übertr* -a fujo
Sturmwarnung *f* [ta]hadhari ya dhoruba
Sturz *m* mwanguko (mi-); *Absetzung* kupinduliwa
stürzen *intr* -anguka, -poromoka; *tr Pol* -pindua, -angusha | jmdn. ins Wasser ~ -tosa mtu majini; **sich ~** -jitosa (*in* -ni)
Sturzhelm *m* helmeti nyang'ani (–)
Stute *f* farasi jike (–)
Stütze *f* kiegemeo (vi-), egemeo (ma-); *Säule* nguzo (–) *auch übertr*
stutzen *intr* -sita
stützen *tr* -egemeza; *übertr* -unga mkono; **sich ~** -egemea (*auf etw.* kitu); *übertr* -tokana (*auf* na), -tegemea (*auf jmdn. od etw.* mtu *od* kitu)
Stützpunkt *m* kituo (vi-)
Subjekt *n Gramm* kiima (vi-)
subjektiv -a upande mmoja tu
Subsistenzwirtschaft *f* uchumi wa kujikimu
Substantiv *n* nomino (–)
Substanz *f* kiini (vi-)
subtrahieren *tr* -toa (*von* katika, kwenye)
Subtraktion *f* kutoa
subtropisch -a uvuguvugu na unyevu
Subvention *f* ruzuku (–)
subventionieren *tr* -fidia [gharama za]
Suche *f* kutafuta *tr* | auf der ~ nach kwa kutafuta
suchen *tr, intr* -tafuta
Sucher *m Foto* kitazamio (vi-)
Sucht *f* tamaa (–) (*nach* ya)

süchtig -na-*rel*-lewa madawa
Südafrika Afrika [ya] Kusini
Sudan Sudan (–)
Süden *m* kusini (–)
Südfrüchte *f*/*Pl* matunda ya nchi za joto
südlich -a kusini
Südosten *m* kusini mashariki
südöstlich -a kusini mashariki
Süd|pol *m* Ncha ya Kusini; **~westen** *m* kusini magharibi
südwestlich -a kusini magharibi
Südwind *m* upepo wa kusi
Suffix *n* kiambishi tamati (vi-)
Sülze *f* nyama ya jeli
Summe *f* jumla (–)
summen *tr* -imba ... kwa sauti ndogo *od* ya chini; *intr Biene* -ng'ong'a
summieren, sich -zidi, -wa -ingi
Sumpf *m* bwawa [la matope]
sumpfig -enye matope
Sünde *f* dhambi (ma-)
sündigen *intr* -fanya dhambi (*gegen* kuvunja)
Superlativ *m* sifa isiyozidika
Suppe *f* supu (–); *Mehl*~ uji
surren *intr* -lia
suspendieren *tr* -simamisha (*von etw.* kitu)
süß -tamu
Süßigkeiten *Pl* peremende; *umg* pipi
Süßkirsche *f Frucht* cheri (–)
süßlich -tamu -tamu
süßsauer -a siki na sukari
Süß|speise *f* pudini (–); **~waren** *Pl* vitafunio vitamu
Symbol *n* ishara (–); *Chem* alama (–)
symbolisch -enye taswira (*für* kwa)
Symmetrie *f* pacha (ma-)
symmetrisch -a pacha
Sympathie *f* upendeleo (*für* kwa)
sympathisch -a kupendeza
sympathisieren *intr* -pendezwa
Symptom *n* dalili (–)
Synagoge *f* hekalu la Kiyahudi
Synchronisation *f Film* tafsiri (–), kufasiri *tr*
synchronisieren *tr Film* -fasiri
Synode *f* sinodi (–)
Synonym *n Ling* neno lenye maana sawa na lingine
Syntax *f* sarufi-miundo (–), sintaksia (–)
Synthese *f* usanisi
synthetisch -a kuigiza, -si-*rel* halisi
Syphilis *f* kaswende (–)
Syrien Siria (–)
System *n* mfumo (mi-)
systematisch -a utaratibu
Szene *f* onyesho (ma-)
Szenerie *f* mandhari *Pl*

T

Tabak *m* tumbaku (–); **~waren** *Pl* tumbaku na sigara
Tabelle *f* jedwali (–)
Tablett *n* sinia (–), treya (–)
Tablette *f* kidonge (vi-)
Tachometer *n* takometa (–)
Tadel *m* lawama (–), onyo (ma-)
tadellos -si-*rel* na kasoro *od* hitilafu *od* dosari, bora
tadeln *tr* -laani, -rudi
Tafel *f Wand*~ bao (ma-), ubao (bao); *Schild* bamba (ma-); *gedeckter Tisch* meza iliyoandikiwa *od* iliyoandaliwa
täfeln *tr* -funika ... kwa vipande vya mbao
Täfelung *f* utando wa vipande vya mbao
Taft *m* tafeta (–)
Tag *m* siku (–) | den ganzen ~ kutwa nzima | vor (in) acht ~en siku saba zilizopita (zijazo), wiki moja iliyopita (ijayo) | in (vor) vierzehn ~en wiki mbili zilizopita (zijazo) | guten ~! habari za mchana? *Antwort* nzuri *od* njema | jeden zweiten ~ baada ya kila siku ya pili | *Bergb* unter ~e mgodini
tagaus | ~, tagein kila siku

Tage|bau *m* chimbo la wazi; **~buch** *n* daiari (–); **~geld** *n* posho ya kujikimu
tagelang kwa siku kadhaa
tagen *intr Versammlung abhalten* -kutana, -fanya kikao *od* mkutano
Tages|karte *f* menyu (–); **~licht** *n* mchana *Sg*; **~ordnung** *f* ajenda (–); **~ordnungspunkt** *m* dondoo (ma-); **~zeit** *f* saa ya *od* za mchana; **~zeitung** *f* gazeti la kila siku
tageweise kwa siku hususa
taghell -a nuru nyeupe
täglich -a kila siku
tagsüber kutwa [nzima]
Tagung *f* kikao (vi-)
Tagungsort *m* mahali pa kukutana
Taille *f* kiuno (vi-)
Takt *m Mus* wakati *meist* nyakati, mapigo *Pl*; *Feingefühl* adabu (–)
Taktik *f übertr* hila (–), mbinu (–)
taktisch -a mbinu
taktlos -enye utovu wa nidhamu
Takt|stock *m* hoki (–); **~straße** *f* kazi ya uwiano
taktvoll -a adhabu
Tal *n* bonde (ma-)
Talent *n* kipaji (vi-)
talentiert -enye kipaji
Talg *m* shahamu (–)
Talsperre *f* bwawa la maji
Tamarinde *f Baum* mkwaju (mi-); *Frucht* ukwaju (kwaju)
Tampon *m* pedi (–)
Tandem *n* bais[i]keli pacha (–)
Tang *m* mwani (mi-)
Tangente *f* tanjiti (–)
Tango *m* tango (–)
Tank *m Behälter* tangi *od* tanki (ma-), pipa (ma-); *Mil* kifaru (vi-)
tanken *tr* -tia petroli *od* mafuta; *intr* -nunua *od* -tiwa petroli *od* mafuta
Tanker *m Mar* meli ya mafuta
Tank|stelle *f* kituo cha petroli; **~wagen** *m* tenka (ma-)
Tanne *f* msonobari (mi-)
Tannenzapfen *m* sonobari (ma-)
Tansania Tanzania (–)
Tansanier *m* Mtanzania (wa-)
Tante *f* shangazi (–)
Tanz *m* dansi (–); *traditionell* ngoma (–); **~bar** *f* baa (ma-)
tanzen *intr* (*tr*) -cheza ngoma *od* dansi (ya)
Tänzer(in) *m*(*f*) mcheza ngoma *od* dansi (wa-)
Tanz|fläche *f* mahali pa kuchezea dansi; **~lokal** *n* baa (ma-), ukumbi (kumbi); **~musik** *f* muziki wa dansi; **~orchester** *n* ben[d]i ya dansi; **~stunde** *f* kozi ya kujifunza kucheza dansi
Tapete *f* karatasi ya ukuta
tapezieren *tr* -bandika karatasi ya ukuta
tapfer -a kishujaa, jasiri | ~er Mensch shujaa (ma-)
Tapferkeit *f* ushujaa, ujasiri
Tarif *m Gebühr* nauli (–); *Lohn* kiwango (vi-)
tariflich -a nauli
Tariflohn *m* mshahara wa kawaida
tarnen *tr* -ficha; **sich ~** -jificha
Tarnung *f Mil* kuficha *tr*, kujificha
Tasche *f in der Kleidung* mfuko (mi-); *Akten~*, *Hand~* mkoba (mi-); *Einkaufs~*, *Reise~* begi (–)
Taschen|buch *n* kitabu chenye jalada laini; **~dieb** *m* sinzia (–); **~geld** *n* posho (–); **~kalender** *m* kalenda ndogo; **~lampe** *f* tochi (–); **~messer** *n* kisu cha mfukoni; **~schirm** *m* mwavuli wa kukunja; **~tuch** *n* leso (–); **~uhr** *f* saa ya mfukoni
Tasse *f* kikombe (vi-) | eine ~ Tee kikombe cha chai
Taste *f* ki (–), herufi ya taipu
tasten *intr*, **sich ~** -tafutatafuta *tr* kwa kupapasa
Tat *f* kitendo (vi-), tendo (ma-); *Jur* kosa (ma-), jinai (–) | in der ~ kwa kweli; **~bestand** *m* data *Pl*
tatenlos | ~ zusehen -tazama tu bila kuingilia kati *od* kuchukua hatua
Täter *m* mhalifu (wa-), mwenye hatia (wenye)

tätig | ~ sein -fanya kazi (*als* kama, *bei* kwa)
Tätigkeit *f* shughuli (–), kazi (–)
Tatkraft *f* bidii (–), ari (–)
tatkräftig -a bidii nyingi
tätlich | *Jur* ~ werden -shambulia (*gegen jmdn.* mtu)
Tat|ort *m* mahali uhalifu ulipotendwa; **~sache** *f* hakika (–); **~sachenbericht** *m* ripoti ya hali ilivyo
tatsächlich -a kweli *od* hakika, ilivyo
Tatze *f* mguu wenye makucha makali
[1]**Tau** *m* umande
[2]**Tau** *n* kamba (–), ugwe (nyugwe)
taub *Frucht* -si-*rel*-chavushwa | ~er Mensch kiziwi (vi-); *übertr* -si-*rel*-sikia (*gegen etw.* kitu)
Taube *f* njiwa (–), tetere (–); *Holz*~ wanda (–); *Lach*~ hua (–), tutu (–), mwigo (–), pugi (–)
taubstumm | ~er Mensch mtu aliye kiziwi na bubu
tauchen *tr* -chovya (*in* katika, -ni); *intr* -piga mbizi, -zama
Taucher *m* mpiga mbizi (wa-); **~brille** *f* miwaniuvuli *Pl*
Tauchsieder *m* koili ya umeme ya kupashia moto
tauen *intr* -gandua, -yeyuka | *unpers* es taut barafu *od* theluji inayeyuka
Taufe *f* ubatizo
taufen *tr* -batiza
taugen *intr* -faa (*zu*, *für* kwa)
tauglich -na-*rel*-faa (*zu*, *für* kwa)
taumeln *intr* -pepesuka
Tausch *m* kubadilishana *tr*, mabadilishano *Pl*
tauschen *tr* -badilishana (*gegen* na)
täuschen *tr* -danganya, -ghilibu; **sich** ~ -kosea
Täuschung *f* *Betrug* kudanganya *tr*, udanganyifu; *Illusion* ndoto (–)
Tauschwohnung *f* fleti ya kubadilishana
tausend elfu
Tausend *n* | ~e von maelfu ya; **~füßer** *m* tandu (–)
tausendst|er (~e, ~es) -a elfu
Tauwetter *n* wakati wa barafu *od* theluji kuyeyuka
Taxe *f*, **Taxi** *n* teksi (–)
taxieren *tr* -tathmini
Taxi|fahrer *m* dereva wa teksi (ma-); **~haltestelle** *f* kituo cha teksi
Taxwert *m* tathmini (–)
Teakbaum *m* msaji (mi-), mvule (mi-)
Technik *f* ufundi, uhandisi
Techniker *m* fundi sanifu (ma-), mhandisi (wa-)
technisch -a ki[u]fundi | ~e Hochschule Chuo Kikuu cha Ufundi *od* Uhandisi
Technisierung *f* uenezaji wa mashine *od* mitambo
Technologe *m* mtekinolojia (wa-)
Technologie *f* tekinolojia (–)
technologisch -a kitekinolojia
Teddy[bär] *m* dubu ya bandia
Tee *m* chai (–) | ein Päckchen ~ pakiti moja ya majani ya chai | ~ mit Milch chai ya maziwa | ~ ohne Milch chai mkandaa; **~gebäck** *n* biskuti (–); **~kanne** *f* birika (ma-), buli (ma-); **~löffel** *m* kijiko cha chai
Teer *m* lami (–)
teeren *tr* -tia … *od* -paka … lami
Teich *m* bwawa (ma-)
Teig *m* kiyunga (vi-); **~waren** *Pl* aina za tambi
Teil *m* sehemu (–); *Anteil* mchango (mi-); *Buchw* juzuu (ma-) | ein ~ der Leser baadhi ya wasomaji | zum ~ kwa sehemu, kidogo
teilen *tr* -gawa[nya]
teilhaben *intr* -shirikishwa (*an* katika)
Teilnahme *f* kushiriki (*an* katika); *Mitgefühl* huruma (–)
teilnahmslos -a utepetevu | ~er Mensch mtepetevu (wa-)
teilnehmen *intr* -shiriki (*an* katika); *mitfühlen* -hurumia *tr*
Teilnehmer *m* mshiriki (wa-) (*an* katika)

teils | ~ …, ~ … mara moja …, mara nyingine …
Teilung *f* ugawaji, mgawanyiko (mi-)
teilweise -si-*rel* kamili
Teilzahlung *f* malipo kwa rubuni ya mara kwa mara
Teint *m* rangi ya uso
Telefon *n* simu [ya mdomo]; **~buch** *n* orodha ya simu; **~gespräch** *n* mazungumzo kwa simu
telefonieren *intr* -piga simu | mit jmdm. ~ -pigia mtu simu
telefonisch -a *od* kwa njia ya simu
Telefonistin *f* opereta (ma-), mpokea simu (wa-)
Telefon|nummer *f* nambari ya simu; **~zelle** *f* kibanda cha simu
Telegraf *m* mtambo wa simu
Telegrafenamt *n* kituo cha mitambo ya simu
telegrafieren *tr* -peleka … kwa simu ya maandishi; *intr* -andika *od* -taipu simu ya maandishi
telegrafisch -a simu ya maandishi
Telegramm *n* simu ya maandishi; **~adresse** *f*, **~anschrift** *f* anwani ya simu; **~formular** *n* fomu ya simu ya maandishi
Teleobjektiv *n* lenzi [ya] darubini
Telex *n* teleksi (–)
Teller *m* sahani (–)
Tempel *m* hekalu (ma-)
Temperament *n Gemütsart* tabia (–); *Leidenschaft* ari (–), ushabiki
temperamentvoll -enye bidii nyingi
Temperatur *f Meteor* halijoto (–); *Med* homa (–); **~sturz** *m* kuwa baridi ghafla
Tempo *n* mwendo (mi-); *Mus* muda | ~! fanya *od* fanyeni haraka
Tendenz *f* mwelekeo (mi-)
tendenziös -a kupendelea *od* upendeleo
Tennis *n* tenisi (–); **~ball** *m* mpira wa tenisi; **~platz** *m* kiwanja cha tenisi; **~schläger** *m* kibao cha tenisi
Tenor *m Stimmlage* tenor (–); *Sänger* mwimbaji wa tenor
Teppich *m* zulia (ma-); **~kehrmaschine** *f* mashine ya kufagilia zulia
Termin *m* tarehe (–); *Jur* samansi (–)
termingemäß -a wakati unaotakiwa
Terminkalender *m* kalenda (–)
Terminologie *f* istilahi *Pl*
Terminplan *m* ratiba (–)
Termite *f* mchwa (–)
Termitenhügel *m* kichuguu (vi-)
Terpentin *n* terafiki (–)
Terrain *n* eneo (ma-)
Terrarium *n* chombo cha glasi cha kutuzia reptilia
Terrasse *f* baraza (ma-)
Terrassenbau *m Landw* matu[ta ya]-ngazi
territorial -a nchi *od* kimkoa *od* kimji
Territorium *n* eneo (ma-)
Terror *m* ukandamizaji, mateso *Pl*
terrorisieren *tr* -kandamiza, -tesa
Terrorist *m* gaidi (ma-)
Test *m* jaribio (ma-)
Testament *n* wasia | sein ~ machen -andika wasia wake
testamentarisch -a wasia
testen *tr* -fanya majaribio ya
teuer ghali; *lieb* -na-*rel*-pendwa
Teufel *m* shetani (ma-)
teuflisch -baya *od* -ovu mno *od* sana
Text *m* matini (–), habari (–); **~buch** *n* kitabu cha kufundishia
Textilien *Pl* nguo
Textil|industrie *f* viwanda vya nguo; **~waren** *Pl* = **Textilien**
Thailand Thailand (–)
Theater *n Gebäude* jumba la maigizo ya tamthiliya; **~karte** *f* tikiti ya igizo
Theke *f* kaunta (–)
Thema *n* mada (–)
Theologe *m* mtheolojia (wa-), mchungaji (wa-)
Theologie *f* theolojia (–)
theologisch -a kitheolojia
Theoretiker *m* mnadharia (wa-)
theoretisch -a kinadharia
Theorie *f* nadharia (–)

Therapie *f* matibabu *Pl*
Thermalbad *n* mahali pa kuogea kwenye maji moto ya chumvi chumvi
Thermometer *n* pimajoto (–), themometa (–)
Thermosflasche *f* chupa ombwe *od* ya chai
These *f* hoja (–)
Thrombose *f* kuziba mfumo wa damu kwa kizibo cha damu
Thunfisch *m* jodari (–)
Tibet Tibet (–)
ticken *intr* -lia tik-tak
tief -refu [-a kwenda chini] | ~e Stelle im Meer kina (vi-); *Mus* -a chini; *übertr* -a ndani | … ist 5 m ~ urefu wa kwenda chini wa … ni m 5
Tief *n Meteor* msukumo mdogo wa hewa; **~bau** *m Arch* ujenzi wa misingi
Tiefe *f* kina (vi-), kilindi (vi-), urefu wa kwenda chini; *Abgrund* genge (ma-)
Tief|ebene *f* tambarare la chini; **~gang** *m* mzamo (mi-)
tiefgekühlt [-a] barafu, -li-*rel*-gandishwa kwa baridi
Tief|kühltruhe *f* friza (–); **~stand** *m* kiwango cha chini
Tiegel *m* sufuria (–)
Tier *n* mnyama (wa-); **~arzt** *m* daktari wa wanyama (ma-)
tierisch *brutal* -a kinyama
Tier|park *m* bustani ya wanyama; **~pfleger** *m* mtunza wanyama (wa-); **~zucht** *f* ufugaji
Tiger *m* mnyama mkali afananaye na chui na kuitwa tiger
tilgen *tr Schulden* -futa
Tinktur *f* tincha (–)
Tinte *f* wino
Tintenfisch *m* pweza (–)
Tip *m* shauri (ma-)
[1]**tippen** *tr umg Schreibmaschine* -piga taipu
[2]**tippen** *intr wetten* -cheza bahati nasibu | er tippte auf die Zahl 8 alitarajia kwamba kwenye mchezo wa bahati nasibu namba 8 itashinda
Tisch *m* meza (–) | *übertr* am grünen ~ kinadharia; **~decke** *f* kitambaa cha meza; **~lampe** *f* taa ya mezani *od* deski
Tischler *m* seremala (ma-)
Tischlerei *f* kiwanda cha seremala
Tisch|platte *f* juu ya meza; **~tennis** *n* tenisi ya mezani; **~tuch** *n* = **Tischdecke**
Titel *m Anrede* cheo (vyeo); *Buch* kichwa (vi-); **~verteidiger** *m Sport* mshindi aliyewania kikombe
Toast *m* kutakia (*auf jmdn. od etw.* mtu *od* kitu); *geröstetes Brot* tosti (–)
toben *intr Sturm* -vuma kwa nguvu nyingi; *übertr* -foka
Tochter *f* binti (ma-)
Tod *m* kifo (vi-), mauti *Pl*
Todes|anzeige *f* tanzia (–), tangazo la kifo; **~fall** *m* msiba (mi-); **~strafe** *f* hukumu ya kifo; **~tag** *m* siku ya kufariki
tödlich -a kifo
todmüde -li-*rel*-choka kupita kiasi
Toilette *f Kleidung* vazi (ma-); *Frisiertisch* meza na kioo cha kujitazamia, meza ya kujipambia; *Klosett* choo (vyoo), msala (mi-)
Toiletten|papier *n* karatasi ya choo; **~seife** *f* sabuni ya kuogea
tolerant -na-*rel*-vumilia
Toleranz *f* uvumilivu
tolerieren *tr* -vumilia
toll *wild* -a nguvu, -kali; *umg großartig* -a ajabu, -tukufu; **~kühn** -a kijasiri
Tollwut *f* rabizi (–)
tollwütig -enye kichaa
Tölpel *m* mjinga (wa-), mpumbavu (wa-), mshamba (wa-)
Tomate *f* nyanya (–); *Wild~* tungule (ma-); *Staude* mnyanya (mi-), mtungule (mi-)
Tomaten|mark *n* lahamu ya nyanya; **~saft** *m* maji ya nyanya; **~salat** *m* kachumbari (–); **~soße** *f* mchuzi wa nyanya

Tombola *f* bahati nasibu (–), tombola (–)
[1]**Ton** *m Mus* sauti (–); *Farb~* aina (–)
[2]**Ton** *m Geol* udongo wa mfinyanzi
Tonabnehmer *m Radio* kiungio (vi-), soketi (–)
tonangebend -na-*rel*-ongoza *od* -tawala
Tonart *f Mus* ufunguo (funguo)
Tonband *n* ukanda (kanda), utepe (tepe) | auf ~ aufnehmen -rekodi, -nasa; **~gerät** *n* tepu (–)
tönen *tr Haar* -paka rangi
Ton|film *m* picha ya sinema yenye sauti, filamu ya sauti; **~leiter** *f Mus* ngazi *Pl*; **~meister** *m Film*, *Radio* fundi wa muziki *od* sauti (ma-)
Tonnage *f Mar* ukubwa *od* uwezo
Tonne *f Faß* pipa (ma-), tangi (ma-); *Gewicht* tani (–)
Tönung *f* rangi (–)
Topas *m* kito cha manjano
Topf *m* chungu (vyungu), sufuria (–)
Töpfer *m* mfinyanzi (wa-)
töpfern *tr* -finyanga
Topfpflanze *f* mmea unaostawi kwenye jagi
Tor *n* lango (ma-), mlango (mi-); *Sport* goli (ma-)
Torf *m* makaa machanga sana
Torheit *f* ujinga, upumbavu
töricht -a kijinga *od* upuuzi | ~er Mensch mjinga (wa-), mpumbavu (wa-)
torkeln *intr* -sepetuka, -pepesuka
torpedieren *tr Mil* -piga [ma]topito
Torpedo *m* topito (ma-)
Torte *f* keki (–)
Tortenheber *m* mwiko wa keki
Torwart *m* golikipa (ma-), mlinda mlango (wa-)
tosend *Beifall* -kubwa
tot -li-*rel*-kufa *od* -fariki; *unbelebt* -si-*-rel* hai; *übertr* | ~er Punkt mahali wanapokwama
total kamili
Tote(r) *f(m)* mfu (wa-), mtu aliyefariki
töten *tr* -ua, -fisha
Toto *n Sport* bahati nasibu ya mpira
totschlagen *tr übertr Zeit* -poteza
Tour *f Ausflug* matembezi *Pl*; *Tanz* densi (–); *Tech Umdrehung*, *meist* **~en** *Pl* mzunguko (mi-)
Tourismus *m* utalii
Tourist *m* mtalii (wa-)
Tournee *f* ziara (–)
Trab *m* matiti *Pl* | im ~ kwa kwenda matiti
traben *intr* -enda matiti
Tracht *f Kleidung* mavazi *Pl*
trachten *intr* -tamani (*nach etw.* kitu)
Tradition *f* mapokeo *Pl*, mila na desturi
traditionell -a kimapokeo
Trafo *m Kurzw für* **Transformator** *m* transfoma (–)
träg[e] -a uvivu *od* uzembe *od* ulegevu | ~er Mensch mvivu (wa-), mzembe (wa-), mlegevu (wa-)
Trage *f* machela (–)
tragen *tr befördern* -chukua, -beba; *anhaben* -vaa; *Ertrag bringen* -leta; *dulden* -vumilia | die Verantwortung ~ -wajibika
Träger *m Gepäck~* mchukuzi (wa-), mpagazi (wa-), hamali (ma-); *Hemd~* ukanda (kanda); *Bauw* boriti kuu (–); **~rakete** *f* roketi ya kurushia chombo cha angani
Trag|fläche *f* ubawa (mbawa), bawa (ma-); **~flügelboot** *n* meli *od* boti ya mirengu
Trägheit *f* ulegevu, uvivu, uzembe
Tragik *f* tukio la kusikitisha, bahati mbaya
tragisch -a kuhuzunisha
Tragödie *f* tanzia (–)
Tragweite *f übertr* umuhimu, maana (–)
Trainer *m* kocha (ma-)
trainieren *tr* -fundisha, -fanya mazoezi ya; *intr* -fanya mazoezi
Training *n* mazoezi *Pl*
Trainingsanzug *m* track-suti (–)
Traktor *m* trekta (ma-)

Traktorist *m* dereva wa trekta (ma-)
trampeln *intr* -dunda miguu
trampen *intr* -safiri kwa kutegemea kupata lifti
tranchieren *tr* -kata
Träne *f* chozi (ma-)
tränen *intr Auge* -lia *od* -toka machozi
Tränengas *n* gesi ya kutoa machozi
tränken *tr Vieh* -nywesha; *Stoff* -rowesha
transferieren *tr* -peleka
Transformator *m* transfoma (–)
transformieren *tr El* -ongeza *od* -punguza ... kwa *od* kwenye transfoma
Transfusion *f* upenyeshaji
Transistor[radio] *m*(*n*) transista (–)
Transit *m Hdl* kupitia *tr*
transitiv | ~es Verb kitenzi kielekezi
Transit|raum *m* chumba cha wasafiri watakaoondoka tena; **~verkehr** *m* usafiri *od* usafirishaji kupitia *tr*
Transparent *n Pol* bango (ma-)
Transport *m* uchukuzi, usombaji, usafirishaji
transportabel -na-*rel*-weza kuhamishwa
transportfähig -na-*rel*-weza kuchukuliwa *od* kusombwa
transportieren *tr* -chukua, -somba, -safirisha
Transportpolizei *f* polisi ya reli
Trapez *n Math* trapeza (–); *Sport* aina ya bembea
Traube *f* kicha[l]a (vi-)
Trauben|saft *m* maji ya zabibu; **~zucker** *m* glukozi (–)
trauen *tr* -fungisha ndoa | sich ~ lassen -funga ndoa; *intr Glauben schenken* -amini *tr*
Trauer *f Kummer* huzuni (–); *Todesfall* maombolezo *Pl*; **~fall** *m* msiba (mi-); **~feier** *f* mazishi *Pl*; **~kleidung** *f* nguo za msiba
trauern *intr* -omboleza (*um jmdn.* kifo cha mtu); *nach dem Begräbnis* -kaa matanga
Traum *m* ndoto (–), njozi (–)
träumen *tr*, *intr* -ota
traurig *betrübt* -enye huzuni (*über* ya); *unerfreulich* -a kusikitisha
Traurigkeit *f* masikitiko *Pl*, majonzi *Pl*
Trauring *m* pete ya arusi
Trauung *f* harusi (–)
treffen *tr Ziel* -piga; *begegnen* -kuta | jmdn. nicht ~ -kosa mtu; *übertr verletzen* -udhi | Maßnahmen ~ -chukua hatua; *intr stoßen* -kuta (*auf jmdn. od etw.* mtu *od* kitu); **sich ~** -kutana (*mit* na)
Treffen *n* mkutano (mi-)
treffend kamili, bora
Treffer *m Lotterie* tikiti iliyoshinda
Treffpunkt *m* mahali pa kukutana
Treibeis *n* [vipande vya] barafu ieleayo majini, barafu elezi (–)
treiben *tr in Bewegung versetzen* -endesha; *drängen* -sukuma, -lazimisha, -shurutisha (*zu* ku-); *sich beschäftigen* -jishughulisha na; *Bot* -chipua; *Metall* -twanga | Sport ~ -fanya michezo; *intr* -elea (*auf* -ni, juu ya)
Treibhaus *n* kibanda cha kustawishia mimea kwa joto; **~gurke** *f* tango lililokua kwenye kibanda cha kustawishia mimea kwa joto
Treibstoff *m* fueli (–), petroli (–), mafuta *Pl*
trennen *tr* -kata *auch Tel*, -tenga (*von* na); *Naht* -shonoa, -fumua; **sich ~** -jitenga (*von* na) | er trennte sich von ihr alimtaliki | die Wege trennten sich njia ziliachana
Trennung *f* utengano, kukata *tr*
Treppe *f*, **Treppenhaus** *n* ngazi *Pl*
Tresor *m* sefu (–)
treten *tr nieder~* -kanyaga; *mit dem Fuß stoßen* -piga ... [ma]teke | *übertr* etw. mit Füßen ~ -vunja kitu; *intr auch* -weka mguu (*auf* juu ya)
treu -a uaminifu | eine ~e Person mtu mwaminifu
Treue *f* uaminifu; **~prämie** *f* bonasi kwa uaminifu

treulos -si-*rel*-aminika | ~e Person haini (ma-), msaliti (wa-)
Tribüne *f* jukwaa (ma-)
Trichter *m Gerät* kijazio (vi-)
Trick *m* hila (–); **~film** *m* katoni ya senema, vikatoni *Pl*
Trieb *m* changamoto (ma-), kichocheo (vi-); *Bot* majani mabichi *Pl*; **~feder** *f übertr*, **~kraft** *f* sababu (–), kichocheo (vi-); *Tech* nguvuendi (–); **~wagen** *m* injini [ya gari-moshi]; **~werk** *n Flugw* injini (–)
triefen *intr* -tiririka (*von* kutoka kwenye) | vor Nässe ~ -loa *od* -roa chapachapa
triftig | ~e Gründe sababu zinazoeleweka
Trigonometrie *f* trigonometria (–)
Trikot *n Sport* jezi (–); *Stoff* trikoti (–)
Trikotagen *f/Pl* nguo zilizofumwa
trillern *intr* -piga vigelegele; *Vogel* -imba
trinken *tr* -nywa; *intr Alkohol* -piga ulevi
Trinker *m* mlevi (wa-); *umg* mpiga maji (wa-)
Trink|geld *n* bakshishi (–); *umg* chai (–); **~spruch** *m* maneno ya kutakiana heri; **~wasser** *n* maji ya kunywa *od* bomba *od* safi
Trio *n Mus* wanamuziki watatu
Trittbrett *n* ngazi (–)
Triumph *m* ushindi, mafanikio *Pl*
triumphieren *intr* -shinda (*über jmdn.* mtu)
trocken -kavu *auch übertr*, -kame; *langweilig* -a kuchosha
Trockendock *n* bunta (ma-)
Trockenheit *f* ukame, ukavu
trockenlegen *tr* -kausha
Trocken|milch *f* maziwa ya unga; **~rasierer** *m* wembe wa umeme, mashine ya kunyolea; **~zeit** *f* kiangazi (vi-)
trocknen *tr* -kausha; *intr* -kauka
trödeln *intr* -zembea, -chelewa
Trog *m* hori (ma-)
Trommel *f Mus* ngoma (–); *Tech* pipa (ma-), silinda (–); **~fell** *n* ngoma ya sikio
trommeln *intr Mus* -piga ngoma
Trommler *m* mpiga ngoma (wa-)
Trompete *f* tarumbeta (–)
Trompeter *m* mpuliza tarumbeta (wa-)
Tropen *Pl* | die ~ Tropiki *Pl*
tropfen *intr* -tona
Tropfen *m* tone (ma-)
tropisch -a Tropiki *od* joto
Trost *m* liwazo (ma-)
trösten *tr* -liwaza
trostlos duni, hafifu
trotz bila kujali | ~ allem hata hivyo
Trotz *m* ukaidi, ukinzani, upinzani | zum ~ kwa ukinzani *od* upinzani
trotzdem 1. *Adv* hata hivyo **2.** *Konj obgleich* ijapokuwa, ingawa
trotzen *intr trotzig sein* -kaidi *tr*; *widerstehen* -stahamili, -vumilia
trotzig -a kukaidi | ~er Mensch mkaidi (wa-)
trüb[e] *Flüssigkeit* -li-*rel*-tibuliwa, -li-*rel*-vurugika, -enye vunju; *Wetter* -a mawingu; *Stimmung* -li-*rel*-chafuka
Trubel *m* pilikapilika (–), ghasia (–)
trüben *tr Stimmung* -athiri, -chafua; **sich ~** -chafuka; *Flüssigkeit* -tibuka
trübsinnig -enye uchungu
trügerisch -a kutia mashaka
Trugschluß *m* hitimisho lisilo kweli, kosa (ma-)
Truhe *f* sanduku (ma-)
Trümmer *Pl* magofu
Trumpf *m Kart* turufu (–); *übertr* faida (–)
Trunkenheit *f* ulevi, kulewa | ~ am Steuer kulewa wakati wa kuendesha
Truppe *f Mil* jeshi (ma-), kikosi (vi-)
Truppen|teil *m Mil* kikosi (vi-); **~übungsplatz** *m* uwanda wa maneva
Truthahn *m* bata mzinga [dume] (–)
tschechisch -a Kicheck
Tschechoslowakei *hist* Chekoslovakia (–)

T-Shirt *n* tishati (–)
Tsetsefliege *f* mbung'o (–), ndorobo (–)
Tube *f* tyubu (–)
Tuberkulose *f* kifua kikuu
Tuch *n Stoff* nguo (–), kitambaa (vi-); *Umschlag~* shali (–)
tüchtig 1. *Adj* hodari, -enye bidii **2.** *Adv umg* sana
Tüchtigkeit *f* uhodari, ustadi, ubingwa
Tücke *f* hila (–), ujanja, fitina (–)
tückisch -baya, -a hila
Tugend *f* wema
Tulpe *f* mmea ufananao na mkakaka na kuitwa tulip
tummeln, sich *spielen* -cheza
Tumor *m* uvimbe
Tumult *m Lärm* kelele (–); *Aufruhr* fujo (–), ghasia (–)
tun *tr* -fanya | ~ als ob ... -jifanya kuwa ... | zu tun haben mit -husika na | tu mir nichts! usiniudhi | das tut nichts! si kitu | wohin hast du das Buch getan? umekiweka wapi kitabu?
tünchen *tr* -paka chokaa
Tunesien Tunesia (–)
Tunke *f* mchuzi (mi-)
Tunnel *m* tobwe *od* tobo (–)
Tür *f* mlango (mi-) | an die ~ klopfen -gonga mlango
Turban *m* kilemba (vi-) | den ~ binden -piga kilemba
Turbine *f* tabaini (–)
Turbopropflugzeug *n* ndege iendeshwayo na mapangaboi na jeti
turbulent -a ghasia *od* pilikapilika
Türke *m* Mturuki (wa-)
Türkei *f* Uturuki
Türkis *m* feruzi (–)
türkisch -a Kituruki
Turm *m* mnara (mi-); *Schach* ngome (–); **~springen** *n* kuruka kwenye mnara wa kurukia
turnen *intr* -fanya mazoezi ya mwili
Turner *m* mwanajimnastiki (wanajimnastiki)
Turn|halle *f* ukumbi wa kufanyia michezo; **~hemd** *n* jezi (–); **~hose** *f* kaptula [ya kufanyia mazoezi]
Turnier *n* michuano *Pl*
Turnschuhe *Pl* viatu vya kufanyia mazoezi, raba (–)
Turnus *m* zamu (–)
Tusche *f* wino
tuscheln *intr* -nong'ona
Tüte *f* mfuko wa karatasi
Twinset *n* koti na sweta jepesi lililofumwa
Typ *m* aina (–)
Typhus *m* homa ya chawa; *leichter ~* homa ya matumbo
typisch halisi
Tyrann *m* dikteta (ma-)
tyrannisch -a kikatili
tyrannisieren *tr* -tesa, -kandamiza, -fanyia ... ujeuri

U

U-Bahn *f Kurzw für* **Untergrundbahn** treni iendayo chini ya ardhi
übel *böse* -baya, -ovu | mir ist ~ nina kigegezi *od* kichefuchefu
Übel *n Mißstand* ubaya, uovu; *Krankheit* maumivu *Pl*
Übelkeit *f* kigegezi (vi-), kichefuchefu (vi-)
übelnehmen *tr* -udhiwa na
üben *tr und refl* -fanya mazoezi ya
über 1. *Adv* | ~ und ~ po pote | es ist mir ~ nimechoka na hiki **2.** *Präp* a) *Ort* juu ya | von Leipzig ~ Halle nach ... toka Leipzig kupitia Halle kwenda ... | er geht ~ die Straße anavuka barabara b) *Zeit* wakati wa | sie blieb den ganzen Monat ~ alikuwepo mwezi mzima | ~ Nacht usiku kucha c) *Maß* zaidi ya | ~ zwei Kilogramm zaidi ya kilo mbili | ~ etw. la-

chen -chekea kitu | ~ etw. klagen -lalamikia kitu; **~all** [po] pote
überanstrengen *tr* -chakaza, -chosha; **sich** ~ -chakazwa, -choshwa
Überanstrengung *f* juhudi *od* jitihada nyingi kupita kiasi
überarbeiten *tr* -fanya ... tena; **sich** ~ -chakazwa
Überarbeitung *f* uchovu, uchakavu
überbelichten *tr Foto* -patia ... mwanga mwingi mno, -fudua zaidi
überbieten *tr* -pita; *bei Versteigerung* -shinda
Überbleibsel *n* mabaki *Pl*
Überblick *m Resümee* muhtasari (mi-) (*über* wa)
überblicken *tr* -tazama *od* -angalia ... toka juu
überbringen *tr* -wasilisha
Überbringer *m* mwasilishaji (wa-)
überbrücken *tr übertr ausfüllen* -ziba
überdacht -li-*rel*-funikwa na *od* -enye paa
überdrüssig -li-*rel*-choka (*einer Sache* na kitu)
überdurchschnittlich bora *od* -ingi kuliko wastani
übereilt -a haraka *od* upesi mno
übereinanderlegen *tr* -kunja, -rundika
übereinkommen *intr* -patana, -kubaliana, -afikiana
Übereinkommen *n*, **Übereinkunft** *f* maafikiano *Pl*, makubaliano *Pl*, mapatano *Pl* | ein ~ (eine ~) mit jmdm. treffen über -fikia maafikiano *od* makubaliano *od* mapatano ya *od* kuhusu ... na mtu
übereinstimmen *intr* -afikiana
Übereinstimmung *f* maafikiano *Pl*
übererfüllen *tr* -vuka lengo la
Übererfüllung *f* kuvuka lengo
überfahren *tr* [- -ʹ- -] -kanyaga; *Sansibar* -ponda
Überfahrt *f* mvuko (mi-)
Überfall *m* uvamizi (*auf* dhidi ya)
überfallen *tr* -vamia
überfliegen *tr Flugw* -pita ... kwa ndege; *flüchtig lesen* -soma ... kwa juujuu
Überfluß *m* wingi (*an* wa)
überflüssig -si-*rel*-hitajika
überfordern *tr* -chakaza, -shinda
überführen *tr* [ʹ- - - -] -peleka (*nach* kwenda *od* kwa); [- -ʹ- -] *Jur* -pata (*jmdn.* [*einer Tat*] mtu [na kosa la *od* hatia ya])
Überführung *f Straße* daraja (ma-); *Leiche* kupeleka *tr*
überfüllt -li-*rel*-jaa mno *od* tele
Übergabe *f* kukabidhi *tr* (*an jmdn.* mtu)
Übergangsmantel *m* koti (ma-)
Übergardine *f* pazia (ma-)
übergeben *tr* -pa *dopp tr*, -kabidhi *dopp tr* | ein Gebäude seiner Bestimmung ~ -zindua jengo; **sich** ~ *Med* -tapika
übergehen [ʹ- - - -] *intr* -wasilishwa mbele, -pelekwa (*an* kwa); *fortfahren* -endelea (*zu* na); [- -ʹ- -] *tr* -ruka, *neg*-jali
übergeordnet -a juu
Übergepäck *n Flugw* mzigo wa abiria unaozidi kiwango kilichowekwa
Übergewicht *n* unene kupita kiasi
übergreifen *intr Feuer* -kumba *tr*, -shika *tr*; *Epidemie* -ambukiza *tr*
überhandnehmen *intr* -zidi
überhäufen *tr* -sheheneza
überhaupt kwa kweli *od* kawaida | ~ nicht hata kidogo *od* chembe
überheblich -enye makuu
Überheblichkeit *f* makuu *Pl*
überhöht -kubwa *od* -ingi mno, -na-*rel*-pita kiasi
überholen *tr* [- -ʹ- -] -pita; *Motor* -changua
überholt *veraltet* -kuukuu, kongwe
überhören *tr neg*-sikia
überladen *tr* -pakia ... shehena *od* mizigo mingi kupita kiasi
überlassen *tr abtreten* -achia; *anheimstellen* | das ist dir ~ ni juu yako, shauri lako

überlasten *tr* = **überladen**; *übertr* | überlastet sein -tindikiwa kazi
Überlastung *f* mizigo mingi *od* shehena kubwa kupita kiasi; *übertr* [kuwa na *od* kutindikiwa] kazi nyingi mno
überlaufen *intr* ['- - - -] -mwagika; *Mil* -toroka, -kimbia; *tr* [- -'- -] | ~ sein -furikwa na watu
überleben *tr* -nusurika kwenye
Überlebende(r) *f(m)* mtu aliyenusurika
überlegen 1. *tr* | sich etw. ~ -tafakari kitu **2.** *Adj* bora
Überlegenheit *f* ubora, majikwezo *Pl*
Überlegung *f* wazo (ma-)
überliefern *tr* -rithisha
Überlieferung *f* mila na desturi (–); *Erzählung* hadithi ya kimapokeo | mündliche ~en fasihi-simulizi (–)
überlisten *tr* -shinda *od* -pita ... kwa ujanja
Übermacht *f Mil* majeshi mengi mno
Übermaß *n* matumizi mengi *od* makubwa kupita kiasi
übermitteln *tr* -pasha, -wasilisha
Übermittlung *f* kupasha *tr*, kuwasilisha *tr*
übermorgen kesho kutwa
übermüdet -li-*rel*-choka mno
übermütig -enye utundu
übernachten *intr* -lala (*bei* kwa, *in* kwenye, katika, -ni)
Übernachtung *f* kulala, malazi *Pl*
Übernahme *f* kuchukua *tr*, kupokea *tr*
übernehmen *tr* -pokea, -chukua; **sich** ~ -chakazwa
überordnen *tr* -peleka
überprüfen *tr* -cheki, -kagua
Überprüfung *f* ukaguzi
überqueren *tr* -vuka
überragen *tr* -shinda; *an Größe auch* -zidi ... kwa urefu, -wa -refu kuliko
überraschen *tr verblüffen* -shangaza, -staajabisha; *ertappen* -kuta, -gundua
überraschend -si-*rel*-tegemewa *od* -tarajiwa
Überraschung *f* mshangao (mi-), mastaajabu *Pl* | zu meiner ~ nilishangaa
überreden *tr* -shawishi (*zu* ku-)
überreichen *tr* -kabidhi *dopp tr*
Überreste *m/Pl* mabaki, masalio
überrunden *tr Sport* -pita ... aliye raundi moja nyuma
Überschall|flugzeug *n* jeti iendayo kwa spidi kubwa kuliko sauti; **~geschwindigkeit** *f* spidi kubwa kuliko sauti (–)
überschätzen *tr* -tukuza
überschauen *tr* -tazama ... toka juu
Überschlag *m Sport* kujiviringisha
überschlagen 1. *tr auslassen* -ruka; *berechnen* -kadiria **2.** *Adj lauwarm* vuguvugu; **sich** ~ *Fahrzeug* -pinduka
überschneiden, sich *Linien* -ingiliana; *Termine* -zuiliana
überschreiten *tr* -vuka
Überschrift *f* kichwa (vi-)
Überschuß *m* ziada (–)
überschüssig -a ziada
überschwemmen *tr* -furika
Überschwemmung *f* mafuriko *Pl*
Übersee | in ~ ng'ambo (–) | aus ~ toka ng'ambo
übersehen *tr überblicken* -ona, -tazama [toka juu]; *nicht beachten neg*-jali; *nicht bemerken neg*-ona
übersenden *tr* -peleka
übersetzen *tr* ['- - - -] -vusha (*über* -ni); [- -'- -] -fasiri (*aus* kitu, *in* kwa)
Übersetzer(in) *m(f)* mfasiri (wa-)
Übersetzung *f* tafsiri (–) (*aus* ya, *in* kwa)
Übersicht *f Zusammenstellung* muhtasari (mi-) (*über* wa); *übertr* usimamizi, udhibiti
übersichtlich -a wazi
übersiedeln *intr* -hamia (*nach einer Stadt* mji)
überspitzt -li-*rel*-tiwa chumvi; *zu hoch* -a juu mno
überspringen *tr* -ruka
überstehen *intr* ['- - - -] -wa -refu mno; *hervorstehen* -jitokeza, -toka nje; *tr*

[-´--] *Gefahr, Krankheit* -pona; *ertragen* -vumilia, -stahamili
übersteigen *tr Kräfte* -shinda; *Kompetenzen* -pita
überstimmen *tr* -shinda ... kwa kura
Überstunde *f, meist* **~n** *Pl* ovataimu (–)
überstürzen *tr* -harakisha mno; **sich ~** *Ereignisse* -tukia ghaf[u]la
überstürzt -a ghaf[u]la
Übertrag *m* baki inayoendelezwa kwenye folio ifuatayo
übertragbar *ansteckend* -a kuambukiza
übertragen *tr Aufgabe* -kabidhi *dopp tr*; *Med* -ambukiza; *übersetzen* -fasiri (*aus dem Deutschen od Französischen* Kijerumani *od* Kifaransa, *in* kwa); *Radio* -leta, -tangaza; *Zeichnung* -hawilisha
Übertragung *f Radio* tangazo (ma-); *Übersetzung* fasiri (–), tafsiri (–) (*aus* ya, *in* kwa)
Übertragungswagen *m* gari la mtangazaji
übertreffen *tr* -shinda (*an* kwa)
übertreiben *tr* -ongeza *od* -tia chumvi, -piga chuku
Übertreibung *f* chumvi (–), chuku (–)
übertreten *intr* [´----] -pita; *Fluß* -furika; *Partei* -toka ... na kuingia ...; *tr* [---´-] *Jur* -kiuka
Übertretung *f Jur* uvunjaji, ukiukaji
übertrieben -li-*rel*-tiwa chumvi
Übertritt *m* | ~ zum Islam kusilimika
übervorteilen *tr* -punja, -danganya
überwachen *tr* -simamia
Überwachung *f* usimamizi
überwältigen *tr* -shinda; *übertr* -tia ... moyo
überwältigend -a kutia moyo
überweisen *tr* -peleka; *Geld* -tuma
Überweisung *f Geld* utumaji, kutuma *tr*; *Patienten* kupeleka *tr*
überwiegend -li-*rel* -ingi sana
überwinden *tr* -komesha; **sich ~** -jilazimisha, -jikaza
Überwindung *f* kushinda *tr*, kuondoa *tr*; *übertr* kujikaza | es kostet mich ~ ... inanibidi nifanye bidii ...
überwintern *intr* -ishi wakati wa baridi, -shinda baridi
überwuchern *tr* | Unkraut überwuchert den Mais magugu yamefunika mahindi
Überzahl *f* | in der ~ sein -wa -ingi mno
überzeugen *tr* | jmdn. von etw. ~ -ondolea mtu mashaka ya kitu | sich von etw. ~ -ona kitu mwenyewe *od* wenyewe, -jionea kitu
überzeugend -a kuondoa mashaka
Überzeugung *f* imani (–), uhakika; *Meinung* maoni *Pl*
überziehen *tr* [´----] -vaa | jmdm. etw. ~ -visha mtu kitu
Überzug *m Kissen* foronya (–); *Techn* mpako (–), mtabakisho (mi-)
üblich -a kawaida
U-Boot *n Kurzf für* **Unterseeboot**
übrig -na-*rel*-salia | alles ~e kinachosalia, mengine
übrigbleiben *intr* -baki, -salia | mir bleibt nichts anderes übrig als ... sina njia nyingine ila ...
übrigens juu ya hayo, isitoshe
übriglassen *tr* -bakiza | das läßt zu wünschen übrig hii imebaki na mengi ya kufanywa
Übung *f* mazoezi *Pl auch Mus, Sport*; *Mil* maneva (–)
UdSSR *f hist* USSR
Ufer *n* ufuko (fuko), ukingo (kingo) | das gegenüberliegende ~ ng'ambo (–)
Uganda Uganda (–)
Uhr *f* saa (–) | es ist 12 ~ ni saa 6 | genau 8 ~ abends saa 2 za usiku juu ya alama; **~armband** *n* ukanda wa saa; **~macher** *m* fundi saa (ma-); **~zeiger** *m* akrabu ya *od* mkono wa saa
Uhu *m* babewana (–), kungwi (–)
UKW = **Ultrakurzwelle**

ulkig -a kuchekesha
Ulme *f* mti wa Ulaya uitwao elm
Ultimatum *n* tarehe ya mwisho
Ultra|kurzwelle *f* masafa ya ultra short *od* FM; **~schall** *m* sauti ya ultrasonic
ultraviolett urujuani juu
um 1. *Adv* | ~ so besser! afadhali, heri **2.** *Präp* a) *Ort* | ~ den Tisch herum mezani, kuzunguka meza b) *Zeit* | ~ 6 (Uhr) saa 12 | ~ Ostern wakati wa Pasaka c) *Art und Weise* | ~ jeden Preis kwa vyo vyote **3.** *Konj* | ~ zu ili
umarbeiten *tr Buch* -andika ... upya; *Kleidung* -shona ... upya
umarmen *tr* -kumbatia
Umarmung *f* kukumbatia *tr*
Umbau *m* ujenzi wa kubadili *tr*, matengenezo *Pl*
umbauen *tr* -badili
umbinden *tr* -funga, -zungusha
umdrehen *tr* -geuza, -pindua; **sich ~** -geuka
Umdrehung *f Tech* mzunguko (mi-)
umfahren [ˈ- - -] *tr* -angusha; [-ˈ- -] *tr* -zunguka
umfallen *intr* -anguka
Umfang *m* kiwango (vi-); *Math* kivimbe (vi-), mzingo (mi-) | in vollem ~ kwa urefu na upana
umfangreich *groß*, *übertr* -kubwa, -ingi
umfassen *tr* -kumbatia; *übertr* -kumba
umfassend *übertr* kamili, -a ndani
Umfrage *f* mahojiano *Pl*
umfüllen *tr* -gida
Umgang *m Verkehr* kuonana na
Umgangs|formen *Pl* adabu *Pl*; **~sprache** *f* lugha ya kawaida *od* barabarani *od* mitaani
umgeben *tr* -zungusha; *umringen* -zunguka | ~ sein von -zungukwa, -zingirwa na
Umgebung *f* mazingira *Pl*
umgehen *intr* [ˈ- - -] *behandeln* -kabili *tr*; *tr* [-ˈ- -] *Hindernis*, *Mil* -epa, -epukana na; *Gesetz* -kiuka
umgehend bila kupoteza muda
Umgehungsstraße *f* barabara la kuzunguka
umgekehrt -a kinyume | und ~ na kinyume chake
umgestalten *tr* -badili, -geuza
Umgestaltung *f* geuzi (ma-), badiliko (ma-)
umgraben *tr* -lima ... kwa sepetu
Umhang *m* kapa (–)
umhängen *tr* -pachika
umhergehen *intr* -zunguka
umkehren *intr zurückkehren* -rudi, -rejea
Umkehrfilm *m* filamu ya negativu
umkippen *tr* -mwaga, -pindua
umkleiden, sich -badili[sha] nguo
Umkleidekabine *f* chumba cha kubadilishia nguo
umkommen *intr* -poteza maisha, -fa
Umkreis *m* mazingira *Pl* | im ~ von katika eneo la
umkreisen *tr* -zunguka
umladen *tr* -pakia ... upya
Umlauf *m Astron* mzunguko (mi-); *Rundschreiben* waraka (nyaraka) | in ~ setzen -zungusha; **~bahn** *f* obiti (–); **~geschwindigkeit** *f* muda wa kuzunguka
umleiten *tr Verk* -zungusha
Umleitung *f* mzunguko (mi-)
umlenken *tr* -geuza; *intr* -geuzwa
umliegend jirani, -a karibu
umpacken *tr* -toa ... na -funga upya
umquartieren *tr* -hamisha
umrahmen *tr* -zungusha ... kwa fremu
Umrahmung *f* fremu (–)
umrechnen *tr* -tafuta thamani ya
Umrechnung *f* kutafuta thamani
Umrechnungskurs *m* thamani ya fedha
umreißen [ˈ- - -] *tr umwerfen* -angusha; [-ˈ- -] *tr andeuten* -taja
umringen *tr* -zunguka
Umriß *m* sura (–)
umrühren *tr* -koroga
Umsatz *m* mauzo *Pl*

umschalten *tr* -badili, -swichi; *intr* -badiliwa, -badilika

umschauen, sich -tazama nyuma (*nach* kwa)

Umschlag *m Brief* bahasha (–); *Buch* jalada (–); *Med* bendeji (–); *Hdl* usafirishaji

umschlagen *tr Ärmel* -pinda, -kunja; *Ware* -pakia, -pakua, -pitisha; *intr Wetter* -badilika; *Boot* -pinduka

umschreiben *tr* [ˈ- - -] -andika upya; *Hdl* -hamisha; [-ˈ- -] *tr* -fasiri … kwa maneno mengine

umschulen *tr* -fundisha … upya

Umschweife *Pl* | ohne ~ bila kuficha, wazi

Umschwung *m Sport* kujiviringisha; *übertr* badiliko (ma-)

umsehen, sich *suchen* -tafuta (*nach jmdm. od etw.* mtu *od* kitu)

umsetzen *tr Pflanze* -pandikiza; *Hdl* -hamisha | in die Tat ~ -tekeleza kwa vitendo

Umsicht *f* uangalifu

umsichtig -a *od* kwa uangalifu *od* makini

umsiedeln *tr* -hamisha; *intr* -hama

umsonst bure

Umspannwerk *n* kituo cha transfoma

Umstand *m* hali (–) | keine Umstände machen *neg*-dhuru, *neg*-sumbua *tr* | unter diesen Umständen kwa *od* katika hali hii *od* hiyo | mildernde Umstände sababu za kupunguza adhabu

umständlich -a polepole

Umstandskleid *n* gauni la mja mzito

umsteigen *intr* -toka na kupanda *tr*, -badilisha *tr*

umstellen [ˈ- - -] *tr* -badili, -geuza; [-ˈ- -] *tr Dieb*, *Feind* -zingira; **sich ~** [ˈ- - -] -badilika, -jirekebisha

umstoßen *tr Gefäß* -angusha, -pindua; *Plan* -badili

umstritten tata | ~es Gebiet eneo linalodaiwa

Umsturz *m Pol* mapinduzi *Pl*

umstürzen *intr* -pinduka

Umtausch *m* kubadilisha *tr*, mabadilisho *Pl*

umtauschen *tr* -badilisha

umwandeln *tr* -geuza

Umweg *m* mzunguko (mi-), njia isiyo ya moja kwa moja

Umwelt *f* mazingira *Pl*

umwerfen *tr* -angusha

umziehen *intr* -hamia *tr*; *tr* -visha; **sich ~** -badilisha nguo

umzingeln *tr* -zingira

Umzug *m Wohnungswechsel* kuhamia *tr*; *Festzug* maandamano ya kuadhimisha sherehe

unabänderlich -si-*rel*-badilika

unabhängig -si-*rel*-tegemea (*von jmdm.* mtu)

Unabhängigkeit *f* uhuru, kujitegemea

unablässig -si-*rel*-katika, -a mfululizo

unachtsam -si-*rel*-jali *tr*, -si-*rel* na uangalifu | ~er Mensch mzembe (wa-)

unanfechtbar -si-*rel*-pingika

unangebracht -si-*rel*-faa

unangenehm -si-*rel* na raha

unannehmbar -si-*rel*-kubalika

Unannehmlichkeit *f*, *meist* **~en** *Pl* shida *Pl*

unansehnlich -si-*rel*-pendeza, mas[i]kini

unanständig -chafu

unantastbar -si-*rel*-gusika

unappetitlich -a unyanyana *od* unyarafu

unartig -enye utovu wa nidhamu

unauffällig -a kichinichini

unaufhörlich -a mfululizo

unaufmerksam -si-*rel* na uangalifu

unaufrichtig -a uwongo

unausstehlich -si-*rel*-vumilika *od* -stahimilika

unbarmherzig -si-*rel* na huruma

unbedenklich pasipo na [ma]shaka

unbedeutend -dogo, hafifu

unbedingt **1.** *Adj* kamili **2.** *Adv* kwa vyo vyote, haina budi
unbefangen wazi, -si-*rel* na haya; *Jur* -si-*rel* na upendeleo
unbefriedigend -si-*rel*-ridhisha
Unbefugte *Pl* | ~n ist der Zutritt verboten marufuku kuingia kwa wasiohusika
unbegabt -si-*rel* na kipaji
unbegreiflich -si-*rel*-eleweka *od* -fahamika
unbegrenzt -si-*rel* na kikomo
unbegründet -si-*rel* na sababu
Unbehagen *n* karaha (–)
unbehaglich -si-*rel* na raha, -si-*rel*-pendeza
unbeholfen -zito
unbekannt -si-*rel*-julikana
Unbekannte *f Math* kiasi kisichojulikana
unbekümmert -si-*rel*-jali mtu, -epesi
unbeliebt -si-*rel*-pendwa
unbemannt pasipo na watu
unbemerkt kwa siri
unbequem -si-*rel* na raha
unberechenbar -enye tabia ya kigeugeu
unberechtigt -si-*rel*-idhinishwa
unbescheiden -enye tamaa, -si-*rel*-kinai
unbeschränkt -si-*rel* na kikomo
unbeschreiblich *erstaunlich* -a ajabu; *riesig* -ingi kupita kiasi
unbeschwert -epesi
unbesiegbar -si-*rel*-shindwa
unbesonnen bila kutafakari
unbeständig *Charakter* -enye kubadilibadili mawazo *od* kauli; *Wetter* -na-*rel*-badilikabadilika
unbestechlich -si-*rel*-hongeka *od* -pokea rushwa
unbestimmt *unklar* -si-*rel* dhahiri *auch Gramm*; *unsicher* -si-*rel* na uhakika
unbeweglich -si-*rel*-kwenda, tuli
unbewohnt | ~es Gebiet *od* Haus mahame *Pl*, ganjo (ma-)
unbewußt bila kufahamu
unbrauchbar -si-*rel*-faa
und na | er kam ~ sagte alikuja akasema | ~ so weiter na kadhálika | ~ zwar yaani | ~ dergleichen na vingine *od* mengine
undankbar -si-*rel* na shukrani
undeutlich -si-*rel*-onekana vizuri
undicht -na-*rel*-vuja
undiszipliniert -enye utovu wa nidhamu
undurchdringlich -si-*rel*-pitika *od* -penyeka
undurchlässig -si-*rel*-vuja *od* -ingiza maji, -a kutopenya
undurchsichtig -si-*rel*-penya mwanga; *übertr* -si-*rel*-julikana
uneben -si-*rel* sawa, -enye vituta
unecht *Farbe* -na-*rel*-chujuka; *künstlich* -a bandia | *Math* ~er Bruch sehemu guni (–)
unehelich haramu
unehrlich -si-*rel*-aminika
uneigennützig -a hisani
uneingeschränkt -si-*rel* na kikomo
uneinig -na-*rel*-hitilafiana *od* -farakana
Uneinigkeit *f* farakano (ma-)
unempfindlich -si-*rel*-dhurika
unendlich **1.** *Adj* pasipo na kikomo *od* mwisho; *Math* -si-*rel*-koma **2.** *Adv sehr* mno
unentbehrlich -a lazima
unentgeltlich bure
unentschieden *Sport*, *Spiel* [-na-*rel*-toka] sare
unentschlossen -na-*rel*-sitasita
unerbittlich -kali, -si-*rel* na huruma
unerfahren -si-*rel* na uzoefu
unerfreulich -si-*rel*-furahisha
unerhört -ingi mno, chungu nzima; *beispiellos* -si-*rel* na mifano | das ist ~ imezidi
unerklärlich -si-*rel*-eleweka *od* -fahamika
unerläßlich -a lazima
unermüdlich -si-*rel*-choka
unerschöpflich -si-*rel*-isha
unerschrocken *Person* jasiri, shujaa

unerschütterlich imara, madhubuti, thabiti
unerschwinglich -ingi *od* -a juu kupita kiasi
unerträglich -si-*rel*-vumilika
unerwartet -si-*rel*-tarajiwa *od* -tegemewa
unfähig -si-*rel*-faa (*zu* kwa)
Unfähigkeit *f* kutofaa
unerwünscht -si-*rel*-takika *od* -takiwa
unfair -si-*rel* -a haki; *Sport* rafu
Unfall *m* ajali (–); **~station** *f* wadi ya waliopatwa na ajali; **~wagen** *m* ambulansi (–)
unfaßbar -si-*rel*-eleweka
unfreundlich -si-*rel* na ukarimu; *Wetter* -baya kiasi
Unfrieden *m* ugomvi
unfruchtbar *steril* tasa; *ertragsarm* -si-*rel* na rutuba, -si-*rel*-rutubika
Unfug *m* upuuzi
Ungar *m* Mhungaria (wa-)
ungarisch -a Kihungaria
Ungarn Hungaria (–)
ungebräuchlich -si-*rel* -a kawaida, -si-*rel*-tumika sana
Ungeduld *f* tutuo (ma-)
ungeduldig -a tutuo, -si-*rel* na subira
ungeeignet -si-*rel*-faa (*für* kwa)
ungefähr 1. *Adj* -a kukadiriwa *od* kukisiwa **2.** *Adv* hivi
ungefährlich -si-*rel* na hatari
ungefällig -si-*rel* -pole
ungehalten -enye kisirani
ungeheuer -kubwa kupita kiasi, tele, chungu nzima
ungehörig -a usafihi, -si-*rel*-stahiki
ungehorsam -enye utovu wa nidhamu
Ungehorsam *m* utovu wa nidhamu
ungelegen -si-*rel*-faa | ~ kommen -kera, -sumbua
ungelernt -si-*rel*-jifunza kazi hii
ungemütlich -si-*rel* na raha, -si-*rel*-pendeza
ungenau -a juu juu, -si-*rel* kamili
Ungenauigkeit *f* kosa dogo (ma-)
ungenießbar -si-*rel*-lika
ungenügend -si-*rel*-tosha; *Zeugnis* -a kufeli
ungenutzt -si-*rel*-tumika
ungepflegt timtim, ovyo
ungerade *Zahl* witiri
ungerecht -si-*rel* -a haki
ungerechtfertigt -si-*rel* na sababu
Ungerechtigkeit *f* udhalimu, kutotenda haki
ungern | etw. ~ tun -fanya jambo shingo upande
ungesalzen -si-*rel*-tiwa chumvi
ungeschickt -zito
ungesetzlich haramu
ungestört -a utulivu
ungesund -na-*rel*-dhuru afya
ungewiß -si-*rel* na hakika
Ungewißheit *f* wasiwasi
ungewöhnlich -si-*rel* -a kawaida
ungewohnt -si-*rel*-zoea
Ungeziefer *n* wadudu waharibifu
ungezogen -enye utovu wa nidhamu
ungezwungen -si-*rel* na urasimu, -a faragha
unglaublich -si-*rel*-aminika
ungleich -si-*rel* sawa
Unglück *n* *Mißgeschick* bahati mbaya; *Unfall* ajali (–)
unglücklich -a kusikitisha
Unglücksfall *m* ajali (–)
Ungnade *f* | in ~ fallen -tupwa
ungültig -si-*rel*-tumika tena
ungünstig -si-*rel* nafuu
unhandlich -zito, -kubwa
Unheil *n* hasara (–), maangamizi *Pl*, uharibifu | ~ anrichten -leta uharibifu
unheilbar -si-*rel*-tibika
unheimlich 1. *Adj* -a kutisha **2.** *Adv* ajabu, mno
unhöflich -enye utovu wa nidhamu
Uniform *f* yunifomu (–)
uninteressant -si-*rel*-pendeza, -a kuchosha
Union *f* umoja
Universität *f* Chuo Kikuu
unkenntlich -si-*rel*-tambulika

Unkenntnis *f* | aus ~ kwa sababu ya kutojua
unklar -si-*rel* wazi *od* dhahiri | jmdn. im ~en lassen über -acha mtu gizani kwa *od* kuhusu
Unklarheit *f* mushkeli (mi-), utata
unklug -si-*rel* na busara *od* hekima
Unkosten *Pl* gharama
Unkraut *n* gugu (ma-)
unleserlich -si-*rel*-someka
unlustig -si-*rel* na furaha
unmenschlich -a kinyama *od* kikatili
Unmenschlichkeit *f* ukatili, unyama
unmißverständlich wazi
unmittelbar -a moja kwa moja
unmodern -a zamani
unmöglich -si-*rel*-wezekana
unmündig -si-*rel*-fikia umri wa miaka 18
unmusikalisch -si-*rel*-imba vizuri
unnachsichtig -kali
unnatürlich -geni, -si-*rel* asilia
unnötig -si-*rel* -a lazima
unnütz bure, ovyo
UNO *f* Umoja wa Mataifa
unordentlich **1.** *Adj* -a uzembe *od* upotofu **2.** *Adv* holela, ovyo
Unordnung *f* uzembe, upotofu; *Chaos* fujo (–), vurugu (–)
unparteiisch -si-*rel* na upendeleo
unpassend -si-*rel*-faa
unpersönlich rasmi
unpopulär -si-*rel*-pendwa na watu
unpraktisch -si-*rel*-faa; *ungeschickt* -si-*rel* fundi
unproduktiv -si-*rel*-zalisha mali
unpünktlich -si-*rel*-fika kwa wakati utakikao
unrasiert -si-*rel*-nyoa kidevu
unrationell -enye ufanisi mdogo
unrecht -si-*rel* sahihi, -a kosa | jmdm. ~ tun -udhi mtu
Unrecht *n* kosa (ma-), dhara (ma-)
unregelmäßig -si-*rel* na kawaida
unreif -bichi
unrentabel -si-*rel*-leta faida
unrichtig -si-*rel* kweli *od* sahihi
Unruhe *f* utukutu, wasiwasi; *Pol*, *meist* **~n** *Pl* msukosuko (mi-), ghasia (–)
unruhig -a wasiwasi, -na-*rel*-hangaika | ~er Mensch mtukutu (wa-) | ~e See bahari iliyochafuka
unsachlich -si-*rel*-faa, -si-*rel*- husika [na]
unsauber -chafu
unschädlich -si-*rel*-leta madhara
unscharf *Foto* -enye fokasi mbaya
unscheinbar hafifu, -dogo
unschlüssig -a kusitasita | ~ sein -sita
Unschuld *f* kutokuwa na hatia *od* kosa; *Jungfräulichkeit* ubikira
unschuldig -si-*rel* na hatia *od* kosa; *arglos* -si-*rel* na uovu *od* ubaya
unselbständig -na-*rel*-tegemea *tr*
uns|er **(~re, ~er; ~re)** -itu
unsertwegen kwa ajili *od* sababu yetu
unsicher *gefahrvoll* -a hatari; *unzuverlässig* -si-*rel*-aminika
Unsicherheit *f* wasiwasi, shaka (ma-)
unsichtbar -si-*rel*-onekana
Unsinn *m* upuuzi
unsinnig -a upuuzi
Unsitte *f* tabia mbaya
unsrerseits kwa upande wetu
Unstimmigkeiten *Pl* machafuko *Pl*, mashaka *Pl*, msukomsuko (mi-)
unsympathisch -si-*rel*-pendeza
untätig -si-*rel*-fanya lo lote
untauglich -si-*rel*-faa
unten chini
unter chini ya | ~ der Herrschaft von wakati wa utawala wa | er wird es nicht ~ diesem Betrag verkaufen atauza hiki si chini ya kiasi hicho | ~ anderem isitoshe, pamoja na hayo | ~ den Besuchern miongoni mwa watazamaji | Gespräch ~ vier Augen mazungumzo ya faragha | ~ dem Vorwand kwa kisingizio
Unter *m* *Kart* mzungu wa tatu, g[h]ulamu (–)
Unter- *in Zus* mdogo, msaidizi
unterbelichten *tr* *Foto* -patia ...

mwanga mchache sana, -fudua pungufu
Unterbewußtsein *n* bila kujua kwa ndani
unterbrechen *tr Arbeit* -simamisha; *Rede* -kata *od* -daka maneno ya, -katiza, -dakiza; *Reise* -vunja; *Tel* -kata | eine Schwangerschaft ~ -haribu mimba
Unterbrechung *f Arbeit* breki (–); *Reise* kuvunja *tr*; *Schwangerschaft* kuharibu *tr*
unterbreiten *tr Vorschlag* -toa
unterbringen *tr Arbeit beschaffen* -patia *dopp tr*; *Unterkunft beschaffen* -laza
Unterbringung *f* = **Unterkunft**
unterdessen wakati huo [huo]
unterdrücken *tr* -kandamiza, -dhulumu
Unterdrückung *f* ukandamizaji, dhuluma (–)
untereinander miongoni mwao; *eins unter dem anderen* -moja chini ya -ingine
untereinanderschreiben *tr* -andika … -moja chini ya -ingine
unterentwickelt amba-*rel* *neg*-kuendelea sana
unter|er (~e, ~es) -a chini
unterernährt -li-*rel*-lishwa pungufu, -enye nyongea *od* unyafuzi
Unterführung *f* tobwe *od* tobo (–)
Untergang *m* kuzama; *Sonne auch* kuchwa
untergehen *intr Sonne* -chwa, -tua; *Schiff* -zama
untergeordnet -dogo, hafifu, -si-*rel* muhimu
Untergrund *m* ardhi (–); **~bahn** *f* treni iendayo chini ya ardhi
unterhalb chini (*von* ya)
Unterhalt *m Aufwendungen für Lebensführung* matumizi *Pl*, gharama za maisha
unterhalten *tr versorgen* -endesha; *belustigen* -burudisha, -furahisha; **sich** ~ -ongea, -zungumza (*über* juu ya); *sich amüsieren* -jiburudisha, -jifurahisha
Unterhaltung *f* mazungumzo *Pl*, maongezi *Pl*; *Belustigung* burudani (–), starehe (–); *Erhaltung* utunzaji, kutunza *tr*, kuhifadhi *tr*, hifadhi (–)
Unterhaltungsmusik *f* muziki wa dansi *od* burudani
Unterhändler *m* msuluhishi (wa-), mpatanishi (wa-)
Unterhemd *n* fulana (–)
Unterholz *n* vichaka *Pl*, miti mifupi
Unterhose *f* chupi (–)
unterirdisch -a chini ya ardhi
unterjochen *tr* -tiisha
Unterkiefer *m* utaya wa *od* taya la chini
Unterkunft *f* malazi *Pl*, hoteli (–)
Unterlage *f*, *meist* **~n** *Pl Belege* hati (–), fomu (–)
unterlassen *tr* *neg*-fanya
unterlegen *Part* | jmdm. ~ sein -shindwa na mtu
Unterleib *m* tumbo (ma-)
unterliegen *intr Sport*, *Mil* -shindwa | es unterliegt keinem Zweifel, daß … hamna shaka … | jmdm. unterlegen sein -shindwa na mtu
Untermieter *m* mpangaji mdogo
unternehmen *tr* -fanya, -chukua
Unternehmen *n* shirika (ma-), kampuni (ma-)
Unternehmer *m* tajiri (ma-), mwajiri (wa-)
unternehmungslustig -si-*rel*-tulia, -na-*rel*-penda kusafiri
Unteroffizier *m* sajini (–)
unterordnen *tr* -ainisha, -panga; **sich** ~ -tii *tr*, -fuata *tr*
Unterredung *f* maongezi *Pl*, mazungumzo *Pl*
Unterricht *m* mafunzo *Pl*
unterrichten *tr lehren* -fundisha, -funza (*in* etw. jambo); *mitteilen* -arifu (*von* juu ya)
Unterrock *m* shimizi (–)
untersagen *tr* -kataza
unterschätzen *tr* -dharau

unterscheiden *tr* -pambanua; *intr* -tofautisha (*zwischen* kati *od* baina ya); **sich ~** -hitilafiana, -tofautiana (*von* na)
Unterschenkel *m* muundi (mi-)
Unterschied *m* tofauti (–), hitilafu (–) (*zu* na)
unterschiedlich -na-*rel*-tofautiana *od* -hitilafiana, -li-*rel* tofauti (*von* na)
unterschlagen *tr* -badhiri
Unterschlagung *f* ubadhirifu
unterschreiben *tr* -tia saini *od* sahihi
unterschreiten *tr* *neg*-fikia
Unterschrift *f* saini (–), sahihi (–)
Unterseeboot *n* nyambizi (–), sabmarini (–)
Untersetzer *m* kitanga (vi-)
untersetzt -fupi, -enye kima kidogo
unterstehen *intr* -wepo chini ya
unterstellen *tr* -weka *od* -peleka ... chini ya ...; **sich ~** -simama chini ya ...
unterst|er (~e, ~es) -a chini kabisa
unterstreichen *tr* -piga mstari; *übertr* -sisitiza, -tilia mkazo *od* maanani
Unterstufe *f* *Schule* darasa la 1 hadi la 4
unterstützen *tr* -unga mkono
Unterstützung *f* kuunga mkono *tr*
untersuchen *tr* -peleleza, -sachi; *Med* -pima
Untersuchung *f* *Med* kupimwa; *Jur* upelelezi
Untersuchungshaft *f* rumande (–), mahabusu (–)
Untertasse *f* kisahani (vi-)
Unterwäsche *f* nguo za ndani *Pl*
unterwegs njiani, safarini
unterwerfen *tr* -shinda, -tiisha; **sich ~** -salimu amri
Unterwerfung *f* kushinda *tr*, ushinde
unterzeichnen *tr* -tia saini *od* sahihi
Unterzeichnung *f* kutia saini *od* sahihi *tr*
untragbar -si-*rel*-vumilika
untreu -si-*rel*-aminika; *ehebrecherisch* -a uasherati *od* zinaa *od* ugoni
Untreue *f* uwongo, kukosa uaminifu; *Ehebruch* uasherati, ugoni, zinaa (–)
unüberlegt bila kufikiri
unübersichtlich -si-*rel*-pangwa vizuri
unübertroffen -si-*rel*-zidiwa *od* -pitiwa
ununterbrochen -a mfululizo
unveränderlich -si-*rel*-badilika
unverantwortlich -a ovyo ovyo, -si-*rel*-wajibika
unverbesserlich | ~er Lügner mwongo mzoefu
unverbindlich -si-*rel* na dhamana
unverdaulich -si-*rel*-yeyuka *od* -sagika
unverdrossen -si-*rel*-choka, -enye bidii
unvergeßlich -si-*rel*-sahaulika
unverheiratet -si-*rel*-oa *od* -olewa | ~e Person kapera (ma-), mseja (wa-)
unverhofft -a ghafla, -si-*rel*-tarajiwa
unverkäuflich -si-*rel*-uzwa
unverkennbar wazi, bayana, dhahiri
unvermeidlich -si-*rel*-epuka
Unvermögen *n* kutoweza
unvermutet -si-*rel*-tegemewa
unvernünftig -si-*rel* na akili *od* busara
unverschämt -a ufidhuli *od* usafihi | ~er Mensch fidhuli (ma-), safihi (ma-)
Unverschämtheit *f* ufidhuli, usafihi
unversöhnlich -a uhasama
unverständlich -si-*rel*-eleweka *od* -fahamika
Unverständnis *n* kutoelewana
unversucht | nichts ~ lassen -fanya juu chini
unverträglich -enye ugomvi *od* ubishi | ~er Mensch mbishi (wa-), mgomvi (wa-)
unverzüglich -a mara moja
unvollendet -si-*rel*-kamilika
unvollkommen -si-*rel*-kamilika
unvollständig -si-*rel* kamili

unvoreingenommen -si-*rel* na upendeleo
unvorhergesehen -si-*rel*-tabiriwa
unvorsichtig -si-*rel*-jali hatari
unvorstellbar -si-*rel*-fikiriwa
unvorteilhaft -a hasara
unwahr -si-*rel* kweli, -a uwongo
Unwahrheit *f* uwongo
unwahrscheinlich -a mashaka
Unwetter *n* kimbunga (vi-), dhoruba (–), tufani (–)
unwichtig -dogo, -si-*rel* muhimu *od* -a maana
unwiderstehlich -a kuvutia *od* kupendeza
unwillig -a hasira *od* utundu
unwillkürlich bila kufikiri, -a moja kwa moja
unwissenschaftlich -si-*rel* na utaalamu
Unwohlsein *n* kutojisikia vizuri, kuumwa kidogo
unwürdig -a dharau *od* kejeli
unzählig -si-*rel*-hesabika, tele
unzerbrechlich -si-*rel*-vunjika
unzertrennlich -embamba, -kubwa
unzufrieden -si-*rel*-ridhika *od* -ridhishwa
Unzufriedenheit *f* kutoridhika, kutoridhishwa
unzulänglich -enye hitilafu *od* dosari *od* kasoro
unzuverlässig -si-*rel*-aminika
unzweckmäßig -si-*rel*-faa
üppig *überreich* -zito, tele; *rundlich* -nene
Uran *n* uraniamu (–)
Uraufführung *f Film, Theat* kuonyesha *tr* kwa mara ya kwanza
urbar | etw. ~ machen -fyeka *tr*
Urenkel(in) *m(f)* kitukuu (vi-)
Urgroß|eltern *Pl* wazazi wa babu *od* bibi; **~mutter** *f* mzazi *od* mama wa babu *od* bibi; **~vater** *m* mzazi *od* baba wa babu *od* bibi
Urheber *m* mwanzilishi (wa-), mwasisi (wa-); **~recht** *n* chapa ya kunakili
Urin *m* mkojo (mi-)
Urkunde *f* hati (–)
Urlaub *m* likizo (–), livu (–) | er ist im ~ yuko likizoni
Urlauber *m* mtumiaji wa likizo; **~dorf** *n* kijiji cha watumiaji wa likizo, kituo cha kujipumzisha
Urlaubsreise *f* safari ya likizoni
Urne *f Begräbnis* kombe la kutilia majivu ya maiti yaliyochomwa; *Wahl~* sanduku la kura
Ursache *f* sababu (–)
Ursprung *m* chanzo (vyanzo), chimbuko (ma-)
ursprünglich -a awali *od* kiasili
Urteil *n Meinung* maoni *Pl* (*über* juu ya *od* kuhusu); *Jur* hukumu (–) | ein ~ fällen -toa hukumu
urteilen *intr* -eleza maoni (*über* juu ya *od* kuhusu)
Uruguay Uruguai (–)
Urwald *m* msitu (mi-)
USA *Pl* Marekani (–)
Utopie *f* ndoto (–), njozi (–)
utopisch -a ndoto

V

Vagabund *m* mzururaji (wa-)
vagabundieren *intr* -zurura
Valuta *f* fedha za kigeni
Vanille *f* vanila (–), lavani (–)
Variante *f* aina (–)
Variation *f Mus* aina (–)
Varieté *n* burdani anuai (–), maonyesho ya jukwaa
variieren *tr* -geuza, -badili
Vase *f* jagi (ma-)
Vaseline *f* vaselini (–)
Vater *m* baba [mzazi], mzee (wa-); **~land** *n* nchi [-ngu *od* -ko *usw.*]
Vegetarier *m* mtu asiyekula nyama, mlamboga tu (wa-)
vegetarisch -si-*rel* na nyama

Vegetation *f* mimea *Pl*, uoto
Veilchen *n* mmea mdogo wenye ua la rangi ya urujani uitwao violet
Velours *m* mahameli *Pl*
Vene *f* vena (–)
Venenentzündung *f* uvimbe uchungu wa vena
Venezuela Venezuela (–)
Ventil *n* valvu (–), vali (–)
Ventilator *m* feni (–), pangaboi (–)
Venus *f Astron* zuhura (–)
verabreden *tr Termin* -weka; **sich ~** -peana miadi
Verabredung *f* miadi *Pl* | eine ~ treffen -weka miadi | einer ~ nachkommen -timiza miadi
verabscheuen *tr* -zi[r]a
verabschieden *tr* -aga; *Gesetz* -pitisha; **sich ~** -agana (*von* na)
verachten *tr* -dharau
verächtlich -a *od* -enye dharau
Verachtung *f* dharau (–)
veralbern *tr* -puuza, -punja
verallgemeinern *tr* -eleza … kwa ujumla
veralten *intr* -chakaa
veraltet -chakavu
Veranda *f* varanda (–)
veränderlich *Wetter* -na-*rel*-badilika-badilika
verändern *tr* -badili; **sich ~** -badilika
Veränderung *f* badiliko (ma-)
verängstigt -enye kushikwa na hofu
Veranlagung *f Begabung* kipaji (vi-)
veranlassen *tr* -sababisha, -fanya
Veranlassung *f* sababu (–), haja (–) (*zu* ya) | auf ~ von *od mit Gen* kwa pendekezo la
veranschaulichen *tr* -fafanua, -dhihirisha
veranschlagen *tr* -kadiria, -kisia
veranstalten *tr* -fanya
Veranstalter *m* mtayarishaji (wa-)
Veranstaltung *f Ereignis* tukio (ma-)
verantworten *tr* -wa na wajibu wa; **sich ~** -wajibika, -jitetea (*vor* mbele ya)
verantwortlich -na-*rel*-wajibika
Verantwortung *f* wajibu, daraka (ma-) (*für* la) | jmdn. zur ~ ziehen (wegen) -chukulia mtu hatua (kwa) | auf eigene ~ kwa hiari yake
verantwortungsbewußt -na-*rel*-wajibika
Verantwortungsbewußtsein *n* uwajibikaji
verantwortungs|los -a ovyo ovyo, -a uzembe; **~voll** -a uwajibikaji
verarbeiten *tr* -sindika
Verarbeitung *f* usindikaji
verärgern *tr* -kasirisha
Verärgerung *f* hamaki (–), hasira (–)
verausgaben, sich -jichosha; *finanziell* -maliza fedha zote, -filisika
Verb *n* kitenzi (vi-)
Verband *m Med* bendeji (–); *Mil* kikosi (vi-); *Vereinigung* umoja, jumuiya (–); **~kasten** *m* kisanduku cha msaada wa *od* huduma ya kwanza; **~zeug** *n* vifaa vya kufungia jeraha
verbeißen *tr* | [sich] den Schmerz ~ -stahimili *od* -vumilia maumivu
verbergen *tr* -ficha; **sich ~** -jificha (*vor* mbele ya)
verbessern *tr* -fanya … kuwa -zuri, -boresha; *berichtigen* -sahihisha; **sich ~** -zidi kuwa -zuri, -stawi
Verbesserung *f* ustawishaji; *Berichtigung* masahihisho *Pl*
Verbesserungsvorschlag *m* pendekezo la uboreshaji
verbeugen, sich -jiinamia, -inama, -nema
verbieten *tr* -kataza | das ist verboten marufuku | Rauchen verboten marufuku kuvuta [sigara]
verbilligt -a bei iliyopunguzwa
verbinden *tr vereinigen* -jumuisha, -unganisha (*mit* na); *Med* -funga … *od* -zungushia … kitambaa
verbindlich *gültig* halali, -na-*rel*-tumika sasa; *höflich* -a adabu
Verbindung *f Beziehung* uhusiano (*zu, mit* na); *Verk* basi (ma-), gari la

moshi, meli (–), ndege (–); *Chem* kampaundi (–), muunganiko (mi-) | in ~ stehen mit -wasiliana na
verbitten *tr* | sich etw. ~ -kataza kitu
verbittern *intr* | verbittert sein -kerwa, -sikia uchungu
verblassen *intr* -fifia
verblüffen *tr* -shangaza | verblüfft sein -shikwa na bumbuazi, -duwaa
verblüffend -a kushangaza
verblühen *intr* -fifia
verbluten *intr* -fariki *od* -fa kwa kupoteza damu nyingi
verborgen *versteckt* -li-*rel*-fichwa, fichu
Verbot *n* katazo (ma-)
verboten -li-*rel*-katazwa, marufuku | ~er Durchgang marufuku kupita
verbrannt -li-*rel*-ungua
Verbrauch *n* matumizi *Pl*
verbrauchen *tr* -tumia
Verbraucher *m* mlaji (wa-)
Verbrechen *n* jinai (–)
Verbrecher *m* mhalifu (wa-)
verbrecherisch -a jinai *od* uhalifu
verbreiten *tr* -eneza, -sambaza, -tawanya
verbreitern *tr* -panua
Verbreitung *f* uenezaji, usambazaji, kutawanya *tr*
verbrennen *tr* -unguza; *intr* -ungua [moto]; **sich ~** -ungua [moto]
Verbrennung *f Med* kuungua moto; *Chem* kuungua
verbringen *tr* | den Tag ~ -shinda | sie ~ eine Woche bei den Eltern watakaa *od* -kuwa wiki moja kwa wazazi
verbrühen, sich -ungua kwa maji moto
verbünden, sich -jiunganisha (*mit* na, *gegen* kupinga)
Verbundenheit *f* mshikamano (mi-)
Verbündete(r) *f*(*m*) rafiki (ma-)
verbürgen, sich -dhamini (*für jmdn.* mtu)
verchromt -li-*rel*-pakwa *od* -tabakishwa kromiamu
Verdacht *m* tuhuma (–), shaka (ma-) | ~ schöpfen -tia tuhuma, -wa na shaka
verdächtig -na-*rel*-shukiwa *od* -tuhumiwa
verdächtigen *tr* -tuhumu
Verdächtigung *f* tuhuma (–), kutuhumu *tr*
verdampfen *intr* -geuka kuwa mvuke
verdanken *tr* -wia fadhila kwa
verdauen *tr* -meng'enya, -yeyusha, -saga
verdaulich | leicht (schwer) ~ sein -meng'enywa *od* -yeyuka upesi (kwa taabu)
Verdauung *f* mmeng'enyo (mi-), msago (mi-)
Verdauungsstörung *f*, *meist* **~en** *Pl* chakula kutosagwa *od* kutomeng'enywa barábara
verdecken *tr bedecken* -funika; *verbergen* -ficha
verdenken *tr* | ich kann es ihm nicht ~ [,daß ...] siwezi kumkosoa [kwamba ...]
verderben *tr Freude* -vunja, -haribu | sich den Magen ~ -umwa na tumbo; *intr Speise* -haribika, -oza
verderblich *Ware* -na-*rel*-haribika *od* -oza [haraka *od* upesi]
verdeutlichen *tr* -bainisha, -dhihirisha
verdienen *tr Geld* -pata; *übertr* -stahili
Verdienst *m Lohn* mshahara (mi-), ujira; *n Leistung* sifa (–)
verdienstvoll -enye sifa nyingi
verdient -na-*rel*-stahiki
verdoppeln *tr* -fanya ... kuwa mar[a]dufu; *übertr steigern* -zidisha
verdorben *Lebensmittel* -bovu, -li-*rel*-oza *od* -haribika; *Charakter* -potofu
verdorrt -li-*rel*-kauka
verdrängen *tr* -fukuza
verdrehen *tr* -sokota; *übertr* -potosha
verdrießlich -a usununu
Verdruß *m* usununu, kero (–)

verdünnen *tr* -tia maji katika, -zimua | zu sehr ~ -chujua
verdünnt -li-*rel*-tiwa maji, -li-*rel*-zimuliwa
verdunsten *intr* -vukiza
Verdunstung *f* mvukizo (mi-)
verdursten *intr* -fa [kwa] kiu
veredeln *tr* -ongezea ... ubora, -ongeza ubora wa
verehren *tr* -heshimu, -thamini | *Brief* verehrte Frau N. N. Bi N. N. mheshimiwa
Verehrer *m* mshabiki (wa-)
Verehrung *f* kuheshimu *tr*, kuthamini *tr*, heshima (–)
vereidigen *tr* -apisha
Verein *m* umoja, jumuiya (–); *Sport* klabu (–)
vereinbaren *tr* -afiki, -kubaliana juu ya
Vereinbarung *f* makubaliano *Pl*, maafikiano *Pl*
vereinfachen *tr* -rahisisha, -sahilisha
Vereinfachung *f* kurahisisha *tr*, kusahilisha *tr*
vereinheitlichen *tr* -sanifisha
vereinigen *tr* -unganisha; **sich** ~ -ungana
vereinigt -a muungano | die ~en Staaten von Amerika Marekani (–)
Vereinigung *f* muungano (mi-); *Organisation* jumuiya (–)
vereint | Organisation der ~en Nationen Umoja wa Mataifa
vereinzelt -a hapa na pale
vereisen *intr* -ganda
vereist -li-*rel*-funikwa na barafu
vereiteln *tr* -zima, -zuia
vereitert -enye usaha
Vereiterung *f* kutunga usaha
verengen *tr* -fanya ... kuwa -embamba; **sich** ~ -wa -embamba
vererben *tr Jur* -rithisha; **sich** ~ *Biol* -rithishwa
Vererbung *f Biol* kurithisha *tr*
verfahren, sich -potea
Verfahren *n Methode* mkabala (mi-); *Jur* kesi (–)
Verfall *m Kräfte* unyonge, udhaifu
verfallen *intr Gebäude* -bovu; *ungültig werden* -si-*rel*-tumika tena
verfärben, sich -geuka rangi
verfassen *tr* -tunga
Verfasser *m* mtungaji (wa-)
Verfassung *f Zustand* hali (–); *Pol* katiba (–)
verfaulen *intr* -oza, -vunda
verfault -li-*rel*-oza *od* -vunda, -bovu; *übertr* muflisi
verfehlen *tr Ziel* -kosa; **sich** ~ *neg*-kutana
Verfehlung *f* kosa (ma-)
verfeinden, sich -wa adui
verfilmen *tr* | sie ~ das Buch von ... wanapiga picha ya sinema kutokana na kitabu cha ...
Verfilmung *f* kupiga picha ya sinema [kutokana na]
verfilzen *intr* -shikamana
verfliegen *intr Zeit* -pita haraka; *Geruch* -toweka, -fifia
verfolgen *tr* -fuat[ili]a; *Jur* -fukuza; *Pol* -kimbiza, -tesa; *beobachten* -sindikiza ... kwa macho
Verfolger *m* msakaji (wa-)
Verfolgung *f Jur* msako (mi-); *Pol* mateso *Pl*, udhalimu
verfrüht -a mapema mno
verfügbar -na-*rel*-patikana
verfügen *intr* -wa (*über* na), -miliki *tr*
Verfügung *f Verordnung* agizo (ma-) | zur ~ stellen -tenga, -weka tayari | zur ~ stehen -tengwa, -wekwa tayari
verführen *tr* -tongoza, -shawishi
verführerisch -a kusisimua
vergangen -li-*rel*-pita | ~es Jahr mwaka jana
Vergangenheit *f* zamani (–); *Gramm* wakati uliopita
vergänglich -na-*rel*-pita
Vergaser *m Kfz* kabureta (–)
vergeben *tr übertragen* -toa; *verzeihen* -samehe, -omba ... *od* -wia ... radhi
vergeblich bure
vergegenwärtigen *tr* | sich etw. ~ -jikumbusha kitu

vergehen *intr Zeit* -pita, -enda; *schwinden* -fifia

Vergehen *n Jur* kosa (ma-)

Vergeltung *f* kisasi (vi-) | an jmdm. ~ üben -lipiza mtu kisasi

vergessen *tr* -sahau

Vergessenheit *f* | in ~ geraten -sahauliwa kabisa

vergeßlich | ~e Person msahau[lifu] (wa-)

Vergeßlichkeit *f* sahau (–), usahaulifu

vergeuden *tr* -badhiri, -tumia ovyo, -avya; *Zeit* -poteza

vergewissern, sich -pata uhakika, -jihakikishia

vergiften *tr* -sumu, -tilia sumu, -liga

Vergiftung *f* kula *od* kunywa sumu

Vergißmeinnicht *n* mmea wenye maua madogo ya b[u]luu uitwao forget-me-not

verglasen *tr* -tia kioo kwenye

Vergleich *m* ulinganisho, ulinganifu; *Übereinkunft* mapatano *Pl* | im ~ zu kwa kulinganisha na

vergleichbar -na-*rel*-fanana *od* -lingana

vergleichen *tr* -linganisha (*mit* na); **sich** ~ -jilinganisha (*mit* na)

verglühen *intr* -zimika

Vergnügen *n* furaha (–) (*an* ya); *Tanz* dansi (–) | mit ~! kwa furaha

vergnügt -li-*rel*-changamka *od* -furahi | ~e Menschen watu wachangamfu

vergolden *tr* -dhihabu, -paka dhahabu, -chovya … katika dhahabu

vergoldet li-*rel*-dhihabiwa, -li-*rel*-pakwa dhahabu

vergraben *tr* -fukia

vergreifen, sich -shambulia (*an jmdm.* mtu) | sich an etw. ~ -badhiri kitu

vergriffen *Ware* -li-*rel*-uzwa

vergrößern *tr* -kuza; **sich** ~ -kua

Vergrößerung *f* ukuaji, ukuzaji; *Foto* picha iliyokuzwa

Vergünstigung *f Vorteil* nafuu (–)

vergüten *tr entschädigen* -fidia

Vergütung *f Entschädigung* fidia (–)

verhaften *tr* -kamata, -tia nguvuni

Verhaftung *f* kukamata *tr*, kutiwa nguvuni

verhalten, sich -husiana, -wiana (*zu* na); *sich betragen* -wa na tabia *od* mwenendo

Verhalten *n* mwenendo (mi-), tabia (–)

Verhältnis *n Beziehung* uhusiano, uwiano (*zu* na); *Liebelei* -wa na mchumba | im ~ zu kwa kulinganisha na; **~se** *Pl Bedingungen* hali ilivyo

verhältnismäßig 1. *Adj* -a uwiano *od* kuwiana **2.** *Adv* kiasi

verhandeln *intr* -jadiliana (*über* juu ya); *Jur* -endesha kesi

Verhandlung *f* majadiliano *Pl*; *Jur* kesi (–) | die ~ führen -sikiliza kesi

Verhängnis *n* | jmdm. zum ~ werden -letea mtu maafa, -patia mtu bahati mbaya

verhängnisvoll -baya, -a bahati mbaya

verharscht -li-*rel*-funikwa na theluji ngumu

verhaßt -a kuchukiza

verheilen *intr* -pona

verheimlichen *tr* -ficha | vor jmdm. etw. ~ -fichia mtu kitu

verheiratet -enye ndoa | ~er Mann aliyeoa | ~e Frau aliyeolewa

verhelfen *intr* -saidia, -patia (*zu etw.* kitu)

verhindern *tr* -zuia

Verhör *n* kuhoji *tr*

verhören *tr Jur* -hoji; **sich** ~ -sikia vingine

verhungern *intr* -fa njaa

verhüten *tr* = **verhindern**

verirren, sich -potea njia

verjagen *tr* -fukuza, -kimbiza

verjähren *intr* -pita muda

Verkauf *m* mauzo *Pl*

verkaufen *tr* -uza

Verkäufer(in) *m(f)* muuzaji (wa-)

verkäuflich -a kuuzwa
Verkaufsstellenleiter(in) *m*(*f*) meneja wa duka (–)
Verkehr *m* usafiri; *Verbindung* mawasiliano *Pl*, uhusiano; *Geschlechts~* kujamiiana
verkehren *intr* -fika na kuondoka; *Umgang haben* -kutana (*mit* na)
Verkehrs|ampel *f* taa za barabarani; **~mittel** *n* chombo cha usafiri; **~polizei** *f* trafiki (–); **~regel** *f* kanuni ya njia; **~teilnehmer** *m* dereva (ma-), mpanda baisikeli *od* pikipiki (wa-); **~unfall** *m* ajali barabarani (–)
verkehrswidrig -li-*rel*-kiuka kanuni za njia
Verkehrszeichen *n* alama ya kuongoza magari
verkennen *tr* *neg*-tambua barábara
verklagen *tr* -sh[i]taki
verkleiden *tr* *Person* -visha ... nguo za bandia; **sich ~** -vaa nguo za bandia
verkleinern *tr* -fanya ... kuwa -dogo
Verkleinerung *f* *Verkürzung* kufupisha *tr*; *Verminderung* kubana *tr*, kupungua
verknüpfen *tr* -oanisha, -wianisha
verkriechen, sich -jificha (*vor* mbele ya)
verkrüppelt -enye ulemavu
verkürzen *tr* -fupisha; *beschränken* -bana, -punguza; *Lohn* -kata
verladen *tr* -pakia; *in ein Schiff* -sheneza
Verlag *m* nyumba ya *od* shirika la kuchapisha vitabu
verlagern *tr* -hamisha; **sich ~** -anza kujishughulisha (*auf* na)
verlangen *tr* -dai; *intr* -wa na hamu (*nach* ya), -tamani *tr*
Verlangen *n* *Forderung* dai (ma-); *Begierde* hamu (–), tamaa (–)
verlängern *tr* -refusha; *Frist* -ongeza
Verlängerung *f* kurefusha *tr*; *Leitung* mwendelezo (mi-); *Frist* kuongeza *tr*
Verlängerungsschnur *f* kebo mwendelezo (–)
verlangsamen *tr* -punguza mwendo wa, -fanya ... -ende pole pole
[1]**verlassen** *tr* -toka katika *od* kwa; **sich ~** -tegemea (*auf jmdn.* mtu)
[2]**verlassen** *Adj* -li-*rel*-hamwa; *einsam* -a upweke
verläßlich -a kuaminika
Verlauf *m* maendeleo *Pl*
verlaufen *intr* *Veranstaltung* -endelea | erfolgreich ~ -fan[ik]a; *Straße* -pita; **sich ~** *sich verirren* -potea njia
verleben *tr* *Urlaub* -tumia, -pitisha
[1]**verlegen** *tr* *Gegenstand* -weka ... mahali pasipo pake; *Wohnsitz* -hamisha; *Leitungen* -weka; *Schwellen* -tandika; *Termin* -ahirisha, -kawiza; *Buchw* -chapisha
[2]**verlegen** *Adj* -enye soni
Verlegenheit *f* haya (–) | jmdn. in ~ bringen -tia mtu haya
Verleger *m* mchapishaji (wa-)
Verleih *m* upangishaji; *Geld* ukopeshaji; *Film* ugawaji
verleihen *tr* -azima; *Geld* -kopesha; *Orden* -tunukia *dopp tr*
Verleihung *f* kutunukia *dopp tr*
verleiten *tr* -shawishi (*zu* ku-)
verlernen *tr* -sahau
verlesen *tr* -soma
verletzen *tr* *Med* -jeruhi, -umiza; *kränken* -udhi; *Regeln*, *Gesetz* -kiuka, -vunja; **sich ~** -jiumiza
Verletzung *f* *Med* jeraha (ma-) | ~en zufügen -tia majeraha; *Jur* ukiukaji
verleugnen *tr* -kana
verleumden *tr* -sengenya, -teta
Verleumdung *f* msengenyo (mi-), usengenyaji
verlieben, sich -shikwa na upendo *od* mapenzi (*in* kwa)
verliebt -a mapenzi
verlieren *tr* *Gegenstand* -poteza; *Sport* -shindwa
verloben, sich -funga uchumba | verlobt mit -wa mchumba *Poss Pron*
Verlobte(r) *f*(*m*) mchumba (wa-)
Verlobung *f* kufunga uchumba
verlockend -a kusisimua

verloren -li-*rel*-pote[zw]a
verlöschen *intr* -zimika
verlosen *tr* -cheza bahati nasibu ya, -fanya tombola ya zawadi ya
Verlosung *f* mchezo wa bahati nasibu, tombola (–)
Verlust *m* hasara (–)
Vermächtnis *n* urithi
Vermählung *f* arusi (–), kufunga ndoa
vermehren *tr* -ongeza, -zidisha; **sich** ~ *Biol* -zali[sh]ana
vermeiden *tr* -jiepusha na, -[kw]epa
Vermerk *m* tanbihi (–)
[1]**vermessen** *tr Land* -pima
[2]**vermessen** *Adj dreist* -a ukorofi | ~e Person mkorofi (wa-)
vermieten *tr* -kodisha, -pangisha
Vermieter *m* mwenye nyumba *od* chumba (wenye), mpangishaji (wa-)
vermindern *tr* -punguza; *Ausgaben* -bana; **sich** ~ -pungua (*um* kwa)
Verminderung *f* upunguzaji, kupungua
vermischen *tr* -changanya, -changamana
vermissen *tr* | wir ~ ihn hier hatumwoni hapa | wir ~ das Buch tumepoteza kitabu
Vermißter *m* mtu aliyepotea
vermitteln *tr*, *intr* -patanisha *tr*
Vermögen *n Besitz* mali (–)
vermuten *tr* -tabiri, -tarajia
vermutlich -na-*rel*-shukiwa *od* -tuhumiwa
Vermutung *f Verdacht* tuhuma (–)
vernachlässigen *tr* -fanya ... kwa uzembe, -zorotesha
Vernachlässigung *f* uzembe
vernarben *intr* -pona kwa kuwa na kovu
vernehmen *tr Jur* -hoji
Vernehmung *f Jur* kuhoji *tr*
verneinen *tr* -kan[ush]a
vernichten *tr* -angamiza, -teketeza
Vernichtung *f* uangamizaji, uteketezaji
Vernunft *f* akili (–), hekima (–)
vernünftig -a akili *od* hekima
veröffentlichen *tr bekanntmachen* -tangaza; *Buchw* -toa
Veröffentlichung *f Bekanntmachung* tangazo (ma-); *Buchw* kitabu (vi-), chapisho (ma-)
verordnen *tr Med* -pa *dopp tr*
Verordnung *f Med* dawa (–); *Jur* kanuni (–)
verpachten *tr* -kodisha, -pangisha
verpacken *tr* -funga
Verpackungsmaterial *n* mata ya kufungia vitu
verpassen *tr Verk* -kosa
verpflegen *tr* -kirimu, -lisha
Verpflegung *f* chakula (vyakula)
verpflichten *tr* -taka; **sich** ~ -toa ahadi (*zu* ya)
Verpflichtung *f* wajibu, daraka (ma-); *Wirtsch* | ~en deni (–)
verputzen *tr* -piga lipu, -kandika
Verrat *m* uhaini, usaliti
verraten *tr* -saliti, -haini
Verräter *m* mhaini (wa-)
verrechnen *tr Fin* -fidia; **sich** ~ -kosea hesabu
Verrechnung *f Fin* malipo *Pl*
verregnet -a mvua
verreisen *intr* -safiri
verrenken *tr* -tengua
verringern *tr* -punguza; **sich** ~ -pungua, -shuka (*um* kwa)
verrosten *intr* -pata kutu
verrostet -li-*rel*-pata *od* -a kutu
verrücken *tr* -sogeza
verrückt *umg* -enye kichaa *od* wazimu | ~er Mensch mwendawazimu (wendawazimu)
verrufen -enye sifa mbaya
Vers *m* ubeti (beti)
versagen *intr Tech* -kwama
versalzen *tr* -tia chumvi nyingi mno katika
versammeln, sich -jumuika
Versammlung *f* mkutano (mi-)
Versand *m* upelekaji
versäumen *tr* -kosa; *unterlassen* -sahau

Versäumnis *n* kosa (ma-)
verschaffen *tr* -patia *dopp tr*; *Geld* -changa | sich etw. ~ -jipatia kitu
verschärfen *tr* *Lage* -fanya ... kuwa -gumu *od* -baya; **sich** ~ -wa -gumu *od* -baya
verschenken *tr* -toa zawadi ya
verschicken *tr* -peleka, -posti
verschieben *tr* *Termin* -ahirisha; **sich** ~ *zeitlich* -chelewa
verschieden *unterschiedlich* anuai | ~ sein -tofautiana, -hitilafiana; **~e** *Pl* *mehrere* -ingine, kadhaa, kadha wa kadha
Verschiedenheit *f* tofauti (–)
verschießen *intr* *verbleichen* -fifia
verschimmeln *intr* -oza
verschimmelt -li-*rel*-oza
verschlafen 1. *tr* -kosa ... kwa kuchelewa kuamka **2.** *Adj* -na-*rel*-sinzia
Verschlag *m* kibanda (vi-)
verschlagen *Adj* -a hila | ~er Mensch mwerevu (werevu)
verschlechtern *tr* -fanya ... kuwa -baya; **sich** ~ -zidi kuwa -baya
Verschlechterung *f* hali [kuwa] mbaya
verschleimt -enye balaghamu
Verschleiß *m* kuchakaa, uchakavu
verschleppen *tr* -teka nyara ... na kwenda na ...; *Verhandlungen* -chelewesha | er verschleppte die Krankheit ugonjwa wake haukutibiwa kwa muda mrefu
verschließbar -na-*rel*-fungika
verschließen *tr* -funga ... kwa ufunguo; **sich** ~ *übertr* -funga *od* -fumba macho (*einer Sache* kwa sababu ya kitu)
verschlimmern *tr* = **verschlechtern**
verschlingen *tr* *gierig essen* -bwakia; *übertr* -meza
verschlossen -li-*rel*-fungwa [kwa ufunguo]; *übertr* -na-*rel*-jitenga
verschlucken *tr* -[bw]akia, -meza; **sich** ~ -paliwa (*an* na) | er hat sich beim Essen verschluckt chakula kimempalia
Verschluß *m* kifungo (vi-); *Foto* shata (–)
verschmähen *tr* -kataa
Verschmelzung *f* uunganishaji
verschmerzen *tr* *neg*-jali
verschmutzt -li-*rel*-chafuka
Verschmutzung *f* machafu[k]o *Pl*
verschnaufen *intr* -pumzika
verschneiden *tr* -pogoa
verschneit -li-*rel*-funikwa na barafu
verschnupft *Med* -enye mafua
verschnüren *tr* -funga ... kwa kamba
verschonen *tr* -hurumia
verschönern *tr* -pamba; **sich** ~ -jipamba
Verschönerung *f* kupamba *tr*
verschreiben *tr* *Med* -pa ... cheti cha dawa ya; **sich** ~ -kosea katika maandiko
verschrotten *tr* -tupa
verschulden *tr* -sababisha; *intr* | verschuldet sein -wa na deni, -daiwa
Verschulden *n* kosa (ma-)
verschütten *tr* *Flüssigkeit* -mwaga; *Bergb* | verschüttet werden -angukiwa
verschweigen *tr* -ficha
verschwenden *tr* -badhiri, -avya, -tumia ovyo
verschwenderisch -a ubadhirifu | ~er Mensch mbadhirifu (wa-)
Verschwendung *f* ubadhirifu
verschwiegen | ~er Mensch mnyamafu (wa-)
Verschwiegenheit *f* unyamafu
verschwinden *intr* -toweka, -tokomea | etw. ~ lassen -tokomeza kitu
Verschwörung *f* [kula] njama (–)
versehen *tr* *versorgen* -patia (*mit etw.* kitu); **sich** ~ *sich irren* -kosea; *sich versorgen* -jipatia (*mit etw.* kitu)
Versehen *n* kosa dogo (ma-) | aus ~ kwa kukosea
versehentlich bila makusudi, kwa kukosea
versenden *tr* -peleka | an jmdn. etw. ~ -pelekea mtu kitu
versenken *tr* *Schiff* -zamisha

versetzen *tr an eine andere Stelle* -hamisha; *Schüler* -endelea katika; **sich** ~ -jifanya (*in* kuwa)
Versetzung *f Angestellte* uhamisho; *Schüler* kuendelea
versichern *tr beteuern* -thibitisha; *vertraglich sichern* -wekea ... bima; *intr* | jmdm. ~, daß ... -hakikishia mtu kwamba ...; **sich** ~ *eine Versicherung abschließen* -jiwekea bima (*gegen* ya); *sich vergewissern* -jipatia uhakika (*einer Sache* wa jambo)
Versicherung *f Beteuerung* uhakikisho, thibitisho (ma-); *vertragliche* ~ bima (–)
versickern *intr* -nyonywa, -isha
versiert stadi, bingwa (*in* wa)
versilbert -li-*rel*-pakwa fedha
versinken *intr* -zama
versöhnen *tr* -patanisha, -suluhisha; **sich** ~ -jipatanisha
Versöhnung *f* mapatanisho *Pl*, masuluhisho *Pl*
versorgen *tr* -leta, -pata; *ernähren* -lisha; *betreuen* -hudumia; **sich** ~ -jipatia (*mit etw.* kitu)
Versorgung *f* ugawaji
verspäten, sich -chelewa, -kawia
Verspätung *f* kuchelewa, kukawia
versperren *tr* -funga, -zuia
verspielen *tr* -futwa dau la; *übertr* -poteza; *intr* -futwa dau, -shindwa
verspotten *tr* -fanyia ... mzaha, -dhihaki
versprechen *tr* -ahidi | sich etw. ~ von -tumainia; **sich** ~ -kosea
Versprechen *n* ahadi (–) | sein ~ halten -timiza ahadi [yake] | jmdm. ein ~ abnehmen -fanya mtu atoe ahadi
verstaatlichen *tr* -taifisha
Verstaatlichung *f* kutaifisha *tr*
Verstand *m* akili (–)
verständig -enye akili
verständigen *tr* -arifu (*von etw.* jambo); **sich** ~ *sprachlich* -elewana, -sikilizana, -zungumza *tr*; *sich einigen* -patana, -afikiana (*über* kuhusu)
Verständigung *f sprachlich* kuelewana, kusikilizana; *Einigung* maafikiano *Pl*, mapatano *Pl*
verständlich -na-*rel*-eleweka
Verständnis *n* uelewano, ufahamivu (*für* wa), kuelewa *tr*
verständnis|los -si-*rel*-elewa *od* -fahamu; **~voll** -na-*rel*-elewa vizuri
verstärken *tr dicker machen* -fanya ... -we imara *od* thabiti; *zahlenmäßig* -zidisha idadi ya; *Radio* -kuza; **sich** ~ -kua, -ongezeka
Verstärker *m Radio* amplifaya (–), kikuzi (vi-)
verstauben *intr* -funikwa na mavumbi
verstauchen *tr* | sich den Fuß ~ -tegua mguu
Verstauchung *f* mteguo (mi-)
verstauen *tr* -pakia, -weka, -tia
Versteck *n* ficho (ma-), oteo (ma-)
verstecken *tr* -ficha, -sitiri (*vor jmdm.* mtu asione); **sich** ~ -jificha
verstehen *tr begreifen* -elewa, -fahamu; *hören* -sikia; **sich** ~ -sikilizana, -elewana
versteigern *tr* -nadi, -piga mnada
Versteigerung *f* mnada (mi-)
versteinert *Geol* -li-*rel*-geuka jiwe
Versteinerung *f Geol* kugeuka jiwe
verstellbar -na-*rel*-weza kurekebishwa
verstellen *tr umstellen* -hamisha; *Stimme* -igiza; **sich** ~ -jifanya
Verstellung *f übertr* kisingizio (vi-)
versteuern *tr* -lipia ... kodi
verstimmt *Mus* -si-*rel*-takiwa; *übertr* -enye kisirani
Verstimmung *f übertr* machafuko *Pl*
verstopfen *tr* -ziba; *Verk* | die Straßen sind verstopft barabara zimeziba *od* -jaa
Verstopfung *f Med* kufunga choo; *Verk* kuziba
Verstorbene(r) *f*(*m*) mfu (wa-)
verstört -li-*rel*-hangaika *od* -hangaishwa
Verstoß *m* ukiukaji (*gegen* wa)

verstoßen *intr* -kiuka (*gegen etw.* kitu)
verstreichen *intr* -pita
verstummen *intr* -nyamaza
Versuch *m* jaribio (ma-) | einen ~ anstellen -fanya jaribio
versuchen *tr* -jaribu *auch intr*; *kosten* -onja
Versuchung *f* majaribu *Pl*
vertagen *tr* -ahirisha; **sich** ~ -ahirishwa
vertauschen *tr* -badilisha
verteidigen *tr* -linda, -hami; *Jur* -tetea; **sich** ~ -jilinda, -jihami (*vor* dhidi ya); *Jur* -jitetea
Verteidiger *m Jur* wakili wa mshtakiwa (ma-); *Sport* beki (ma-)
Verteidigung *f* ulinzi; *Jur* [ma]wakili wa mshtakiwa *od* utetezi; *Sport* ulinzi, walinzi *Pl*, mabeki *Pl*
verteilen *tr* -gawanya, -gawa (*unter* miongoni mwa) | an jmdn. etw. ~ -gawia mtu kitu; **sich** ~ -tawanyika, -gawiwa (*auf* kwa)
Verteilung *f* ugawaji
vertiefen, sich -zama (*in* katika)
vertikal -a [kwenda] chini
vertilgen *tr* -maliza, -teketeza
vertonen *tr* -tunga muziki kwa
Vertrag *m* mkataba (mi-)
vertragen *tr* -vumilia, -[sta]himili; **sich** ~ -patana, -sikilizana
vertraglich -a mkataba
verträglich -pole
Vertragswerkstatt *f* gereji ya sevisi
vertrauen *tr* -amini
Vertrauen *n* muamana (mi-), kuamini (*auf etw.* kitu, *zu jmdm.* mtu)
Vertrauensmann *m* mwakilishi (wa-); *Jur* mdhamini (wa-)
vertraulich -a siri
vertraut *alltäglich* -a kawaida, -na--*rel*-julikana | ~ sein mit etw. -jua kitu
vertreiben *tr* -fukuza (*aus* katika); *verkaufen* -uza | sich die Zeit ~ -pitisha wakati
vertretbar -na-*rel*-yakinika
vertreten *tr ersetzen* -badili; *repräsentieren* -wakilisha; *einstehen für etw.* -tetea
Vertreter *m Stell~* makamu (–), naibu (–); *Repräsentant* mwakilishi (wa-); *Handels~* wakala (ma-), ajenti (ma-)
Vertretung *f* uwakilishi; *Hdl* wakala (–) | in ~ badala ya, mahali pa
vertretungsweise badala yake, mahali pake
Vertrieb *m* ugawaji
vertrocknen *intr* -kauka
vertrocknet -li-*rel*-kauka
verunglücken *intr* -patwa na ajali
verunreinigen *tr* -chafua, -sibika
Verunreinigung *f* machafuko *Pl*, sibiko (ma-)
verursachen *tr* -leta, -sababisha
verurteilen *tr Jur* -hukumu | man verurteilte ihn zu einer Gefängnisstrafe von 6 Monaten (Geldstrafe) alihukumiwa kwenda jela miezi 6 (kulipa faini); *verdammen* -laani, -laumu
Verurteilung *f Jur* kuhukumu *tr*
vervielfältigen *tr* -rudufisha
Vervielfältigung *f Tätigkeit* kurudufisha *tr*; *Ergebnis* nakala (–)
vervollkommnen *tr* -komaza
vervollständigen *tr* -kamilisha
Vervollständigung *f* ukamilishaji
verwackeln *tr Foto* -tikisa
verwahren *tr* -hifadhi; **sich** ~ jitetea (*gegen* dhidi ya)
verwahrlost -li-*rel*-tupwa, -a uzembe *od* ovyo ovyo
verwaist yatima; *übertr* -li-*rel*-hamwa
verwalten *tr Amt* -ongoza, -tawala
Verwaltung *f* utawala; *Behörde* ofisi (–)
verwandeln *tr* -geuza, -badili (*in* kuwa); **sich** ~ -geuka, -badilika (*in* kuwa)
Verwandlung *f Ergebnis* geuzo (ma-); *Prozeß* geuzi (ma-)
verwandt -a ukoo mmoja; *übertr* -li--*rel*-husiana *od* -fanana

Verwandte(r) *f(m)* ndugu (–), jamaa (–)
Verwandtschaft *f* ndugu (–), jamaa (–); *übertr* uhusiano, ufanano
verwandtschaftlich -a kindugu
verwarnen *tr* -onya, -rudi
Verwarnung *f* onyo (ma-)
verwechseln *tr* -chukulia (*mit* kuwa)
Verwechslung *f* kuchukulia *tr* (*mit* kuwa)
verwegen -a ujasiri
verwehen *tr* | verweht sein -funikwa na mchanga
verweigern *tr* -kataa
Verweis *m Tadel* onyo kali (ma-)
verweisen *tr* -rejesha, -elekeza (*auf* kwenye)
verwelken *intr* -nyauka
verwelkt -li-*rel*-nyauka
verwendbar -na-*rel*-faa
verwenden *tr* -tumia | viel Mühe ~ auf -fanya bidii nyingi ku- | sich für jmdn. ~ -semea mtu
Verwendung *f* matumizi *Pl* | (keine) ~ haben für (*neg*)-wa na matumizi kwa
verwerten *tr* -tumia
verwirklichen *tr* -tekeleza
Verwirklichung *f* utekelezaji
verwirrt *verlegen* -enye haya
Verwirrung *f* ghasia (–), fujo (ma-), vurugu (ma-)
verwittern *intr* -lika
verwitwet mjane
verwöhnen *tr* -dekeza, -[t]endekeza
verwöhnt -li-*rel*-dekezwa *od* -[t]endekezwa
verworren -a wasiwasi *od* mfadhaiko
verwunden *tr* -jeruhi, -umiza
Verwunderung *f* mshangao (mi-)
Verwundete(r) *f(m)* mjeruhiwa (wa-)
Verwundung *f* jeraha (ma-)
verwüstet -li-*rel*-teketezwa
Verwüstung *f* kuteketezwa, maangamizi *Pl*
verzagt -a kukatisha tamaa *od* kuvunja moyo
verzählen, sich -kosea hesabu
verzehren *tr* -la
verzeichnen *tr aufführen* -orodhesha
Verzeichnis *n* orodha (–), listi (–)
verzeihen *tr* -samehe, -wia ... radhi
Verzeihung *f* | ~! samahani! | um ~ bitten -omba radhi
Verzicht *m* kuacha *tr*
verzichten *intr* -acha (*auf etw.* kitu)
verzieren *tr* -pamba, -tia nakshi
Verzierung *f* pambo (ma-), nakshi (–)
verzinsen *tr* -lipa riba kwa
verzögern *tr* -cheleweshá, -kawiza; **sich** ~ -chelewa, -kawia
Verzögerung *f* kuchelewa
verzollen *tr* -lipa ... ushuru wa forodha
Verzug *m* | im ~ sein -chelewa
verzweifeln *intr* -kata tamaa, -fa moyo (*an*, *über* kwa)
verzweifelt -na-*rel*-katisha tamaa
Verzweiflung *f* kukata tamaa, kufa moyo
Veteran *m* mtu aliyestaafu
Veterinärmedizin *f* matibabu ya wanyama
Vetter *m* binamu (–)
Video- *in Zus* video ... (–)
Vieh *n* mifugo *Pl*; **~zucht** *f* ufugaji
viel -ingi; **~fach** -a mara nyingi; **~fältig** -a aina nyingi; **~leicht** labda, huenda, pengine; **~mals** -a mara nyingi; **~mehr** | er sollte vielmehr gehen heri *od* afadhali aondoke; **~seitig** -na-*rel*-husiana na fani nyingi
Vielzahl *f* wingi, idadi kubwa (–)
vier -nne | Gespräch unter ~ Augen mazungumzo ya faragha
Viereck *n* mstatili (mi-)
viereckig -enye pembe nne
Vierer *m Sport* wanamichezo wanne
vierhändig | *Mus* ~ spielen -cheza kwa mikono minne
vierhundert mia nne
Vierlinge *Pl* watoto wanne waliozaliwa kwa pamoja
viermotorig -enye injini nne

Viertaktmotor *m* injini *od* mota ya mapigo manne
Viertel *n* robo (–) | ~ vor elf saa tano kasorobo | ~ nach elf saa tano na robo; *Stadtteil* mtaa (mi-); **~jahr** *n* robo mwaka (–); **~stunde** *f* robo saa (–)
vierzehn kumi na nne
vierzig arobaini
Vietnam Vietnam (–)
Vikar *m* mtu anayesomea uchungaji
Villa *f* nyumba (–)
violett -a urujuani
Violine *f* zeze la kizungu, fidla (–) | ~ spielen -piga fidla
Violinist(in) *m(f)* mpiga fidla (wa-)
Virus *m* kirusi (vi-)
Visite *f Med* kumwona mgonjwa
viskos -a mnato
Visum *n* viza (–)
Vitamin *n* vitamini (–)
Vitrine *f* kasha la kioo
Vizepräsident *m* Makamu wa Rais
Vogel *m* ndege (–); **~bauer** *n* tundu (ma-), keji (–); **~futter** *n* chakula cha ndege
Vokabel *f* neno jipya la kigeni
Vokabular *n* msamiati (mi-)
Vokal *m* irabu (–)
Volk *n* taifa (ma-), umma; *Bevölkerung* wananchi *Pl*; *Bienen~* kundi (ma-)
Völker|kunde *f* elimujamii (–); **~recht** *n* sheria ya kimataifa
völkerrechtlich -a sheria ya kimataifa
Völkerverständigung *f* uelewano *od* maelewano kati ya mataifa *od* nchi
Volks|entscheid *m* kura ya maoni; **~fest** *n* bur[u]dani anuai za kufurahisha wananchi; **~hochschule** *f* taasisi ya elimu ya watu wazima; *in Tansania auch* chuo cha maendeleo ya wananchi; **~kunstensemble** *n* kikundi cha wacheza ngoma; **~lied** *n* ngoma (–); **~musik** *f* ngoma za kienyeji; **~tanz** *m* ngoma ya kienyeji
volkstümlich -a kimapokeo
Volks|vertretung *f* uwakilishaji wa wananchi; **~wirtschaft** *f* uchumi wa taifa; **~wirtschaftsplan** *m* mpango wa maendeleo ya uchumi wa taifa; **~zählung** *f* sensa (–)
voll *gefüllt* -li-*rel*-jaa; *umg betrunken* -li-*rel*-lewa; *Stimme* -zito; *völlig* kamili | die ~e Wahrheit ukweli mtupu | in ~em Gange sein -wa na pilikapilika, -wapo katika; **~automatisch** -na-*rel*-jiendesha kwa kila njia
vollbringen *tr* -tekeleza, -fanya
vollenden *tr* -kamilisha
Vollendung *f Abschluß* mwisho (mi-)
Volleyball *m* mpira wa wavu
völlig 1. *Adj* kamili **2.** *Adv* kabisa, mno | das genügt ~ inatosha sana | er ist ~ betrunken amelewa chopi *od* chakari | sie ist ~ durchnäßt ameroa *od* ametota chepechepe *od* chapachapa
voll|jährig -zima; **~kommen** kamili, -li-*rel*-komaa
Voll|kornbrot *n* mkate wa machenga; **~macht** *f* idhini (–); **~milch** *f* maziwa halisi *Pl*; **~mond** *m* mwezi kamili *od* mpevu; **~pension** *f* malazi na chakula; **~waise** *f* yatima (–)
voll|schlank -nene; **~ständig** kamili, -zima
Vollständigkeit *f* ukamilifu
vollstrecken *tr Jur* -tekeleza
Vollstreckung *f* utekelezaji
Voll|treffer *m* kupigwa hasa; **~versammlung** *f* mkutano mkuu
voll|wertig kamili; **~zählig** -te
vollziehen *tr* -tekeleza; **sich ~** -fanyika
Volontär *m* mtu *od* kijana mafunzoni
Volt *n El* Volti (–)
Volumen *n* ujazo
von *Präp* a) *Ort* [ku]toka | ~ … bis *od* nach … [ku]toka … hadi *od* mpaka … | ~ diesem Punkt aus kutoka hapa b) *Zeit* tangu, kuanzia | ~ 8 bis 9 Uhr tangu saa 2 hadi saa 3 | ~ klein auf tangu utoto | der Brief vom

10. Mai barua ya Mei 10 c) *Zahl* | ein Brett ~ 2 m Länge bao lenye urefu wa m 2 | im Alter ~ 30 Jahren katika umri wa miaka 30 d) *Art und Weise* | ~ Vorteil -a manufaa e) *Verfasser* | Gedichte ~ Goethe mashairi ya Goethe f) *statt Gen* ein Freund ~ mir rafiki yangu g) *partitiver Genitiv* | drei ~ uns watatu miongoni mwetu | einige ~ uns baadhi yetu

voneinander | viel ~ halten -thaminiana | ~ abhängen -tegemeana

vor *Präp* a) *Ort* mbele ya | er ging ~ das Haus alitoka nje b) *Zeit* -li-*rel*-pita; *in der Vergangenheit* kabla ya | ~ zwei Wochen wiki mbili zilizopita | ~ 1961 kabla ya mwaka 1961 | Viertel ~ drei saa tisa kasorobo | ~ kurzem hivi karibuni *od* juzi | ~ vielen Jahren zamani sana c) *Ursache* kwa [sababu ya] | ~ Freude kwa furaha d) *Bevorzugung* | ~ allem aghalabu e) *bei Verben* | ~ jmdm. Achtung haben -heshimu mtu | ~ jmdm. Angst haben -ogopa mtu | ~ sich gehen -fanyika, -tukia

Vorabend *m* mkesha (mi-)

vorankommen *intr* -endelea, -fana

Voranmeldung *f* kuagiza *tr* mapema

Voranzeige *f* tangazo la awali

vorarbeiten *tr* -andaa kazi za ... za baadaye

voraus | im ~ kabla ya wakati unaotakiwa

voraussehen *tr* -tabiri, -jua ... sasa hivi | das war vorauszusehen ilijulikana kabla

voraussetzen *tr* -chukua | vorausgesetzt, daß ... mradi kwamba ...

Voraussetzung *f* msingi (mi-) (*für* wa) | unter der ~, daß ... mradi kwamba ...

voraussichtlich 1. *Adj* -na-*rel*-tegemewa *od* -tarajiwa **2.** *Adv* inavyoelekea

Vorauszahlung *f* rubuni (–)

Vorbehalt *m Jur* | unter ~ kwa masharti

vorbehalten *tr* | sich etw. ~ -tenda kitu kwa masharti

vorbei | *vorüber* ~ sein -isha, -pita

vorbeifahren, vorbeigehen *intr* -pita (*an jmdm.* mtu)

vorbeikommen *intr* -pitia (*bei jmdm.* mtu)

vorbeilassen *tr* -pitisha

Vorbemerkung *f* tanbihi [ya awali]

vorbereiten *tr* -andaa; **sich** ~ -jiandaa (*auf* kwa)

Vorbereitung *f* maandalio *Pl*, matayarisho *Pl*

vorbestellen *tr* -agiza ... mapema, *umg* -fanya booking ya

Vorbestellung *f* kuagiza *tr* mapema

vorbestraft -li-*rel*-kwishahukumiwa

vorbeugen *intr* -kinga *tr*

vorbeugend -a kinga

Vorbild *n* mfano (mi-); *Urbild* kielelezo (vi-)

vorbildlich bora, -a kuigwa

Vorbildung *f* elimu ya awali

Vorder- *in Zus* -a mbele

vorder|er (~e, ~es; ~e) -a mbele

Vordergrund *m* sehemu ya mbele | im ~ mbele

Vorder|rad *n* gurudumu la mbele; **~seite** *f Zeitung* ukurasa wa kwanza

vordrängen, sich -jisukuma mbele

vordringen *intr* -enda mbele

vordringlich muhimu, -a dharura

Vordruck *m Formular* fomu (–)

voreilig -a mapema mno

voreingenommen -enye upendeleo

vorenthalten *tr* -nyima

Vorentscheidung *f* uamuzi wa awali

Vorfahren *m/Pl* vizazi vilivyotangulia

Vorfahrt *f* | ~ gewähren -pisha magari yapitayo barabara kuu

Vorfall *m* tukio (ma-)

vorfinden *tr* -kuta

Vorfreude *f* tumaini la furaha

vorfristig -a mapema kuliko ilivyopangwa

vorführen *tr Film*, *Kleid* -onyesha

Vorführung *f* maonyesho *Pl*

Vorgabe *f Sport* pointi zilizotolewa awali; *Fußball* pasi (–)
Vorgang *m* tukio (ma-); *Akten* barua inayorejewa *od* zinazorejewa
Vorgänger *m* mtangulizi (wa-)
vorgeben *tr vorschützen* -singizia; *Sport* -toa … awali
Vorgebirge *n* milima ya urefu wa wastani
vorgehen *intr Uhr* -enda mbele; *Vorrang haben* -pewa uzito, -tiliwa maanani; *sich ereignen* -tukia | *Jur* gegen jmdn. ~ -chukulia mtu hatua [ya *od* za kisheria]
Vorgeschmack *m übertr* wazo (ma-), taswira (–)
Vorgesetzte(r) *f(m)* mkuu (wa-); *umg* mkubwa (wa-), bosi (ma-)
vorgestern juzi
vorhaben *tr* -kusudia, -dhamiria
vorhanden | ~ sein -wamo, -wapo, -wako
Vorhang *m* pazia (ma-)
Vorhängeschloß *n* kufuli (ma-)
vorher kabla
vorhergehend -li-*rel*-tangulia
Vorhersage *f* utabiri
vorhin hivi sasa, sasa hivi
vorig -li-*rel*-tangulia
Vorjahr *n* mwaka jana *od* uliopita
Vorkehrung *f*, *meist* **~en** *Pl* | ~en treffen -jiandaa, -jitahadharisha
Vorkenntnis *f*, *meist* **~se** *Pl* maarifa ya awali
vorkommen *intr vorhanden sein* -wamo, -wapo, -wako; *sich ereignen* -tokea, -tukia
Vorkommen *n* kuwepo, kuweko
Vorladung *f Jur* samansi (–)
Vorlage *f Muster* kielelezo (vi-)
Vorlauf *m Sport* mchuano wa awali
Vorläufer *m* mtangulizi (wa-)
vorläufig *zeitweilig* -a muda
vorlaut -a utundu | ~es Kind mtoto mtundu
vorlegen *tr* -leta, -peleka
vorlesen *tr* | jmdm. etw. ~ -somea mtu kitu
Vorlesung *f* muhadhara (mi-) (*über* juu ya)
vorletzt|er (~e, ~es; ~e) -a mwisho ila -moja, -moja kabla ya mwisho
Vorliebe *f* upendeleo (*für* kwa)
vorliebnehmen *intr* | er nahm mit Wasser vorlieb maji yalimtosha
vorliegen *intr* | ihm liegt ein Brief vor ana[yo] *od* amepata barua
vormerken *tr* -weka kumbukumbu ya … mapema
Vormittag *m* asubuhi (–) | am ~ asubuhi
vormittags [kila] asubuhi
Vormund *m* mlezi (wa-)
vorn mbele
Vorname *m* jina la kwanza
vornehmen *tr* | sich etw. (nichts) ~ -kusudia ku(to)fanya kitu
vornherein | von ~ tangu awali
Vorort *m* kitongoji (vi-)
Vorortverkehr *m* usafiri wa kwenda vitongoji
Vorrang *m* | [den] ~ haben -pewa uzito [wa kwanza]
vorrangig -a *od* -enye uzito, hasa
Vorrat *m* akiba (–) (*an* ya)
vorrätig | ~ sein -wamo, -wapo, -wako
Vorrecht *n* haki (–)
vorrichten *tr Zimmer* -paka rangi
Vorrichtung *f Tech* kifaa (vi-), chombo (vyombo)
Vorsaison *f* kipindi kinachotangulia msimu
Vorsatz *m* dhamira (–)
vorsätzlich makusudi
Vorschein *m* | zum ~ kommen -onekana, -jitokeza
Vorschlag *m* pendekezo (ma-)
vorschlagen *tr* -pendekeza (*für* kuwa)
Vorschrift *f* kanuni (–); *Med* | nach ~ kama ilivyoagizwa
vorschriftsmäßig -a kufuata kanuni
Vorschub *m* | einer Sache ~ leisten -viringisha kitu
Vorschulerziehung *f* malezi katika

vituo vya *od* shule za watoto wadogo *od* vidudu

Vorschuß *m* advansi (–) (*auf* ya)

vorsehen *tr* -kumba; **sich** ~ -epukana, -jitahadhari (*vor* na)

Vorsicht *f* [ta]hadhari (–), uangalifu

vorsichtig -a [ta]hadhari, taratibu

Vorsichtsmaßnahme *f* hatua ya [ta]hadhari

vorsingen *tr* -imbia *dopp tr*

Vorsitz *m* | den ~ führen -wa mwenyekiti

Vorsitzende(r) *f*(*m*) mwenyekiti (wenyeviti)

Vorspeise *f* mchafi (mi-)

Vorspiel *n Theat* onyesho la utangulizi; *Mus* muziki wa utangulizi

vorspielen *tr* -cheza ... hadharani, -chezea *dopp tr*

Vorsprung *m Sport* kuongoza kwa mita *od* pointi; *Arch* sehemu inayojitokeza nje; *übertr* kuendelea, kutangulia

Vorstadt *f* kitongoji (vi-)

Vorstand *m* bodi (–)

vorstellen *tr Uhr* -tanguliza; *bekannt machen* -tambulisha, -fahamisha | sich etw. ~ -fikiria *od* -dhania *od* -wazia kitu; **sich** ~ -jitambulisha

Vorstellung *f Theat* maonyesho *Pl*; *Gedanken* wazo (ma-), fik[i]ra (–)

Vorteil *m* faida (–), heri (–), nafuu (–)

vorteilhaft nafuu

Vortrag *m* muhadhara (mi-) (*über* juu ya); *Darbietung* mchezo (mi-) | einen ~ halten -toa muhadhara

vortragen *tr darbieten* -onyesha, -cheza; *darlegen* -eleza

vorüber | ~ sein -isha, -pita

vorübergehen *intr* -pita

vorübergehend -a muda

Vorurteil *n* maoni ya awali

vorurteilslos bila upendeleo

Vorverhandlung *f*, *meist* **~en** *Pl* majadiliano ya awali

Vorverkauf *m* | ~ der Fahrscheine kukata tikiti kabla

vorverlegen *tr* -fanya ... mapema

Vorwand *m* kisingizio (vi-) | unter dem ~ kwa kusingizia

vorwärts mbele

vorwärtskommen *intr* -endelea

vorwerfen *tr* -tupia; *übertr* | jmdm. etw. ~ -shutumu mtu kwa tendo

vorwiegend *Adv* hasa, aghalabu

Vorwort *n* dibaji (–), utangulizi

Vorwurf *m* shutuma (–), lawama (–)

vorwurfsvoll -a kulaani *od* kushutumu

Vorzeichen *n Math* alama (–); *Mus* ufunguo (funguo)

vorzeigen *tr* -onyesha

vorzeitig -a mapema mno

vorziehen *tr* -kokota, -vuta mbele; *übertr* -pendelea

Vorzimmer *n* ofisi ya katibu *od* mhazili

Vorzug *m Vorteil* faida (–), heri (–), manufaa *Pl*

vorzüglich bora, -tamu, -a hali ya juu

vulgär -chafu

Vulkan *m* volkeno (–)

vulkanisch -a volkeno *od* zaha

vulkanisieren *tr* -tengeneza pancha ya

W

Waage *f* mizani (–) *auch Astron*, tayu (–)

waagerecht mtambaa

Wabe *f* sega (ma-), zana (ma-)

wach | ~ sein -wa macho | ~ werden -amka

Wache *f Posten* mlinzi (wa-); *Polizei* kituo cha polisi

wachen *intr nicht schlafen* -wa macho; *Obacht geben* -linda (*über etw.* kitu)

Wacholder *m* mreteni (mi-)

Wachs *n* nta (–)

Wachsamkeit *f* hadhari (–), uangalifu
[1]**wachsen** *tr Fußboden* -paka polishi
[2]**wachsen** *intr* -kua *auch übertr*; *übertr* -ongezeka, -panda | ihm ~ die Haare amemea nywele
Wachstuch *n* mpira wa mezani
Wachstum *n* ukuaji, ongezeko (ma-)
Wächter *m* mlinzi (wa-)
Wachtmeister *m Dienstgrad* sajini (–)
Wackelkontakt *m* shoti (–)
wackeln *intr* -yumbayumba
wacklig -a kuyumbayumba
Wade *f* fibula (–)
Waffe *f* silaha (–)
Waffel *f* biskuti (–)
Waffengattung *f* aina ya jeshi
Waffengewalt *f* | mit ~ kwa kutumia silaha
Waffen|ruhe *f* kutopigana; **~stillstand** *m* kusimamisha vita *od* mapigano
wagen *tr* -bahatisha, -thubutu kufanya; **sich** ~ -jipa moyo
Wagen *m Auto* gari (ma-), motokaa (–); *Fuhrwerk* mkokoteni (mi-); *Hand*~ toroli (ma-); *Schreibmaschine* kwaso (–), chukuzi (ma-) *Astron* | der Große (Kleine) ~ dubu mkubwa (mdogo)
Wagenheber *m* jeki (–) | den ~ ansetzen -tia jeki
Waggon *m* behewa (ma-), bogi (ma-)
Wagnis *n* bahati (–), hatari (–)
Wahl *f Entscheidung* uamuzi; *Pol* uchaguzi; *Wertklasse* daraja (ma-)
wahlberechtigt -enye haki ya kupiga kura
Wahlbezirk *m* jimbo la uchaguzi
wählen *tr* -chagua (*zwischen* baina ya); *Pol* -pigia ... kura; *Tel* -zungusha namba ya; *intr Pol* -piga kura
Wähler *m Pol* mchaguzi (wa-), mpiga kura (wa-)
Wahlergebnis *n* matokeo ya uchaguzi
wählerisch -na-*rel*-chaguachagua
Wähler|liste *f* orodha *od* listi ya wapiga kura
Wahl|fach *n* somo dogo *od* la ziada; **~kreis** *m* jimbo la uchaguzi; **~lokal** *n* kituo cha *od* mahali pa kupigia kura
wahllos -a ovyoovyo
Wahl|programm *n* ilani ya uchaguzi; **~recht** *n* haki ya kupiga kura; **~versammlung** *f* mkutano wa uchaguzi
wahlweise kwa kuchagua
Wahnsinn *m übertr* upuuzi
wahnsinnig *übertr* -ingi, -kubwa; *Med* -enye kichaa *od* wazimu
wahr -a kikweli; *wirklich* halisi
während 1. *Konj Zeit* [wakati] ambapo *od* -ki- *od* -po-; *Gegensatz* ambavyo **2.** *Präp* wakati wa
wahrhaben *tr* | er will es nicht ~ (, daß ...) hataki kuamini (kwamba ...)
wahrhaftig *Adv in der Tat* bila ya shaka, kwa kweli
Wahrheit *f* ukweli
wahrnehmen *tr Gelegenheit* -chukua, -tumia; *Interessen* -tetea; *erkennen* -tambua
Wahrsager(in) *m(f)* mpiga ramli (wa-)
wahrscheinlich | er wird ~ kommen inaelekea kwamba atakuja
Wahrscheinlichkeit *f* | aller ~ nach inavyoelekea
Währung *f* fedha (–)
Wahrzeichen *n* alama (–)
Waise *f* yatima (ma-)
Wal *m* nyangumi (–)
Wald *m* msitu (mi-); **~brand** *m* moto wa msituni; **~lauf** *m* mbio msituni *Pl*; **~meister** *m* aina ya miti-shamba iitwayo woodruff; **~weg** *m* njia msituni (–)
Wall *m* ukuta (kuta)
Walnuß *f* jozi (ma-)
Walze *f* silinda (–)
wälzen *tr* -viringisha; **sich** ~ *im Bett* -ga[r]aga[r]a

Walzwerk *n* kiwanda cha [kunyoshea] chuma
Wand *f* ukuta (kuta); Lehm-- kiambaza (vi-)
Wandelhalle *f* ukumbi wa kunyosha miguu
wandeln, sich -geuka, -badilika
Wanderausstellung *f* maonyesho ya kuhamahama
Wanderer *m* mtembeaji (wa-)
Wanderkarte *f* ramani [kwa matumizi ya watembeao kwa miguu] (–)
wandern *intr* -tembea (*nach* mahali)
Wanderpokal *m Sport* kikombe cha challenge
Wanderung *f* matembezi *Pl*
Wanderweg *m* njia kwa watembeao kwa miguu (–)
Wand|leuchte *f* taa ya ukutani; **~schrank** *m* kabati (ma-); **~tafel** *f* ubao wa ukutani; **~teller** *m* sahani ya mapambo ya ukutani; **~teppich** *m* zulia la ukutani; **~zeitung** *f* ubao wa matangazo
Wange *f* shavu (ma-)
wankelmütig -a kigeugeu
wanken *intr* -pepesuka, -yumbayumba
wann *Interr Adv* lini?, siku gani?, wakati gani?
Wanne *f* bafu (ma-)
Wannenbad *n* kuoga bafuni
Wanze *f* kunguni (–)
Wappen *n* nembo (–), alama (–)
Waran *m* kenge (–)
Ware *f* bidhaa (–)
Waren|angebot *n* kupatikana kwa bidhaa *od* vitu; **~austausch** *m* kubadilisha bidhaa; **~haus** *n* duka lenye idara; **~zeichen** *n* chapa (–)
warm [-a] moto
Wärme *f* moto (mi-)
wärmen *tr* -pasha moto; **sich ~** -pata moto
Wärmflasche *f* chombo cha kupashia moto
Warmwasser|heizung *f* kipashio moto kiendeshwacho kwa maji moto; **~speicher** *m* boila (ma-)
warnen *tr* -onya (*vor* kujitahadharina)
Warnstreik *m* mgomo wa tishio
Warnung *f* onyo (ma-)
Wartehalle *f* chumba cha *od* ukumbi wa kungojelea
warten *intr* -ngoja, -subiri (*auf jmdn. od etw.* mtu *od* kitu), -ngojea *tr*; *tr Maschine* -tunza
Wärter *m Zoo* mwangalizi (wa-)
Warte|zeit *f* muda wa kusubiri; **~zimmer** *n* chumba cha kungojelea
Wartung *f Tech* utunzaji, kuhudumia *tr*
warum kwa nini *od* sababu gani? mbona?
Warze *f* chunjua (–), sugu (–); *Brust* chuchu (–)
Warzenschwein *n* ngiri (–)
was 1. *Interr Pron* nini? | ~ meinst du? unasemaje? **2.** *Rel Pron* kitu ambacho, jambo ambalo | alles, ~ … chote ambacho, lote ambalo | ~ auch immer lo lote ambalo
Waschbecken *n* beseni ya kunawia
Wäsche *f Kleidung* mavazi *Pl*, nguo *Pl*; **~klammer** *f* kibanio (vi-); **~korb** *m* kapu la kutilia nguo; **~leine** *f* kamba ya kutundikia nguo
waschen *tr* -nawa, -osha; *Wäsche* -fua; *Rel* -tawadha; **sich ~** -nawa, -oga
Wäscherei *f* kwa [ma]dobi
Wäsche|rolle *f* mashine yenye vigogo viwili vya mviringo vya kunyoshea nguo; **~schleuder** *f* kikaushio nguo (vi-); **~schrank** *m* kabati la nguo
Wasch|haus *n* kibanda cha kufulia nguo; **~lappen** *m* kitambaa cha kunawia uso na mikono; **~maschine** *f* mashine ya kufulia; **~pulver** *n* sabuni ya unga; **~raum** *m* maliwato *Pl*
Wasser *n* maji *Pl*; **~ball** *m* [mchezo wa] mpira wa majini
wasserdicht -si-*rel*-ingiza *od* -vuja maji, jarabati maji

Wasser|druck *m* msukumo wa maji; **~fall** *m* maporomoko ya maji; **~farbe** *f* rangi ya maji; **~flugzeug** *n* ndege ya kutulia maji; **~hahn** *m* bilula (–), koki (–); **~kraftwerk** *n* kituo cha nguvuumeme cha maji; **~leitung** *f* bomba la maji; *Sansibar* mfereji (mi-)
wässern *tr* -tia maji; *begießen* -mwagilia
Wasserpflanze *f* mmea unaomea katika maji
wasserscheu -oga wa maji
Wasser|schutzpolizei *f* jeshi la polisi wa majini; **~ski** *m* gongo la kutelezea kwenye maji; **~spiel** *n*, **~spiele** *Pl* chemchem ya kurushia maji; **~sport** *m* michezo ya majini; **~stand** *m* kina cha maji; **~stoff** *m* haidrojeni (–); **~straße** *f* njia ya usafiri wa baharini; **~waage** *f* pimamaji (–); **~werk** *n* kituo cha maji; **~zeichen** *n* chapa (–), alama (–)
wäßrig -a majimaji
waten *intr* -chopea
Watt *n El* Wati (–)
Watte *f* pamba (–)
weben *tr* -fuma
Weber *m* mfumaji (wa-)
Webervogel *m* mnaana (mi-); *weitere Arten* kinanda (vi-), manofi (–), komakanga (–), bintichuma (ma-)
Webstuhl *m* kitanda cha mfumi
Wechsel *m* badiliko (ma-); *Fin* hawala ya kulip[w]a; *Jagd* njia (–) | im ~ kwa kupokezana *od* zamu
wechselhaft *Wetter* -na-*rel*-geukageuka *od* -badilikabadilika
Wechselkurs *m* thamani ya fedha
wechseln *tr* -badilisha; *Geld auch* -vunja; *intr* -badilika *auch Wetter*; *Geld* -pata chenji
Wechselstrom *m* mkondo geu (mi-)
wecken *tr* -amsha; *übertr* -hamasisha, -sisimua
Wecker *m* saa ya kengele
wedeln *intr* | mit dem Schwanz ~ -tikisa mkia
weder | ~ … noch … … wala …
weg *umg verloren* | ~ sein -potea; *fort* | ~ sein -ondoka
Weg *m* njia (–), uchochoro (chochoro) | auf dem ~ njiani | aus dem ~e gehen -[kw]epa *tr*, -epukana na | jmds. ~ kreuzen -kuta mtu | er ist auf dem ~ der Besserung amepata nafuu
wegen kwa ajili *od* sababu ya
wegfallen *intr* -achwa
weggeben *tr* -toa
weggehen *intr* -ondoka
weglassen *tr auslassen* -acha, -ruka
weglaufen *intr* -kimbia
weglegen *tr* -weka
wegnehmen *tr* -nyima, -nyang'anya
wegräumen *tr* -ondoa, -somba, -zoa
Wegweiser *m* ubao wa kuonyeshea njia
wegwerfen *tr* -tupa; *auf die Erde* -bwaga
weh | mir tut der Kopf ~ ninaumwa kichwa, kichwa changu kinauma | jmdm. ~ tun -udhi mtu | sich ~ tun -umwa, -jiumiza
wehen *intr Wind* -vuma; *Fahne* -pepea
Wehr *n* ukuta unaozuia maji yasiende, mlangomaji (mi-)
wehren, sich -jihami, -jilinda (*gegen* na)
wehrlos -si-*rel* na silaha
Wehr|pflicht *f* utumishi wa lazima jeshini; **~pflichtiger** *m* kijana anayetakiwa kutumikia jeshini
Weibchen *n Zool* jike (ma-)
weiblich *Geschlecht*, *Gramm* -a kike
weich laini, -ororo; *sanft* -pole
Weiche *f Verk* pacha (–)
weichen *intr* -rudi *od* -rejea nyuma, -kimbia | nicht von der Stelle ~ -stahimili
weichgekocht *Ei* laini
weichlich tepetepe, teketeke
[1]**Weide** *f Baum* mti wa Ulaya uitwao willow
[2]**Weide** *f Landw* malisho *Pl*

weiden *intr* -la majani, -wepo malishoni; *tr* -chunga
weigern, sich -kataa
Weigerung *f* kukataa *tr*
Weihnachten *n od Pl* Krismasi (–), Noeli (–) | zu ~ wakati wa Krismasi *od* Noeli
weihnachtlich -a Krismasi *od* Noeli
Weihnachts|abend *m* mkesha wa Krismasi *od* Noeli; **~baum** *m* mti wa Krismasi; **~geschenk** *n* zawadi ya sikukuu ya Krismasi; **~markt** *m* soko la Krismasi; **~zeit** *f* wakati wa Krismasi na kabla
weil kwa kuwa *od* sababu
Weile *f* | eine ~ muda mfupi, kitambo (vi-)
Wein *m Trauben* zabibu (ma-); *Getränk* divai (–), mvinyo (mi-); **~bau** *m* ustawishaji wa mizabibu; **~berg** *m* shamba la mizabibu; **~brand** *m* brendi (–)
weinen *intr* -lia [machozi]
weinerlich -a kulialia
Wein|karte *f* orodha ya divai *od* mvinyo; **~keller** *m* ghala ya divai *od* mvinyo iliyopo chini ya nyumba; **~lese** *f* uchumaji wa mazabibu
weinrot -a zambarau
Wein|stock *m* mzabibu (mi-); **~traube** *f* kicha[l]a cha zabibu
Weise *f Art* namna (–) | auf diese ~ kwa namna hii *od* hiyo
weisen *intr* -onyesha *tr* kwa kidole *od* mkono | auf etw. ~ -dokeza kitu; *tr* | etw. von sich ~ -kataa jambo
Weisheitszahn *m* jino la nyuma kabisa
weiß -eupe | ~e Haare nywele za kijivu
Weiß|brot *n* mkate wa ngano *od* siha; **~kraut** *n* kabeji (–); **~wein** *m* divai nyeupe, mvinyo mweupe
Weisung *f* mwelekezo (mi-), agizo (ma-)
weit 1. *Adj entfernt* -a mbali; *ausgedehnt* -kubwa; *Kleidung* -pana, -si-*rel*-bana **2.** *Adv* mbali | das geht zu ~ kumezidi | ~ und breit pote, kote | bei ~em kwa kupita kiasi | von ~em kwa *od* toka mbali | ~ von der Schule mbali na *od* ya shule
Weitblick *m* busara (–), hekima (–)
Weite *f Ausdehnung* ukubwa; *Ferne* umbali
weiten *tr dehnen* -panua
weiter 1. *Adj zusätzlich* -ingine **2.** *Adv dazu* juu ya hilo *od* hayo | sprich ~! endelea tu | nichts ~ hamna nyingine | niemand ~ hakuna mwingine ambaye | und so ~ (usw.) na kadhalika (n. k.) | bis auf ~es kwa wakati uliopo *od* hivi sasa | ohne ~es bila kusita, mara moja
weiterbilden, sich -jikomaza
weiterfahren *intr* -endelea na safari *od* ziara, -enda mbele
weitergeben *tr* -peleka mbele
weitergehen *intr* -enda mbele, *neg*-simama; *fortgesetzt werden* -endelea
weiterkommen *intr übertr* -endelea, -enda mbele
weiterleiten *tr* -peleka mbele
weit|gehend -kubwa, -ingi; **~läufig** *Verwandter* -a mbali; **~sichtig** *Med* -si-*rel*-weza kuona vitu vya karibu; *übertr* -a busara *od* hekima
Weitsprung *m* kuruka chini
weitverbreitet -li-*rel*-enea sana
Weitwinkelobjektiv *n* lenzi pana (–)
Weizen *m* ngano (–)
welch|er (~e, ~es; ~e) 1. *Interr Pron* -pi, gani **2.** *Rel Pron* amba-*rel*
welk -nyaufu
Wellblech *n* bati petevu (ma-)
Welle *f* wimbi (ma-) *auch Phys*; *Tech* shafti (–)
Wellen|gang *m* mawimbi *Pl*; **~länge** *f Radio* urefu wa mawimbi, lukoka (–); **~sittich** *m* cherero (–)
wellig -enye mikunjomikunjo *od* vituta, petevu
Wellpappe *f* kadibodi (–)
Welschkraut *n* kabeji ya savoy
Welt *f* dunia (–), ulimwengu | alle ~ kila, wote | auf die ~ kommen -za-

liwa | zur ~ bringen -zaa; **~all** *n* anga (–)

weltanschaulich -a kifalsafa *od* kiitikadi

Welt|anschauung *f* falsafa (–), itikadi (–); **~ausstellung** *f* maonyesho ya duniani

weltberühmt maarufu katika dunia nzima

Weltergewicht *n* uzito wa welter

weltfremd -li-*rel*-jitenga na mazingira

Welt|frieden *m* amani duniani (–); **~krieg** *m* Vita Kuu ya Dunia

weltlich -a kiraia

Welt|literatur *f* fasihi ya hadhi ya kimataifa; **~markt** *m* soko la dunia; **~meister** *m* bingwa wa dunia (ma-); **~meisterschaft** *f* ubingwa wa dunia; **~raum** *m* anga (–); **~rekord** *m* rekodi ya dunia *od* ulimwengu

weltweit katika *od* -a dunia nzima

Wendekreis *m* tropiki (–)

Wendeltreppe *f* ngazi ya kuzunguka

wenden *tr* -geuza; *intr* -geuka | sich an jmdn. ~ -uliza *od* -semesha mtu | sich gegen jmdn. ~ -pinga mtu

Wendepunkt *m übertr* tukio muhimu (ma-)

wendig -epesi

Wendung *f Drehung* geuko (ma-); *Rede~* nahau (–)

wenig -dogo, -chache | ein ~ kidogo | in ~en Minuten muda si muda

weniger | um so ~ (, als ...) kupotelea mbali (...)

wenigstens si chini ya, angalau

wenn *Zeit* wakati ambapo *od* -po-; *Bedingung* ikiwa, kama, -ki- | ~ nicht ama sivyo, kama siyo

wer **1.** *Interr Pron* nani, -pi **2.** *Rel Pron* ambaye | ~ auch immer ye yote ambaye

Werbe|fernsehen *n* [kipindi cha] telefisheni cha kutangazia biashara; **~film** *m* picha ya sinema ya matangazo; **~funk** *m* [kipindi cha] redio cha kutangazia biashara

werben *tr* -shawishi (*für* ku-); *intr* -fanya matangazo (*für* ya)

Werbung *f Wirtsch* utangazaji

werden *intr* -wa | das Eis wird zu Wasser barafu inayeyuka na kuwa maji | sie ~ ... Jahre alt wanatimiza miaka ... | er ist alt geworden amezeeka | daraus wird nichts haiwezekani | es wird Zeit wakati unakaribia | mir wird schlecht karibu nitatapika | naß ~ -loweka, -roweka | es wird Nacht pamekuchwa | es wird Tag pamepambazuka **2.** *Hilfsverb* | er wird lesen atasoma | uns wurde gesagt tuliambiwa | sie würden kommen wangekuja

werfen *tr* -tupa, -rusha | nach jmdm. ~ -tupia mtu; *Biol* -zaa | Anker ~ -tia nanga | den Brief in den Kasten ~ -tumbukiza barua katika sanduku | jmdn. ins Gefängnis ~ -funga mtu gerezani; **sich ~** -kabili (*auf etw.* kitu)

Werft *f* gati (ma-), flotile (–)

Werk *n Lit* kitabu (vi-); *Mus* wimbo (nyimbo), muziki (mi-); *Betrieb* kiwanda (vi-); *Tech* mtambo (mi-); *Arbeit* kazi (–); **~bank** *f* benchi (ma-); **~küche** *f* kantini (–); **~leiter** *m* meneja (ma-), mkurugenzi (wa-); **~schutz** *m* walinzi wa kiwanda[ni]; **~statt** *f* karakana (–), gereji (–); **~stoff** *m* mata (–); **~tag** *m* siku ya kufanyia kazi

werktags kila Jumatatu hadi Ijumaa *od* Jumamosi

Werk|tätige *Pl* watenda kazi; **~unterricht** *m* somo la kazi kwa vitendo

Werkzeug *n* zana (–), kifaa (vi-); **~kasten** *m* boksi ya vifaa *od* zana

Wermut *m Getränk* vermouth (–)

wert | viel (nichts) ~ sein -wa na thamani kubwa (ndogo) | nicht der Mühe ~ sein *neg*-stahili kufanya bidii; *Brief* | ~er Herr Bwana

Wert *m Preis* thamani (–); *Bedeutung* maana (–), umuhimu | ~ legen auf

-tilia maanani; **~brief** *m* barua ya kudhaminiwa
werten *tr* -tathmini
wertlos duni, -si-*rel* na thamani
Wertsachen *Pl* vitu vya thamani
Wertung *f* utathmini
wertvoll -a thamani
Wesen *n Art* tabia (–); *Kern* kiini (vi-); *Lebe~* kiumbe (vi-)
wesentlich muhimu, -a maana
weshalb *Interr Adv* kwa nini *od* sababu gani?
Wespe *f* nyigu (–)
Weste *f* kizibao (vi-)
Westen *m* magharibi (–)
westlich [-a] magharibi
Westwind *m* upepo wa magharibi
weswegen *Interr Adv* = **weshalb**
Wettbewerb *m* mashindano *Pl*
Wette *f* dau (ma-) | eine ~ abschließen -tia dau
wetteifern *intr* -shindana
wetten *intr* -tia dau
Wetter *n* hali ya hewa | schönes (schlechtes) ~ hali nzuri (mbaya) ya hewa; **~bericht** *m*, **~vorhersage** *f* utabiri wa hali ya hewa; **~karte** *f* ramani ionyeshayo hali ya hewa ya baadaye; **~leuchten** *n* mmeremeto (mi-)
Wettkampf *m* mashindano *Pl*, michuano *Pl*
wetzen *tr* -noa
Whisky *m* wiski (–)
wichtig muhimu, -a maana
Wichtigkeit *f* umuhimu, uzito wa juu
Wicke *f* mmea ufananao na mlangamia mdogo na kuitwa vetch
wickeln *tr* -zungusha, -viringisha (*um* katika, kwenye); *Kind* -badilisha winda *od* nepi ya
Widder *m* kondoo dume (–)
Widerhall *m übertr* mwitikio (mi-)
widerlegen *tr* -futa
widerlich -a kuchukiza, -baya
widerrechtlich haramu
Widerruf *m* | bis auf ~ mpaka itakapofutwa tena
widerrufen *tr* -batilisha, -tangua
widersetzen, sich -kinza, -kaidi
widerspenstig -a ukaidi | ~er Mensch mkaidi (wa-)
widerspiegeln *tr Phys* -akisi; *übertr* -onyesha; **sich** ~ -akisika; *übertr* -onekana
Widerspiegelung *f* kuakisika [kwa mwanga]
widersprechen *intr* -pinga *tr* | man widersprach ihm walipinga hoja yake
Widerspruch *m* mfarakano (mi-)
widersprüchlich -a kutatanisha
widerspruchslos bila ya ukinzani
Widerstand *m* upinzani (*gegen* dhidi ya); *El* ukinzani
Widerstandsbewegung *f Pol* wapinzani *Pl*
widerstandsfähig -na-*rel*-stahamili *tr* | ~er Mensch mstahamilivu (wa-)
Widerstandskämpfer *m* mpinzani (wa-)
widerstehen *intr* -stahamili *tr*
widerstreben *intr* | das widerstrebt mir sipendezwi na hili
widerwärtig -a kuchukiza
Widerwille *m* kinyongo (vi-) (*gegen* na)
widerwillig *Adv* [kwa] shingo upande
widmen *tr* -shughulikia; *Buch* -tabaruku (*jmdm.* kwa mtu); **sich** ~ -jihusisha, -jishughulisha (*einer Sache* na kitu)
Widmung *f* kutabaruku *tr*
wie 1. *Frage* vipi, namna gani? | ~ oft? mara ngapi? | ~ geht es? hali gani? | ~ spät ist es? saa ngapi? | ~ bitte? naam *od* bee? | ~ heißt das in Swahili? wanasemaje kwa Kiswahili? *Ausruf* | ~ schmutzig ist es hier! kweli hapa pachafu *Vergleich* kama, sawa na **2.** *Konj* kama [-vyo-], -vyo-
wieder tena, mara nyingine | immer ~ mara kwa mara | sie ist ~ da amerudi
Wiederaufbau *m* kujenga upya *tr*

wiederaufbauen *tr* -jenga upya
wiederbeleben *tr Med* -fufua
Wiederbelebungsversuch *m* jaribio la kufufua *tr*
wiedererkennen *tr* -tambua ... tena
Wiedereröffnung *f* kufungua upya *tr*
wiederfinden *tr* -pata ... tena
wiedergeben *tr zurückgeben* -rudisha, -rejesha
wiedergutmachen *tr Schaden* -fidia; *Fehler* -sahihisha
wiederherstellen *tr* -tengeneza; *Gesundheit* -ponya, ponyesha
Wiederherstellung *f* matengenezo *Pl*; *Gesundheit* kupata nafuu, kupona
wiederholen *tr* -rudia; **sich ~** -rudiana
wiederholt -a mara kwa mara
Wiederholung *f* marudio *Pl*
Wiederhören *n* | auf ~! kwa heri[ni]; *Radio* tupo hewani tena
Wiederkehr *f* marudi *Pl*
wiedersehen *tr* -ona *od* -kuta ... tena; **sich ~** -onana *od* -kutana tena
Wiedersehen *n* kuonana tena | auf ~! kwa heri ya kuonana
Wiederwahl *f* kuchaguliwa tena
Wiege *f* mlezi (mi-), susu (–)
1**wiegen** *tr Kind* -vinya; *zerkleinern* -saga, -kata
2**wiegen** *tr abwiegen* -pima uzito wa; *intr schwer sein* -wa na uzito
Wiese *f* uwanja wa majani *od* nyasi
Wiesel *n* kicheche (vi-)
wie|so kwa nini; **~viel** -ngapi | wieviel kostet das? hii bei *od* kiasi gani?
wild -a kishenzi; *Tier* -kali, -a porini; *rasend* -kali
Wild *n Tier* mnyama wa porini *od* msituni; *Fleisch* nyama ya mnyama wa porini; **~ente** *f* bata (–)
Wilderer *m* jangili (ma-)
wildern *intr* -winda bila ya idhini
Wildleder *n* ngozi yenye manyoya
Wildnis *f* pori (ma-), msitu (mi-)
Wildschwein *n* nguruwe-mwitu (–)
Wille *m* hiari (–), ridhaa (–) | wider ~n kwa kulazimishwa *od* kushurutishwa | beim besten ~n hata kidogo
willig -a usikivu | ~er Mensch msikivu (wa-)
willkommen -na-*rel*-pokewa kwa furaha | jmdn. ~ heißen -karibisha mtu | ~! karibu[ni]
Willkür *f* bila [ya] kujali *tr*
willkürlich -a mtu mwenyewe, bila ya sababu
wimmeln *intr* -songamana, -banana, -wa -ingi mno
wimmern *intr* -lia kichinichini
Wimpel *m* kibendera (vi-)
Wimper *f* ukope (kope)
Wimperntusche *f* rangi ya kope
Wind *m* upepo; **~bruch** *m* miti iliyoangushwa na upepo
Winde *f Tech* winchi (–); *Schiffs~* manjanika (–); *Bot* mlangamia (mi-)
Windel *f* nepi (–), winda (–)
winden, sich -jiviringisha, -jisokota
Windhund *m* mbwa wa greyhound
windig -a upepo mwingi | ~er Bursche mtu asiyeaminika
Wind|mühle *f* mashine izungushwayo kwa nguvu ya upepo, kinu cha upepo; **~pocken** *Pl* tetekuwanga (–); **~schutzscheibe** *f* kioo cha gari, kiwambo upepo (vi-); **~stärke** *f* kasi *od* nguvu ya upepo
windstill shwari
Windung *f* mzongomo (mi-)
Wink *m Hinweis* shauri (ma-), dokiezo (ma-)
Winkel *m Ecke*, *Math* pembe (–); **~messer** *m* kipimapembe (vi-)
winken *intr* -punga mkono
winklig -a *od* -enye kona [nyingi]
winseln *intr Hund* -lia
Winter *m* majira ya kipupwe *od* baridi | im ~ wakati wa kipupwe; **~fahrplan** *m* ratiba ya treni *od* mabasi wakati wa kipupwe; **~ferien** *Pl* likizo za majira ya kipupwe
winterlich -a baridi *od* kipupwe
Winter|mantel *m* kaputi zito; **~sport**

m michezo ya majira ya baridi *od* kipupwe

Winzer *m* mlimaji *od* mtunzaji wa mizabibu

winzig -dogo sana, kadogo

Wipfel *m Baum* kilele (vi-)

wir *unverbunden* sisi; *vor Verbform* tu-

Wirbel *m* kifupa (vi-); *Wasser* kizingia (vi-); **~säule** *f* uti wa mgongo

wirken *intr* -athiri (*auf etw.* kitu); *Med* | beruhigend ~ -tuliza; *Textil* -fuma

wirklich 1. *Adj* -a kikweli, halisi **2.** *Adv* kwa kweli, hakika | er ist ~ derjenige, welcher ... yeye ndiye mtu ambaye ... | ~? sivyo?

Wirklichkeit *f Wahrheit* ukweli; *Realität* hali halisi (–)

wirksam -na-*rel*-faa

Wirkung *f* tokeo (ma-) | mit ~ vom heutigen Tag kuanzia leo

wirkungs|los -si-*rel*-faa; **~voll** = **wirksam**

wirr ovyo[ovyo], -enye kichaa *od* wasiwasi; *Haar* timtim

Wirsing *m* kabeji ya savoy

Wirtschaft *f Wirtsch* uchumi; *Gut* ranchi (–), shamba (ma-); *Gaststätte* mgahawa (mi-), baa (ma-)

wirtschaften *intr Haus* -kimu | sparsam ~ -bana matumizi

wirtschaftlich *ökonomisch* -a kiuchumi; *sparsam* -a kubana matumizi

Wirtschafts|krise *f* mzozo wa kiuchumi; **~minister** *m* Waziri wa Uchumi (ma-); **~ordnung** *f* mfumo wa uchumi; **~politik** *f* sera ya kiuchumi; **~wissenschaftler** *m* mchumi (wa-)

wischen *tr* -piga deki | Staub ~ -pangusa mavumbi

wißbegierig -a udadisi *od* kudadisi | ~er Mensch mdadisi (wa-), mpekuzi (wa-)

wissen *tr* -jua, -fahamu | jmdn. etw. ~ lassen -pasha mtu habari, -arifu mtu juu ya kitu | wie man weiß inavyojulikana

Wissen *n* maarifa *Pl*, elimu (–) | meines ~s ninavyojua mimi | nach bestem ~ werde ich ... kadiri ninavyojua nita- ...

Wissenschaft *f* taaluma (–); *Natur*~ sayansi (–)

Wissenschaftler *m* mtaalam[u] (wa-)

wissenschaftlich -a kitaalam[u]

wissenswert -na-*rel*-stahili kujulikana

wittern *tr* -nusa, -hisi harufu ya

Witterung *f Meteor* hali ya hewa

Witwe(r) *f*(*m*) mjane (wa-)

Witz *m* kichekesho (vi-), mzaha (mi-)

witzig -a kuchekesha

wo 1. *Interr Adv* wapi? **2.** *Rel Pron* ambamo, ambapo, ambako, -mo-, -po-, -ko- **3.** *Interj* | ach ~! la hasha

wobei | ~ er hinzufügte alipoongeza, na kuongeza

Woche *f* wiki (–), juma (ma-)

Wochen|ende *n* wikendi (–), mwisho wa wiki; **~endhaus** *n* nyumba shambani (–); **~karte** *f* tikiti itumikayo kwa wiki moja

wochenlang -na-*rel*-chukua wiki *od* majuma kadhaa

Wochentag *m* siku kama Jumatatu *od* Jumanne

wochentags wakati wa Jumatatu hadi Ijumaa

wöchentlich -a kila wiki

Wochenzeitschrift *f* gazeti *od* jarida la kila wiki

Wöchnerin *f* mama anyonyeshaye (–)

Wodka *m* vodka (–)

wo|durch 1. *Interr Adv* vipi?, kwa namna gani? **2.** *Rel Pron* kutokana na hilo; **~für 1.** *Interr Adv* kwa nini? **2.** *Rel Pron* kwa hilo

woher 1. *Interr Adv* kutoka wapi? | ~ kommt sie? anatoka wapi? | ~ weißt du das? unajuaje? **2.** *Rel Pron* ambamo, ambapo, ambako

wohin 1. *Interr Adv* wapi? **2.** *Rel Pron* ambamo, ambapo, ambako

wohl *wahrscheinlich* | er wird ~ kommen inavyoelekea atakuja | er fühlt sich ~ hajambo, yu mzima | sie fühlt sich nicht ~ anaumwa kidogo | ~ oder übel mtu akipenda asipende | lebt ~! kwa herini | das ist ~ der Gast? huyu ndiye mgeni, sivyo?

Wohl *n* neema (–), us[i]tawi | auf Ihr ~! kwa afya yako; **~befinden** *n* raha (–), starehe (–)

wohl|behalten -a salama; **~habend** -enye mali, tajiri; **~riechend** -na-*rel*-nukia; **~schmeckend** -enye ladha nzuri, -tamu, -li-*rel*-chapuka

Wohlstand *m* neema (–), us[i]tawi

wohl|tuend -a raha [mustarehe]; *erfrischend* -a kuburudisha; **~verdient** -li-*rel*-stahiki

Wohlwollen *n* hisani (–)

wohlwollend -a hisani

Wohnblock *m* nyumba zilizoungwa, block (–)

wohnen *intr* -kaa, -ishi

wohnhaft -na-*rel*-kaa *od* -ishi (*in* katika)

Wohn|haus *n* nyumba ya kuishi; **~küche** *f* jiko linalotumika kwa kuzungumzia na kulala

wohnlich -a raha

Wohn|ort *m* makazi *Pl*, maskani *Pl*, mji (mi-); **~sitz** *m* makao *Pl*, nyumba (–)

Wohnung *f* fleti (–)

Wohnungs|bau *m* ujenzi wa nyumba za kuishi; **~tausch** *m* kubadilishana fleti

Wohn|viertel *n* mtaa (mi-); **~wagen** *m* veni (ma-); **~zimmer** *n* ukumbi (kumbi)

Wolf *m Zool* mnyama wa jamii ya mbwa aitwaye wolf; *Fleisch~* kisaganyama (vi-)

Wolke *f* wingu (ma-); *Regen~* ghubari (ma-)

Wolkenbruch *m* mvua kubwa (–)

wolkenlos -si-*rel* na mawingu

wolkig -a mawingumawingu

Wolle *f* sufi (–)

[1]**wollen** *Adj* -a sufi

[2]**wollen** *intr* -taka | was willst du damit sagen? una maana gani? | das will nichts sagen haina maana | wir ~ gehen twende[ni] | zu wem will sie? anamtafuta nani?

Wollstoff *m* kitambaa cha sufi

womit 1. *Interr Adv* kitu gani? **2.** *Rel Pron* | das, ~ er schreibt, ist … kitu ambacho anaandika nacho ni …

wonach 1. *Interr Adv* nini? **2.** *Rel Pron* | das, ~ wir suchen kitu ambacho tunakitafuta

Wonne *f* furaha (–), nderemo (–)

woran 1. *Interr Adv* | ~ denkst du? unafikiria nini? | ~ lehnen wir das Rad? tunaegemeza wapi bais[i]keli? **2.** *Rel Pron* | das, ~ er sich erinnert jambo ambalo analikumbuka

worauf 1. *Interr Adv* wapi?, juu ya nini? **2.** *Rel Pron* | das, ~ er steht kitu ambapo amesimama

woraus *Interr Adv* | ~ resultiert das? hili linatokana na nini?

worin 1. *Interr Adv* wapi? **2.** *Rel Pron* ambamo

Wort *n* neno (ma-); *fachsprachliches ~* istilahi (–); *Versprechen* ahadi (–) | sein ~ halten -timiza ahadi | jmdm. ins ~ fallen -kata *od* daka maneno ya mtu

Wörterbuch *n* kamusi (–) | Swahili-Deutsches-~ kamusi ya Kiswahili kwa Kijerumani

wortgewandt mbuji [wa kusema]

wortkarg | ~er Mensch mnyamafu (wa-)

Wortlaut *m* habari kamili (–)

wörtlich sisisi, -a neno kwa neno

wortlos kimya, bila kusema lo lote

Wort|meldung *f* kutaka kutoa hoja; **~schatz** *m* msamiati (mi-); **~wechsel** *m* majadiliano makali

worüber 1. *Interr Adv* juu ya nini? | ~ hat sie sich geärgert? amekasirikia nini? **2.** *Rel Pron* | das, ~ sie spricht jambo ambalo analieleza

worum 1. *Interr Adv* | ~ handelt es sich? inahusu nini? **2.** *Rel Pron* | das,

~ ich gebeten hatte kitu ambacho nilikiomba
worunter *Interr Adv Ort* wapi?
wovon 1. *Interr Adv* | ~ berichtet sie? anaeleza juu ya nini? | ~ ist er abhängig? anamtegemea nani? anategemea nini? **2.** *Rel Pron* amba-*rel* | das, ~ er berichtet habari ambayo anaieleza
wovor 1. *Interr Adv* | ~ haben Sie Angst? unaogopa nini? **2.** *Rel Pron* amba-*rel*
wozu 1. *Interr Adv* kwa nini? | ~ dient das? inasaidia vipi? **2.** *Rel Pron* amba-*rel* | das, ~ ich Lust habe jambo ambalo nataka kulifanya
Wrack *n Mar* mabaki ya chombo kilichozama
Wucher *m* ulanguzi
wuchern *intr Bot* -kua ovyo
Wuchs *m Gestalt* kimo (vi-); *Wachstum* ukuaji
Wucht *f* kani (–), nguvu (–)
wuchtig *heftig* -a nguvu
wühlen *intr* -chakura (*in* katika, -ni)
wund *Med* -li-*rel*-chubuka | *übertr* einen ~en Punkt berühren -gusia suala nyeti
Wunde *f Med* jeraha (ma-), kidonda (vi-) | nicht heilende ~ kidondandugu (vi-) *auch übertr*
Wunder *n* ajabu (–), muujiza (mi-), kioja (vi-) | es ist kein ~, daß ... halishangazi kwamba ...
wunderbar *großartig* bora; *zauberhaft* -a ajabu
wundern, sich -shangaa, -staajabu (*über* kwa)
wundervoll -zuri, bora
Wundstarrkrampf *m* pepopunda (–)
Wunsch *m* ombi (ma-)
wünschen *tr* -omba | jmdm. alles Gute ~ -takia mtu kila la heri | das läßt zu ~ übrig ina dosari *od* hitilafu, haijakamilika | was ~ Sie? unataka nini?
wünschenswert -na-*rel*-takiwa
Würde *f* hadhi (–), heshima (–), utukufu
würdig *angesehen* mashuhuri; *feierlich* -tukufu
würdigen *tr* -thamini, -sifu
Wurf *m Biol* mzao (mi-); *Sport* kutupa *tr*, kurusha *tr*
Würfel *m* dadu (–); *Math* mche mraba (mi-)
würfeln *intr* -cheza dadu (*um* kuwania)
Würfel|spiel *n* mchezo wa *od* kucheza dadu; **~zucker** *m* sukari ya dadu
Wurm *m* mnyoo (mi-)
Wurst *f* nyama (–), soseji (–)
Würstchen *n* soseji (–) | Wiener ~ Frankfurter (–)
Würze *f* viungo *Pl*, ladha (–)
Wurzel *f Bot* mzizi (mi-); *Math* kipeuo (vi-); *Zahn~* shina (ma-)
würzen *tr* -unga
würzig *gut gewürzt* -enye viungo; *schmackhaft* -tamu
wüst *verwildert* -li-*rel*-hamwa
Wüste *f* jangwa (ma-)
Wut *f* hamaki (–), ghadhabu (–) | ~ bekommen -ingiwa na ghadhabu
wütend, wutentbrannt -a ghadhabu *od* hamaki
wüten *intr* -foka; *Unwetter* -kumba *tr*

X

X *n* | jmdm. ein ~ für ein U vormachen -danganya *od* -laghai mtu
X-Beine *Pl* miguu ya mateke
x-beliebig | jeder ~e [mtu] ye yote
Xylophon *n* chondo (vyondo), marimba (–)

Y

Yacht *f* = **Jacht**
Yamswurzel *f* kiazi kikuu
Yard *n* yadi (–)
Yoghurt *m od n* = **Joghurt**

Z

zaghaft -a kusitasita
zäh -gumu, -kavu; *übertr* -a ukakamavu
Zähigkeit *f* ugumu, ukavu; *übertr* ukakamavu
Zahl *f* idadi (–); *Ziffer* namba (–), tarakimu (–); **~box** *f* kisanduku cha fedha
zahlen *tr* -lipa
zählen *tr* -hesabu; *intr* -hesabiwa (*zu* kuwa)
zahlenmäßig [-ingi] kwa idadi
Zähler *m Math* kiasi (vi-); *El* mita (–)
Zahl|karte *f* fomu ya hati ya kulipa; **~kellner** *m* mwandikiaji mwandamizi
zahl|los -ingi kupita kiasi; **~reich** -ingi sana, tele
Zahlung *f* malipo *Pl*
Zählung *f* kuhesabu *tr*
Zahlungs|anweisung *f* hawala ya fedha; **~mittel** *n*, *meist Pl* fedha (–), pesa (–)
Zahlwort *n Adj* kivumishi cha idadi; *Adv* kielezi cha idadi
zahm -li-*rel*-fugwa
zähmen *tr* -fuga
Zahn *m* jino (meno) *auch Tech*; **~arzt** *m* daktari wa meno (ma-); **~bürste** *f* mswaki (mi-); **~ersatz** *m* meno ya bandia; **~fleisch** *n* sine (ma-), ufizi (fizi); **~klinik** *f* zahanati ya maradhi ya meno; **~pasta** *f* dawa ya meno; **~pflege** *f* utunzaji wa *od* kutunza meno
Zahn|rad *n* gurudumu [la] meno; **~schmerz** *m*, *oft* **~schmerzen** *Pl* kuumwa na meno; **~stein** *m* ugaga, ukoka; **~stocher** *m* kichokoleo (vi-); **~techniker** *m* fundi wa meno [bandia] (ma-)
Zaire Zaire (–)
Zange *f* koleo (–)
Zank *m* ugomvi, mabishano *Pl*
zanken *intr und refl* -bishana, -gombana
zänkisch -a ubishi *od* ugomvi | **~er** Mensch mgomvi (wa-), mbishi (wa-)
Zäpfchen *Anat* kidakatonge (vi-), kilimi (vi-), kimio (vi-)
Zapfen *m Bot* sonobari (ma-); *Faß* kizibo (vi-)
zappeln *intr* -yumbayumba
zart -ororo, laini, teketeke
zärtlich -a mapenzi
Zauber *m Reiz übertr* mvuto (mi-), uzuri
Zauberei *f* mazingaombwe *Pl*; *Ethnol* uchawi
Zauberer *m Ethnol* mchawi (wa-)
Zauberkünstler *m* fundi wa mazingaombwe (ma-)
zaubern *tr* -fanya mazingaombwe ya; *intr Ethnol* -fanya uchawi
zaudern *intr* -sita
Zaum *m* hatamu (–)
Zaun *m* ugo (nyugo), uzio (nyuzio); **~könig** *m* ndege afananaye na shomoro na kuitwa wren
Zebra *n* punda-milia (–)
Zeche *f Bergb* mgodi (mi-)
Zecke *f* kupe (ma-)
Zeder *f* mwerezi (mi-)
Zehe *f* kidole cha mguu
zehn kumi
Zehnkampf *m* mchezo wa fani 10 za riadha
zehnt|er (~e, ~es) -a kumi
Zeichen *n* alama (–), ishara (–); *An~* dalili (–); *Kenn~* sifa (–); *Chem*, *Math* alama (–); **~block** *m* karatasi

za kuchorea; **~trickfilm** *m* sinema ya katuni, kikatuni (vi-)
zeichnen *tr* -chora; *signieren* -tia sahihi *od* saini
Zeichnung *f* mchoro (mi-); *Kenn~* sifa (–)
Zeigefinger *m* kidole cha shahada
zeigen *tr* -onyesha; *intr* -onekana, -dhihirika, -bainika, -wa bayana *od* dhahiri *od* wazi | auf jmdn. mit dem Finger ~ -elekeza mtu kidole; **sich ~** -jitokeza
Zeiger *m* akrabu (–), mkono (mi-)
Zeile *f* mstari (mi-)
Zeisig *m* ndege afananaye na mtama-wa-bibi na kuitwa siskin
Zeit *f* wakati (nyakati); *Zeitalter* enzi *Pl*; *Dauer* muda; *Uhrzeit* saa (–) | (keine) ~ haben (*neg*)-wa na nafasi *od* fursa *od* wasaa | sich ~ nehmen -kawia | zur ~ *gegenwärtig* hivi sasa; *rechtzeitig* mapema | mit der ~ kadiri muda unavyokwenda | es ist höchste ~ wakati umefika; **~alter** *n* enzi *Pl*; **~ansage** *f* kutangaza saa; **~aufwand** *m* muda
zeit|gemäß -a mtindo wa kisasa; **~genössisch** -a siku hizi
zeitig -a *od* na mapema
Zeitkarte *f Verk* tikiti itumikayo kwa muda maalum
Zeitlang *f* | eine ~ kwa muda
zeitlich -a wakati *od* tarehe *od* saa
Zeit|lupe *f* mwendo wa polepole; **~punkt** *m* wakati (nyakati)
zeitraubend -na-*rel*-poteza muda mwingi
Zeitraum *m* muda | im ~ von kwa muda wa
Zeitrechnung *f* kuhesabu miaka | unserer ~ baada ya Kristo kuzaliwa | vor unserer ~ kabla ya Kristo kuzaliwa
Zeitschrift *f* jarida (ma-)
Zeitung *f* gazeti (ma-)
Zeitungsschau *f* kupitia [ma]gazeti
Zeitvertreib *m* burudani (–)
zeitweise -a muda
Zelle *f Biol*, *El* seli (–); *Gefängnis* chumba [cha mahabusu *od* gereza *od* jela]
Zellophan *n* selofeni (–)
Zellstoff *m* selulosi (–)
Zelluloid *n* selotepu (–)
Zellulose *f* selulosi (–)
Zellwolle *f* rayoni asteti (–)
Zelt *n* hema (–); **~bahn** *f* turubai (ma-)
zelten *intr* -kita *od* -piga hema
Zelt|lager *n* kambi la hema; **~plane** *f* turubai (ma-); **~platz** *m* mahali pa kupigia hema
Zement *m* saruji (–), siminti (–)
zementieren *tr* -tia saruji
zensieren *tr Schule* -maki, -toa alama *od* maksi za
Zensur *f Schule* alama *Pl*, maksi *Pl*
Zentimeter *n*, *umg m* sentimeta *od* sentimita (–)
Zentner *m* kilo 50
zentral -kuu; *im Zentrum* -a kati kati
Zentralafrikanische Republik *f* Jamhuri ya Afrika ya Kati
Zentrale *f* makao makuu *Pl*
Zentralheizung *f* mfumo mkuu wa kukanza *od* kupasha joto
zentralisieren *tr* -ongoza … kutoka katika makao makuu
Zentrifuge *f* kizungushio (vi-), mashine pewa (–)
Zentrum *n Stadtinneres* sehemu ya kati kati ya mji
zerbrechen *tr* -vunja
zerbrechlich -na-*rel* -vunjika [upesi]
zerdrücken *tr* -kanyaga, -ponda
Zeremonie *f* sherehe (–)
Zerfall *m* myeyuko (mi-)
zerfallen *intr sich auflösen* -yeyuka
zergehen *intr* -yeyuka
zerhacken *tr* -katakata
zerkleinern *tr* -saga, -katakata
zerknirscht -a majuto
zerknittern *tr* -kunja
zerknüllen *tr* -kunja
zerkochen *intr* -chemshwa mno na kuyeyuka

zerlassen *tr Fett* -yeyusha
zerlegbar -na-*rel*-weza kuchanganuliwa
zerlegen *tr* -changanua; *tranchieren* -kata
zermalmen *tr* -angamiza, -ponda, -kanyaga
zermürben *tr* -chosha
zerplatzen *intr* -pasuka
zerquetschen *tr* -finya
zerreiben *tr* -saga
zerreißen *tr* -chana; *intr* -chanika
zerren *tr* -vuta
Zerrung *f Med* kututumka
zerrüttet -bovu, muflisi
zersägen *tr* -kata … kwa msumeno
zerschlagen *tr* -pasua, -vunja; *vernichten* -angamiza, -teketeza; **sich** ~ *übertr* -shindikana
zerschneiden *tr* -kata
zersetzen, sich *Chem* -yeyuka, -oza
Zersetzung *f Chem* uozo, myeyuko (mi-); *Pol* fujo (–)
zersplittern *intr* -vunjika; *tr übertr* -tenganisha; **sich** ~ *übertr* -tengana
Zersplitterung *f übertr* utengano
zerspringen *intr* -pasuka
Zerstäuber *m* kinyunyizio (vi-)
zerstören *tr* -angamiza, -teketeza, -haribu
Zerstörer *m* manowari (–)
Zerstörung *f* maangamizi *Pl*, uharibifu
zerstreuen *tr übertr* -burudisha; **sich** ~ -jiburudisha
zerstreut *übertr* -si-*rel* makini
Zerstreuung *f Ablenkung* burudani (–)
zertreten *tr* -kanyaga, -vyoga
zertrümmern *tr* -bomoa; *Scheibe* -vunja
Zerwürfnis *n* mfarakano (mi-)
Zettel *m* kijikaratasi (vi-)
Zeug *n Kram* vitu vikuukuu
Zeuge *m* shahidi (ma-)
zeugen *tr Biol* -tia mimba; *intr übertr* -shuhudia (*von etw.* kitu)
Zeugnis *n für Schulbesuch* cheti (vyeti); *für Fachschulbesuch* stashahada (–); *Urkunde* hati (–)
Zibetkatze *f* fungo (–)
Ziege *f* mbuzi (–)
Ziegel *m Dach* kigae (vi-); *Mauer* tofali (ma-) | ~ herstellen -fyatua matofali; **~stein** *m* tofali (ma-)
Ziegenbock *m* beberu (ma-)
Ziegenpeter *m* matubwitubi *Pl*, machapwi *Pl*
ziehen *tr* -kokota; *herausziehen* -vuta, -toa, -chomoa (*aus* katika); *Brettspiel* -cheza; *intr unpers* | es zieht pana upepo; *refl* | sich in die Länge ~ -dumu
Ziehharmonika *f* hamoni (–)
Ziehung *f Lotterie* kucheza *tr*
Ziel *n* shabaha (–), lengo (ma-)
zielbewußt -a *od* kwa kulenga shabaha
zielen *intr* -lenga (*auf* kitu)
Ziel|gerade *f* mnyooko wa mwisho; **~linie** *f* mstari wa kumalizia
ziellos -si-*rel* na shabaha | ~ herumgehen -zurura
Zielscheibe *f* shabaha (–)
ziemlich kiasi
zieren *tr* -pamba; **sich** ~ -ringa
zierlich -embamba
Zierpflanze *f* mmea wa mapambo
Ziffer *f* namba[ri] (–), tarakimu (–); **~blatt** *n* namba[ri] za saa
Zigarette *f* sigara (–); *Sansibar auch* sigiriti *od* sigereti (–)
Zigaretten|etui *n* jaluba la kutilia sigara; **~papier** *n* karatasi ya sigara
Zigarillo *m od n* sigara nene kiasi
Zigarre *f* sigara nene (–)
Zimmer *n* chumba (vyumba); **~antenne** *f* erieli ya ndani; **~mann** *m* fundi seremala (ma-); **~pflanze** *f* mmea unaostawi chumbani
zimperlich -a hadhari sana
Zimt *m* kiungo cha gome la mdalasini; **~baum** *m* mdalasini (mi-)
Zink *n* zinki (–)
Zinn *n* bati (ma-)
Zinsen *Pl* riba (–)

Zipfel *m* ncha (–), kilele (vi-)
zirka | ~ 50 Schillinge Shilingi 50 hivi
Zirkel *m Math* bikari (–)
Zirkulation *f* mzunguko (mi-), kuzungusha *tr*
zirkulieren *intr* -zunguka | den Brief ~ lassen -zungusha barua
Zirkus *m* sarakasi (–)
zirpen *intr* -lia
zischen *intr* -foka
Zisterne *f* hodhi (ma-), tangi (ma-)
Zitat *n* maneno yaliyokaririwa
zitieren *tr* -kariri
Zitronat *n* magamba la limau yaliyotiwa sukari
Zitrone *f Baum* mlimau (mi-); *Frucht* limau (ma-); *Limone* ndimu (–)
Zitronen|presse *f* kikamua limau (vi-); **~saft** *m* maji ya limau
zittern *intr* -tetemeka (*vor* kwa)
zittrig -a kutetemeka
Zivil *n* | in ~ sein -vaa mavazi ya kiraia
Zivilisation *f* ustaarabu
zivilisiert -a ustaarabu
Zivilist *m* raia (–)
zögern *intr* -sita
Zölibat *n* ukapera, utawa
Zoll *n Maß* inchi (–)
Zoll *m* ushuru; **~abfertigung** *f* ukaguzi kwa afisa ya forodha; **~amt** *n* forodha (–), forodhani; **~erklärung** *f* maelezo ya bidhaa zinazotakiwa kukaguliwa; **~kontrolle** *f* = **Zollabfertigung**
zollpflichtig -na-*rel*-tozwa ushuru
Zollstock *m* rula (–)
Zone *f Geogr* mkanda (mi-)
Zoo *m* bustani ya wanyama
Zoologe *m* mtaalamu wa wanyama
Zoologie *f* elimu wanyama (–)
zoologisch -a wanyama | ~er Garten = **Zoo**
Zopf *m Haar* nywele zilizosokotwa
Zorn *m* hamaki (–), ghadhabu (–)
zornig -enye hamaki (*auf* ya)
zottig timtim
zu 1. *Adv Übermaß* mno; *umg* | die Tür ist ~ mlango umefungwa **2.** *Präp* a) *Ort* katika, kuelekea; *Person* kwa | ~ Hause nyumbani b) *Zeit* | ~ Neujahr wakati wa siku kuu ya Mwaka Mpya c) *Art u. Weise*, *Zahlenangaben* kwa d) *mit Inf* ku-
Zubehör *n* vifaa *Pl*, kiziada (vi-)
zubereiten *tr anrichten* -tengeneza, -pika
Zubereitung *f* kutengeneza *tr*, upishi
zubilligen *tr* -idhinisha
zubinden *tr* -funga … kwa kamba
Zubringerbus *m* basi liendalo uwanja wa ndege *od* stesheni
Zucht *f Biol* ustawishaji, ufugaji
züchten *tr Zool* -pandisha … ili kupata mbegu bora; *Bot* -pachikiza
Züchter *m Zool* bingwa wa mifugo bora (ma-); *Bot* bingwa wa mimea bora
Zuchthaus *n* jela (–), gereza (ma-)
Züchtung *f Zool* upandishaji kwa ajili ya mbegu bora; *Bot* kupachikiza *tr*
zucken *intr* -shtuka
Zucker *m* sukari (–); *Med* kisukari *Sg* (vi-); **~dose** *f* jaluba ya sukari; **~guß** *m* shira (–);
zuckerkrank -li-*rel*-umwa na kisukari
Zucker|rohr *n* muwa (mi-); **~rübe** *f* bitiruti nyeupe; **~zeug** *n* pipi *Pl*
zudecken *tr* -funika
zudringlich -a usumbufu *od* ufidhuli | ~er Mensch msumbufu (wa-), fidhuli (ma-)
Zudringlichkeit *f* usumbufu, ufidhuli
zueinander pamoja
zuerkennen *tr Recht* -pa *dopp tr* | jmdm. einen Preis ~ -tunukia mtu zawadi *od* tuzo
zuerst kwanza
Zufahrt *f* kuingia
Zufahrtsstraße *f* barabara iendayo …

Zufall *m* bahati (–)
zufallen *intr sich schließen* -jifunga
zufällig -si-*rel*-tumainiwa *od* -tarajiwa
zufassen *intr* -kamata *tr*
Zuflucht *f* | ~ suchen bei -jificha kwa | ~ nehmen zu -tumia
Zufluß *m* mtiririko (mi-)
zufrieden -li-*rel*-ridhishwa, -enye kukinai
zufriedengeben, sich -ridhika, -kinai
Zufriedenheit *f* ridhaa (–); *Wohlgefühl* raha (–)
zufriedenstellen *tr* -ridhisha, -kidhi, -tosheleza
zufriedenstellend -a kuridhisha
zufrieren *intr* -funikwa na barafu
zufügen *tr antun* -udhi; *hinzufügen* -ongeza
Zufuhr *f* uingizaji
zuführen *tr* -ingiza
Zug *m Eisenb* gari [la] moshi, treni (–); *Luftbewegung* mkondohewa (mi-); *Brettspiel* kucheza; *Gesicht* sura (–); *Charakter* tabia (–); *Schluck* mkupuo (mi-); *Gruppe* kikundi (vi-); *Ofen*, *Kamin* mvuto (mi-) | ~ um ~ hatua kwa hatua
Zugabe *f Künstler* wimbo wa ziada
Zugang *m* [mlango wa] kuingia (*zu* katika)
zugänglich *erreichbar* -na-*rel*-wezekana, -na-*rel*-patikana; *übertr* | ~er Mensch mkarimu (wa-)
Zugbrücke *f* daraja la kufungua
zugeben *tr gestehen* -kiri, -ungama
zugehen *intr schließbar sein* -fungika; *unpers* | auf dem Fest ging es sehr lustig zu palikuwa na furaha tele kwenye tafrija
zugehörig -na *rel* husiana na, husika
Zugehörigkeit *f* uanachama (*zu* wa)
Zügel *m* hatamu (–)
zügellos *übertr* -si-*rel* na kikomo *od* aibu
Zügellosigkeit *f* ubadhirifu
zügeln *tr* -ongoza … kwa hatamu; *übertr* -punguza, -bana, -dhibiti
Zugeständnis *n* maridhiano *Pl*
zugestehen *tr* -ruhusu
Zug|führer *m Eisenb* titi mwandamizi (–); **~funk** *m* redio ya gari la moshi *od* treni
zugig -enye upepo mwingi
zügig -a haraka *od* upesi
zugleich kwa pamoja; *außerdem* isitoshe
Zugmaschine *f* trekta (ma-)
zugrunde | ~ gehen *verkommen* -zorota, -angamia; *verenden* -fa | ~ richten -fisha, -filisisha | dem Vorschlag liegt folgender Gedanke zugrunde … msingi wa pendekezo ni wazo lifuatalo …, pendekezo linatokana na wazo lifuatalo
zugunsten kwa manufaa ya
zugute | ~ kommen -fadhilika na, -fadhili *tr*
Zugvogel *m* ndege ahamaye
zuhören *intr* -sikiliza *tr*
Zuhörer *m* msikilizaji (wa-)
zujubeln *intr* -shangilia *tr*
zukleben *tr* -funga … kwa gundi
zuklappen *tr* -funga
zuknöpfen *tr* -funga vifungo vya, -funga … kwa vifungo
zukommen *intr* | jmdm. etw. ~ lassen -patia mtu kitu
Zukunft *f* wakati ujao | in ~ *auch* siku zijazo *od* za mbele
zukünftig -a siku zijazo *od* wakati ujao
Zulage *f* nyongeza (–)
zulassen *tr gestatten* -ruhusu, -idhinisha
zulässig -na-*rel*-ruhusiwa
Zulassung *f* ruhusa (–), idhini (–) (*zu* ya *od* kwa); *Kfz* leseni (–)
Zuleitung *f Versand* upelekaji
zuletzt mwishowe
zuliebe | jmdm. ~ etw. tun -fanyia mtu kitu
Zulieferindustrie *f* viwanda vya vifaa na zana zinazohitajika katika viwanda vingine
zum = zu dem

zumachen *tr umg* -funga; *Augen auch* -fumba

zumuten *tr* | jmdm. etw. ~ -tazamia *od* -tarajia mtu kumudu kitu

Zumutung *f* | das ist eine ~ imezidi, ni mno

zunächst *zuerst* mwanzoni kabisa

Zunahme *f* ongezeko (ma-)

Zuname *m* jina la ukoo *od* familia

zünden *intr* -waka

Zünd|holz *n* kijiti cha kiberiti; **~kerze** *f Tech* plagi (–); **~schlüssel** *m* ufunguo wa gari; **~schnur** *f* waya wa kulipulia bomu

Zündung *f Tech* ignisheni (–), mwasho (mi-)

zunehmen *intr* -ongezeka; *an Gewicht* -nenepa; *Tage* -wa -refu; *Mond* -andama

Zuneigung *f* upendo (*zu* kwa), kupenda *tr*

Zunge *f* ulimi (ndimi); *Tech* mshale (mi-), kilimi (vi-)

zunichte | ~ machen -haribu

zunutze | sich etw. ~ machen -faidika na *od* -faidi kitu

zupfen *tr* -gusa, -vuta; *Mus* -piga … kwa vidole

Zupfinstrument *n* ala inayopigwa kwa vidole

zur = zu der

zurechnungsfähig -enye akili timamu

Zurechnungsfähigkeit *f* kuwa na akili timamu

zurechtfinden, sich -elewa *tr*

zurechtweisen *tr* -rudi, -onya

zureden *intr* -shauri *tr*

zürnen *intr* -ghadhibika

zurück [kurudi] nyuma | der Schüler ist schon ~ mwanafunzi amesharudi

zurückbehalten *tr* -baki na

zurückbekommen *tr* -rudishiwa, -rejeshwa

zurückbleiben *intr* -baki nyuma; *Uhr* -chelewa

zurückbringen *tr* -rejesha, -rudisha

zurückfahren *intr* -rudi, -rejea

zurückfordern *tr* -taka … -rudishwe

zurückführen *tr umg* -husisha; *Personen, Dinge* -rudisha

zurückgeben *tr* -rejesha, -rudisha

zurückgehen *intr* -rudi nyuma; *Fieber* -shuka

zurückgezogen -li-*rel*-jitenga na watu

zurückhalten *tr* -baki na, *neg*-rejesha; *intr neg*-eleza (*mit etw.* kitu); **sich ~** -jikaza (*mit* ku-)

zurückhaltend | ~er Mensch mnyamafu (wa-)

Zurückhaltung *f* unyamafu

zurückkehren *intr* -rudi, -rejea

zurückkommen *intr* -rudi, -rejea *auch übertr* (*auf* kwenye)

zurücklassen *tr* -acha, -bakisha

zurücklegen *tr Weg* -pita; *Geld* -weka akiba ya; *Ware* -tenga

zurücknehmen *tr* -futa, -batilisha

zurückschicken *tr* -rudisha, -rejesha

zurückschrecken *intr* -shtushwa (*vor* na)

zurücksetzen *tr Person* -bagua

Zurücksetzung *f* ubaguzi

zurückstellen *tr* -ahirisha

zurücktreten *intr* -rudi nyuma; *sich zurückziehen* -jiuzulu, -staafu (*von* katika)

zurückweichen *intr* -rudi nyuma

zurückweisen *tr* -kataa

zurückzahlen *tr* -lipa, -rudisha, -rejesha

zurückziehen *tr* -ondoa, -toa; **sich ~** -jiuzulu, (*von* katika); *eine Funktion aufgeben auch* -ng'atuka; *Mil* -ondoka

Zuruf *m* kuita *tr*

zurufen *tr* -pigia … kelele

Zusage *f* ahadi (–)

zusagen *tr* -ahidi | das sagt mir zu inanipendeza

zusammen pamoja na,

Zusammenarbeit *f* ushirikiano

zusammenarbeiten *intr* -shirikiana

zusammenbinden *tr* -funga … kwa *od* -zungusha … na kamba

zusammenbrechen *intr* -bomoka, -anguka *auch übertr*
Zusammenbruch *m* mwanguko (mi-)
zusammenfallen *intr* -bomoka, -anguka; *zeitlich* -wiana
zusammenfassen *tr* -toa *od* -andika muhtasari wa
Zusammenfassung *f* muhtasari (mi-), kifupisho (vi-)
zusammengehören *intr* -husiana, -shikamana
zusammengehörig -na-*rel*-husiana
Zusammengehörigkeit *f* ushikamano
Zusammenhalt *m* mshikamano (mi-), ushikamano
zusammenhalten *intr* -shikamana
Zusammenhang *m* uhusiano (*mit* na) | im ~ kwa kuhusiana na
zusammenhängen *intr* -husiana
zusammenhängend [-a] mfululizo
zusammenklappbar -a kukunja
zusammenklappen *tr* -kunja
zusammenkleben *tr* -gandisha
zusammenkommen *intr* -kutana
Zusammenkunft *f* mkutano (mi-)
zusammenlegen *tr* -kunja; *vereinigen* -unganisha
zusammennehmen, sich *sich beherrschen* -jikaza; *sich anstrengen* -jibidisha, -fanya bidii
zusammenrechnen *tr* -jumlisha
zusammenrufen *tr* -jumuisha, -kutanisha
zusammenschließen, sich -ungana (*zu* ku-)
Zusammenschluß *m* muungano (mi-); *Bündnis* mkataba (mi-)
zusammensetzen *tr* -unda; *bilden auch* -anzisha; **sich** ~ -undwa (*aus* kwa)
Zusammensetzung *f Gliederung* utaratibu | ~ des Komitees (Rates) wajumbe wa kamati (baraza); *Chem* utungo
zusammenstellen *tr aufstellen* -kusanya; *anordnen* -panga
Zusammenstellung *f* jedwali (–), orodha (–)
Zusammenstoß *m Verk* mgongano (mi-), kugongana (*mit* na)
zusammenstoßen *intr Verk* -gongana (*mit* na)
zusammentreffen *intr* -kutana
Zusammentreffen *n* mkutano (mi-)
zusammentreten *intr sich versammeln* -jumuika, -kusanyika
zusammenzählen *tr* -jumlisha
zusammenziehen *tr* -kusanya; *verbinden* -unganisha; **sich** ~ *Gewitter* -tanda
Zusatz *m Nachtrag* nyongeza (–), kijalizo (vi-) *auch Beimischung*; *Brief* tanbihi (–)
zusätzlich -a ziada
Zuschauer *m* mtazamaji (wa-); **~raum** *m* ukumbi wa *od* chumba cha watazamaji
Zuschlag *m* nyongeza (–), ziada (–)
zuschlagspflichtig -enye nauli ya ziada
zuschließen *tr* -funga … kwa ufunguo
zuschneiden *tr* -kata
zuschnüren *tr Paket* -funga … kwa kamba; *Schuh* -funga kamba ya *od* za
zuschrauben *tr* -funga … kwa kuzungusha
Zuschrift *f* barua (–)
zuschulden | sich etw. ~ kommen lassen -kosea, -fanya kosa
Zuschuß *m* ruzuku (–)
zuschütten *tr* -fukia
zusehen *intr* -tazama *tr*
zusehends inavyotambulikana, inavyoonekana
zusenden *tr* -posti
zusetzen *tr zufügen* -ongeza; *umg Geld* -pata hasara; *intr* | jmdm. (mit Bitten) ~ -sumbua mtu (kwa maombi)
zusichern *tr* -ahidi
Zusicherung *f* ahadi (–)
zuspitzen, sich *übertr* -wa -gumu

Zustand *m* hali (–)
zustande | ~ bringen -fanikisha | ~ kommen -fanyika
zuständig na-*rel*-husika (*für* na)
zustehen *intr* | es steht dir nicht zu ... si juu yako ku- ...
zusteigen *intr* -panda pia
zustellen *tr zukommen lassen* -peleka, -leta | jmdm. etw. ~ -patia mtu kitu
Zustellgebühr *f* ada (–)
Zustellung *f Post* uletaji, upelekaji
zustimmen *intr* -afiki *tr*
Zustimmung *f* mwafaka (mi-) (*zu* na)
Zustrom *m Meteor* kuingia, mmiminio ndani (mi-)
zutage | ~ treten -jitokeza, -bainika, -dhihirika
Zutat *f, oft* **~en** *Pl Kochk* kiambato (vi-), viambaupishi *Pl*
zuteilen *tr* -gawa
Zuteilung *f* ugavi, ugawaji
zutrauen *tr* | er traut uns zu, daß wir die Arbeit schaffen anachukulia *od* anaamini kwamba tutamudu kazi
Zutrauen *n* imani (*zu* ya)
zutraulich -na-*rel*-penda watu
zutreffen *intr* -husu (*für od auf jmdn. od etw.* mtu *od* kitu)
Zutritt *m* kuingia | ~ verboten! marufuku kuingia
zuverlässig -na-*rel*-aminika | ~er Mensch mtu mwaminifu
Zuverlässigkeit *f* uaminifu
Zuversicht *f* matumaini *Pl*
zuversichtlich -a matumaini mazuri
zu|viel -ingi mno; **~vor** kabla [yake]
zuvorkommend -enye adabu
Zuvorkommenheit *f* adabu (–)
Zuwachs *m* ongezeko (ma-) (*an* la)
zuweilen pengine, wakati mwingine
zuweisen *tr* -peleka
Zuweisung *f* upelekaji; *Wohnung* idhini (–)
zuwenig kidogo mno
zuwider | ~ sein -kinai
zuzahlen *tr* -ongeza
zuziehen *tr schließen* -funga; *konsultieren* -shauriana na | sich eine Erkältung ~ -patwa na mafua
Zuzug *m* kuhamia *tr*
zuzüglich kuongeza
Zwang *m* lazima (–), shuruti (–)
zwängen *tr* -penyeza (*in* -ni, *durch* kwenye)
zwanglos *ungezwungen* -a faragha, -si-*rel* na urasimu
Zwangslage *f* hali ngumu
zwangsläufig -a dharura *od* lazima
zwanzig ishirini
zwar | er kam ~ kweli *od* hakika alikuja | und ~ yaani
Zweck *m* nia (–), madhumuni *Pl*
zweck|los -si-*rel*-faa; **~mäßig** -na-*rel*-faa
Zweckmäßigkeit *f* manufaa *Pl*
zwei -wili
Zweibettzimmer *n* chumba cha watu wawili
zweideutig -a utata, tata
Zweideutigkeit *f* utata
Zweier *m Sport* mtumbwi wa watu wawili
zweifach mardufu
Zweifel *m* shaka (ma-); *Verdacht* tuhuma (–) | außer ~ bila shaka
zweifelhaft -a mashaka
zweifellos bila shaka
zweifeln *intr* -tiwa *od* -wa na [ma]shaka *od* wasiwasi | an jmdm. ~ -onea *od* -tilia mtu mashaka
Zweig *m* tawi (ma-)
zweigleisig -a reli mbili
Zweigstelle *f* tawi (ma-)
zweihundert mia mbili
zweimal mardufu, mara mbili
zweimotorig -enye injini mbili
zweireihig -enye mistari miwili
zweistöckig -a ghorofa mbili
Zweitaktmotor *m* injini *od* mota ya mapigo mawili
zweiteilig -a sehemu mbili *od* vipande viwili | ~er Stoff doti (–)
zweitens pili
zweit|er (~e, ~es) -a pili
Zwerchfell *n* kiwambo (vi-)

Zwerg *m* mbilikimo (–); kibete (vi-), kibirikizi (vi-), kisheta (vi-)
Zwieback *m* biskuti (–)
Zwiebel *f* kitunguu (vi-); **~turm** *m* mnara wenye umbo la kitunguu
Zwiegespräch *n* mazungumzo ya watu wawili
Zwielicht *n* nuru ya asubuhi *od* jioni, mapambazuko *Pl*, machweo *Pl*
Zwiespalt *m* shaka (ma-), mzozo (mi-)
zwiespältig -a utata *od* mashaka
Zwietracht *f* fitina (–), mfarakano (mi-) | ~ säen -tia fitina
Zwilling *m*, *meist* **~e** *Pl* pacha (ma-)
zwingen *tr* -shurutisha, lazimisha (*zu* ku-) | sich gezwungen sehen zu ... -lazimika ku- ... | sich ~ -jishurutisha, -jilazimisha (*zu* ku-)
zwingend | ~e Gründe sababu muhimu *od* za maana
Zwirn *m* uzi (nyuzi)
zwischen baina *od* kati ya
Zwischen|fall *m* tukio (ma-); **~handel** *m* uajenti; *umg* ulanguzi; **~landung** *f* -tua -kiwa njiani; **~raum** *m* mwanya (mi-); **~ruf** *m* kukata kauli
Zwischenzeit *f* | in der ~ wakati huo huo
Zwistigkeiten *Pl* ugomvi, mabishano *Pl*
zwitschern *intr* -lia
zwölf kumi na mbili
Zyklon *m* kimbunga (vi-)
Zyklus *m* mzunguko (mi-)
Zylinder *m Hut* heti (–); *Geom* mche duara (mi-); *Tech* silinda (–); **~block** *m* gudu la silinda; **~kopf** *m* mfuniko wa silinda
zylindrisch -a mche duara
zynisch -a chuki
Zypern Saiprasi (–)

Wörterbuch Swahili-Deutsch

Von H. Höftmann unter Mitarbeit von I. Herms.
416 Seiten, Format 12,4 x 19,2 cm, gebunden.

Rund 20.000 Stichwörter und Wendungen der Gegenwartssprache sind für den deutschsprachigen Benutzer mit grammatischen Angaben versehen. Beim Substantiv wird die Pluralform angegeben, Adjektive, die in Verbindung mit einem Substantiv ein Präfix annehmen, werden, ebenso wie die Verben, mit einem Bindestrich am Wortanfang gekennzeichnet. Der Anhang bietet neben Neuwörtern zahlreiche Übersichtstabellen zur Grammatik.

Wörterbuch Hausa-Deutsch

Von I. Herms.
186 Seiten, Format 14,9 x 21,3 cm, gebunden.

Das Wörterbuch erfaßt mit über 10.000 Stichwörtern und Wendungen den Alltagswortschatz des Hausa, Muttersprache von etwa 25 Millionen Menschen, die im Norden von Nigeria und in Niger leben, dazu Zweitsprache von etwa 15 Millionen Sprechern im Süden Nigerias, an der westafrikanischen Küste, in Benin, Togo, Ghana und Kamerun.

Grammatische Angaben und die Kennzeichnung von Tonhöhe und Länge beim Stichwort sind für den Benutzer eine wichtige Hilfe. Bei schwer erkennbaren Formen verschaffen Verweise auf das Grundwort zusätzliche Klarheit.

Langenscheidt
Verlag Enzyklopädie